中信改革发展研究基金会·现代中国人物

我的情报与外交生涯

熊向晖 著

中信出版集团 | 北京

图书在版编目（CIP）数据

我的情报与外交生涯 / 熊向晖著 . —北京：中信出版社，2019.4（2025.12重印）

ISBN 978-7-5217-0104-3

Ⅰ. ①我… Ⅱ. ①熊… Ⅲ . ①熊向晖（1919–2005）—回忆录 Ⅳ . ① K827=7

中国版本图书馆 CIP 数据核字 (2019) 第 031537 号

我的情报与外交生涯

著　　者：熊向晖

策划推广：中信出版社（China CITIC Press）

出版发行：中信出版集团股份有限公司

（北京市朝阳区东三环北路27号嘉铭中心　邮编　100020）

（CITIC Publishing Group）

承 印 者：三河市中晟雅豪印务有限公司

开　　本：880mm×1230mm　1/32　　印　　张：19.25　　字　　数：420 千字

版　　次：2019 年 4 月第 1 版　　印　　次：2025 年12月第 25 次印刷

书　　号：ISBN 978-7-5217-0104-3

定　　价：72.00 元

作者简介

熊向晖，原名熊彙荃，安徽省凤阳县人，1919 年 4 月 12 日出生于山东掖县（今莱州），2005 年 9 月 9 日病逝于北京。

1936 年 12 月，熊向晖在清华大学读书时加入中国共产党，同时任中华民族解放先锋队清华分队负责人之一。1937 年 12 月，遵照周恩来的指示，他到国民党胡宗南将军的部队“服务”，从事秘密情报工作。1939 年 3 月，他从国民党中央陆军军官学校第七分校毕业，其后至 1947 年 5 月，任胡宗南将军的侍从副官、机要秘书。1947 年 9 月，熊向晖进入美国西储（Western Reserve）大学研究院学习，1948 年 9 月获社会科学硕士学位。

1949 年 10 月中华人民共和国成立后，熊向晖曾任外交部新闻司副司长、办公厅副主任；1954 年随周恩来总理出席讨论朝鲜问题和印度支那问题的日内瓦会议，任中国代表团新闻办公室主任；1961 年随陈毅副总理出席讨论老挝问题的日内瓦会议，任中国代表团顾问；1962 年至 1967 年，其任中国驻英国代办；1967 年 1 月，奉命回国，参加“文化大革命”；1970 年 11 月任中国人民解放军总参谋部二部副部长。不久，作为周恩来总理的助理，熊向晖参加同美国总统国家安全事务助理亨利·基辛格 1971 年的访华会谈及美国总统理查德·尼克松 1972 年的访华会谈。1971 年 11 月，他任新中国首次出席联合国大会的代表团代表；1972 年 8 月任新中国驻墨西哥首任大使；

1973 年任中共中央调查部副部长；1978 年后任中共中央统战部副部长兼中国人民外交学会副会长；1983 年至 1987 年任中国国际信托投资公司党组书记、副董事长。

熊向晖曾任中国人民政治协商会议第五届至第七届全国委员会委员、常委，欧美同学会名誉会长。

目录

Contents

一版说明

熊向晖同志是参加过“一二·九”运动的老共产党员，长期从事我党地下工作，新中国成立后在外交战线上担任要职。近10年来，他笔耕不辍，以科学严谨的治学态度、高度负责的工作精神、一丝不苟的工作作风，写下了大量回忆文章。这些文章以生动的笔调叙述真人真事，披露了许多鲜为人知的史实，受到各界朋友的欢迎。

征得作者同意，本社将熊向晖同志撰写的重要文章进行修订，结集出版，定名为《我的情报与外交生涯》，以飨读者。

1998年11月

出版说明

熊向晖同志（1919—2005）是1936年加入中国共产党的革命前辈，曾任中国国际信托投资公司党组书记、副董事长。他在晚年撰写了大量回忆文章，生动翔实地记载了他在中国共产党第一代领导核心的领导下，从事地下情报工作和外交工作的丰富经历。这些鲜为人知的史实，让读者领略到毛泽东、周恩来等老一辈无产阶级革命家的领导作风和斗争艺术，是非常宝贵的史料。

熊向晖同志撰写的这些文章曾经由中共党史出版社以《我的情报与外交生涯》为书名结集出版，受到各界读者欢迎。为纪念熊向晖同志对中国革命以及对中信集团（原中国国际信托投资公司）的贡献，中信出版社征得熊向晖同志家人的同意，特在中央特科成立90周年及熊向晖100周年诞辰之际，出版此书。

2019年2月

听父亲讲那过去的故事

熊　蕾*

（一）

小时候看谍战片，觉得中共的地下工作者都是风流倜傥，舞姿翩翩。上中学后，从别人那里得知父亲熊向晖也是其中一员，我怎么看他怎么不像。父亲相貌自是英俊，但是他和母亲都是“舞盲”啊！终于憋不住了，我就问了父亲——那都是我研究生毕业以后了，在此之前，父亲母亲从未跟我们讲起他们过去的事。他们也没有机会讲：我还没上小学五年级，他们就出国工作，回来就赶上“文革”，然后我去“北大荒”，哥哥当兵，再后来我去外地上大学。

我问，你们都不会跳舞，怎么做地下工作呢？父亲说，谁规定的做地下工作就得会跳舞啊？我愣了，然后问，那你怎么跟人家交流呢？他说，打麻将啊——父亲打麻将倒真是高手。

然后又有我看不懂的事了。父亲应中央文献研究室邀请，为纪念周恩来总理去世 15 周年写的《地下十二年与周恩来》在 1991 年 1 月发表之后，在海峡两岸都引起了不小的反响。当

* 熊蕾，新华社中国特稿社副社长、高级编辑，中国人权研究会常务理事。她是熊向晖同志之女，此文是她为本书专门撰写。

1951 年 6 月 1 日，熊向晖全家

时台湾已经“解严”，放开了到大陆的旅行，父亲过去在国民党胡宗南部去了台湾的袍泽①，凡是到大陆来的，都要来看父亲。先头父亲还有全国政协委员和统战部副部长的头衔，我以为他们有事找父亲。后来父亲离休了，这些头衔都没了，人家照样来找他。我对此感到惊异：他们和父亲分属两个营垒，立场和意识形态截然不同。为什么他们不是怒目相向，而是相谈甚欢呢？

和父亲相谈甚欢的这些“国军”老伯中，有一位是孔令晟。他和父亲同为黄埔第十五期学生，孔老伯自黄埔毕业后一直在作战部队，国民党去台后，他先后当过蒋介石和蒋经国两代“总统”的侍卫队长，也做过台湾的“警政署长”，还在美国、英国研究过战略，著有《大战略通论》。

这两位老人，一个是共产党的离休部长，一个是“国军”退役中将，在他们身上，我真看不出什么“道不同不相为谋”

① 袍泽：袍指古代外衣，泽指古代内衣，袍泽指军中的同事。——编者注

1997 年 4 月，宴请原国民党将军（蒋介石和蒋经国父子的侍卫队长）孔令晟

的隔阂。两人不见面总是相互惦记，见了面就十分亲热。每次见面，两位老人都有说不完的话。

我发现，撇开意识形态，他俩的共同语言还真多。当年，他们都是抗日爱国的热血青年。据父亲讲，孔老伯当年是北大化学系的高才生，是著名物理学家吴大猷的得意门生。孔老伯要退学投军之前，吴先生还想送他出国深造，一再让他认真考虑，非常不愿意失去这个他认为可以成为大科学家的弟子。可是孔老伯还是义无反顾地去从军。几十年后再相见，两位老人都反对“台独”，都认为日本军国主义的复活是对中国最大的威胁，也都反感以权谋私。

父亲喜欢听孔老伯讲他们去台后的种种情事，孔老伯也有兴趣听父亲讲一些当年他不知道的往事，比如蒋老先生送蒋纬国上前线的事。

那是 1941 年 2 月，蒋委员长侍从室给西安的胡宗南发来密函，内有三件东西：一是蒋介石手令：“兹派蒋纬国任国民革命军第一军第一师少尉排长。”二是蒋纬国的履历，说明他曾在苏州东吴大学学习，德国慕尼黑军官学校毕业，也在美国陆军航空队战术学校和指参学院学习过。三是蒋纬国的一张半身照片。虽然当时包括胡宗南和父亲在内的不少人已经知道蒋纬国其实是戴季陶的儿子，但是胡先生看着照片还是有意说，像极了，“活脱脱一个委座”。

胡部的第一军第一师，当时正驻守在黄河边的潼关，河对岸就是日军。不管怎么样，蒋介石对蒋纬国视同己出，他把自己的二公子派到这个部队，怎么安排？胡先生与当时还是他身边一个年轻副官的父亲商量。父亲认为，作为一个国家的最高统帅，把自己刚从德国留学回来的儿子任命为少尉排长，并派到抗日前线的部队，这是从没有过的。时隔60多年，父亲讲起此事，还是说，确实了不起。同时，父亲对胡先生说，这也表明蒋老先生对胡先生的信任。只是为了纬国的安全，不能宣传，还要把他安排得很妥当。

蒋纬国到西安后，胡先生指派父亲专门接待他，并送他去部队。父亲小蒋纬国两岁，军阶却比他高两级，所以他一见到父亲，就立正敬礼。上车时，蒋纬国主动到车的右边替父亲开车门；与蒋纬国谈话时，父亲站起来，他也站起来，转到哪儿他跟到哪儿，脸始终对着父亲，非常规矩。可是父亲受不了委员长的二公子对他这样毕恭毕敬，所以当天下午就换上便服，以免拘束。

父亲很欣赏蒋纬国的个性。他说，潼关民俗，农历每月逢三、六、九，都有大集，比较热闹。如果遇上休息日，驻军士兵也有不少去赶集。蒋纬国去集市，都带着勤务兵，并且叫勤务兵背上一只大筐子。在街上，凡是有士兵不向他敬礼的，他就上去把人家帽子摘了，装到筐里，告诉人家："我是蒋纬国，星期天上午，你到第三团第二营第五连连部拿帽子。"每次一摘就是几十顶。士兵没有帽子怎么行呢？到了星期天上午，他们来拿帽子，蒋纬国就让他的勤务兵先教他们练习敬礼，再练习立正、稍息，最后才把帽子发还给他们，让他们回去。原先前线部队有的不大注意军容风纪，有不戴帽子的，也有不戴领章的。蒋纬国这么一抓，这种现象就减少了。

然而到台湾以后，蒋纬国和蒋经国兄弟失和，让父亲很觉意外。他告诉孔老伯，1942 年经国到西北，和纬国一起，由父亲一路陪着，从西安、兰州一直经河西走廊到敦煌，再到青海、新疆，走了三个月。"当时他们兄弟两个感情非常好，"父亲说。

那个时候蒋老先生对纬国也非常好。父亲还给孔老伯讲了这么一个故事：1942 年秋，蒋老先生巡察西北，来到西安。胡宗南安排把蒋纬国调到西安来见他。蒋老先生和夫人宋美龄离开西安时，胡先生和西北要员到机场送行，蒋纬国和我父亲也都在场。老先生和夫人上了飞机，螺旋桨已经启动，飞机即将起飞之际，发动机突然又停下来，机舱门又打开，旋梯上走下来一个副官，手捧一个东西，走到蒋纬国面前，把东西送给他。原来是老先生把他的披风送给了纬国。纬国马上敬个礼。那副官把披风给他披上，才返回机舱。

孔老伯听了这些故事之后说，蒋老先生一直对纬国非常好，从小就喜欢他，把他带在身边。蒋夫人也很喜欢纬国。但是老先生也很冷静，他认为政权必须交给自己的儿子蒋经国。

对此，父亲评论说，不过最后经国又交给了李登辉。

这让孔老伯默然了许久。

孔老伯说他研究过毛泽东的军事战略，“并且按毛泽东的办法打了两个胜仗”。他说，撇开意识形态不说，在学术上，毛泽东开创了战争的新形态，特别是朝鲜战争，越南战争，都是用毛泽东的战争理论和战略思想打仗，而美国皆战败。毛泽东的战略思想由此得到了全世界军事理论界的承认。他们不认同毛泽东的意识形态，但是承认毛泽东对世界军事战略学的贡献。

父亲对他说，毛泽东搞的是真正的人民战争，战略战术都是公开的。但是，人民战争也不是毛泽东的创造，毛主席自己就说，创造人民战争的是美国独立战争。

两位老人对当时台湾国民党主席连战先生访问大陆的“破冰之旅”，都很欣赏，尤其连战先生的父亲说来也是他们西安时代的故旧。连战先生到西安时，孔老伯又来看父亲，两位老人顾不上谈话，就一起看电视台对访问的实况转播，非常开心。

但是这些国民党老人对父亲是共产党地下工作者的事情是怎么看的呢？有一次比父亲大一轮的张佛千老伯从台湾来我家，我向这位随和的长者提出了让我纳闷很久的疑问：“您听说我父亲是共产党以后，对他是什么感觉？”

张佛老资格很老，父亲在胡宗南那里是上校的时候，他已经是少将了。到台湾后做过防卫司令部政治部主任，并跻身文化名流。他跟我说，知道我父亲是共产党后，他“第一是惊讶。他是共产党，我一点没有看出来。第二是感谢。他在胡先生身边，有很多机会可以杀掉胡先生，可是他没有。第三是佩服。他这个事情做得太漂亮了”。

我有些愕然地问：“难道你们不恨他?”张老伯说，“为什么要恨呢? 你父亲入共产党在前，到胡长官身边在后，那是各为其主。要怪只怪后来蒋老先生非要打内战。如果不打内战，大家不是相安无事吗?”

张佛老还推荐台湾的《传记文学》转载父亲发表的《地下十二年与周恩来》，并专门为该刊写文，讲胡先生当时为什么会用父亲。他说，“熊的最突出之处，是他的气质之纯，为我平生所仅见……胡之选其为随从人员，是非常应该的决定，如我是胡，也会作同样的选择。怪只怪周恩来善于择人，造成胡的毕生大憾。”张佛老还写道：“熊参加共党在先，并非受到胡的重用后再投共。他是为‘共党’工作，自当对‘共党’忠诚，正是各为其主之义。”

后来中共党史出版社把父亲的《地下十二年》和他以后发表的其他回忆文章结集出版，题为《我的情报与外交生涯》，还把张佛老这篇文章作为附录收入。

随着和那些国民党老人交往的增多，我逐渐理解了不同政见的父辈们超越党派的友情。那是当年在抗击外侮的血雨腥风中，凝练出来的有如血浓于水的兄弟之情。这正是“渡尽劫波兄弟在，相逢一笑泯恩仇”。更何况他们本无个人恩怨。而且，对于他们而言，还有一种大义比党派之争更重要，那就是中华民族的统一。

这也让我从另一个侧面，了解了父亲的为人。假如父亲不是可交的朋友，再大的民族大义，也不会驱使这些耄耋老人在隔绝了几十年之后，来和父亲重叙旧谊。这改变了我对共产党人的刻板印象。共产主义既然要吸纳一切文化的精华，共产党人当然要有博大的胸襟。所谓“海纳百川，有容乃大”。为了标榜自己的政治正确而整天挂着一副“阶级斗争”脸，对不同观点、不同意见、不同派别完全不能相容的，不是真正的共产党员。坚定的信仰和浓浓的人情，并不矛盾。

（二）

近些年，我接触过不少想了解父亲那段“潜伏”经历的媒体人，他们对父亲在 1943 年和 1947 年两度发出国民党军“闪击延安”和进攻延安的重要情报却能全身而退的传奇很不理解，甚至臆测胡宗南“通共”或对父亲太有感情，所以“放了熊向晖一马”。

这种臆测毫无根据。有些人只是孤立地看这两次重要情报的成功递送，却不了解父亲那一辈的“闲棋冷子”们以怎样的坚韧和才智在敌营站稳脚跟的经过。我曾经梳理过 1939 年 3 月父亲担任胡宗南机要秘书之后到 1943 年 7 月他向延安送出蒋介石密令胡宗南闪击延安情报的四年间做过的一些事：

他第一天上任，就赶上战干四团河防大队结业——学员都是县长以上的官员，胡宗南要去讲话。胡先生 7 点起床，7 点半吃饭，一边吃饭一边看原来的秘书给他准备的讲稿，觉得写得不好，就叫父亲再写一个。8 点钟典礼就要开始，时间不到 30 分钟。父亲 15 分钟写好了讲稿，胡先生很满意。

1940 年 3 月，张学良将军被蒋介石拘押在贵州修文县阳明洞期间，给胡先生写了一封信，鼓励他抗战到底，并寄来一首诗，抒发自己的感慨，回忆他当年与胡宗南在王曲相处的日子，对王曲的山水风光，诸多感怀。

张学良是借景说事。胡先生看了他的来信和感怀诗，叫父亲先拟稿，给张回一信。他说，咱们也借景说事。意思是不要写得太直露，但表达的意思要写到。父亲的信是这样写的：

汉卿先生：

奉读三·四手书，十分眷眷，无限依依！承赐好诗一首，英气凌云，大有波涛澎湃之慨，想见近年来闭门学习之盛！

王曲是一很好的名词，好山好水，好平原，有烟云林木之奇，到处衬出伟大，而现在则有好牧场，好酒店，好游泳场，好阅兵场，好小学校，好林场，气象万千，非当年在太史洞晤对时情景矣！

在王曲附近之军校学生，将近两万余人，皆为燕赵鲁汴苏浙优秀青年，情绪热烈，杀气腾腾，益显出秦岭壮丽，王曲风光。

每在青龙岭上，看山上烟云，天上明月，无不念念数千里外之英雄美人，光明，荣誉，真不胜惓惓之感也。

弟年来检讨过去之工作，非常惭愧，尤其在抗战战术上，颇有今是昨非之慨，准备又准备，准备又准备，必不辜负好战场，好江山，好时代。

近将离开成都，转回西北，敬以最诚挚之心，祝兄健康！并谢厚意！

弟胡宗南上，三月二十二成都市上

胡先生看了，也是很满意。

1940 年 7 月，军训部副部长兼副参谋总长白崇禧到西安视察。之后胡宗南陪着他，分乘两辆小车去兰州。有一部分先遣人员乘大客车先走了。胡宗南和白崇禧及父亲和白崇禧的机要秘书谢和赓，分乘两辆小车先后而行。谢和赓老伯也是周恩来布置的闲棋冷子，但他和父亲当时却都不知道对方的秘密身份。一行人沿着西兰公路走到六盘山时，下起了大雨。被称作“稀烂公路”的西兰公路那一段是土路，大雨造成山上塌方，一下子把路堵住了。此时，前车已开走不见，后面的车还没跟上，就剩下白、胡两位长官及父亲和谢和赓所乘的两辆小车。

西北的黄土高原，沟壑纵横。父亲朝下面一看，一条深沟大约 30 多丈深，沟里有一间民房。雨下得很大，天也快黑了。父亲交代司机，把路边石条做的里程碑挖出一块，垫在小车轮胎底下，防止小车滑坡。然后他冒着雨，不顾沟陡路滑，下到沟里，走到那孤零零的民房。家里只一对老夫妻和儿媳妇三口人，儿子外出打工不在家。房子很简陋，屋里两个炕连着，一边有一个灶，另一边还漏雨。父亲安排好借宿事宜，上来跟两位长官说，没有办法，就在这儿过一夜吧。

两位长官由卫士扶着，到了那民房。两个炕，一个让房东全家挤一挤，另一个炕则腾给白崇禧和胡宗南。可是没有饭，只有山药蛋。幸亏他家还有一点干草，而灶头上有两只瓦罐，一只里有一点盐块，另一只是空的。就用干草煮山药蛋，加了一点盐巴，算是晚饭。照明也没有蜡烛，就用父亲和谢和赓带的手电。

当时，外面还在下雨，屋里也在漏雨，大家的衣服、被褥都是潮的。白崇禧和胡先生睡不着，就坐在炕上聊天。

胡先生问白崇禧，我们与共产党斗，能不能斗得过共产党？

白崇禧说：我们是搞上层，共产党搞下层；上层我们占优势，下层共产党占优势；上层人少，下层人多。

胡先生又问：现在抗战，已经进入第四个年头了，中枢对下一步，有什么打算？

白崇禧说：原来准备抵抗，都在沿海，国防工事都建在那儿，都没有用上。打起来后，日本人一下子包抄啦，有的工事还没有打开，就丢掉了。现在，重庆那边靠云贵川，湖南不完整了；西北只剩下陕甘宁青，河南不完整了，新疆的形势很复杂。其他的省份都不完整了。现在在这里，西兰公路就是这个样子啊。西兰公路是国防公路，还塌方了，我们还住这儿了。现在只能是“以空间换时间，积小胜为大胜”。——父亲说，这是根据毛主席的《论持久战》化过来的。

胡先生的提问和白崇禧的回答，很能说明他们在国民党能否斗得过共产党这个问题上的态度。在这个时候和这样的环境当中，他们所说的话，都是他们的真心话。父亲说，这样的想法，在平时，在公开的场合，是听不到的。而他们谈这样的问题也不避讳父亲和谢和赓，足以说明他们对这两个秘书的信任。

半夜里，白崇禧要小解，可外面还下着雨，他出不去，便顺手拿起灶上的空罐。那媳妇手疾眼快，劈手就夺了过去，说，家中总共就这两只罐是宝贝，怎么能让你当尿罐。白崇禧一愣，说，好厉害啊！父亲跟他说：就在这屋里尿吧。

第二天一早，父亲看雨停了，就跑到上面路上，通过查修军用电话线的修理兵，跟兰州方面联系上，将两位长官和他们一行顺利接到兰州。

临走时，胡先生吩咐给房东400元。当着白崇禧的面，胡先生说：老百姓这样穷，不革命怎么行！

这件事父亲讲过不止一次，想来给他印象很深。

父亲还讲过当年12月7日，胡先生交代他准备去南五台山祭奠他父亲三周年忌辰的事。胡先生的交代很简单，只告诉用老礼节的仪式祭奠，父亲就懂了。从布置灵堂、供桌、檀香炉，到准备干果、冷盘、热菜、水果各多少盘，特别是热菜中要有一只鸡，鸡头鸡尾各留一撮毛，以及供奉的牌位，父亲都准备得很周到。直到祭奠开始后如何给胡先生传递祭品，如何点烛烧香，如何摆放给胡先生行三跪九叩首礼的蒲团并唱喏，父亲安排的一丝不差，胡先生特别满意。

父亲说，许多事情是机遇，比如这件事，就是巧合。他事先并不知道胡先生要去祭父，也不可能预先去做充分的准备。但在整个过程中，胡先生想到的事，他给他办了；没有想到的事，也替他想到、办到了。而且办理这种事，光凭勤快和机敏不行，还要懂得这些旧礼节，懂得传统的民族文化，需要有知识和生活积累。这些方面，都不是一朝一夕能做到的。从这，也可以理解为什么周恩来挑选打入胡宗南部的秘密党员时提出要出身于官宦人家。所以，胡宗南重用父亲，原因是多方面的，不仅仅是机遇和巧合。

这之后，父亲随胡先生秘密到河南西峡口会晤汤恩伯，又陪同他去河南和山西分别会晤卫立煌和阎锡山，帮助他安排蒋纬国到前线部队，代表他陪同蒋经国、蒋纬国兄弟在西北考察，参加何应钦在西安召集的高级将领会议，还随同胡先生会见路经西安到延安的中共八路军将领朱德、彭德怀和林彪等。特别是1942年8月15日至9月14日，蒋介石到西北视察。胡先生到宝鸡机场迎接后，受了风寒，病重无法行走。于是，他命父亲代表他陪侍蒋介石。因为此前两个多月，父亲才陪同蒋经国、蒋纬国兄弟访问西北，后来一直把他们送到重庆，蒋介石在家中接见了他，请他吃饭，表示感谢。这次父亲随蒋介石先后视察了甘、青、陕等省，重点是视察河西地区，然后回到西安，参加他召集并主持的军事会议。陪同期间，父亲还跟蒋老先生互讲笑话。

父亲还讲过一个故事。有一次，在兴隆岭，勤务兵半夜来叫醒父亲，说胡先生要回西安，他睡不着，正等在车里。

半夜一点钟左右，上了车，父亲就打瞌睡。可胡先生精神好啊！看到月亮，他就说，如此良宵，岂可困觉啊！父亲就只好醒来。

胡先生又说，如此良宵，岂可无诗啊！父亲说，胡先生既然如此说，必有佳句了。胡先生说，创新不如复古，我想到曹操，横槊赋诗，“月明星稀，乌鹊南飞，绕树三匝，何枝可依？山不厌高，海不厌深。周公吐哺，天下归心”。很有气魄。父亲说，今天是有月亮，但没有乌鸦，再说“绕树三匝，何枝可依”，不吉利。

胡先生说，你看呢？你有什么佳句啊？父亲说，你既然说创新不如复古，那还是陈子昂《登幽州台歌》那两句好，“前不见古人，后不见来者。念天地之悠悠，独怆然而涕下”。

半夜里，只有一辆汽车在公路上，前面没有人，后面也没有人。胡先生就很高兴，说，好一个“前不见古人，后不见来者”！

这样的经历，这样的关系，到了1943年7月的时候，父亲在胡先生那里的根已经扎得很深了。这样建立起来的信任度，不是轻易能够动摇的。

（三）

因为小时候没听过父亲母亲讲任何与他们工作相关的事，所以我一直不知道父亲是干什么的。在我看来，父亲就是父亲，他关爱我们，我们尊敬他，这就够了。他在“外面”是什么，并不重要。

直到我上小学四年级的那个冬天，一个偶然的机会，母亲带我去钓鱼台——那时候钓鱼台有点像干部俱乐部的性质，并无今天的警卫森严——我见到了周总理。总理问我父亲是谁，我这个小毛丫头嗫嚅着不肯说父亲名讳，反而愣头愣脑地对总理说，反正你也不认识他。总理笑了，说，那你说出来看看嘛。我很不情愿地说，他姓熊。没想到总理一下子就说出了父亲的名字：噢，熊向晖，我认识他。我当时非常意外，不明白总理怎么会认识我心目中很平凡的父亲。

很多年以后我才知道，父亲和周总理的关系，早在抗战初期就开始了。他在新中国成立前做地下工作，新中国成立后做外交工作，都是在周总理的直接领导下。周总理是父亲最崇敬的人之一。父亲对毛主席，对陈毅、叶剑英等几位老帅，也非常崇敬。

出于这种崇敬之心，1980年以后，中央党史部门把父亲列为党史“抢救对象”，让他写文章回忆这些伟人和他所经历的那些历史事件时，他欣然动笔，这才有了本书收录的这些文章。

1961 年，熊向晖谌筱华夫妇在湖南韶山毛主席故居

遗憾的是，父亲想写的东西并没有全部写出来。一是他身体已经力不从心了。他年轻时就患有严重的十二指肠溃疡，晚年又患过膀胱癌、前列腺癌、颈椎骨刺增生压迫脊髓，直到最后罹患肺癌，每年几次住院。二是他太认真，对写作的要求，特别是史实的核实太严格，这不仅影响写作速度，而且也很难找到他合意的助手。我不能给父亲当助手的一个重要原因就是他认为我不够严谨。三是由于这种认真严谨，他容不得重要党史文章的一点失实之处，发现了就要写文章指出，这也花费了他很多精力。我曾经劝他写自己的文章，不要去理会别人的那些错误。但是他觉得，扫伪打假，正本清源，是非常重要的事。《我的情报与外交生涯》一书中有好几篇订正重要史实的文章，

就是这样写出来的。我感觉这有如历史学、党史学的一种基本建设，这些文章与父亲的其他文章一样，为后世学者提供了宝贵的史料，也为后世学者提供了一种更可宝贵的严谨治学态度。我曾听不止一位当年毛主席和周总理身边的工作人员说：你父亲写的文章最真实，最可信。

也是父亲这种严谨的治学态度，让他有了好几位党史研究的忘年交。有的是他给别人纠错，别人虚怀若谷地登门求教，有的是别人发现了他行文中的错处，向他指正。父亲对这些同样表现出严谨治学态度的后生晚辈非常欣赏。他们其中的一位就是本书初版的责任编辑傅颐。我觉得傅颐当初的认真编辑给这本书的再版打下了很好的基础，特此向她表示感谢。

这本书以前是在中共党史出版社出版的。合同到期后，另有一家出版社希望出版，他们的编辑还告诉我，父亲这本书“不是畅销书，是长销书”。但大约是人事更迭的原因，再版此书的事情不了了之。可是“长销”的话却被他言中，一直不断有人在寻购此书。于是我找到了中信出版社。中信集团是父亲离休前最后供职的单位，中信出版社也是很优秀的出版社。感谢出版社的副总编季红，非常认真地审校了全部书稿，接下了再版此书的工作。

父亲虽然没有写过完整的回忆录，但是这些文章，不仅是毛主席、周总理那一代共产党人智慧英勇、雄才大略的真实记录，也反映了父亲不平凡的人生经历。

第一部分　地下十二年与周恩来*

* 本文是熊向晖同志应中共中央文献研究室之约，为纪念周恩来逝世 15 周年而撰写的。1991 年 1 月 7 日《人民日报》（海外版）开始全文连载。1 月 8 日，《人民日报》选登了本部分的一些片断，题为《周总理的魅力》，并加上编者按，称："今天是周恩来总理逝世 15 周年纪念日，本报发表熊向晖同志的这篇文章以志纪念。熊文原题为《地下十二年与周恩来》，是对周总理在抗战期间文韬武略、大智大勇的回忆文章。"此文发表后，在海内外引起巨大反响，好评如潮。本次出版时，做了若干修改。

|一|

抗日战争初期

到胡宗南部队“服务”

我于1936年12月在清华大学秘密加入中国共产党。1937年6月下旬放暑假时，北平还平静。清华共产党组织的负责人蒋南翔[①]嘱我回家探亲，相机了解社会动态。我到武昌家中不久，七七事变爆发，同南翔失去联系。后见报载，清华、北大、南开三校合成临时大学，11月1日在长沙开学。我前往报到，但未遇见相识的党员。12月13日，南京沦陷。几天后，清华女同学郭见恩[②]同我接上党的关系，我要求去延安。她说：上级指定你不要暴露党员面目，报名参加湖南青年战地服务团，

① 蒋南翔（1913—1988），江苏宜兴人，1932年入清华大学哲学系，1933年加入中国共产党，是“一二·九”运动的主要领导人之一。1936年秋，他任中共北平市委学委书记，新中国成立后曾任清华大学校长、教育部部长，中共第八届中央候补委员，十一届、十二届中央委员。

② 郭见恩，后名郭健（1912—2000），女，湖南株洲人，1934年入清华大学历史系，1937年加入中国共产党，在长沙临时大学任党支部委员，新中国成立后曾任全国妇联书记处书记，交通部副部长。

到国民党第一军胡宗南[①]部“服务”。她让我在该团路过武汉时，到八路军办事处找蒋南翔。

1937 年 1 月于清华园，左二为熊向晖

发起组织该团并任团长的是湖南略有名气的妇女李芳兰，她和国民党一些上层人物有交往。自愿参加该团的约 50 人，有来自南京中央医院的医生、护士；有来自上海等地的知识青年；有进步画家赖少其；还有 20 余名临时大学学生，大都是平津“一二・九”运动的积极分子，包括清华学生会主席洪同、北大学生会主席陈忠经。[②] 该团的组成引起社会重视。胡宗南自江苏前线来电欢迎，还派来一位姓陈的亲信当指导员。和胡宗

---

① 胡宗南（1896—1962），浙江镇海人，黄埔军校第一期毕业生，国民党陆军一级上将。1947 年，他率部进犯陕甘宁边区，1949 年败退四川，1950 年逃往台湾。

② 陈忠经（1915—2014），江苏仪征人，1934 年入北京大学经济系，后在昆明西南联大毕业，1940 年加入中国共产党，1947 年入美国哥伦比亚大学研究生院，1949 年 6 月回国，新中国成立后曾任对外文化联络局代局长，对外文化联络委员会副主任，现代国际关系研究所所长。

南的其他部属一样，他称胡宗南为“胡先生”。他说：胡先生年过四十，尚未结婚，一心效忠党国，效忠领袖，是蒋委员长的左膀右臂。这次统率“天下第一军”参加淞沪抗战，坚守数月，现奉命“转进”（“转进”是“撤退”的美称）。

我想起1936年年初，天津《大公报》连载名记者范长江①写的长篇通讯《中国的西北角》，其中有一段提到胡宗南。我去图书馆查阅，找出这一段：“胡宗南氏，正驻在甘谷西面的三十里铺。他的生活情形，据天水一带的民众和朋友谈起，颇有点特别，这次特别去拜访他。他住的是城外半山上的一座小庙，门窗不全，正当着西北风，屋子里没有火炉，他又不睡热炕，身上还穿的单衣单裤，非到晚上不穿大衣。我看他的手脸额耳，都已冻成无数的疮伤，而谈话却津津有味。记者有点奇怪，因问他：‘人生究竟为的什么？’他笑着避开了这个问题没有答复，而却滔滔不绝地谈起他的部下，某个排长如何，某个中士如何，某个下士又如何，这样的态度倒使人有点茫然了。”——这引起我的兴趣，想会会这个“有点奇怪”的人。

经过几天准备，服务团从长沙乘火车去武昌。途中发生一件奇怪的事。

在车厢的一角，李芳兰低声问我：“服务团有几个CP？”我对她不知底细，这一问更使我警惕。我反问：“什么是‘西皮’？”她说：“你还不懂？CP就是共产党，洪同是吧？陈忠经是吧？”她问得刁。我知道他们不是，但若这样讲，就会暴露自己。我已打定主意，反问她：“去第一军的服务团会有共产

---

① 范长江．中国的西北角［M］．北京：新华出版社，1980：78.

党?”她说:“你就是。”我说:“你弄错了。”我告诉她，我曾是中华民族解放先锋队清华分队的负责人之一，服务团有些人曾是“民先”队员。“民先”是公开性的抗日救亡团体，到长沙后没有恢复。反对抗日救亡的一些人硬说“民先”是共产党，那是造谣。她说:“你不要瞒我。我和郭见恩是老相识。昨晚我和她谈了大半夜。我对她说，我也要参加共产党。她让我找你。”我想，郭见恩并未对我讲，其中有鬼。我断然说:“你要参加共产党，却来找我。我马上告诉陈指导员，请他查清楚。”她慌了，忙说:“不要!千万不要!”

渡过这一关，我决定观察一段时间再找南翔，如不好立足，就去延安。

首次聆听周恩来的教导

在服务团驻地——武昌师范学校，我看到一张布告:武汉大学抗战问题研究会请周恩来演讲，时间是12月31日上午9时。我不认识的两个青年在谈论:“周恩来演讲，一定要去听。据说蒋委员长最伤心的是国民党没有周恩来那样的人才。”“周恩来是文武全才，文能安邦，武能定国，蒋委员长对他又怕又恨又佩服。”

我对周恩来心仪已久。31日晨8时许，我赶到珞珈山，武汉大学礼堂已座无虚席，我挤站在墙边。有人指挥齐唱《义勇军进行曲》《大刀进行曲》……不一会儿，周恩来由会议主持者陪同走上主席台。这是我第一次看到他。他精神奕奕，微笑着向起立鼓掌的听众挥手。

周恩来演讲的题目是“现阶段青年运动的性质和任务”。

他的英姿吸引了所有的眼睛，他的发人深省的讲话获得阵阵掌声。当他讲道："战争了，我们再不能安心求学了……" 台下报以热烈掌声。当他讲道："今天的青年不仅要问，怎样争取抗战的最后胜利？而且要问，在抗战的胜利取得后，怎样改造中国？"掌声更热烈。他提出今天青年的努力方向："第一，到军队里去"，"第二，到战地服务去"，"第三，到乡村中去"，"第四，到被敌人占领了的地方去"。临结束时，他发出铿锵有力的号召："青年朋友们，努力去争取抗战的最后的胜利，努力去争取独立的、自由的、幸福的、新中国的来临！"① 这使会场的情绪达到最高潮。周恩来微笑着挥手向听众告别。

会议主持者很有水平，他把周恩来讲的最后两句话作为两句口号，带领大家高呼，希望大家牢记。他解释说：第一句是我们当前的任务，第二句是我们未来的目标；两句合起来，就是我们终生奋斗的纲领。他说：现在到哪里去，请大家自己考虑。这时，台下许多人高喊：去延安！去八路军！

服务团也有一些人听了这次演讲，他们回到驻地，向没有去听的人做介绍，认为我们这个服务团符合周恩来指引的方向。

当晚，陈指导员向全团宣布一项"军事机密"："胡先生"已到武昌，自即日起，都不要外出，等候"传见"。

胡宗南察言观色

胡宗南分三批接见服务团人员。我和同批被接见的人走进会客室，胡宗南的侍从副官唐西园安排这批人按名单顺序坐好，

① 周恩来．周恩来选集：上卷［M］．北京：人民出版社，1980：88－91.

然后引来一位带中将领章的军官说："这就是胡先生。"

没想到胡宗南竟是一个矮子。他表情矜持，显得有点做作。他手执名册，依次点名，不论男女都称"先生"。按事先规定的军礼，被点名的人都得站起来，说声"有"。胡宗南举目审视，说："请坐"，接着提出三或四个问题；我们回答时，他注意听，还注意看。他问完，在名册上划了什么，再点下一个人的名。他是在"察言观色"。我发现他对前几人提出的问题不尽相同，但都问一句"为什么到本军来?"我萌生一个念头，想使这个"有点奇怪"的人感到奇怪，也想使李芳兰感到意外。

当胡宗南点到我的名字时，我故意违例，坐而不立，只举起右手，说声"我就是"。

胡瞪眼瞧着我，问：贵庚?

我说：再过3个月零4天满19周岁。

他问：熊先生为什么到本军来?

我说：参加革命。

胡宗南一怔，问：熊先生来本军是为了参加革命?

我说：孙中山先生遗嘱第一句就是"余致力国民革命凡四十年"，贵军是国民革命军第一军，到贵军来当然是参加革命。

胡似笑非笑，问：怎样才是革命?

我说：中山先生最初提出的革命任务是"驱逐鞑虏，恢复中华"；现在，"驱逐鞑虏"就要抗日，抗日就是革命。

他问：不愿抗日、反对抗日的算什么?

我说：积极抗日的是真革命，消极抗日的是假革命，不愿抗日的是不革命，反对抗日的是反革命。

我话音刚落，胡突然加快语气，紧接着问：对反革命怎么办？

我脱口而出："杀。"胡盯着我看了一会儿，在名册上划了什么，再点下一个人的名。

回到驻地，吃罢晚饭，唐副官来接我，说胡先生约我去个别谈话。我问：还找了什么人？他说：只找你。他告诉我，胡宗南在每个人的名字上都画了圈，大多数画一个圈，少数画两个圈，至多三个圈，"唯独在熊先生的名字上画了四个圈"。

个别谈话时，胡宗南表情不再矜持，先漫谈，问我的学历，说我"17 岁进大学了不起"。然后用轻描淡写的方式，对我进行政治盘查。

他问：北平学生为何"闹学潮"，反政府？

我说：不是"学潮"，是学生爱国运动。我参加的爱国运动不是反政府，而是拥护政府反对日寇侵略，反对华北自治。爱国学生的要求远不及蒋委员长去年 7 月提出的"地无分南北，人无分老幼，无论何人皆有守土抗战之责任"。

他问：北平学生建立了什么组织？

对此，我提到"民先"，重复我对李芳兰讲过的关于"民先"的情况，说明我曾是清华"民先"分队的负责人之一（这是清华大学许多学生知道的）。

胡又问：为何取名"中华民族解放先锋队"？

我说：不是我起的名，但我记得中山先生讲过，民族主义就是"中华民族自求解放，中国国内各民族一律平等"。

胡面露喜色，说我对"总理遗教"有研究。他又问：共产党对北平学生的影响大不大？

我说：我不清楚。我知道清华学生都来自中上之家，被认为是“天之骄子”，埋头读书，还可出国深造。就我自己而言，看到日寇侵略，汉奸横行，感到愤慨，不愿做冷血动物。课余参加爱国运动，出于自觉自愿。现在投笔从戎，到贵军参加革命，决心上前线，洒热血，抛头颅，更是自觉自愿。

胡同我握手，转而问我家庭情况。我说：我家祖籍安徽，现住武昌，家父在湖北高等法院任庭长，家母操持家务，三个姐姐、一个哥哥念大学、一个弟弟、两个妹妹念中学。他要我写出家庭住址，他说：明天中午我派唐副官坐车去府上，专程请令尊来便餐，请转达令尊，务必光临。

20 世纪 30 年代的“全家福”。后排右二为熊向晖

父亲本来反对我弃学从军，他应邀同胡宗南餐叙后改变了态度。他告诉我：胡军长对你很器重，夸你少年英俊，才识超群。胡军长要我放心地把你交给他，他向我保证，一定把你培养成栋梁之材。

周恩来下闲棋，布冷子

这天晚上，我从武昌乘渡轮到汉口，找到八路军办事处。恰好是清华同学于光远值班。蒋南翔不在，董必武①同志接见了我。我向董老汇报了上述情况。董老高兴地说：这似乎都是巧合，其实基本上符合恩来同志的预想。恩来不知你今晚来，他因事外出，半夜才能回。末班渡轮是11点，你不必等，不要再来这里，不必见南翔。我把恩来的意见详细告诉你。恩来说，谈一次，要管几年。

董老说：恩来熟悉国民党，熟悉胡宗南，胡宗南在黄埔军校时接近共产党员，后来紧跟蒋介石，成为黄埔系的首脑，他和非黄埔系的陈诚是蒋介石最信赖的人。恩来在陕北同斯诺讲过，说胡宗南是蒋介石手下最有才干的指挥官，比陈诚出色，内心爱国，倾向抗日。② 1936年9月，恩来亲笔写信给胡宗南，说他在黄埔为先进，以剿共成名，相信他绝非勇于内战，怯于对外，劝他促蒋抗日，希望他成为民族英雄。③ 西安事变期间，宋子文到西安同恩来、张学良、杨虎城谈改组政府问题，内定由严重或胡宗南接替亲日派何应钦当军政部长。④ 虽未实现，

---

① 董必武（1886—1975），湖北省黄安县（今红安县）人，中国最早的共产主义者之一，时任中共中央长江局、南方局的主要领导人之一。新中国成立后，他曾任中央财经委员会主任，政务院副总理，政务院政法委员会主任，最高人民法院院长，全国政协副主席，中共中央监察委员会书记，中华人民共和国副主席、代主席。

② ［美］埃德加·斯诺．红色中华散记［M］．南京：江苏人民出版社，1992：69－70.

③ 周恩来．周恩来统一战线文选［M］．北京：人民出版社，1984：19－20.

④ 周恩来．周恩来选集：上卷［M］．北京：人民出版社，1980：71.

但可说明胡宗南是几个方面都看重的人。他在淞沪抗战中表现不错，由于蒋介石的战略错误，伤亡很大，现正扩充部队，延揽人才，他仍将是蒋介石的重要支柱。

董老说：恩来听说长沙组织去胡宗南部的服务团，立即要蒋南翔推荐一位秘密党员报名参加。针对胡宗南的特点，恩来提出几条，要出身名门望族或官宦之家，年纪较轻，仪表不俗，公开的政治面目不左不右，言谈举止有爱国进步青年的气质，知识面较广，记忆力较强，看过一些介绍马列主义基本原理的书籍和孙中山的著作，肯动脑子，比较细心，能随机应变。南翔推荐了你。恩来和我听了南翔的介绍，认为合适。董老接着说：胡宗南一见面就对你产生好印象，证明恩来的设想完全正确。他要“培养”你，你应接受。董老还说：从胡宗南对你的谈话中，可看出他有抗日积极性，不放弃孙中山国民革命的旗帜，也可看出他对共产党还有戒心。

董老肯定了我对胡宗南及对李芳兰的表态，指出今后仍应持此态度。董老向我讲了大革命失败的主要教训，我党抗日统一战线的形成和发展，以及《中共中央为公布国共合作宣言》的精神实质。董老说：国共合作共同抗日是现阶段的大局、全局。我们从多方面推动、帮助国民党抗日，服务团也可起一些积极作用，但不只是为此而要你参加服务团。目前国共合作形势较好，中央还要努力加强和发展国共合作。至于我们这一愿望能否实现，蒋介石、胡宗南在抗战中会不会反共，还难以断言。恩来经验丰富，主张未雨绸缪，后发制人，先走一步，现在就着手下闲棋，布冷子。你就是恩来筹划的闲棋冷子。如果一直闲着冷着，于大局全局无损；如果不闲不冷，于大局全局有利。这是一项特殊任务，具体要求须根据情况发展再定。

董老说：据南翔介绍，你的主要缺点是比较骄傲，性情急躁。你应努力克服。与此相关，恩来要你特别注意三点：

第一，不要急于找党。现只有恩来、南翔和我知道你负有特殊任务。我们将查明胡宗南今后的驻地，设法找你联系。这需要一段时间，不论多久，你都要耐心等待，不要着急。在取得联系前，你绝不要离开胡宗南部队，而应围绕这一特殊任务，独立决定问题，同你取得联系后，也许不需要你了，或者你不可能发挥特殊作用，你都不要着急，要甘于做闲棋冷子。

第二，隐蔽党员身份。不发展党员，不参与服务团的领导工作，保持不左不右、爱国进步的政治面目，准备参加国民党；要领会中央宣言中提出的“孙中山先生的三民主义为中国今日之必需”，以此相机推动胡宗南继续抗日、有所进步，但要做得自然，不要急于求成。如果胡宗南反共，你在表面上要同他一致，像天津萝卜，白皮红心。即使受到进步朋友的误解咒骂，也不要认为丢脸，急于表白，要忍耐，有韧性。

第三，在国民党里，对人可以略骄，宁亢勿卑，卑就被人轻视，难以有所作为，但也不宜过亢。国民党情况复杂，要适应环境，同流而不合污，出淤泥而不染。不论何时何地，处事绝不可骄，骄就会麻痹大意出问题，必须谨慎。谨慎不是畏缩。革命者应有勇气，又不可鲁莽。这就要发扬你肯用脑子、比较细心的长处，敢于和善于随机应变。

董老最后说：你已初步取得胡宗南的信任，有了较好的开端，但不要设想一帆风顺。你去的地方可能变成龙潭虎穴。恩来和我送你八个字：“不入虎穴，焉得虎子。”

胡宗南委任我当他的机要秘书

1938 年 2 月，服务团从武汉转往陕西凤翔。胡宗南所属部队在这一带补充整训。服务团向附近军民进行抗日宣传和医疗卫生工作，颇受欢迎。大家爱国热情很高，但有些人言行过激，李芳兰及其个别追随者与此相反，我则保持不左不右的面目，这些都为胡宗南派来的政工人员所注意。这年 5 月初，胡宗南从西安到凤翔，约我单独谈话，已不称我为“先生”。他说：你是一棵幼松，我要把你培养成材，首先要你做革命军人，成为黄埔大家庭的一员。他让我第二天早晨离开服务团，和他同车去西安，到中央陆军军官学校第七分校学习。

中央陆军军官学校前身为黄埔军校，原设在南京，抗战开始后迁成都，并建了一些分校，校长都由蒋介石兼任，第七分校主任由胡宗南兼任。学生都属“黄埔系”。我是第七分校首批学生，按黄埔军校序列，算作第十五期（胡宗南是第一期）。早晚点名时唱校歌，歌词的第一句是“怒潮澎湃，党旗飞舞，这是革命的黄埔”。这样，我就成了“革命军人”和“黄埔大家庭的一员”，无意中履行了周恩来在武汉大学演讲中提出的“最好受正规的军事训练”，并集体参加了国民党。

这年 8 月，服务团被解散，部分团员（如赖少其）他去，部分团员经短期政训后分配到胡部做政治工作。李芳兰嫁给胡部一个少将。三青团陕西支团部成立后，陈忠经长期任组训组组长，洪同任宣传组组长。

这时，胡宗南升任第十七军团长，下属四个军，参加兰封、信阳战役，因抗击日寇土肥原师团立功受奖。他还在西安开办培训政工干部的“战时工作干部训练第四团”、培训游击干部的“西北游击干部训练班”，在兰州开办培训甘、宁、青等省地方干部的“西北干部训练团”，势力迅速扩展。

1938 年，在中央陆军军官学校第七分校

这年 10 月，我还在军校学习，胡宗南“传见”我，说我“已经像个革命军人”。他问我家庭情况，我告以父母逃难到四川，父亲失业。不久，他安排我父母移居西安，给予生活费用，并去探望。

1939 年 3 月，我在军校学习期满，胡宗南指定我在有西安党政军各界领导人参加的毕业典礼上代表毕业生致辞，讲词由我自拟。我讲得激昂慷慨。礼成后，胡宗南找我谈话，表示满意。他说：现在的局面比过去大得多，他需要一个既懂军事又懂政治的助手。他在“黄埔大家庭”里选定了我，委派我担任他的侍从副官、机要秘书，原侍从副官唐西园另有任用。我表示不敢从命。他问：为什么？我说：胡先生认识我还不到一年半，不少人知道我曾是清华“民先”队的负责人，有“左”倾嫌疑，在胡先生身边担当这样重要的工作，我不能胜任，也不好办事，别人可能说闲话，对胡先生不利。胡宗南说：你的情况，我完全了解。我一向是疑人不用，用人不疑。我做出的决定，谁敢说不？

如此这般，我就成了胡宗南的亲信助手——侍从副官、机要秘书。除处理文电和日常事务外，还有一项被胡宗南认为别人不能代替的工作——为他起草讲话稿。胡宗南经常到他主办的军政院校和所属部队作“精神讲话”。我起草的稿子短而精，尽是豪言壮语，最合他的口味。

开始执行特殊任务

尽管董老嘱咐我不要急于找党，我还是忍耐不住。接受胡宗南的委派后，我于 1939 年 4 月初到平民坊找了清华老大姐黄葳（戴中扆），[①] 我不知道她在西安做什么，但我知道她是位可信可敬的共产党员。她答应帮我同党联系，以后没有下文。再找，她已搬走（新中国成立后才知道，她当时在中共陕西省委工作，不久迁往云阳）。

我不好去八路军驻西安办事处，只好等待。

1939 年 12 月的一天，我正在办公，门卫报告，有客要见。我出来迎，来人竟是许立群[②]（1937 年 2 月，我在清华介绍他入党）。我陪他走上附近的城墙，在寒风中长谈。他说，他从重庆去延安，蒋南翔在重庆工作，让他路过西安时找我。我谈了自己的情况，着重告诉他，胡宗南抗日积极，倾向进步，对

---

① 黄葳（1915—2002），原名戴中扆，上海嘉定人，1936 年在清华大学物理系毕业，并加入中国共产党，抗战初期任中共陕西省委宣传部秘书，新中国成立后曾任中国科学院东北分院副院长，国务院学位委员会委员。

② 许立群（1917—2000），原名杨承栋，江苏南京人，1936 年入清华大学历史系，1939 年曾任中共川东特委青委代理书记，新中国成立后曾任中共中央宣传部副部长，中国社会科学院哲学研究所所长。

我很信任，有时还同我一起学习唯物论、辩证法。此人可能成为“夏伯阳[①]式的人物”。我希望党尽快派人同我联系，不要到我办公地点，只可到我家中找我。

1940 年，吴德峰[②]、曾三[③]先后各到我家找我几次，每次时间都不长，主要了解胡宗南的政治态度，向我传达中共中央对时局的分析和有关方针政策。王中[④]找我一次，要我补交党费。

1941 年夏，王石坚[⑤]从延安到西安长住。此前，陈忠经已秘密加入共产党。我不定期地在陈忠经住所同王石坚交谈。作为周恩来两年半前下的闲棋，布的冷子，我已不闲不冷。因为胡宗南已追随蒋介石进行反共，我的“特殊任务”也随之明确，那就是：搞情报。周恩来正是我党情报工作的开创者和奠基人。

---

① 夏伯阳，苏联国内战争英雄，俄国十月革命后由白军将领转变为红军将领。

② 吴德峰（1896—1976），湖北保康人，1924 年加入中国共产党，新中国成立后曾任武汉市市长，最高人民法院副院长。

③ 曾三（1906—1990），湖南益阳人，1925 年加入中国共产党，新中国成立后曾任中共中央办公厅副主任，中央档案馆馆长。

④ 王中（1906—1981），浙江宁波人，1926 年加入中国共产主义青年团，1927 年转为中共党员，新中国成立后曾任安徽省副省长。

⑤ 王石坚，又名赵耀斌，1911 年生，原籍山东文登，1928 年入东北大学，1931 年转入北京大学化学系，1932 年加入中国共产党，曾任反帝大同盟河北省委党团书记，1933 年 5 月被国民党当局逮捕，判刑 10 年，关在南京中央军人监狱，1937 年 8 月经周恩来同国民党当局交涉获释，到延安中共中央党校学习。

| 二 |

第三次反共高潮

周恩来在延安告急时到达西安

1943 年 6 月下旬，周恩来、邓颖超、林彪等一百余人乘汽车由渝返延，7 月 9 日到达西安。这时，延安及整个陕甘宁边区正处于紧急状态。

胡宗南已升任第八战区副司令长官。副长官部设在西安南郊一座庙宇——俗称小雁塔的荐福寺。1943 年 2 月，驻兰州的第八战区司令长官朱绍良，以绝密件向胡宗南及该战区所属驻宁夏的马鸿逵、驻青海的马步芳，下达经蒋介石亲自审定的《对陕北奸区作战计划》，指令有关部队“于现地掩蔽，作攻势防御”，俟机“转取攻势”时，“先迅速收复囊形地带”，进而“收复陕北地区”。胡宗南按此计划部署兵力。他指挥的三个集团军，除第三十四集团军（下辖三个军）担负自潼关至宜川的黄河防务抵御日军外，第三十七集团军总部驻三原，第三十八集团军总部驻平凉，各辖三个军，对“陕北地区”和囊形地带“作攻势防御”。

囊形地带主要指陕甘宁边区关中分区。早在1939年，蒋介石即令当时驻西安的蒋鼎文进攻关中分区，侵占了淳化、栒邑、正宁、宁县、镇原五座县城（借口是，这五县不属行政院划定的陕甘宁边区管辖范围），但上述五县大部地区仍由陕甘宁边区掌握。蒋介石、朱绍良、胡宗南都认为，以栒邑城北马栏镇为中心的关中分区，位于洛川侧后，形成插入蒋管区的囊形地带，向南可进逼西安，向东可切断咸（阳）榆（林）公路，是必争的战略要地。

1943年5月22日，共产国际执行委员会主席团公开宣布《解散共产国际的决议》，声言这是为了适应反法西斯战争的发展，便于各国共产党独立处理问题。5月26日，中共中央发表决定，完全同意解散共产国际①。蒋介石密电胡宗南，电称：确悉，奸党连年整风，内争激烈，共产国际解散对奸党是沉重打击；命胡宗南乘此良机，闪击延安，一举攻占陕甘宁边区，限6月底完成部署，行动绝对保密。为此，对共产国际解散不公开置评。

胡宗南于1943年6月初到三原、耀县视察部队，6月18日在洛川召开军事会议，内定由第三十八集团军迅速攻占囊形地带后，协同第三十七集团军攻占陕北地区。6月下旬，胡宗南返回西安时，第三十八集团军已不能按原计划执行任务。原因是：1942年以来，甘肃南部出现了“西北各民族抗日救国联军”“西北农民义勇抗日救国集团军”等自发组织，互相联络

---

① 中共中央文献研究室．周恩来年谱（1898—1949）［M］．北京：中央文献出版社，1989：555.

配合，提出“甘人治甘、反对征兵征粮”口号，得到汉、回、藏群众的拥护、支持，影响逐步扩大，到1943年5月，武装力量达5万余，活动区域达20余县，震动兰州。朱绍良、胡宗南乃令第三十八集团军于6月5日起进行镇压。原期速战速决，在10日内弭平，但到6月底仍未奏功（延至7月中旬才暂告平息）①。蒋介石遂令胡宗南抽调第三十四集团军下辖的第一军和第九十军攻占囊形地带。为免过早暴露，胡宗南密令各参战部队先派出少量先遣人员，大部队在发起进攻前两日再开到指定的前进位置。预定的进攻日期是7月9日，恰好是周恩来到达西安这一天。

我及时将上述情况告知王石坚，他通过八路军驻西安办事处的密台迅报延安。

朱老总一电退胡军　胡宗南查究泄密者

1943年7月4日，朱德明电胡宗南，内称：“自驾抵洛川，边境忽呈战争景象。道路纷传，中央将乘国际解散机会，实行剿共。我兄已将河防大军向西调动，弹粮运输，络绎于途，内战危机，有一触即发之势。当此抗战艰虞之际，力谋团结，犹恐不及，若遂发动内战，必致兵连祸结，破坏抗战团结之大业，而使日寇坐收渔利，陷国家民族于危亡之境，并极大妨碍英美苏各盟邦之作战任务。”②

---

① 参见《爱党爱民模范　民族团结楷模——纪念甘南藏族农民起义领袖怀来仑·肋巴佛遇难四十周年》，1987年4月23日《人民日报》。

② 中共中央文献研究室．朱德年谱［M］．北京：人民出版社，1986：258.

收到这份电报，我心里一惊，送给胡宗南。他看了两遍，又让我念了一遍。他皱起眉头，说：这一手，厉害。接着提出两个问题：是谁泄的密？这一仗打不打？

我已有思想准备，不改常态地说：应该查明是谁泄密。从朱德的电报看，“河防大军向西调动”，可能由于“弹粮运输”有所暴露。但共产国际解散，委座不许公开评论。“中央将乘国际解散机会，实行剿共”，是委座亲自掌握的绝密行动，胡先生只让西安有关人员和参战部队师长以上将领知道，绝不会“道路纷传”。一定有人泄密，透露给共产党。也许有共产党间谍混进来。不查清楚，不好向委座交代。

胡宗南问：你看怎么查？我说：请胡先生指定专人，将西安和参战部队知道这一机密的人，包括我在内，列出名单，秘密审查。表面上若无其事，不要打草惊蛇，免得泄密的人畏罪逃跑。但从现在起，就不要让涉嫌的人参与机密，特别不要让他们知道这一仗打不打，防止再泄露给共产党。

胡宗南要我把他下属的特务头子刘大军找来，我退出。在这种场合，他一向不让第三者参加。

旋即得悉，延安方面通过多种渠道，将朱德的电报广为宣传。

当晚，胡宗南召集参谋长等有关人员开会，照常让我出席。

会上，胡宗南未提“是谁泄密”的问题，只提“这一仗打不打”的问题。有人主张照打，理由是：委座对“共党”的研判完全正确，不应坐失良机，加之陕北兵力空虚，正规部队只有三五九旅一个旅，连年开荒，已失战力。出动五个军，可迅速歼敌，完成任务；有人则主张暂缓，理由是：陇东“暴民”

是乌合之众，第三十八集团军进剿近月，尚未报捷，对陕北之敌更不可轻视。朱德的电报使事机败露，如日军闻讯，乘机渡河，难以收拾。现可按兵不动，听候委座指示。

胡宗南做结论。他说：不能坐待指示，应为委座分忧劳，我们要主动提建议。委座原定闪击、偷袭，不料“共党”采取非正规手段，利用朱德电报大肆张扬。如仍按原计划进行，不但日军可能乘隙渡河，而且定会受到盟邦责难。委座出任中国战区盟军最高统帅，盟邦对国军期望很高，可惜国军长期未打胜仗。共党早就宣传国军不抗日，只有他们抗日。此时进军陕北，将给共党口实，损害委座声誉，美国可能转而支持共党。我们只能停止行动，恢复原态势。他让参谋长据此起草给蒋介石的电报，送他核发。他核发时，还参照我的意见，做了些修改。

1943 年 7 月 7 日，蒋介石电复胡宗南，同意罢兵，但要查明有无“泄密”“通匪”情事。不久，刘大军报胡宗南，“通匪”事正在查，“泄密”事有两件：（1）6 月 12 日，西安劳动营训导处长张涤非召集 9 人开会，通过文件，要中共随共产国际解散而“解散”；（2）7 月 6 日，中央社自西安发出电讯说，西安文化团体开会，致电毛泽东，叫他趁共产国际解散之机，“解散中共”“取消边区割据”。胡宗南大骂张涤非、中央社是混蛋。事后，刘大军经胡宗南批准，将两个“匪谍”送西安劳动营关押。

这几天我未单独外出，直到 7 月 10 日，才将上述情况告知王石坚。

毛泽东质问国民党　胡宗南筹应周恩来

至7月13日，我送给胡宗南的文电中包括：

一、7月9日，朱德致电胡宗南：6日和7日，第一六七师师长及一团长分别在关中分区南部附近侦察地形。据民众称：该部将分九路进攻该区，请予制止。①

二、7月9日，延安三万群众举行紧急动员大会，通电全国，揭露“抗战阵营内一部分丧心病狂的日寇第五纵队”正积极策划进攻边区，呼吁全国人民制止内战，号召全边区人民动员起来，保卫边区。②

三、7月10日，朱德致电胡宗南：关中方面战机甚紧，若被攻击，势必自卫。③

四、7月12日，延安《解放日报》发表题为《质问国民党》的社论，指出胡宗南指挥的三个集团军中，“有两个集团军用于包围陕甘宁边区，只有一个用于防守从宜川至潼关一段黄河沿岸，对付日寇”。不料近日“担任河防的第一、第十六、第九十等三个军中，开动了两个军，第一军开到邠州、淳化一带，第九十军开到洛川一带，并积极准备进攻边区，而使对付日寇的河防，大部分空虚起来”，质问“这些国民党人同日本人之间”，“究竟是怎样”的关系？（新中国成立后，我才知道，这一社论是毛泽东所写，收入《毛泽东选集》。当时毛主席为

---

① 中共中央文献研究室．朱德年谱［M］．北京：人民出版社，1986：258.

② 中共中央文献研究室．周恩来年谱（1898—1949）［M］．北京：中央文献出版社，1989：559.

③ 中共中央文献研究室．朱德年谱［M］．北京：人民出版社，1986：259.

拒阻胡宗南进攻边区，断然使用情报材料。）

胡宗南已于7月8日下令收兵，先遣人员返回原建制。他看到上述文电时哈哈大笑，认为共产党情报不灵，对他莫测高深。但他对《质问国民党》一文的犀利文笔很感兴趣。

胡宗南获悉周恩来等即将到达西安，事先采取两项措施：

一、通知陕西省主席熊斌等，如周恩来约谈，应矢口否认他有进攻边区意图。

二、指定政治部主任王超凡，在小雁塔安排酒会，招待周恩来、邓颖超。从西安黄埔六期以上将级军官中选30人左右，各偕夫人出席作陪，对周恩来以师礼相待，制造友好气氛，多敬酒，最好把周灌醉。他还规定，在酒会上，对周恩来称周先生，对邓颖超称周夫人，对蒋介石不称委座、总裁而称蒋委员长，对他本人称胡宗南同志。王超凡问：对林彪怎么称呼？胡宗南答：不请林彪（林彪是黄埔四期生，从苏联疗养回延安路过西安时见过胡宗南，态度甚卑，胡宗南瞧他不起）。

周恩来在胡宗南举办的酒会上

招待酒会于7月10日下午举行。经事先联系，邓颖超因身体不适不参加。胡宗南要我乘坐他的专用汽车，代表他去七贤庄八路军办事处迎接周恩来。周恩来问我：贵姓？我通报了姓名，他紧握一下我的手，领我向门口走。走了两步，他忽然停住，让我稍等，他转身返回里院。不一会儿他出来，我轻声用英语说：请小心，提防被灌醉。

车到小雁塔。胡宗南在会场外等候，向周恩来敬礼，陪周恩来进会场。王超凡向环坐在四周的作陪者下令："起立！"周恩来挥手致意。胡宗南陪周恩来在东侧中间的双人沙发上就座。王向作陪者下令："坐下！"

周恩来同胡宗南交谈，提出他想了解的问题。

王超凡致欢迎辞。在临尾时说：在座的黄埔同志先敬周先生三杯酒，欢迎周先生光临西安。请周先生和我们一起，祝领导全国抗战的蒋委员长身体健康，请干第一杯。

周恩来举杯起立。他微笑着说：王主任提到全国抗战，我很欣赏。全国抗战的基础是国共两党的合作。蒋委员长是国民党的总裁，为了表示国共合作共同抗日的诚意，我作为中国共产党党员，愿意为蒋委员长的健康干杯。各位都是国民党党员，也请各位为毛泽东主席的健康干杯！

胡宗南愣了。王超凡和其他作陪者不知所措。周恩来举目四顾，仍然微笑着说：看来各位有为难之处，我不强人所难，这杯敬酒免了罢。他放下酒杯，继续泰然自若地同胡宗南谈话。

隔一会儿，十几位打扮得花枝招展的夫人举杯走向周恩来。其中一位说：我们虽然没进过黄埔军校，都知道周先生在黄埔军校倡导黄埔精神。为了发扬黄埔精神，我们每人向周先生敬一杯。

周恩来风趣地说：各位夫人很漂亮，这位夫人的讲话更漂亮。我想问：我倡导的黄埔精神是什么？谁答得对，我就同谁干杯。她们顿时张口结舌。胡宗南忙说：今天只叙旧谊，不谈政治。周恩来转向这些夫人说：我们就谈点别的。他同她们分别寒暄几句，把她们送回原座。她们不感尴尬，反而笑逐颜开。

周恩来继续和胡宗南谈，既谈政治，又谈军事。

接着，十几位将军排成一行，举杯向周恩来走来。领头的说：刚才胡宗南同志指示我们，今天只叙旧谊。当年我们在黄埔军校学习，周先生是政治部主任，同我们有师生之谊。作为周先生的弟子，我们每人向老师敬一杯。

周恩来说：胡副长官讲，今天不谈政治。这位将军提到我当过黄埔军校政治部主任，政治部主任不能不谈政治，请问胡副长官：这杯酒该喝不该喝？胡宗南说：他们都是军人，没有政治头脑，酒让他们喝，算是罚酒。他们遵命干杯。周恩来同他们一一握手，问了姓名、职务。他们转身回座时，个个面露喜色。

不久，又一批夫人走来。有一位看着稿子说：我们久仰周夫人，原以为今天能看到她的风采，想不到她因身体不适没有光临。我们各敬周夫人一杯酒，表示对她的敬意，祝她康复，回延安一路顺风。我们请求周先生代周夫人分别和我们干一杯。周先生一向尊重妇女，一定会尊重我们的请求。

周恩来严肃地说：这位夫人提到延安，我要顺便说几句。前几年，延安人民连小米都吃不上。经过自力更生，发展生产，日子比过去好，仍然很艰难。如果让邓颖超同志喝这样好的酒，她会感到于心不安。我尊重妇女，也尊重邓颖超同志的心情。请各位喝酒，我代她喝茶。我们彼此都尊重。他举茶杯碰她们的酒杯，她们喝了酒，他喝了茶。

告辞时，周恩来举杯说：感谢胡副长官盛情款待。我昨天到西安，看到朱德总司令 7 月 4 日给胡副长官的电报。里头说，胡副长官已将河防大军向西调动，内战危机有一触即发之势。今天我问胡副长官，这是怎么回事？胡副长官告诉我，那都是谣传。胡副长官说，他没有进攻陕甘宁边区的意图，他指挥的部队不会采取这样的行动。我听了很高兴，我相信，大家听了都会很高兴。我借这个机会，向胡副长官，向各位将军和夫人，敬一杯酒。希望我们一起努力，坚持抗战、坚持团结、坚持进步，打败日本侵略者，收复南京、上海；收复北平、天津；收复东三省；收复所有被日寇侵占的中国的山河土地，彻底实现孙中山先生的三民主义，把我们的祖国建设成独立、自由、幸福的强大国家！同意的，请干杯；不同意的，不勉强。说完，他一饮而尽。胡宗南也一饮而尽，所有作陪的人都跟着干了杯。

胡宗南陪周恩来走向他的专车，对周恩来说：我让熊秘书代表我接周先生，也让他代表我送周先生。我上车，坐在周恩来的左侧。车启动，胡宗南注目敬礼，周恩来向他招招手。

途中，周恩来说：刚才我告诉胡副长官，送他延安出版的书报杂志，到七贤庄就让他们找一些，请熊秘书等一会儿，顺便带给胡副长官。他朝司机的背影看着，用左手握一下我的右手。我明白，他有话同我谈。

周恩来同我密谈一刻钟

周恩来领我到七贤庄里院东侧一屋，关上门，再次紧握我手，说：这几年，你辛苦了。我禁不住流泪。他柔声说：要忍住。我懂得这一语双关。周恩来看看手表，说：有些事要问你，不能超过一刻钟。

他问：蒋胡会不会进攻边区？

我说：要看全局。1939 年蒋介石让胡宗南移驻西安，镇守大西北，给他十六字战略方针："东御日寇，北制共匪，西防苏俄，内慑回马。"重轻次序是东、北、西、内。苏德战争爆发，去年盛世才投蒋，胡部第三集团军将从甘肃河西进新疆，暂无西顾之忧，其他三方未变。胡宗南想扩军，但国统区缩小，法币贬值，兵源、粮源、财源都缺，扩军办不到。胡现有三个集团军，对付三方面，左支右绌。宁夏马鸿逵、青海马步芳都是地头蛇，挟回民自重，蒋介石不得不给以兵权、政权，又怕他们坐大，反蒋、降日、联共，需胡宗南“慑”服。山西大部沦陷，潼关至宜川黄河防务关系重大，蒋介石要胡宗南用主力第三十四集团军固守。如日军过河，进入八百里秦川，大西北国统区保不住，蒋介石即使想和，也无本钱。前年，蒋介石派次子纬国到胡宗南的第一师当排长，现升连长，一直驻潼关附近，表明蒋介石对胡宗南的信任和对这段河防的重视。珍珠港事件后，美要借助中国牵制日军。蒋介石军常败，使美失望。蒋介石怕美支持八路军、新四军。去年，罗斯福派特使威尔基来华考察，蒋介石专门安排他巡视潼关守军和工事，检阅胡宗南的精锐部队第一军的一个师，借此显示蒋介石有力量、有决心抗日。蒋介石标榜抗日，可提高地位，取得美援，更需胡宗南固守河防，“东御日寇”。蒋介石、胡宗南早想侵占边区，但因既要“东御”，又要“内慑”，无力北进，又怕我“政治南下”或“军事南下”，对“北”方针在于“制”，力图在西北将我限制在蒋介石划定的边区范围之内。这次蒋介石利用共产国际解散，想改“制”为“剿”，但不敢明目张胆，命胡宗南偷袭闪击，计划已定，大部队尚未就位。朱总发电揭露，“日寇渔利”“妨碍盟邦”两句击中要害，蒋介石、胡宗南只好收兵、否认。这次搞不成，以后更困难。不是不想，是力所不及，势所不能，方针仍会回到“制”。但蒋介石、胡宗南扬言囊形地带是越界，是威胁，还会继续侵扰，认为不致引起风险。

周恩来问：胡反共坚决不坚决？

我说：我一度认为胡宗南可能成为“夏伯阳”，这是幻想。胡宗南受蒋介石重用，有知遇之恩，基于本身利害，对蒋介石效忠、服从。蒋介石抗日，他拥护；蒋介石反共，他追随。对边区，他构筑了自宜川沿黄龙山北麓经洛川至甘肃环县长达1300里的封锁线，盘查甚紧，多方同我们争夺青年。他同戴笠关系极密，可指挥军统，并自建特务机构，侦察、破坏我党。他在西安设劳动营，关押共产党员、“嫌疑犯”及异已分子，还利用叛徒、托派办反共刊物。但他也有另一面，你1936年9月1日给他的信，他珍藏着，给我看过，对“兄以剿共成名，私心则以兄尚未成民族英雄为憾”很感慨；他反对降日，痛恨汪精卫之流，仍常函候张学良。日美开战后，他请求过河反攻，蒋介石未准。黄埔杜聿明等率远征军出国作战，他很羡慕。他要我起草“精神讲话”，着重要求做“革命军人”，鼓舞抗日斗志，强调民族气节，反对贪污腐化，反共调子不突出。去年，中央通过王世英邀他访延安，他很想去协调一些关系，蒋介石不准。这次蒋介石命他闪击边区，虽事机败露，他也可蛮干；但他权衡利害，主动请蒋介石准予罢兵。他的两面性很明显，既想抗日，又要反共。根据形势和所负任务，他在军事上仍将把“东御日寇”放在第一位，“北制共匪”放在第二位。

周恩来问：服务团那个女团长还找不找麻烦？你在安全方面有没有漏洞？

我说：前几年，李芳兰找我重提旧事，我顶住了。胡宗南的特务头子曾给我看一匿名信，信里说我是“匪谍”，我当场拍了桌子，质问他是何用意，指责他对我玩特务手段，我要向胡宗南辞职。他劝阻，说他是好意，是想使我知道有人诬陷我，希我提防。对这类情况我都以攻为守。胡宗南多疑，取得他的信任不容易。我牢记你和董老的指示，特别注意谨慎，事无巨细都当心。胡宗南常出人不意，轻车简从，微服出巡（他认为，行踪保密、微服简从最安全；事先张扬、前呼后拥最暴露，反易招敌暗算）。一次，他去西峡口会汤恩伯，只带两人，中途夜宿村塾，无意中发现我独自通宵警戒，给他难忘印象。经多年观察考验，他对我深信不疑。我至今有惊无险。如遇险，我能自持。

周恩来看看手表，说：前年蒋南翔回延安，我让他向陈云详细汇报你的情况，我还要向中央主要领导同志讲。你身在虎穴，岗位重要，怎么工作，不需我多讲，我只提几句：对党要忠诚，对敌要狡猾；有所为，有所不为：抓大不抓小，注意战略动向，主要着眼保卫党中央。

周恩来又紧握我的手，摇了摇，说：我不送你，胜利后再见。

周恩来虑事周细入微

八路军驻西安办事处几位同志将几捆包装好的延安出版的书报杂志送上我坐的汽车，另给我几本没有包装的杂志。我才意识到，我接周恩来时，他问我姓名后，叫我稍等，转身返回内院，就是让人先办好这件事，为我在七贤庄逗留提供借口。我还意识到，把几本没有包装的杂志交给我，也是周恩来的精心安排。如果有人问我：你在七贤庄等的那一会儿，“八路”同你谈些什么？我可以说，他们忙着找书包、捆，让我看杂志。

周恩来一行于7月13日离西安去延安。军统西安站为了表明恪尽职守，送来综合报告。其中提到有一人坐胡宗南的专用汽车到七贤庄，接送周恩来。去接时，几点几分进，几点几分出；去送时，几点几分进，几点几分出，带走几大捆东西，看不出是什么。但显而易见的是，此人拿走几本反动刊物。我送给胡宗南，他看后哈哈大笑，高兴地说：周恩来在西安，一举一动都逃不过我们的眼睛。

周恩来谈第三次反共高潮

从抗战爆发到1938年武汉和广州沦陷这段时期，国民党和共产党之间的共同抗日关系比较正常。1939年1月，在重庆召开的国民党五届五中全会原则通过了《限制异党活动办法》后，国民党公然反共，制造摩擦。到日本投降止，国民党掀起三次反共高潮。第一次，主要是1940年春，蒋介石命令第九十七军朱怀冰部袭击驻太行山的八路军总司令部；第二次，主要是1941年1月，蒋介石命令第三战区司令长官顾祝同突袭新四军，造成皖南事变；第三次，就是本文所述的1943年6月至7月间，蒋介石命令胡宗南闪击陕甘宁边区未逞。

关于第三次反共高潮，1945年4月周恩来在中共七大发言中说：“那个时候正遇上共产国际解散，蒋介石以为我们党内会有争论，于是就投这个机，来了一个取消中国共产党，而且还来了一个包围边区，打我们的心脏。第一次反共高潮打华北，第二次反共高潮打华中，第三次反共高潮打西北。我们揭露了他，全国人民都同情我们。在国际舆论上，不管苏联也好，英美也好，都反对中国的内战。所以就把蒋介石的第三次反共高潮压下去了。”①

① 周恩来．周恩来选集：上卷［M］．北京：人民出版社，1980：203.

| 三 |

抗战胜利至全面内战爆发

胡宗南决定保荐我去美国留学

1945 年 9 月 22 日，胡宗南以第一战区司令长官身份，在郑州举行受降典礼，接受豫北、豫西日军代表第十二军司令官鹰森孝投降。参加典礼的除他的一些高级将领外，还有专司训练胡部使用美式装备的美国军官包瑞德少将等人。典礼完成后，胡宗南向来宾、记者发表讲话。他说，郑州、洛阳、开封、新乡日军今天正式接受本长官的命令，开始缴械。由于最高领袖的英明领导，由于美国盟邦的巨大援助，取得抗日战争胜利。在这光辉的一天，我向最高领袖和美国朋友致以崇高敬意。讲毕，译成英文。

事后，胡宗南接见了受他改编、由他指挥进攻解放军的伪军头目孙殿英等。

胡宗南回西安不久，蒋介石晋升他为上将，颁给胜利勋章。他兴高采烈，对我说，决定保荐我去美国留学，我不必陪他去重庆参加“复员整军会议”，要我做准备，洽办留美手续。他还说，他在考虑再选几人赴美深造，多几个留美的博士、硕士，对他今后的事业有助益。

我函告未婚妻谌筱华。她是同济大学医科学生，和我志同道合。日本投降后，该校由四川迁回上海，停课半年。她先到西安，再回老家南京。陈忠经见了她，王石坚同她长谈，让她参加我们的工作。

经胡宗南推荐，我的哥哥已在蚌埠担任收入较丰的职务，常去南京，在南京找到住处，我的父母将由西安搬此。我决定送父母和谌筱华去南京。我的哥哥毕业于中央大学法律系，我要他索取中央大学的正式英文证明信和他所学课程成绩单，以便我借用报考美国的大学研究院。当时我已 26 岁，只在大学念过一年半，为了早点取得硕士、博士学位，只好采用冒名顶替的办法。

王石坚传达中央指示

我于 1945 年 11 月到南京，得知中央大学虽已决定由重庆迁回南京，但因军运繁忙，档案及大部员工滞留重庆，半年后才能取得我所需的证件。我不能等候那样久，却想借机休息一些时，过了春节再回西安。

我探望筱华的寡母。她的众多亲戚和我的一些故旧把我看成国民党的“要人”，邀我餐叙，希我设法制止国民党“接收”人员的“劫收”。不少人谈到蒋介石邀毛泽东到重庆谈判，谈到 10 月 10 日签署的《国共双方代表会谈纪要》。一些人问我：《纪要》里规定，“在蒋主席领导之下，长期合作，避免内战”，为什么战火不休，不让老百姓过和平生活？我虚与委蛇，但心里明白，《纪要》签署第三天，蒋介石即密令胡宗南印发他

1933年制定的《剿匪手本》，决心“剿共”。而王石坚则告我，我党坚决保卫和扩大解放区，不让蒋介石“摘桃子”。

在南京，我从报上看到一些出乎我意外的新闻，特别是1945年12月22日美国总统杜鲁门派五星上将马歇尔作为特使来华调处国共纠纷；1946年1月10日蒋介石和毛泽东分别代表国共双方下达停战令；1月31日政治协商会议一致通过《和平建国纲领》等五项协议，提出“全国力量在蒋主席领导之下，团结一致，建设统一、自由、民主之新中国”；2月25日，国共代表和马歇尔签署《关于军队整编及统编中共部队为国军之基本方案》，规定在12个月终了时，西北驻5个政府军，而没有中共军。这些都使我迷惑不解。

3月初，我返回西安，王石坚向陈忠经和我传达中共中央有关指示。他说，日本投降后，蒋介石同我党争夺胜利果实，我军坚决回击蒋军进攻，取得上党大捷、邯郸大捷，教训了国民党，在国内外产生重大影响。全国人民渴望和平，苏联不希望中国内战，美国更要求中国安定，蒋介石被迫接受民主改革。王石坚还向我们传达1946年2月1日中共中央《关于目前形势和任务的指示》，指出政治协商会议已获重大成果，中国已走上和平民主建设的新阶段；今后同国民党的斗争，主要是群众斗争和议会斗争；我党将参加国民政府；我军将进行整编，实行党军分立，党将停止对军队的直接领导；国民政府还都南京后，中共中央将移驻江苏淮阴①。王石坚还说，中央主管负责

① 廖盖隆．全国解放战争简史［M］．上海：上海人民出版社，1984：187－188．田为本．关于抗日战争胜利后中共中央曾拟南迁问题［J］．党史通讯1987（8）：41－42.

人要陈忠经、申健[①]和我继续隐匿党员面目，先去美国留学，回国后的任务届时再说。他说他到上海时，将向申健传达。

我原已获悉，除我以外，胡宗南增选16位30岁左右的大学生去美国学习，其中近半数是陕西名绅的子弟，其余是帮他工作多年、受他重视的干部，包括陈忠经和申健。申健曾任三青团西安分团书记、西北工合[②]宝鸡事务所主任，同我很熟。但直到这时，我才知道他是秘密党员，并且是王石坚联系的情报人员。他和陈忠经帮助王石坚找到职业，建立秘密电台。陈忠经、申健二人在抗战期间分别去昆明、成都续读大学，都取得了大学文凭。他俩去美留学，不像我还需另找证件。

周恩来命我到南京面谈

不久，胡宗南参加第二次“复员整军会议”后回到西安。我得知，这次会议由蒋介石主持，决定复员军官15万、士兵100万，集团军改为整编军，军改为整编师，师改为整编旅，裁撤军事委员会，在行政院下设国防部，白崇禧任部长，陈诚任参谋总长。胡宗南主办的军校和其他军政院校停办。我以为国民党有了和平诚意。但4月11日，蒋介石密令胡宗南，决定用5天时间围歼中原解放军李先念部，5月4日发起进攻，5月

---

① 申健（1915—1992），原名申振民，河北大城人，1937年10月在北京师范大学（抗战开始后合并为西北联大）参加中华民族解放先锋队，1938年加入中国共产党，1947年入美国西储大学研究生院，1949年6月回国，新中国成立后曾任驻印度大使馆参赞，首任驻古巴大使，中共中央对外联络部副部长。

② 工合，全称中国工业合作协会，1937年底在重庆正式成立，是抗日战争时期国内爱国分子和同情支持中国革命的海外友人共同建立的专门用于提供军事物资和民用物资的组织，在抗日战争期间曾发挥了重大的作用。

9日结束战斗。我迅即通知王石坚。后王石坚告我，周恩来先期向马歇尔、徐永昌[①]揭露这一阴谋，予以制止。[②] 王石坚说，过去他和周恩来相识，周恩来一向重视情报，最善于运用情报。

1946年5月18日，胡宗南向蒋介石提出《攻略陕北作战计划》，要采取“犁庭扫穴”、直捣延安的闪击行动。我照例迅告王石坚。过了几天，我又告王石坚，蒋介石命胡宗南“暂缓”。我同时告王石坚，中央大学档案已运到南京，我定于6月5日乘班机飞南京，洽办留美手续。

5月下旬，王石坚对我说：中央对胡宗南密谋偷袭陕北的计划很重视，现在到了和、战的关键时刻，来往电报讲不清楚，周副主席要在你到南京后同你面谈，要立即查告你在南京的家庭住址，要你到南京后第一个星期的上午都不要外出，有人会到你家，对你说“胡公找你”，你就跟他走。——“胡公”是周恩来的代号。

童小鹏[③]接我去梅园新村

我在南京住卫巷32号家中。我让我的哥哥向中央大学索取盖上校印的英文正式证明信，证明在该校毕业，所学课程和成

---

① 徐永昌（1887—1959），山西崞县人，曾任国民党军令部部长，1946年国共谈判期间，任“军事三人小组政府代表”。

② 中共中央文献研究室．周恩来年谱（1898—1949）［M］．北京：中央文献出版社，1989：662－663.

③ 童小鹏（1914—2007），福建长汀人，1930年6月参加红军并入党，长征到达陕北后曾任毛泽东的秘书，1936年西安事变后长期跟随周恩来负责秘书兼机要工作，新中国成立后曾任总理办公室主任、国务院副秘书长，中共中央办公厅第一副主任，中央统战部副部长。

绩也译成英文，证件上换成我的名字和照片。我们兄弟二人面貌相似，名字译成英文音也相近，能够蒙混过关，我可用以报考美国大学的研究院。

6 月 10 日上午 10 时许，我在家里看报，来了一位小个子的陌生人。他头戴草帽，问清我的姓名后，说“胡公找你”。他让我戴草帽，我没有，只有流行的“巴拿马帽”，他说可以。他要我好像逛街似的跟他走，同他保持五步左右的距离。我跟着他穿过闹市，走到比较偏僻、人烟稀少的大石桥附近，在路旁柳荫下停住。他说他叫童小鹏，胡公不便在别处见我，他陪我去梅园新村 30 号——中共代表团驻地。他说，“秘密线上”的人从来不去那里。特务监视、盯梢有规律，下午 5 点以后到上午 10 点以前最严，大白天反而放松，等一下有一辆小轿车开来，他要我上车后很自然地躺卧后座，用巴拿马帽盖着脸。汽车开到代表团会客室前，东边有座高楼是特务据点，他先下车，站在东面挡住特务视线，要我下车后很自然地向西看，大大方方迈上四级台阶，走几步就进会客室。他说，胡公已安排代表团的一些同志今天上午或坐车、或步行，反复出去进来，分散特务的注意力，对安全问题已采取有效措施。

说时迟，那时快，驶来一辆小汽车，猛然停住。我上车按童小鹏交代的做。下车时，我向西看，看见院子里有几人正在打排球，其中有一位是清华同学——宋平①。

---

① 宋平，1917 年生，山东莒县人，1935 年入清华大学化学系，1937 年加入中国共产党，1946 年任南京中共代表团周恩来的政治秘书，新中国成立后曾任甘肃省委第一书记，国家发展计划委员会主任，中共十一届、十二届中央委员，十三届中央政治局委员、常委。

20 世纪 90 年代，熊向晖与老同学宋平（左）合影

周恩来对“事故”的坦诚态度和周密处理

我走进梅园新村中共代表团的会客室，董老迎上来，一面同我握手，一面说：真是光阴似箭，一晃就是八年半，你的模样没有变，似乎长高了些。他告诉我，恩来同志很快就回来，有件事，等他谈。

汽车声响，周恩来推门走进。他关上门，拉着我坐在沙发上。他皱皱眉头，说：我一不小心出了事故。7 日，我坐马歇尔的专机去延安，研究东北停战问题，忙着开会，把你在南京的住址写在小本子上。前天开了一夜的会，一直开到昨天上午去机场。天气热，我没有穿外衣，把小本子放在贴身衬衣的口袋里。我回南京还要谈判，在马歇尔的专机上躺一会儿，一睡就睡得很死，飞机在南京降落，我还不知道。同行的同志把我叫醒，下了飞机，回到梅园新村，发现小本子不见了，到处找不到，肯定是在我睡着的时候颠了出来，溜到马歇尔专机机舱里。小本子上记了几件无关重要的事，唯一重要的是你在南京的住址。按照秘密工作的做法，本来应该记在脑子里，我一时粗心，写在小本子上，还写了一个“熊”字。我原来以为放在身上衬衣口袋里很保险，可是衬衣口袋没有扣子，匆匆忙忙下飞机，也没有注意检查，造成严重事故。我已经打电报报告中央，做了初步检讨，请求处分。

我顿时感到震撼，倒不是由于他丢了小本子，而是由于他对这件只有自己一人知道的事，毫不规避，如实报告中央，还做检讨，请求处分。更使我想象不到的是，他是中央最高领导人之一，竟向我这个普通党员和盘托出。他的真挚坦诚的态度和伟大崇高的品德深深震撼了我。我激动地说：请周副主席放心，这是一件小事，我能够应付。万一出问题，也没有什么了不起。我从宣誓入党时起就准备随时牺牲。

周恩来庄重地说：每个共产党员都应该准备随时牺牲，党组织不应该让党员平白牺牲。这个事故是我造成的，我要承担责任，要尽一切努力来挽救，不能一误再误。周恩来说，昨天下午4点多，马歇尔的侍从副官来找我，我不在，他一直等到我回来。他说，马歇尔指示他务必当面送给我一份机密文件。他把一个用厚纸包装、火漆密封的小盒子交给我。我打开一看，里面装的正是我丢掉的小本子。①

周恩来说，马歇尔郑重其事派人把小本子送还我，但他必然让他的亲信把小本子记的内容照了相。这样，你就暴露了。

---

① 此处据熊向晖回忆是马歇尔副官将小本子送到八路军办事处的，而章文晋回忆是由他专程去马歇尔副官处取回的。——编者注

秘密党员一暴露，通常就得撤走，转移到安全的地方。对你却不能采取通常办法。毛主席说过，你顶几个师。一下子撤掉几个师，我下不了这个决心。我和董老反复研究，马歇尔照了相，会怎么处理？一种可能是，美国现在偏向国民党，他可能送给国民党。如果他送，不会送给徐永昌、郑介民[①]这类人，那不合他的身份。要送，只会直接送给蒋介石。蒋介石架子大，见他必须事先约定，这就给我们一些缓冲时间。蒋介石一看到，一定派人抓你，这又会暴露马歇尔，使他失去"调处人"的资格。也有第二种可能，马歇尔不送给蒋介石，免得因小失大。我和董老商量了很久，一致认为有这种可能性，必须立足于最坏的情况，同时也要考虑第二种可能。

周恩来问：你在南京有没有非常可靠的熟人，和你家有来往，也能和王石坚通信？我说：我的未婚妻谌筱华具备这些条件。周恩来问：她和谌小岑[②]是不是一家？我说：同姓不同宗。我介绍了谌筱华的主要情况。周恩来说：好，你找了个好伴侣。

周恩来又问：你在上海有没有合适的地方，可以不引人注意，找个借口住几天？我讲了几处地方，包括著名书法家马公愚的宅邸。周恩来说：住在马公愚的家里比较妥当，他在上海地位高，特务不敢轻易打扰他。

问清上述情况后，周恩来说，他已让延安通过密台告知王石坚，要他提高警惕，注意敌情，准备应变。如马歇尔把照的相送

---

① 郑介民（1897—1959），海南文昌人，1946 年国共谈判期间任"军调处政府代表"，同时任国防部二厅厅长兼保密局局长。

② 谌小岑（1897—1992），湖南安化人，著名翻译家，20 世纪初天津觉悟社成员，新中国成立后曾任国务院参事。

给蒋介石，蒋介石一定会交中统或军统查办，交军统查办的可能性更大。中统、军统都沉不住气，军统更沉不住气，急于求成，一定会很快采取行动。既不敢拖延，也没有耐心放长线。按照他们的规律，从发现线索到捕获目标，不会超过半个月。他们惯于搞突击，突击也会有点前兆。周恩来让我将上述情况告诉谌筱华，然后立即到上海住半个月，找个借口不出门，由谌筱华注意我家中动静，并用暗语写信给王石坚。如发现我家或王石坚处有异常情况，即用暗语快信通知我，我即到上海马思南路 107 号找王炳南，王炳南已做了准备，届时会把我安全地送到苏北解放区。将来再设法送谌筱华去。周恩来要我吸取他这次的教训，对王炳南的姓名住址不要写在纸上，必须记在脑子里，记住九个字“马思南—107—王炳南”。过了半个月，如一切正常，就说明马歇尔未把照的相送给蒋介石，我就可回南京办留美手续。“失踪”太久不利，会使人生疑。办完手续后，还应去西安见胡宗南。

董老补充说：恩来同志做了各种设想，同我商量了一个多钟头，最后想出这个办法，进可以攻，退可以守。恩来还不放心，问我这会不会有风险？我说他知己知彼，考虑周到，符合实际。恩来说，保险系数不能说是百分之百，我说，可以说是百分之九十九。

周恩来说：既然找你来，就要问你几个问题。马歇尔、蒋介石会给我们留下缓冲时间，你再留一个钟头，在这里吃便饭，我们边吃边谈，像西方说的那样进行“工作午餐”。

同周恩来、董必武共进“工作午餐”

餐桌上摆了一个冷盘，四菜一汤，一小杯葡萄酒。董老说：

你来一趟不容易，喝一杯酒，慰劳慰劳你，也慰劳慰劳恩来。周恩来为我夹菜，最好吃的是“狮子头”。

周恩来问我：胡宗南要进攻陕北，为什么蒋介石要他暂缓？

我说：胡宗南在抗战期间没有多少战功，想攻占陕北，提高声望。蒋介石认为目前攻占陕北，军事上意义不大，政治上不到火候，命他暂缓。

周恩来又问：日本投降以来，局部战争不断，你看蒋介石会不会发动全面内战？

我列举所知的情况，指出蒋介石早就策划全面内战，“复员整军”只是汰弱留强、汰疏留亲，“战区”将改成“绥靖公署”，就是适应全面内战的体制，全面内战的军事部署已经完成。蒋介石已判明苏联不会干预，他已确知美国将给予支持。蒋介石抢东北，夺华北，还都南京后，为巩固中枢，要向苏北、中原开刀，发动全面内战为期不远，胡宗南进攻陕北将是最后一招。

周恩来说，他从其他方面也获得蒋介石将发动全面内战的消息，听到我的介绍，更加清楚。他说，我党同蒋介石斗争了许多年，经验很丰富，蒋介石的任何阴谋诡计都骗不了我们。日本一投降，毛主席、党中央就做了应付全面内战的准备。蒋介石邀毛主席去重庆会谈，你和其他一些同志提供了蒋介石毫无诚意的情报，这和毛主席、党中央的判断相符。毛主席本来不想去，蒋介石再三邀请，考虑到国内国际的情况，毛主席接受邀请，目的是揭穿蒋介石的和谈骗局。签订《双十协定》前后，没有摸清美国的底。我们很了解蒋介石，很不了解美国，我们缺少同美国打交道的经验，以为美国愿做“和事佬”，以为马歇尔来调处，当初态度还算公正。当然，美国的对华政策有一个演变过程，美国内部也有过不同意见，但是我们对美国本质的认识，远远不如对蒋介石、国民党本质的认识那样清楚。现在看来，美国从抗战期间的“扶蒋拥共”，转到日本投降以后的“扶蒋压共”，又逐渐转到“扶蒋灭共”。美蒋利用和谈掩盖内战。我们不主动放弃和谈旗帜，同时在军事上和政治上已有准备。现在要进一步准备蒋介石在美支持下发动全面内战以后怎样打垮他。

主要问题谈完。我说，遵照周副主席和董老的指示，我先去上海躲半个月。如果不发生意外，我想直接回西安，不去美国留学。全面内战就要开始，胡宗南进攻陕北只是迟早的问题，我留下来还可以继续起点作用，对党有利。

周恩来说，胡宗南保荐你去美国留学，中央也同意，你怎么好说不去？去美国留学，许多人都求之不得，你不求而得，自愿放弃，不合常情，只会使别人感到奇怪，可能还会引起胡宗南的怀疑。我刚才讲，我们对美国了解不多，同美国打交道缺少经验。现在我们没有条件派自己的同志去美国留学，胡宗南代我们“培养”你，得益的是我们。蒋介石发动全面内战，结局肯定是惨败。如果战争时间长，你回国以后在国民党可以提高地位，更有利于做情报工作。如果战争时间短，你回国以后可以做新中国的外交工作。如果胡宗南主动留下你，你就继续做现在的工作，但你自己绝不要提出不去美国。[1] 当前的问题不是这个，而是怎样解决我丢了小本子可能带来的问题，闯

---

① 中共中央文献研究室．周恩来年谱（1898—1949）［M］．北京：中央文献出版社，1989：671.

过这一关。

临别时，周恩来说，1943 年我在西安同你说过，胜利以后再见。今天我重复一遍，胜利以后再见。董老说，我看不是重复，那次说的胜利是抗日战争的胜利，今天说的胜利是中国人民革命的胜利，我也说一句：胜利以后再见。

照周恩来的指示做

童小鹏领我上汽车，已不是来时坐的车。驶到明孝陵荒僻处，我下车，车飞快开走。我步行很长一段路，找到公共汽车站。

我把有关情况告诉谌筱华，并说，一旦我出事，请你另找对象。她说，别废话，你马上收拾一下去上海，这里的事由我办。我只有一个要求，如果你到苏北解放区，不要忘了想法把我接去。

照周恩来指示，我在上海躲了十来天，接到谌筱华的信，内写“王兄康泰，阁府安祥”。这表明一切如常。

照周恩来指示，我回南京办留美手续，先把中央大学的英文证件寄给在美国的一位友人，请他同美国的大学接洽。我看望胡宗南驻南京办事处徐处长，告以我必须在南京等一段时间。他为我办好所需费用的美元汇单。

从《新华日报》上，我看到蒋军 6 月下旬大举进攻鄂、豫边境，李先念率部突围的消息；我看到 7 月 7 日中共中央发表宣言，要求美国政府停止助长中国内战；我还看到 7 月中旬周恩来向记者发表谈话，指出现在的情况是由局部内战向全面内战发展。

8月中旬，我接到美国密歇根大学研究院的入学许可证，入学日期是翌年2月。我据此向外交部申请护照，向美国驻上海总领事馆申请签证，拖到9月底才办完。

周恩来曾面示，如那个“事故”未产生问题，在留美手续办好后，应该看看胡宗南。我于10月初飞到西安。胡宗南对我态度未变，但他的境况大变。一方面，李先念率部突围后，7月初进入陕西，胡宗南派兵堵截围剿，历时两月，以失败告终；另一方面，蒋介石命胡宗南于7月上旬派主力部队整编第一军渡河到山西打通同蒲路北段，遭到解放军痛击。9月下旬，胡宗南赖以起家的第一师改成的整编第一旅中伏被歼，旅长黄正成被俘，使胡宗南大大丢脸。

我回西安后，胡宗南正焦思苦虑，力图摆脱困境。10月中旬，他借口解放军有进攻榆林意图，再次向蒋介石提出突袭延安、侵占陕北的作战计划，要求从山西调回整编第一军，会同他在陕甘的残存部队，于11月初开始行动。蒋介石又复电暂缓，命他继续打通同蒲路，攻取长治，与阎锡山的晋军夹击刘伯承率领的解放军，消灭其主力。

我将这一情况告知王石坚。不久，王石坚对我说，中央对此很重视，延安将进行疏散（11月17日南京《新华日报》发表《周恩来答记者问》，谈及“延安附近地区军事情况”时，指出“胡宗南在南线集中十个旅”，“据我估计，国民党政府将作试探性进攻”）。

11月下旬，胡宗南为我饯行，希望我在美国早点获得学位。我又回到南京。我以为周恩来给我的“特殊任务”至此告一段落，想不到没过多久又有下文。

| 四 |

解放战争开始阶段

蒋经国为我证婚　保密局打我闷棍

1947年1月初，我和谌筱华准备“旅行结婚”。她的母亲坚决反对，说那会被人看成私奔，必须明媒正娶，名人证婚。在南京，我认识的名人不少，考虑到他们同胡宗南的关系，我选中蒋经国。他刚卸任东北外交特派员。我找他，他不但欣然应允，而且提出在励志社[①]举行，所需费用由他付。他还让我把所邀宾客的姓名、住址开给他的主任秘书陈元，由陈元代我印发请柬，安排场面。

为使丈母娘满意，我按南京习俗，请四位熟人做“四大红媒”，有陈元、中央信托局襄理吴承明[②]、即将去美留学的陈忠

① 励志社，1929年1月在南京成立，以黄埔军人为对象，号称以振奋“革命精神”，培养“笃信三民主义最忠实之党员，勇敢之信徒”“模范军人”为目的，但实际成为为国民政府首脑及官员提供后勤、日常生活及娱乐服务的场馆。

② 吴承明，1917年生，河北滦县人，1944年获美国哥伦比亚大学硕士学位，中国当代经济学家，中国经济史专家。

1946 年，熊向晖与谌筱华订婚照

经、在上海善后救济总署工作并且正洽办留美手续的申健。他们约好造访谌母，为我做媒定聘。

“明媒”之后就“正娶”。陈元一个电话，励志社礼堂布置得喜气洋洋。在司仪的导引下，两百多来宾分别南北两厢，双方主婚人分列东端礼坛两侧，证婚人蒋经国身穿长袍马褂，站在礼坛中央。女钢琴家洪达琴弹奏《婚礼进行曲》，我穿黑色燕尾服，由伴郎陈琳①陪同，筱华穿白色披纱婚服，由伴娘程文江陪同，踏着琴韵，从西端徐步走向礼坛。蒋经国同新郎新

① 陈琳，1928 年生，江苏仪征人，1947 年在南京金陵大学学习，新中国成立后任北京外国语学院（现为北京外国语大学）教授。

娘握手，在结婚证书上签名盖印，致贺词。第一战区司令长官部驻南京办事处处长徐先麟代表胡宗南致贺词。婚礼完成，喜宴开始。菜肴丰盛，但席上不供酒，不供茶，饮料只有白开水。倒不是蒋经国想省钱，而是励志社不敢违背“新生活运动”的规定。喜宴结束，我被灌了一肚子白开水。

我本拟1947年1月底从上海坐“美国总统轮船公司”的班轮去旧金山。因船少客多，1、2月份船票早已售完，我订到3月上旬的舱位。我和筱华于2月22日去杭州，计划游览两星期，再偕赴上海，她送我上船。离南京前，我向徐先麟辞行，请他代问候胡宗南。

在杭州住大华饭店。3月1日近午，从灵隐寺返住处，大华饭店经理在门口等，他说：“请熊太太先回房间休息。”他领我到经理室。一个戴墨镜的中年汉子向我抱拳拱手，说：兄弟贱姓王，在保密局管点事，特来奉看熊先生。我说：不敢当。心里嘀咕：保密局是军统局的新名，戴笠摔死后，郑介民任局长，毛人凤任副局长，这个姓王的保密局特务找我有何事？不待我问，他主动做了回答，说他今晨收到毛人凤密电，命他速查我是否在杭州。他从旅馆登记表中知我住处，即复毛人凤。不久，又得毛人凤密电，命他妥善安排我于3月2日下午6时前到南京见胡宗南。他说：时间有富余，他要略尽地主之谊，下午陪逛西湖，晚上在楼外楼宴请，明晨“请熊先生、熊太太”坐他的汽车沿（南）京杭（州）国道去南京，他派人随行照料。他说，京杭国道“呱呱叫”，他的汽车“呱呱叫”，几个小时就可到达。

他说得煞有介事，打了我一记闷棍，使我难辨真伪。我说，这个房间有电话，我打个长途问问南京的徐处长。他说，这个电话不保密，要打，到他办公室打，如我信他不过，他给我看毛人凤的密电。我说：不必了，既然胡长官到南京，急于见我，赶早不赶晚，我和“内子”下午坐火车去上海，转乘夜车去南京，请代买车票，代为通知徐处长派车接，其他就不打扰了。他说：“恭敬不如从命。兄弟没啥能耐，抓车票，打电话，小事一桩。”

我在餐厅附近的湖滨把这一意外情况告诉筱华。我说：国共和谈破裂，马歇尔已返美，可能把“那个小本子的照相”送给蒋介石。保密局盯上我，逃也逃不脱。我要她在上海下车住亲戚家，先给王石坚报警，我到南京马上给她写信。如五天后收不到我的信，我就凶多吉少，请自珍重。

胡宗南“要比共产党还革命”

3 月 2 日晨，到了下关车站，徐处长派人乘车来接，我悬着的心放下一大半。徐处长领我到胡宗南的临时办公室。胡宗南正同参谋长盛文看地图，一见我就哈哈大笑，说：来得好快。他转向徐处长：你说杭州杂，寻人难，想来想去想不出门道。我要你找毛人凤，他有办法，不会误事。还是我说对了吧？他又问我：新娘子呢？我说：她在上海等着送我上船。胡宗南说：推迟三个月。要打延安了。打完这一仗，你再走。明天就回西安。你写信告诉新娘子，就说我有急事要你处理，不提打延安。至此，我的心才完全放下来。

胡宗南要徐处长离开，要盛文先讲几句。

盛文说：前天（2 月 28 日）总裁急电胡先生来南京，胡先生不知是什么事，把我带来。当天下午总裁就传见。总裁说，美苏英法四国外长内定3月10日在莫斯科开会，已经获得确实情报，马歇尔、莫洛托夫又要重新提出中国问题。总裁当机立断，命令胡先生直捣共产党的老巢延安，选在3月10日四国外长开会的这一天发起进攻。外交交涉由外交部办。总裁训示，现在剿共，仍要“三分军事，七分政治”。胡先生马上想到你，把你请回来。

胡宗南说，军事进攻和政治进攻同时进行，先准备好传单、布告、宣传品，着重准备一份告陕北民众书，提出施政纲领，“要比共产党还革命”。我说，我先做考虑，到西安再同政治部王主任商量。胡宗南说，不要找他们，他们只会骂娘，不懂革命。

胡宗南带我到盛文的住房，叫勤务兵给我端来早餐和茶水。他说，他和盛文要去国防部开会，下午总裁还准备传见。他递给我一个公文包，要我倒锁房门，根据公文包里的文件，画一份草图，中午交给他，供总裁参阅。临走时，他嘱咐我一定要把门锁好，不许任何人进来。我依言办理。打开公文包，里面装着两份绝密文件，一是蒋介石核准的攻略延安方案；一是陕北共军兵力配置情况，——不用说，我照抄不误。

胡宗南对我画的草图表示满意，他要我着手抓“七分政治”，首先起草施政纲领。盛文说，“施政纲领”应有个帽子，他建议全称是“国军收复（或光复）延安及陕北地区后施政纲领”。胡宗南说，不用“收复”“光复”，那不是革命的字眼，要用“解放”，这才是革命的字眼。

按照胡宗南“不要骂娘”“要比共产党还革命”的要求，

我把“彻底实行三民主义”作为“施政纲领”的主旨。要点包括“实行政治民主，穷人当家做主”；“豁免田赋三年，实行耕者有其田”；“普及教育，村办小学，乡办中学，县办大学”；等等。传单中包括“不吃民粮，不住民房，不拉民夫，不征民车”之类唱高调、做不到的口号。当然，宣传品里也得提“拥护中国国民党”“拥护蒋主席”（军事委员会已裁撤，不再称蒋委员长及委座）。胡宗南快速看一遍，要我据此补充定稿，不需再送他审阅，由我直接交刘大军秘密印就，待进攻开始时广为散发。

胡宗南要我随他回西安后再办三件事：第一，为他置备一架最好的收音机，他每天要亲自收听延安电台的广播；第二，指定几人随同行动，专事全文抄收新华社播发的关于陕北战况的消息和评论，全部送他阅；第三，由我随带《水浒传》《三国演义》《西游记》《精忠说岳传》等小说。我问，带这些干什么？他说，他下达作战命令后，由军、师、旅长执行，由幕僚人员监核，他只需等着看捷报，在此期间，他翻翻小说，闲情逸致，显出大将风度。

我想起周恩来在梅园新村对我说的话：如果胡宗南主动留下你，你就继续做现在的工作，你自己绝不要提出不去美国。——尽管胡宗南欲表现出大将风度，但面对蒋介石“又怕又恨又佩服”的周恩来，他毕竟难以匹敌。

毛泽东、周恩来事先获悉蒋、胡进攻延安计划

3 月 2 日晚，胡宗南外出。我倒锁房门，细阅攻略延安方案抄件。方案规定：右兵团指挥官整编第一军（简称整一军）

军长董钊，率整一师三个旅、整二十七师两个旅、整九十师两个旅、工兵两营，于宜川北面平路堡至龙泉镇之间就攻击准备位置；左兵团指挥官整二十九军军长刘戡，率整三十六师三个旅、整十七师两个旅、工兵一营，于洛川北面段仙子至旧县之间就攻击准备位置；总预备队整七十六师三个旅，配属战车一营，驻洛川待命。以上共15个旅，总兵力14万余。[①] 另由整三十六师副师长指挥一个旅及陕、甘保安团约一个旅，组成陇东兵团。发起进攻时间为3月10日拂晓。发起进攻前一日起，调集上海、徐州飞机94架，分批轰炸延安地区，一部监视黄河各渡口。发起进攻时，陇东兵团向保安方向佯攻，眩惑敌人；右兵团占领临真、金盆湾等地后，沿金延大道两侧，向延安攻击前进；左兵团占领鄜县（今富县）、茶坊、甘泉等地后，向延安攻击前进；右兵团依左兵团协力，以闪击行动迅速夺取延安，并会同左兵团于延安附近包围歼灭共军主力。

我细阅后记在脑中，将抄件焚毁，余烬投入抽水马桶冲掉。

我找盛文“聊天”。我问他：这次进攻延安，计划周密，我看很快会成功，为什么胡先生让我推迟三个月再出国，难道这一仗要打这样久？

盛文苦笑一下，他说，胡先生前天到南京，始知总裁意图，临时同国防部商订攻略延安方案，昨晚总裁核准后，才电告西安薛副参谋长调集部队。现整一军在陕只有1个旅，其余均在山西；整二十九军正在陇东同共军作战。总裁规定在四国外长莫斯科会议开始时的3月10日发起进攻，参战部队在9天之内开到指

① 刘永．延安保卫战始末［J］．党史通讯，1986（4）：30.

定地点集结，困难虽多，尚可克服。总裁规定这次行动的战略任务是迅速夺取延安，于延安附近包围歼灭陕北共军主力。两个兵团以优势兵力钳形夹击，迅速夺取延安的任务可以完成。但共军惯于运动战、游击战，如陕北共军不以主力守延安，要完成歼灭的任务不是短期的事，三个月能否办到，还很难说。

我函筱华，告以安抵南京，将返故地重操旧业数月，希她月内前往团聚。

1947 年 3 月，熊向晖夫妇在西安

3 月 3 日上午，我随胡宗南、盛文坐专机回到西安。当晚到联系人家。我详细告以胡宗南进攻延安作战计划及有关情况（包括胡宗南密切注意新华社及延安广播电台播发的有关陕北战事的消息和评论）。我还告他，胡宗南为了保密，决定待部队集结完毕后再下达作战命令，他的军、师、旅长现在还蒙在鼓里。联系人说：这些情况非常重要，他即报延安。

不久，胡宗南获悉整二十九军匆忙从陇东开往洛川途中，被共军阻击，整四十八旅旅长何奇在西华池阵亡；整一军匆忙从山西开往宜川途中，整九十师师长严明在河津翻车折断右腿。

3月7日，我又找联系人，告以蒋介石密电胡宗南，进攻日期推迟三天，因美军驻延安军事观察组尚待撤离，但仍命胡宗南在莫斯科会议期间迅速夺取延安，歼灭陕北共军主力。联系人说：延安来电，已将胡宗南进攻延安作战计划呈报毛主席、周副主席，认为很及时、很得用。我说：可惜我明日须随胡宗南去洛川，无法续供情报。联系人说：主要的战略情况已搞清，细节会由别人查，想不到你会回来，取得意外收获。我说：我也想不到我会回来，胡宗南更想不到他会通过我再一次向我党中央“送礼”。

周恩来、朱德在延安动员大会上讲话

3月8日晚，胡宗南秘密离开西安，先乘火车专列到同官(今铜川)，他和我及一名卫士都换上普通士兵的灰布棉军服，于晨光熹微时，转乘吉普车去洛川。第一战区副司令长官裴昌会①、副参谋长薛敏泉、政治部主任王超凡等已先期到达，组成“前进指挥所”。副官处先遣人员为胡宗南和我及机要人员、便衣卫队等安排好住处——洛川中心小学。

我先已查明延安电台新闻广播时间。9日到洛川后，我按时打开收音机，同胡宗南一起收听延安电台新闻广播。这次广

① 裴昌会（1896—1992），山东潍坊人，1949年6月任胡宗南下属的兵团司令时在四川宣布起义，新中国成立后曾任全国政协副主席。

播的内容是3月8日下午4时“延安各界保卫边区、保卫延安动员大会”的新闻。广播称，到会群众共约万余人，林伯渠致开会辞，朱德、彭德怀、周恩来相继讲话，邓颖超代表妇女界讲话，在通过大会通电后，高呼口号散会。

在胡宗南的催促下，工作人员送来与这次大会有关的五则“新华社延安9日电”的抄录油印件，包括大会综合消息，大会通电全文，“朱总司令讲话”全文，“彭副司令讲话”全文，“周恩来将军讲话”全文①。——一式两份，胡宗南一份，我一份。

胡宗南让我同他一起先看“周恩来将军讲话”全文。周恩来在讲话中说：“同志们！今天我们开动员大会，动员大家起来保卫边区，保卫延安，保卫毛主席。蒋介石、胡宗南要想进攻我们的边区已经是第三次了。许多人以为上两次就没有来，也许这次也不会来了。同志们不要这样想，他是决定要来的。”周恩来说：“蒋介石在全国许多地方打了败仗，许多解放区的人民解放军消灭了他的大量部队。过去8个月，我们消灭了他65个旅，捉了他一百多个中将、少将。他因为别的地方不能打胜仗，所以要向我们边区出气。我们陕甘宁边区能让他出气吗？（群众高喊：不能！）对的。我们别的解放区打胜仗，我们陕甘宁边区能落伍吗？（群众高喊：不能！）对的。我们应该多多消灭蒋介石、胡宗南进攻的部队！（群众高喊：好！）”周恩来说：“蒋介石纵使有美帝国主义撑腰，也扶不起来了。他只有最后一个手段，拿进攻边区来挽救已失的人心。这岂非梦想！他现

① 1947年3月10日延安《解放日报》，1947年3月10日《晋察冀日报》。

在已经不要和平谈判了，把我们的代表从南京、上海、重庆都赶回来了。”他说：“蒋介石是靠美国帝国主义的帮助来打内战的。这种帮助也没有什么了不起，没有什么可怕的。日本投降一年半，美国帮助蒋介石准备了四十个师，送了二百七十一只军舰，援助了借款物资四十多万万美元，派了近一千名顾问帮助他打仗。”他说：“蒋介石是一个卖国贼，不把他的独裁卖国的统治取消，中国就不能有真正的独立。”他还说：“我们下定决心，不要别的解放区个个争先，而我们边区反倒落后起来。我们是首席解放区，但我们还没有打胜仗，现在我们要打胜仗，就要消灭蒋、胡进攻的十七个旅。”周恩来最后说：“我们这里有毛主席的直接领导，一定能打胜仗！大家一条心，黄土变成金。（群众高喊：团结起来打胜仗！）大家动员起来，保卫我们的边区！保卫我们的土地！保卫延安！保卫毛主席！我们一定能胜利！”

胡宗南看完周恩来的讲话后，又看朱德的讲话。朱德说：“今天的动员大会就是动员打仗。过去，我们边区七八年来都是和平的局面，同志们也同日寇打过仗，也疏散过，但敌人就是没有来，大家的和平观念已变得很深了，大家都以为有毛主席在这里，同时我们又有这样多的军队，恐怕敌人永远不会来，这一和平观念要改正过来，要起来消灭胡宗南的进攻。胡宗南的进攻首先要进攻延安，这次进攻不仅是可能的事，而且是一定的了。”“同志们过去不相信敌人会打来，这次一定要相信了。”他说，“这次我们要打胜仗。”他提出“打胜仗的办法”，主要是“民兵与正规军相配合”，要求“民兵见有敌人就打”，“到处埋起地雷”，“这里的地形是民兵最好的战场，山沟深，路少，好打麻雀仗”；要求正规军“集中隐蔽起来，等敌人来了好去包围消灭它，缴它的械”。要求“各个地方切实做好坚壁清野工作”，“敌人来了找不到米吃，找不到炭烧，敌人兵愈多愈会感到进退两难，困也困个半死”。朱德最后说：“我们要准备长期作战，打它一年半年，如果还没有打出去，就打它三年五年，一直把胡宗南消灭为止，以配合其他解放区争取全国的胜利。同志们，今天动员大会就是要大家下决心打！打得彻底，全国胜利才会到来。”

胡宗南看完后向我发议论。他认为，从周恩来和朱德的讲话看，共产党毫无准备，和平观念很深，事到临头，开个动员大会也扭转不过来，只剩下几天，来不及坚壁清野，谈不上长期作战。他要出敌不意，攻敌无备，正好乘虚闪击突袭，迅速拿下延安。

他想了想，兴头突减，立即问我：怎么毛泽东没有出席讲话？我说：我怎么知道？他又问：是将军大还是总司令大？我回答不上来。他说：朱德是总司令，但他在共产党里资历比周恩来浅，周恩来是朱德的入党介绍人，“南昌暴动”是周恩来领的头，现在称周恩来为“将军”，其中大有文章，一定是让周恩来指挥作战，周恩来这个人……胡宗南没有说下去。他熟悉周恩来的经历，1943 年，他在西安还同周恩来交过锋。我明白，他的潜台词大概是“周恩来这个人很难对付”。

派胡宗南的机要交通员送情报

3 月 10 日晚 10 时，胡宗南在洛川中心小学礼堂召集整一军及整二十九军的军、师、旅长开会，先举行“布达式”①，任裴昌会为“前进指挥所”主任，薛敏泉为参谋长，王超凡为政治部主任，汪承钊为参谋处长，……任我为机要秘书。布达毕，胡宗南指授蒋介石核准的攻略延安方案，下达作战令，命各军、师、旅并转命所属团、营、连，于3月12日晚6时前就攻击准备位置，13日拂晓攻击前进。

薛敏泉、汪承钊就行军、作战注意事项做了我事先不知的具体布置。主要是：陕北地形复杂，严防共军伏击、夜袭，要求携7天干粮；拂晓进军，薄暮露营，采取“蛇蜕皮”“方阵式”进军方法，派前卫占领阵地，依次掩护本队前进，首尾相顾，左右相连，走山不走川，遇小股敌人即行歼灭，遇大股敌人可先绕道，吸引于延安附近围歼；并对通信联络、后勤保障及便于空军识别的标志等做了规定。

下达作战命令后，胡宗南果真如他所说，“闲情逸致”起来。但有例外：

联勤总部只拨给17万人份半个月的干粮，胡宗南多次命薛敏泉分向联勤总部及陕西省政府催索，务求解决供粮难、运粮难的问题。

胡宗南多次约见从南京专程到洛川的保密局研究室主任魏大铭，他带来美国最新侦测无线电台方向位置的设备及操作人员，编为一个分队，配属给胡宗南。连日侦测共区，发现山西兴县无线电台最多，由此判定中共首脑部在兴县。但对电波弱的电台不易侦测。该分队将积极工作，力求判明陕北共军各级

---

① 布达式，即宣布军官任命的仪式。

20 世纪 40 年代，熊向晖送给谌筱华的照片，谌筱华一直将它珍藏在随身的皮夹里，直至去世

指挥部的位置。

上述新知情况很重要，关系中央安危，但我不能去西安面告王石坚。我从来没有，也从不需要密写、密码、缩影之类的技术手段，这些情况又不能用暗语，只得违反秘密工作常例，白纸黑字写在纸上，封入信封，上写王石坚代名，另写一信给潘裕然，请他对附信勿拆，迅交。然后一并装进第一战区司令部长官专用信封，封好后，上写西安西大街“研究书店”潘裕然经理亲收。

人们知道，“研究书店”的后台是陈忠经。潘裕然是服务团旧友，受过胡宗南的政治“培训”，在西安三青团等政治机关工作过，以文职人员获上校军衔，与王石坚有自然联系，我不知道他是不是情报工作人员，但知他诚实可靠，他父亲潘家洵是北大名教授，他与陕西省主席祝绍周有亲戚关系。胡宗南部的机要交通员常乘吉普车来往西安、洛川，传送书面文件。我同他们都很熟，他们对我交办事项一向奉命唯谨，我面嘱亲交潘裕然并索收条。虽知也有风险，中间任何一个环节出了问题都有可能掉脑袋，但这是我所能采取的唯一办法。

胡宗南“解放延安”的喜与忧

3月19日晨7时许，裴昌会电话告我，整一六七旅攻占延安宝塔山，要我告胡宗南并问是否即向蒋介石报捷。胡宗南答：不。8时许，整九十师到达延安市郊，胡宗南仍不向蒋介石报捷。我很奇怪。10时左右，整一旅进入延安。胡宗南闻讯大乐，亲自拟电给蒋介石，说整一师之整一旅率先夺取延安。电发后，我问胡宗南：这是何故？胡宗南哈哈大笑，说这是为整一旅恢复名誉。我才想起，去年整一旅在晋南进攻解放军时被歼，旅长被俘，胡宗南认为是奇耻大辱。

胡宗南终止了“闲情逸致”，召集前进指挥所主管成员连续开会。莫斯科会议尚在进行，迅速夺取延安的任务已完成，只是限于军事机密，不能宣布部队番号，因而不能为整一旅公开“平反”。但歼灭陕北共军主力的任务远未完成，如谎报，一旦陕北共军主力出现，无法交代。据裴昌会说：自发起进攻至占领延安，只打了两个硬仗，毙、伤、俘共军数字估计不会超过一千。如照实讲，战果平平，也无法交代。胡宗南反复推敲，延至午后，才通知盛文，告中央社发布两则电讯：

一、“（中央社西安19日下午4时急电）陕北共军自企图南犯以来①，国军即予猛烈反击，昨（18日）下午进

① 国民党当局为掩盖侵犯陕北的罪行，通过中央社散布谎言称：“本月十一日盘踞延长及鄜县一带之共军开始南犯”，“以贺龙为总指挥”，“共约十万余众”，对西安“将钳形攻势”。

抵距延安十公里处，经一度激烈战事后，今（19日）上午10时，已收复延安，同时占领该县东南郊之宝塔山，战果正调查中。”

二、“（中央社西安19日下午5时急电）共军为配合莫斯科会议向西安所发动之大规模攻势，今已为国军完全摧毁。共军之老巢延安，于本日上午10时为国军收复。……据初步统计，共军伤亡一万余，投诚二千余。国军乃于本日上午10时，完全占领延安，刻正抚辑流亡中。”（蒋管区各大城市纷纷出号外）

3月20日，《中央日报》头版头条刊载上述电讯，却冠以《国军收复延安，生俘共军一万余人》的标题。同日《中央日报》刊载题为《国军解放延安》的社论。内称：“国军本无意进攻延安，一直延到本月13日，共军贺龙、陈赓率部十二万余人，由陕北出发对西安采钳形攻击的后两天，才决定于迎头痛击之余，更进一步去解放延安”；“共党这一次发动全面攻势，实用以配合莫斯科会议中外人酝酿国际干涉中国内政的外交攻势。……政府对于这种出卖国家的第五纵队，自有严厉教训的必要，而最能收教训的效果者，莫过于扫荡延安。”

更使胡宗南哈哈大笑的是，他接到蒋介石“手启寅马府机电”，内称：“延安如期收复，为党为国雪二十一年之耻辱，得以略慰矣。吾弟苦心努力，赤忱忠勇，天自有以报之也。时阅捷报，无任欣慰。各官兵之有功及死伤者应速详报。至对延安秩序，应速图恢复，特别注意其原有残余及来归民众与俘虏之组训慰藉，能使之对共匪压迫欺骗之禽兽行为，尽情暴露与彻底觉悟。10日后，中外记者必来延安参观，届时使之有所表现，总使共匪之虚伪宣传完全暴露也。最好对其所有制度、地方组织，暂维其旧，而使就地民众能自动革除，故于民众之救护与领导，必须尽其全力，俾其领略中央实为其解放之救星也。”

胡宗南认为，这体现了蒋介石的“三分军事，七分政治”，但“七分政治”又使他忧心。“10日后，中外记者必来延安参观”，怎么应付？

胡宗南更为忧心的是，我送他看了新华社20日电，发报地点仍说是“延安”，并称中共中央仍留陕北。

“［新华社延安20日电］卖国贼蒋介石进攻民主圣地延安，经我陕甘宁边区军民坚强抗击，予以重大杀伤，19日我人民解放军以任务已达，撤出延安。”“蒋介石使用于第一线的部队达九个整编师，十三个整编旅，把胡宗南所有的主力都集中起来，企图以突然袭击占领延安，打击伟大的中国共产党的首脑机关。”“蒋介石这次进攻延安的政治目的，显然是对其内部振奋消沉已极之士气和在国民党三中全会上替其党内主战派壮胆；在国际上则配合美帝国主义的‘大棒’政策和使马歇尔在莫斯科外长会议中渡过难关。我人民解放军的战略向来不死守一城一池，而以歼灭敌人有生力量为目的。此次保卫延安则着重于破坏其突然袭击，保证首脑机关的安全转移。现在可以宣告于世人者，就是此项目的已经完满达成，而蒋介石企图在3月10日以前窜抵延安的计划，已被打破。中国共产党中央机关完好无损，并且仍留陕北指导全国的爱国自卫战争。”

胡宗南看后忧心，我看后高兴。我想，可能胡宗南有一点是料对了——“周恩来将军”在指挥作战。

从延安易手到周恩来在陕北公开祝捷

自离开同官起，号称“西北王”的胡宗南和我一直穿普通士兵灰布棉军服。3 月 24 日凌晨，胡宗南由我及一卫士陪同，乘吉普车北驶，近午到延安。这是他和我都久已向往的地方。“前进指挥所”先期到达，为他安排的行辕是延安最好的房子——边区交际处。他嫌不隐蔽，选定在边区银行窑洞居住、办公。我在这里住了不足两月，经历了以下的轶闻要事：

一、胡宗南到延安当天，薛敏泉报告，最大的问题是敌情不明和补给困难。胡宗南命他转令各部队加强搜索，节约粮食，抓紧向陕西省政府催粮。

负责侦测无线电台的分队长报告，攻占延安后，未再发现陕北有固定大型电台信号，有时捕捉到小电台的征象，但迅即消失，飘忽不定，难以判定共军指挥部所在。[①] 胡宗南命他继续努力，尽快找到目标，找到后重赏。

王超凡报告接待中外记者准备工作情况。他说：为显示众

---

① 中共中央文献研究室．周恩来年谱（1898—1949）［M］．北京：中央文献出版社，1989：727－728.

多共军被击毙，已造了一些假坟，立了一些真碑。但被俘共军人数少，包括伤兵只有几十个人，他们思想顽固。为此已商城防部队整二十七师选调几百名官兵，穿杂色服装，冒充共军俘虏，经几天训练，可应付记者提问。他说：不安排记者接触老百姓，因为留下来的大都是妇孺老弱，态度敌对，居处分散，一不小心就碰上地雷，有时会碰上打冷枪。幸好有几个共干投诚，官最大、最积极的是边区保安处科长韩庆恩，让这几个共干向记者现身说法，效果会好。胡宗南说：不要忘了国民革命和北伐经验，一定要唤起民众，化敌对为亲善，不只是为了接待记者，丢掉民众就打不了胜仗，连向导也找不到。要千方百计争取几个“劳动英雄”“参议员”“妇女代表”合作。由他们做榜样，一般民众会跟着来。他问我有什么意见。我说，已以胡先生的名义发表告陕北民众书，颁布施政纲领，如果不能马上做到，也不要违背基本精神，至少要做到不扰民。胡宗南命王超凡转令各部队政工人员维护革命军队声誉，严格检查军风纪，对违纪的要处罚，严重的要枪毙。他又说，接待记者工作要做好，他不赞成弄虚作假，但为了革命，不得已而为之。凡事要有重点，作假也要有重点。他要王超凡选两个人装成被俘的共军团长，选一个人装成旅长，要装得像，这是重点，先做好准备，他将亲自查问。

二、3 月 25 日晨，胡宗南要我带一名先遣人员引导，陪他看毛泽东、周恩来、朱德等人的原住处，先后看了王家坪、杨家岭、枣园。他看得很细。他在枣园，毛泽东住过的窑洞桌屉里，发现一张纸条，上面写着：“胡宗南到延安，势成骑虎。进又不能进，退又退不得。奈何！奈何！”他看后哈哈大笑——这是他的习惯。合乎他心意的，他哈哈大笑；道出他心病的，他也哈哈大笑。

这是我最后一次听到他哈哈大笑。就在这一天，他的精锐部队整三十一旅在青化砭被歼，旅长李纪云被俘。他命知情者保密，不外传，不上报。

胡宗南依然每天阅看新华社播发的有关消息，收听已由延安广播电台改名陕北广播电台的新闻广播。他相继听到、看到："人民解放军总部发言人公布陕甘宁兵团首次捷报。我陕甘宁兵团一部于本月 25 日在延安东北七十里之青化砭附近歼灭胡宗南军整二十七师三十一旅旅部及其一个整团，共四千余人。总部发言人指出，这一歼灭战有三个特点：第一是快，从战斗开始到结束，只用了两个钟头；第二是干净彻底，该部敌人自旅长到士兵，没有一个逃脱；第三是敌我伤亡二十比一。综合以上三点，堪称模范战例。此次歼灭战距我军撤出延安仅六天。"

地点、番号、人数完全正确。事已如此，胡宗南授权裴昌会、薛敏泉：报不报，怎么报，报给谁，由他们酌定，他不过问。

三、南京来电，中外记者团 55 人，代表国内外报馆通讯社 39 家，由沈昌焕带队，定于 4 月 4 日坐飞机到延安。接电前，胡宗南已让他任命的肤施县（即延安）县长做了手脚；接电后，胡宗南立刻偕我对王超凡负责的接待准备工作进行重点检查，查问冒充的被俘共军旅长。王超凡用了心思，选一个在"战时干部训练第四团"受过训练、会演戏的湖南人扮演。这人一见胡宗南，立正、敬礼、弯腰。胡宗南问其姓名职务，他按王超凡的编造一一回答。问了几句，胡宗南不耐烦，把王超凡带到边区银行，批评他不懂革命，说他选的这人像绵羊，满口国民党腔调，一问就露出马脚，根本不像共产党，更不像共产党的旅长。共产党的旅长态度应该强硬，讲话要骂娘。王超凡很委屈，说胡先生早有指示，不要骂娘。胡宗南说：“不是要他骂他们，是要他骂我们，骂得越凶才越像，越往上骂才越像。”胡宗南说王超凡不在行，要我去导演。

我把王超凡领到我住的窑洞，对他说，胡先生指示的关键是，越往上骂才越像，他不好说透，意思就是骂国民党，骂总裁。要我导演，有个条件，此事你知，我知，那个“旅长”知，传出去对胡先生不利，对革命不利。你同意，我才干。他说：行，你要怎么办就怎么办。

我和王超凡找到那个“旅长”，告诉他，胡先生对你的表现不满意，你在西安一定听过胡先生的精神讲话，“被俘不屈”，“宁死不投降”。你演过戏，要合乎共军旅长的身份，态度要强硬，姓名、职务不要自己讲，不要有问必答，要用共产党的语气，把总裁叫作蒋介石，骂蒋介石是卖国贼，骂国民党是刮民党。他说，他不敢。王超凡让他听话，现在就按旅长标准开伙食，做得好，升他的官，但若说出是谁布置的，就砍他的头。我又交代几句，让他装上胡子，并要王超凡安排他在一间较暗的屋子里见记者。

读者看到这里，也许认为是我虚构，那就请你往下看，下面是《中央日报》记者龚选舞在延安采访的两段报道：

> “屋子里住的是中共一个旅的副司令员，胖胖的，腮下黑黑的，是二十天来没有‘清算’过的胡子。他不愿讲

话。讲起话来却是一大堆硬派的名词：‘斗争’‘消灭国民党军’‘你们阵地战，我们就运动战’，‘你打进我们延安，我们也可以打下你们西安’。当记者向他透露瓦窑堡已被国军克服的消息时，仍是摇头喷鼻，表示不相信这是事实。”①

“当肤施县政府命令一大群孩子给记者们表演秧歌舞时，‘反动派’‘卖国贼’‘顽固’‘封建’，依然在孩子们的口里震天地响着，‘他们可知道他们在唱些什么？’记者不由得掉出了一颗同情的泪水。”②

在此声明，后一段所述的一幕不是我事先布置的，也没有任何人事先布置过。

四、中外记者团路经西安时，胡宗南命留守西安的盛文陪同到延安，盛文带来蒋介石颁给“解放”延安有功将领的勋章，胡宗南获二等大绶云麾勋章，裴昌会、盛文、薛敏泉、董钊、刘戡及有功师、旅、团长分获三、四等云麾勋章或一、二、三等干城勋章。胡宗南命盛文主持，在延安机场举行阅兵典礼，在边区政府礼堂讲述占领延安作战经过，并答记者问。胡宗南本人只接见了沈昌焕和《大公报》记者周榆瑞。（胡宗南一向不大见记者，但对《大公报》例外。）

4 月 14 日，热闹气氛未散，胡部整一三五旅在羊马河被歼，代旅长被俘。幸亏新华社留情，在中外记者团离开延安后

① 参见《陕北行》，《中央日报》1947 年 4 月 13 日。

② 参见《陕北行》，《中央日报》1947 年 4 月 17 日。

才发出消息。

> “［新华社陕北前线17日急电］西北人民解放军集中主力一部，于14日自晨10时至下午6时，经8小时激烈战斗，将蒋胡军十五师一三五旅全部6000余人歼灭于瓦窑堡南20里之羊马河，生俘代旅长麦宗禹……”

胡宗南对这条他已知道的消息不甚重视，他重视的是同一天播发的新华社题为《战局的转折点——评蒋军一三五旅被歼》的社论。社论说：“一三五旅的歼灭，标志着胡宗南从此走下坡路。”“胡军每次进攻，全军轻装，携带干粮，布成横直三四十里的方阵，只走山顶，不走大路，天天行军，夜夜露营，每日前进二三十里。据俘虏讲：这是国防部指导的新战术。”“又据俘虏讲：胡宗南又新发明了所谓‘钻隙战术’，遇到我军，绕道而过，以求迅速。这实际上就是不打仗只走路的战术。”“胡军所集中的兵力，像盲人一样，只能到处扑空，白天武装大游行，晚上几万人集中大露营”；“由于粮食缺乏，将士疲劳，减员异常巨大。据俘虏供：胡军每天只吃一顿稀饭一顿干饭。”“在陕甘宁边区军民方面，情况就完全相反。游击战争很快发展，人民解放军的战斗力很快提高，军民团结很快加强，歼灭敌人有生力量的作战方法很快被领会，因而愈战愈强。”社论说，“一三五旅的全部歼灭”是“西北战局的转折点，同时就是全国战局的转折点”。因为“胡宗南是蒋介石的最后一张王牌”，“可以预计，4月开始后的两三个月内，蒋军将由攻势转变成为守势，人民解放军将由守势转变为攻势”。“历史事变的发展表现得如此出人意料，敌人占领延安，将标志着蒋介石灭亡，人民解放军的放弃延安，将标志着中国人民的胜利。”

我心里感谢胡宗南，他使周恩来“下的闲棋，布的冷子”逐步由闲变忙，由冷变热，使我有幸参加“如此出人意料”的“历史事变”。这篇社论提到胡宗南的“新战术”，正是3月10日晚洛川军事会议上薛敏泉、汪承钊布置的战术，不过那是“据俘虏讲”，牵扯不到我的头上。但这更加使我相信，胡宗南的机要交通员、潘裕然、王石坚都各尽其责，我可继续通过这一渠道搞名堂。

五、经过两次惨败，盛文建议放弃延安。胡宗南认为这一步走得太远，对国内外观瞻影响太大，蒋介石不会同意。经反复商量，胡宗南筹划了一个方案，借口陕北地形复杂，部队不易展开，又不能就地取粮，后方补给艰难，而共军时聚时散，不知其主力所在，难以导其围歼，为此准备仿效李鸿章“剿捻”办法，以主力守延安，将宁、青二马兵力推进至陇东要地，北依邓宝珊在榆林的据点，东以黄河为障，迫共军就范。胡宗南想在5月初去南京当面向蒋介石提出这一方案。

这时已是4月底，筱华此前已到西安，住王石坚家里。考虑到王石坚的具体情况，我仍通过潘裕然转信给他，告以胡宗南企图不再分兵出击，而想龟缩延安，并简告当前胡军动向。

六、胡宗南未及去南京，5月4日，他的整一六七旅又在蟠龙镇被歼，旅长李昆岗被俘。

5月8日，新华社播发题为《评蟠龙胡军被歼》社论。社论很长，这里只引其中的一段顺口溜：“胡蛮胡蛮不中用，延榆公路打不通，丢下蟠龙去绥德，一趟游行两头空，官兵六千当俘虏，九个半旅像狗熊，害得榆林邓宝珊，不上不下半空中。”

5月12日，新华社又发表题为《志大才疏阴险虚伪的胡宗南》的社评，内称：“蒋介石最后的一张王牌，现在在陕北卡着了，进又进不得，退又退不得，胡宗南现在是骑上老虎背。”“事实证明，蒋介石所依靠的胡宗南，实际上是一个‘志大才疏’的饭桶。”“胡宗南‘西北王’的幻梦必将破灭在西北，命运注定这位野心十足，志大才疏，阴险虚伪的常败将军，其一生劣迹必在这次的军事冒险中得到清算，而且这也正是蒋介石法西斯统治将要死灭的象征。”（新中国成立后我才知道，这篇社评是周恩来改写的。而留在陕北的新华社人员是由周恩来直接领导的。）

七、5月14日晚，军事谍报头目刘庆曾派人送来一份特急件。这是一份情报，送急件的人说，5月14日，周恩来在真武洞公开露面。出席陕甘宁边区军民庆祝青化砭、羊马河、蟠龙镇三战三捷大会。会上，周恩来公开宣布，毛主席、党中央自撤出延安后，一直在陕北与边区军民共同奋斗。我打电话问刘庆曾：这是真的吗？他说：千真万确。

我怀着十分激动的心情把这一重要情报告诉胡宗南，他反而比我平静，没有提问题，没有谈意见，一声不响，只是两只眼睛好像失去了光彩。

随后，陕北广播电台和新华社播发了这一消息，说祝捷大会在距延安数十公里处举行，未提具体地点。胡宗南不再听陕北电台的广播，不再看新华社播发的新闻。他好几天不大说话，老是一个人把手揣在裤袋里，在边区银行窑洞前的小院里踱来踱去。毛泽东、周恩来近在咫尺，他“龟缩延安只守不攻”的方案泡汤了。

5 月 20 日，胡宗南对我说：这里已经没有什么事，你还是去美国吧，明天一早就走。

行前我向他告辞，他伸出手来同我握一下，什么也没说。

胡宗南垮了，蒋介石的“三分军事、七分政治”把他推上老虎背，周恩来参与领导的军事进攻打垮了他的兵，周恩来直接领导的政治进攻打垮了他的心。此后，我再未见到他。

“特殊任务”结束后的余波

5 月 21 日晨，我带一名警卫员乘吉普车离延安去西安，中途驶经长约一里的隘路，前面高坡和后面高坡都响起枪声，向我乘坐的吉普车射击，一定是我们的民兵或游击队把我当敌人打。司机停车，警卫员拔出手枪准备还击，我制止，要司机加速马力冲过去。子弹打中前座玻璃，幸亏是土枪，没有打穿，我幸免于难。心里想，若是此时此地被自己的同志打死，岂不是天大的冤枉？

我和筱华在西安新华巷 1 号王石坚住宅的后院安家。第一战区已裁撤，改成西安绥靖公署，胡宗南任主任，盛文任参谋长。不几天，盛文告诉我，年已 52 岁的胡宗南，于 5 月 25 日从延安飞南京见蒋介石，27 日到西安，28 日在西安南郊王曲张学良原住所结婚，只请盛文等 8 个人，结婚前一天他才报告蒋介石，婚后 3 天，他即与新妇分袂去延安。事先他对西安所有的人，包括盛文和我，都保了密。[1948 年 3 月 27 日在蒋管区上海出版的《观察》周刊发表《现阶段的战局总检讨》一文。文中说，“胡宗南这个神秘的不娶将军，居然因为延安攻下，素志得偿而结婚了（抗战胜利时他并没有结婚）。他该是如何兴奋高兴，以为从此西北可以稍安了，十年戍守自此可以稍松一口气，哪晓得当时就有晋南富饶之区的易手，山西人讽刺他是以一只肥牛换来了几条鸡肋。中共中央始终没有离开陕北，新华广播电台还在那里呼喊。"]

我在西安停留个把月，常在家里邀请绥靖公署和西安党、政机关的熟人聚会，借机介绍他们同王石坚相识，其中包括胡宗南住处的行政副官张德广，他为王石坚办了不少事。

1947 年 6 月我去南京，7 月筱华送我到上海乘船赴美。事先与王石坚商定，筱华在南京母亲家分娩后，即去西安掩护他。

我先入美国密歇根大学，旋得俄亥俄州西储大学奖学金，转入该校攻读硕士学位。我在美国没有"特殊任务"，只是顺便为王石坚主办的《新秦日报》写"旅美通讯"。

1948 年，获美国 Western Reserve University 社会科学硕士学位

1947年10月初，《纽约时报》载称：国民党当局在北平、西安破获中共地下电台，抓了不少人。不久，筱华来信说，西安来人告诉她，王石坚被捕。后来得知，我们在西安住所全部衣物包括留存的西安绥靖公署信封、信笺全被搜走。筱华担心我的安全，我更担心她的安全。万没有想到，周恩来给我的“特殊任务”结束后，还会有这样的余波。

| 五 |

1949 年新中国成立前后

纽约—香港—北平

1949 年 4 月 23 日，南京解放。我取得硕士学位后，经唐明照[①]介绍，在纽约一家华侨餐馆做了几个月的打杂工，这时已攒够了路费，可以回国了。但第一个目的地是香港。因在此以前，经过曲折的途径，得到以中共中央名义转来的口头指示，让陈忠经、申健和我到香港《华商报》找章汉夫。他俩因故暂留美，我先走。

4 月底，我从纽约坐长途汽车到旧金山，搭乘“威尔逊总统”客轮西行，航程需时两周。在甲板上看着海浪，回忆往事，感到有些不可思议。特别是王石坚被捕，我在西安的住处被搜查，而我和筱华竟都安然无事，个中原因，实在猜不透。

① 唐明照（1910—1998），广东恩平人，1938 年在美国创办《美洲华侨日报》并任社长兼总编辑，新中国成立后曾任中共中央对外联络部副秘书长、联合国副秘书长。

1949 年，熊向晖在从美国回国的轮船上

香港许多旅馆安排人在码头兜揽旅客，我选住九龙租金较廉的小旅馆，随即找到华商报社，接待我的是被称为小谭的青年。他说章汉夫已离开香港，问我有何事？我告以姓名、来由及所住旅馆，请他转告负责同志派人同我联系。

等了一星期，没有回音。我剩下的钱已不多，卖掉英文打字机和半箱子书。又等了几天，小谭来了，引我见负责同志——乔冠华。乔冠华简短问了我几句，让小谭为我代订船票，到天津后，将有人持写着我姓名的牌子接船。

小谭为我买了“湖北号”轮的统舱票，我付给他票钱。到了天津，我东张西望，却没有看到写我姓名的任何标志。乘客已走光，码头只剩我一人，我遂单独去北平，下榻前门外一客栈，不知该找谁。在我党的领导人中，我只认识周恩来、董必武，却又不知如何找。闷了两天，从报上看到蒋南翔在新民主主义青年团中央讲话的消息，我大喜过望，立即去找南翔。阔别多年，南翔热情相待。他谈到，1941 年，他从重庆到延安，周恩来指示他把我的情况详细向当时中央组织部部长陈云汇报，陈云认真听了并要他再向康生汇报（我听王石坚说过，康生是书记处书记，是他的直接领导人）。我向南翔讲了在天津扑空的事。南翔问明我住的客栈，说他马上转告李克农。我问：李克农是谁？南翔说：是中共中央社会部部长，做你这项工作的，都由他管。

1985 年，熊向晖与昔日的战友蒋南翔合影

第二天，一位不认识的英俊青年来找我，说他叫罗青长，接到香港电报，说我坐“湖南号”到天津，他们派人接，却没接到。我说，我坐的船是“湖北号”，错一个字，引起波折。罗青长让我随他走，我已付不出旅馆费，请他代付。这是我第一次用党的钱。

罗青长安排我住弓弦胡同 15 号，这本是戴笠的公馆。罗青长告诉我：1940 年，由申健掩护，他在西安三青团工作了短时期。因我处境特殊，没有见到我。他以后在中社部一室任主任，清楚我们的情况。1947 年撤出延安后，他随毛主席、周副主席转战陕北，进行情报工作。周副主席说过，西北战场每天都有得用的情报。王石坚被捕，周副主席在陕北打电报给在山西的李克农部长，设法营救，未成。李克农部长爱护干部，很担心陈忠经、申健和我的安全，以中央名义的口头指示，就是李克农部长多方设法请人转达的。

罗青长说：进城后，查获敌伪大批档案，找到王石坚被捕经过和全部审讯记录。王石坚没有招供你们三人的真实身份，只说利用你们。李部长已总结了这一事件的教训。

罗青长引我见李克农部长。李部长很亲切，请我吃饭喝酒，使我感到党的温暖。我奉准去南京，看筱华和尚未见面的儿子，把他们接到北平。

周恩来谈西安情报工作

7月间的一天，罗青长领我去见周恩来副主席。周副主席非常高兴，说：终于在胜利以后见面了。

周副主席谈到，1947年胡宗南进攻延安，事先得到我的情报，中央做了准备。许多同志担心毛主席的安全，纷纷要求毛主席离开陕北，转移到比较安全的解放区，毛主席没有同意，认为陕甘宁边区地形险要，群众条件好，回旋余地大，安全方面没有问题。毛主席还说，只要了解敌情，最危险的地方也可能是最安全的地方。周副主席说，得知蒋胡军有了测量电台方向位置的设备，他很重视，下令中共中央的电台停止工作三天，并通知各野战军在作战前部署期间以及在作战中，不用无线电传达，改用小电台拍至大电台代转，以便迷惑敌人。在得知胡宗南打算固守延安、不再分兵出击的情报后，毛主席同意他到真武洞公开出席祝捷大会，公开宣布毛主席、党中央还在陕北，以此拴住胡宗南，牵着他的鼻子走。

周恩来说：西安的情报工作做得很成功，你做了努力。罗青长说：还有陈忠经、申健，一共三个人。周恩来说：在我们党的情报工作中，李克农、钱壮飞、胡底可以说是“前三杰”，你们三人，可以说是“后三杰”，之所以这样说，是因为都为保卫党中央做了贡献。毛主席曾设想，如果发勋章，也要发给你们。

周副主席还谈到王石坚。他说：王石坚被捕，克农很担心你们三人的安全，我倒不那么担心。这同 1946 年丢小本子的事件不一样。那次是顾虑马歇尔直接交给蒋介石，一旦蒋介石看到，下令查办，不论中统、军统，都不敢马虎。王石坚的事，是下面保密局系统的人搞的，蒋介石不会马上知道。从戴笠起，沿下来的郑介民、毛人凤，都同胡宗南有很深的关系，他们唇齿相依。胡宗南一定会压住。王石坚没有供出你们三人的真实身份，那当然好。其实供不供，无关紧要。王石坚是靠陈忠经掩护才站住脚，你结婚后住在王石坚的家，东西被搜走，这都是明摆着的事。王石坚说是利用你们，鬼才相信。蒋介石特务机关一向是宁可错杀三千，不可漏掉一个。有了这些线索，他们肯放手？即便王石坚招供，胡宗南也会让保密局保他的驾。他不是爱护谁，是为了他自己。共产党员在他身边这么多年，还带你打延安，保荐去美国，这件事捅出来，蒋介石饶不了他，同他有矛盾的陈诚这些人更会落井下石。我估计胡宗南心里有数，必然压着顶着，不敢声张，还会否认。对这样的事，我有点准头。现在事情已经过去了，你们都安全。要考虑选一个被我们抓到的军统头目，把王石坚换回来。[①]

以上这段话，是1949年7月周恩来讲的大意。30多年后，周恩来正确的分析判断得到了佐证。1985年出版的沈醉[②]著《军统内幕》，有这样一段："1947年秋冬间，我曾去西安见过胡宗南，那是为了处理军统在西安几万包面粉的事。""我在西安处理面粉时，保密局行动处处长叶翔之正在西安搜捕西北中共地下党组织。在清理出来的线索里，发现胡宗南的秘书和他的西北通讯社的负责人当中有中共党员，已经活动了多年。这是一件非同小可的大事。胡在西北执掌军政大权，连对日抗战都不发一兵，而是全力对付共产党。现在发现在他身边居然有共产党暗中活动，这使胡最为丢脸，是非给蒋介石痛骂一顿不可的。"叶翔之认为："这事关系胡宗南的声誉很大，问我应如何处理。我建议他立刻向毛人凤请示，估计一天之内就可得到答复。第二天，毛人凤复电指示，说涉及胡部下的问题，应先向胡详细报告，有关案卷都可送他去看。胡对此的确大吃一惊。这个死要面子的人，听说自己的亲信中居然有了共产党，脸都气得发青。他立刻决定将所有涉及他部下的几个人都由他自行处理，要叶翔之不必过问；连向蒋介石报告时，也应当把这几个人另外列出来，千万不能让蒋介石知道。"

---

① 据台湾《传记文学》第58卷第3期（1991年）载：王石坚"后为（国民党）当局侦破将之拘捕，王乃投降随国民政府来台，恢复原名赵耀斌，曾任国防部情报局专门委员，并在台结婚，现已病故"。

② 沈醉（1914—1996），湖南湘潭人，曾任国民党军统总务处少将处长，新中国成立后曾任全国政协文史资料委员会文史专员。

周恩来向张治中“公开一个秘密”

1949 年 11 月 5 日，我收到一份请柬：

“国历 11 月 6 日（星期日）中午 12 时半洁樽候叙

周恩来　谨订

座设中南海勤政殿”

由于我和司机不识路，到勤政殿晚了几分钟，我正想向周总理解释，总理却指着客人说：“都认识吧？”我一看，客人是张治中、邵力子、刘斐等国民党当局原派的和谈代表。张治中说：“这不是熊老弟吗？你也起义了？”总理说：“他不是起义，是归队。”客人们似乎有些茫然。

席间，总理说：今天我向大家“公开一个秘密”。总理指指我，说：他是 1936 年入党的共产党员，是我们派他到胡宗南那里去的。客人们顿时大为惊讶。刘斐原是国防部次长，他说：真想不到！难怪胡宗南打败仗。总理说：蒋介石的作战命令还没有下达到军长，毛主席就先看到了。

张治中说：我早知道蒋介石在军事上、政治上都远远不是共产党的对手，今天才知道，在情报上他也远远不是共产党的对手。蒋介石的特务如狼似虎，胡作非为，花天酒地，哪有像熊老弟这样的人？总理说：我们是依靠政治，不搞下流手段，同国民党的特务工作有本质不同。

总理说：今天借这个机会向大家说清楚，我们派他到胡宗南那里，是要他帮助胡宗南抗日，不是要他搞情报。当时，我们诚心诚意想同国民党合作抗日，中共中央还决定不在国民党机关、部队里建立党组织。可是蒋介石硬是要反共，我们不能不自卫，我们就交给他自卫的任务。

总理向张治中说：文白先生最清楚，抗战胜利以后，毛主席去重庆，我们又诚心诚意同国民党合作和平建国，我们做了许多让步，但是蒋介石硬是要打内战，要消灭共党共军，我们为了人民的利益，绝不能听之任之。毛主席早就公开说过："人不犯我，我不犯人；人若犯我，我必犯人。""以其人之道，还治其人之身。"我们在军事上、政治上是这样，在情报上也是这样。蒋介石、胡宗南已经知道他是共产党员，今天我向大家讲出来，希望文白先生有便转告蒋介石，让他知道来龙去脉。还要劝他改弦易辙，反共是自取灭亡，反攻是痴心妄想，劝他不要反动到底。我们对他还寄予期望。

总理又指指我说：今天向你们公开这个秘密，还有一层意思——以后要他在外交方面做些事情，你们都是熟人，先给你们打个招呼，免得误会。

从此，我正式从"地下"转到"地上"，在周恩来的指引和领导下，踏上新的征途。

附录一：

毛泽东的评价和《地下十二年与周恩来》发表后海内外的巨大反响与评论

1. 1943 年 7 月 13 日，毛泽东致电周子健（时任八路军驻西安办事处主任），指出："蒋、胡秘密调兵准备进攻，你们所得情报完全正确，帮助中央甚大。现经我们揭穿，已引起各国大使干涉，我们又积极准备应战，故迫得蒋不得不于十日改变计划。""为击破国民党的无耻反共宣传计，你们仍应将延安民众大会通电密发社会各方，不得停止不发。"

——《毛泽东年谱》中卷，第 456－457 页

2. 罗青长：1943 年 6 月 18 日，国民党第八战区司令长官胡宗南到洛川召开军事会议，按照蒋介石的命令进行反共军事部署。他们阴谋"闪击延安"，一举消灭我首脑机关，夺取陕甘宁边区。这是自"皖南事变"以来国民党策划的又一次新的反共高潮。7 月 2 日，胡密令各部队于 7 月 10 日前完成一切准备，待命行动。在这关键时刻，1938 年在武汉根据周恩来、董必武"深入虎穴"指示打入胡宗南身边担任机要秘书的熊向晖，及时获悉了敌人在陕北的军事部署情形，立即报告了组织，使党中央得以采取相应措施。中央一方面进行了军事部署；一方面在政治上发动宣传攻势，公开揭露蒋介石的阴谋。蒋迫于内外压力，又鉴于其"闪电战"计划的彻底败露，于 7 月 10 日下令胡宗南停止军事行动，第三次反共高潮遂被制止。毛主席称赞，在这个时候，凡胡宗南的一举一动都在我们掌握之中，

这是情报工作最成功、最模范的事例。

——《周恩来是我党我军电讯、机要和情报工作的创建者和领导者》，载《中共党史资料》总第36辑，中共党史资料出版社1990年版，第77－78页

3. 刘大年：研究抗日战争，“档案材料要抓紧收集，不见于档案的战争亲历者头脑里的活材料更应抓紧收集。当年参加过抗日战争的人很多已经不在世了，健在的人多半胡子头发也白了。按照春秋三世的说法，抗日战争在这些人是所见世，在今天40多岁以下的人是所闻世或所传闻世。我们应该抓住所见世的人掌握的资料，把许多事情弄准确，留下信史。举眼前的例子，1991年1月8日《人民日报》刊载的熊向晖同志的《周总理的魅力》一文所讲的第三次反共高潮的内幕，刷新了事情的面貌。以前的讲法如今需要改变。而且照熊文记载，其意义超出事件本身之外。……”

——1991年在中国抗日战争史学会成立大会上的讲话，载《抗日战争研究》1991年第1期

4. 台湾《传记文学》第58卷第2期编者按摘要

中共《人民日报》(海外版) 自本年 (1991年) 元月七日起连载熊向晖所著《地下十二年与周恩来》长文，一周后，此间联合报有《胡宗南吃败仗身边有共谍》香港通讯，因系片段报道，语焉不详。《传记文学》特征得原作者同意，将原文、全文一字不易地予以转载。本文是两年来《传记文学》发表《中共地下党活动史料》，继江阴要塞之后，又一石破天惊之作。胡宗南抗战八年在西北屯养大军、训练干部，主要任务即“看住共产党”，因而有“西北王”之称。万万没有想到他身边

的侍从副官、机要秘书，是中共的地下党员，更是中共的情报人员。这正如同《传记文学》征稿启事所言："国共两党之争，国民党站在明处，共产党躲在暗处，国民党对共产党一无所知，共产党对国民党则了如指掌。"胡宗南之败，乃至国民党之败，毋宁说是当然之事。……

【1985 年在凤阳中学校史陈列馆前】

——1991 年台湾《传记文学》第 58 卷第 2 期

5. 张佛千：《地下十二年与周恩来》读后

《传记文学》上期及本期连载的熊向晖作《地下十二年与周恩来》，是国共两党情报战的最大案件，更是主角回忆的第一手资料。熊向晖原名彙荃，"彙"是表示行辈，他的兄弟姊妹都叫"彙×"，"彙"下面那一个字又都是草字头。他追随胡宗南先生，兼理副官、参谋、秘书业务，胡睡后他才睡，胡未起他先起，如影随形，十分亲信。胡对熊的父母兄弟姊妹都加以很好的照顾，为对其他部属之所未有。

熊对中共的最大功劳是延安之役。胡投下了他所训练的三个集团军共三十多个师的兵力，对于延安，本可围而歼之，但攻入延安以后，大鱼全部走光，小鱼甚至虾子都未捉到一个，而且在以后延安外围战斗中，好几个号称精锐的师都被共军歼灭。名义上是获得占领延安的战果，实际上是伤亡惨重的大败仗。熊文中记下周恩来引述毛泽东的话，熊一个人"顶得几个师"，这句话实在不足以形容熊的重要。

我在去年（1990 年）四月第一次回大陆，目的之一是游览从前所未到过的东北及西北大部分，在中国旅行何必受旅游团体的限制，当然要通过旅行社办手续，第一站到北京，好几年前好友程开椿（是胡宗南最早的随从参谋，后来担任第八战区、第一战区的兵站司令，退到台湾又做胡的办事处主任，胡对他始终信任，胡逝世后，他依子女赴美）曾由美赴北京，函告我受熊热烈招待，其后闻熊患膀胱癌退休，所以这次我到北京，以为他是缠绵病榻，计划到北京后再托旅行社打听他的住所，不料在飞机上巧遇一位老友，与熊同是当年学生战地服务团的成员，他知道熊病已痊愈，并告我熊的电话，我到北京住进北京饭店已是晚间十时，电话熊宅，熊太太说熊每晚服安眠药才能睡，不能叫他，明早八时前请再来电话。

第二天七时半熊先来电话，他八时到医院例行理疗，八时半即来看我，他吩咐随从秘书十一时半再来，问我“谈三小时够不够?”我笑说：“不够，再谈嘛。”以后又接我到他家谈，《传记文学》所刊一文的内容，都已详细告我，当时并未说他要写出来。熊在西安因工作特殊，个人无自由，所以极少与外界（包括胡的部属）发生关系，因为我的工作，随时向胡直接请示，所以与熊接触比较多，又因我们有乡谊，也比较亲切。我至北京初见，他即说：“我告诉老伴，你是我的老友好友，要收拾一间屋子给你住。”我深谢他的厚谊，还是住旅馆方便。

我在赴大陆以前，看《传记文学》所载毛泽东的卫士及侍医的回忆录，写毛泽东在延安不守后，一直留在黄河南岸，不怕危险，亲自指挥战事，深觉毛的料事如神与精神可佩，在听了熊的谈话以后才恍然大悟，原来胡的大军，兵分多少路，哪一个部队走哪一路，每天随时都有情报，毛对胡军行动，了如指掌，所以毛可以在胡军三十多个师密集的空隙中安全游走，更能伺机对胡军作致命的突击。

后来因为西安共党地下电台破获，才明了熊的身份与工作，这时熊已由胡保送至美读书，立刻知道自己身份曝光。胡当然痛愤至极，要求戴笠不公布（戴死于1946年3月17日），戴、胡互相联络，关系十分密切，戴可能连局内高干一律瞒住，但他绝不敢瞒蒋委员长。于是蒋始明了延安之役所以致之的原因。就情理推测，蒋对胡可能也痛愤至极。我国最有名的军事家郭寄峤上将曾告我：胡在西昌即将失守时，蒋坚决不准胡来台，郭时任副参谋总长，一再坚请、甚至直言“送一名大将给敌人做俘虏，既违反战争利益，也违反指挥道德”。由于郭的坚持，在蒋的默许之下，胡得于最后一分钟乘机飞台。

胡到台后，每年旧历元旦，首先向郭拜年。郭在回忆录中也记述这一节。最初我十分奇怪，就过去所知，蒋对胡信任之专，倚畀之隆，逾于寻常，何以最后弃之绝地而不顾，我在北京与熊谈话以后才得到解答。在熊案揭穿以后，延安之役，已成过去，当时国军向国内国外大肆宣传，以为这是对共党扫穴犁庭之战。熊案既不能公布，又不能追究胡的责任。如果能围而歼之，只要堵住黄河南岸，即有重大战果，国共战争的历史就会重写，可能不致有大陆沦亡渡海逃难的结局。因此蒋对胡之痛恨，可以理解。论者或以为胡的大军入川勤王，未能扭转西南局势，当时因素甚多，蒋之恨胡，这应非最重要的原因，而延安之役才是最大的关键。我想，大溪档案中，蒋的日记中，应该可以找到解答。胡来台后，除准其所请戍守最前线的大陈岛，后又退守澎湖，再后则无下文，不但谈不到参谋总长，连陆军总司令都无份。回想对日抗战之初，派他在西安练兵，负经营西北的全责。胡兼主任的中央军校第七分校，规模之大，几乎是其他九个分校之和。据关系方面传说，全国陆军团长以上的干部由胡保荐的占百分之八十，信任之深实际超过陈辞公。当三民主义青年团在武汉创立，特命胡兼负组织处长的名义，由康泽代理负责。可想见蒋对胡的器重，前后对照，相待真有天渊之别。

这里，我要为胡说几句公道话，胡十分重视人才，也重视对人才的磨炼与驾驭，尤其重视对共党潜伏的防范。因为胡开始西安练兵大业之际，三十多位著名大学的大学生适时到达，人人优秀，共产党的熊向晖、陈忠经、申振民（现在大陆）；国民党的徐先麟、洪同、陈大勋（现在台湾），都是人才。李芳兰（在美国）也是能力极强的女性。熊的最突出之处，是他的气质之纯，为我平生所仅见，我绝对不相信，也不会想到他是做情报工作的人。胡之选其为随从人员，是非常应该的决定，如我是胡，也会做同样的选择。怪只怪周恩来善于择人，造成胡的毕生大憾。

这里，我也要为熊说几句公道话。有人见到《传记文学》所刊熊文的前半，而责备熊忘恩负义。依理而论，熊参加共产党在先，并非受到胡的重用后再投共。他是为共产党工作，自当对共产党忠诚，正是各为其主之义。而且是胡坚持要他做随从，他并表示不愿担任。胡最不应该的是在熊已将动身赴美，又特派专人要熊留下："打下延安再走！"我要说一句对老长官不敬的话："真是鬼摸了头！"

胡之敢于用人，有其气魄，用我即是一例。我同他非亲非故，我到西安不久，即令我负责西安办事处。我到差请示，他只说一句："做我的代表。"四面八方来的众多的客，胡都不见，要我代见，但我认为胡应该见的，经过力争，胡才见。胡从不理地方人士，当时西安是北部中国的枢纽，不仅陕西士绅集中，包括河南、河北、山东、山西以及甘青一带西北人士都避寇暂住西安，我一一联络与胡见面，由于我的力争，胡破了许多例，为人做寿、拜年、请春酒、尊贤敬老，并分赠市面难购的上等面粉与高级煤炭。去年我在北京熊宅，熊向其妻女介绍我："他是为胡宗南打统战的，打得大、打得好。"可是在抗日胜利的前一年，我成了闲员，我忍耐到胜利后才离开。一直到四年前我以环游世界八十日纪念八十岁生日，由欧到加，遇见西安好友侯一鸣，他是胡的亲信干部，他说他为我问胡五次："为什么不用张某某？"第五次胡才答复："他的思想有问题。"这是与"他是共产党"的同义语。如果我是共党，胡不理地方人士，如鱼失水，岂不正中共党下怀。我一方面十分辛苦地建立全面地方关系；一方面还要说服胡，更不惜犯颜力争，焉有如此共党？这样一个非常简单非常明白的道理，胡竟然不懂。我对熊苦笑："你忠于共产党，胡送你赴美读书，我忠于国民党，胡却说我是共产党。"

虽然，胡对熊谓之失察，对我谓之不明，但我仍要说，胡在军人中是一个卓尔不群的人，我在胡逝世时曾写了一篇《胡宗南先生的小事》，因是追悼之文，不便作客观的记述，在读了熊文之后，窃恐使读者以为胡是个头脑简单的人，则是大误。因拟补写《胡宗南先生小事》续记。对其人之兴衰成败，或可于此中得到一些启示。

又，上期本刊编者对熊文所作注释，引述我的推测："王中，可能系王大中。"实误，王中向熊收党费，当是收共党的党费。而王大中曾任“蓝衣社”助理书记（刘健群任书记），当时在西安任战时干部训练团第四团的政治部主任，是国民党的忠贞干部。王中应该另有其人。

——台湾《传记文学》第58卷第3期

6. 赵千方：中共地下“后三杰”与胡宗南

读《传记文学》二、三月号熊向晖《地下十二年与周恩来》长文，真是“石破天惊”之作，读后令人感慨系之。假如蒋介石、胡公宗南健在或地下有知，不知做何感想？初读熊文，因不识熊之过去，以为是无名之辈，所以曾采保留态度，或认为他难免有夸张炫耀之处，殊不知向此间抗战时期曾在西北或与胡宗南共事的前辈和朋友们打听，熊彙荃（原名）其人却是无人不知无人不晓的人物，每个人都可以讲一段或描写一段熊的故事。所谓“地下工作”者，应该是躲在暗处，但熊的“地下工作”则是在阳光之下，在胡长官保护之下无往不利，诚令人不可思议。熊虽非三头六臂，但其精于心计、善于伪装与随机应变，绝非常人所能及。

周恩来谓中共地下工作有“前三杰”与“后三杰”，“前三杰”姑不论，“后三杰”熊向晖（彙荃）、申振民（健）及陈忠经（翘）竟全出自胡长官的手下，而且在他们隐藏八年为共党立下大功以后，胡长官又在抗战胜利后一起栽培他们到美国去留学。因此三个人才会学得“胡儿语”，1950年以后都可以在中共外交界一展身手。饮水思源，不知他们对老长官是嘲笑呢，还是感恩？

“国防部”1972年所编《胡宗南上将年谱》（不公开发行）一书中，在民国三十五年（1946年）部分有如下的一段：

公（指胡上将）以胜利后建设万端，需才孔亟，而抗战期中优秀青年无法出国深造者尤宜及时培育。于是先后派副参谋长盛文（在台病逝），党政处处长张研田（在台病逝）赴京与教育部交涉，同意由公以节余经费，派员出国留学，遂由张处长经纪其事，分批派遣朱文长（朱经农之子）、张奇、陈忠经（翘）、申振民（健）、熊彙荃（向晖）、涂心园、张绍良、阎子桂、何继高、马大恢、吕家鸿、马蒙、张维公、王克亮、宋寿昌、曹克寿、黄荣翰等十七人，其中马蒙留英国，其余皆留学美国。张维公、王克亮、宋寿昌、曹克寿、黄荣翰等为特选之陕西优秀青年，此外尚有李人士、余忠玲、熊彙芝女士（熊向晖之妹）等，亦各补助美金三千元助其出国深造。按十七人中张绍良、曹克寿、宋寿昌、黄荣翰等四人，大陆沦陷前已返国，其余大部分仍留美国。朱文长任教匹兹堡大学，何继高任教西东大学，涂心园任职联邦农业部，三人皆获博士学位。张维公任职美海军造船厂，张奇任职联邦内政部，马大恢会计师，王克亮经商，吕家鸿在美职务不详，马蒙任教香港大学。其返台湾者阎子桂任教政治大学，余忠玲现亦任教育部驻美文化专员。

周恩来所谓“后三杰”，俱在其中矣，其他十七人中有无中共地下党员尚不得而知。但朱文长、涂心园二人常在贵刊投稿，学有专长，俱为海外忠贞之士，可能当时对“后三杰”者情形并无所知。又“后三杰”案一九四七年十月为政府破获，此三人均在美国，奈何不得，倒也罢了。但二十五年以后，国防部为表扬胡上将事功，编年谱时仍将“后三杰”姓名列入，不知是失察？还是因三人化名改名的关系？抹黑胡上将竟因此

新中国成立前夕，与友人申健（左一）、马大恢（右一）在美国合影

而留下历史的文字记录。

——《传记文学》第 58 卷第 5 期 92 – 94 页

7. 赵同信：《胡宗南遗事》

……胡宗南浙江孝丰人，初为小学教员，身材短小，相貌不扬，尤不善言辞，事先虽有讲稿，但一仰头，即忘稿文，听众常为他着急。十三年（1924 年）投考黄埔一期，以身矮不被录取。胡急甚，向招生委员王伯群抗议：“身矮即不能革命吗?”王闻言惊奇，准其入学。

在校与陕人马志超编为一队。马矮胖有力，心直口快，熄灯后犹与同学喋喋不休。胡不能入睡，说：“睡觉了，不说吧? 区队长要来查夜了!”马性躁，立起回骂：“你是什么东西? 敢来多言，老子揍你!”胡默不敢言，一时传为笑话。抗战时，胡以总司令驻节西安，为驻军最高长官。马却任警察局长。马晋见胡时，胡笑道："当年同队，马兄真厉害呀！"马闻言，面红耳赤。

胡虽面貌不扬，而官运亨通。黄埔一期毕业生皆派充排长。轮至胡时，无缺可派，遂改派为连指导员。北伐时，升为营指导员。未几营长出缺，由指导员代理营长。十六年（1927 年）由营长升任团长。十九年（1930 年）阎冯反抗中央，胡表现良好，升为旅长，归刘峙指挥。二十年（1931 年）刘峙由师长升任军长，本呈报徐庭瑶为师长（徐时任副师长），蒋总司令问刘，何不保胡为师长？刘答："徐比胡好"！蒋说："你何以对胡有如此成见？"遂批改胡为师长。自此，胡青云得路，却终生恨刘峙入骨。

胡喜人呼称"先生"。何以故？据闻胡驻沪时，便装逛窑子（妓女院），兴尽出门，恰遇师政治处长。处长趋前说："师长来了"！胡闻言大怒："谁是师长？你不会呼我为先生吗？"自此而后，部下皆以"先生"称呼他了。

胡家境清寒，前妻嫌胡穷貌丑而离婚，胡遂从军，故对女人恨之。宁做北里游，不愿结婚。经义弟戴笠物色叶女，性淑惠，遂订婚。抗战军兴，胡婉言："大敌当前，不愿结婚。"直至胜利方结婚，仅席开一桌，不发喜帖。他也恨部下娶美女、谈恋爱。如闻某人娶美女，定找碴儿撤职。伪淮海省长郝鹏举，原任职胡部，因爱女色被押遂愤而离职，立志要打垮胡宗南。即为一例。

胡好大喜功，一切设施，仿照蒋委员长；在西北设分校，办训练，集权一人。蒋因喜爱他，无不照准。

胡用人以黄埔、陆大、老第一师、浙江人为主干，故有："黄陆一浙"之称。左右有四大金刚、八大秘书、十三太保、三十六小鬼，包围把持，惹起很多陕人反对。但当时不敢反对，至兵败来台湾后，李梦彪以监察委员的身份纠弹胡。

陕人作歌讽之："七分校，瞎胡闹，白天睡觉，夜间拆庙，不要砖瓦，专要木料!"因当时各部经费不足，需取木材烧饭之故。

胡宗南的长处也很多。忠于领袖，苦干，自己清廉。但其部下却不见得，营私舞弊，比比皆是。由于局面大而顾不到，亦难怪也。新七军，为反正伪军，当时策反过来，极不容易。胡对新七军训话："命令：师长以上调参议，营长以上调七分校。排长以上入军官队，士官分编各师!"全师闻令变色。本希反正以达升官目的，结果实权交出，个个怀恨。

胡宗南第一喜爱能招兵的干部。有陈某，拥基本子弟六千员；每次招来的人被编入各部队，但不到一个月，这些基本兵便会再跑回来，陈自然欣喜，加以奖赏。然后再招入伍，如此一年一次，每招一次，便升一级，故有"招兵专家"之称。所招新兵，军粮先由地方政府垫出。事后陈某并不归垫，县长也不深追。但却被出纳看出窍门，拒不发粮。经双方协议，各分一半，利益均沾。而胡不知，反认陈某能干。第二，胡喜青年，故设有"战干团""参谋班""游干班""军官队"等，来收罗文武青年。第三，胡喜欢搞生产事业，因而成立了很多工场。

胡先生善于并吞各方。例如，你在西北办学校，稍有成就，他便去参观，送麦粉、赠经费，又派校长为战干团教官。日子一久，便调你为他学校校长（胡在陕也办有很多学校），你办的学校另派他的老干部接任。无形中你办的学校，便在他指挥下，变成他办的了。抗战期间，山西大学移至西安。胡先生常常送款，不时去演讲。对校长、教授，加聘官衔之后，即介绍战员、教授。此举被阎锡山发觉，急速将山大迁回晋南，并向蒋委员长处告他一状，说他“鼓动学潮”！胡先生不唯对陕西主席要控制，即甘肃、河南，也要过问。遇机即向外扩展，事业心如此之强！胡有一副官，名熊彙荃（按即熊向晖），人长得英俊潇洒，清华大学生出身，写说俱佳，干练有为，极得胡喜爱。先任熊为随从副官，再提升为机要秘书，一切重要公文，皆由熊负责，依为左右手，竟是共谍，而且是直通周恩来者，潜伏胡左右达十几年。胡对他言听计从，直到卅八年（1949年）大陆赤化，胡先生的百万大军被击溃，兵渡来台，方知熊副官为周恩来直接领导之间谍。胡捶胸顿足，仰天长叹：“焉有不败！焉有不败！”

——台湾《龙旗》1991 年 4 月号

8. 龚正：《反面教材》

……台湾有些人不喜欢听那段不幸的历史，说真话的人往往被嘲笑为“反共八股”。如今熊向晖披露了他打入国军窃取情报的全部过程，这总算为我们这些矢志反共的文化提供了第一手证据。

熊向晖的四万字回忆录，在台北《联合报》摘登了片段，2 月份由《传记文学》全文转载。不久前，前辈军中记者刘毅夫先生将熊文呈交郝柏村院长，始引起中枢的重视。郝院长已下令将熊文影印一百份发给国军高级将领，作为必读的反面教材。

——1991 年 4 月 2 日《香港时报》

9. 刘俊南致熊向晖的一封信

熊向晖先生：

您好！从《人民日报》（海外版）拜读您的大作《地下十二年与周恩来》，深受教育与感动，特冒昧致函于您，敬请原谅。

我叫刘俊南，原任中国通讯社总编辑、记者，现为日本中国语文翻译中心社长。

熊先生的文章《地下十二年与周恩来》在《人民日报》（海外版）连载后，引起了日本各界广泛、强烈的反应并受到重视。看了第一部的人，翘首以待盼望刊有第二部的《人民日报》快送上门。当读者发现中间几天没有登载时，他们感到失望，并更加迫切要求尽快刊登续篇。

鉴于这篇文章的历史重要性和情节的戏剧性，我觉得应该译成日文在日本刊印出版，以便让更广泛的日本人民阅读。既然要发行日文版，就要找宣传面广、影响力大的出版社。我认为合乎这种条件的有日本广播协会（即 NHK）出版协会、朝日新闻、岩波书店等几家。由于日本是资本主义国家，一项事业越有意义，竞争就越激烈，出版界也并不例外。例如，由朝日新闻出版，读卖、每日、日经等各大报就不介绍此书出版。只有 NHK 出版协会是国营，又最具权威性，各大报都较尊重它。考虑到这种情形，我认为由 NHK 出版协会出版最理想。

于是，2 月 22 日我主动地找 NHK 出版协会图书部总编辑品川高宣先生洽谈。品川先生毕业于东京教育大学（现改为筑波大学）东洋史系，懂中文，他一看熊先生文章和我写的内容提要，当场就表示很感兴趣，并问我出版时是否需要加几页注解（因为许多地名和人名如不加注解年轻读者则感到陌生）。他还表示，在一个星期以内开会做出内部决定，并且要我三天译出其中一段约 4000 字，用文字处理机打成日文传给他，为的是使会议与会者深入了解这篇文章的意义和出版价值。……

中共中央统一战线工作部

附录二：

《毛泽东传》中对胡宗南侵占延安记述的补证

熊向晖

金冲及主编的《毛泽东传（1893 年—1949 年）》（简称《毛泽东传》），于 1996 年 8 月出版问世后，得到广泛的重视和高度的评价，普遍认为是研究毛泽东生平的权威之作，是学习中国新民主主义革命史的宝贵教材。笔者读后，受益匪浅。其中难免也有需要商榷之处。该书《后记》中说："书中不当的地方，希望得到读者的批评。"

《毛泽东传》对 1947 年胡宗南侵占延安前后的情况作了概述，其中有三段与拙作《地下十二年与周恩来》一书中的有关内容大相径庭。一些读者据此向笔者质疑、非难。现先将《毛泽东传》中的几段文字抄录于下：

> 一九四六年十月十一日，也就是占领张家口的当天，（蒋介石）就宣布在十一月十二日召开"国民大会"，制定"宪法"，准备出任"总统"。不久，对第一战区司令长官胡宗南下达了进攻延安的命令。（第 778 页）
>
> 一九四七年二月上旬，蒋介石将握有重兵、长期坐镇西北、围困着陕甘宁边区的第一战区司令长官胡宗南召到南京，确定了进攻陕甘宁边区的基本设想。二十八日，他又飞到西安，召集西安军政负责人开会，研究确定进攻延安的具体部署。三月十一日，胡宗南在洛川召开旅以上军

官参加的作战会议，传达西安会议的决议，确定在洛川组织前进指挥所，统一指挥西安绥靖公署（由第一战区长官司令部改称）所属各部的进攻行动。（第 790 至 791 页）

三月十一日，美军驻延安观察组刚撤离后七小时，国民党飞机开始大规模轰炸延安。十七日清晨，西安绥靖公署前进指挥所主任裴昌会指挥两个整编军十五个旅十四万人开始向北进攻。（第 794 页）

作者并非作史，不能要求在战史方面详述。但笔者发现，从抗日战争结束后到我党放弃延安，对胡宗南的阴谋和军事行动迄无系统记述。为此，笔者选用以下材料：《毛泽东年谱（1893—1949）》（简称《毛泽东年谱》）、《周恩来年谱（1898—1949》（简称《周恩来年谱》），1972 年台湾“国防部印制厂”印制的《胡宗南上将年谱》（简称《胡宗南年谱》）及其他文章的有关内容。引用部分凡加引号的均为原文，原文过长的由笔者作简要表达。

（一）1946 年 4 月蒋军整编后，划归第一战区的部队有：整编第一军、整编第二十九军、整编第三十师。（以下除引用的文章外，简称整一军、整二十九军、整三十师。余类推。）

裴昌会（曾任第一战区副司令长官，新中国成立后曾任全国政协副主席）写的《蒋军胡宗南部进犯延安纪略》（以下简称裴昌会文）中说：“1946 年 7 月，胡宗南的整编第一军（辖第一、第二十七、第九十等三个师）和整编三十师联合阎锡山部队进犯晋南解放区。”与此相衔接，《胡宗南年谱》1946 年部分说：“晋南战役自 8 月上旬至 10 月 20 日晋军会师止”，“对北窜晋西山区之匪，则于 12 月 17 日开始清剿”。此前，胡宗南曾要求蒋介石准许他把在山西的部队调到陕西，进攻延安，“已集兵待发，旋又奉令中止”。“中央拘于国际形势，未解决然实施。”①

《毛泽东年谱》1946 年“11 月 10 日获悉胡宗南于本月上旬下令抽调在晋南的四个旅入陕，准备进攻延安（略去致陈赓电）。”“24 日，获悉胡宗南又令暂编第一师从陕西禹门口东渡返回晋西南后（略去致陈赓电）。”“11 月 22 日至 12 月 12 日（略去陈赓等部的军事行动）迫使胡宗南急令已入陕的整编第一、第九十师东返晋西南。”

《周恩来年谱》（1946 年）11 月 11 日，周恩来同马歇尔、陈诚举行非正式三人会议。周指出国民党正在布置向延安进攻。16 日，在同马歇尔会谈时又说，由于“国大”的召开，国民党已关上了谈判的大门，他和中共代表团将不得不返回延安。马歇尔表示愿意为周恩来回延安提供飞机，负责送他们回解放区。18 日，周恩来和邓颖超访马歇尔，将中共留在上海、南京、重庆的人员名单交马歇尔，请他为上述人员的撤离提供方便。

到 1947 年 2 月，胡部整一军及整三十师均在山西。整二十九军军部在陕西三原，已无法“围困着陕甘宁边区”。1947 年 2 月 2 日，毛泽东致续范亭的信中说：“边区局势现较平稳，如绥德方面住得相宜，似不必去晋西北，增加劳顿。”②

（二）胡部整二十九军的任务是对付陕甘宁边区的关中分

---

① 出自《文史资料选辑》第 36 辑。

② ［作者不详］．毛泽东给续范亭的十封信［J］．文献和研究，1984（6）：5.

区。以陕西旬邑县马栏镇为中心的关中分区，“是一个插入国民党统治区的囊形地带，在地理上据有进攻之利。解放军关中分区部队向南可威逼西安，向东可切断咸（阳）榆（林）公路，断绝胡宗南北上的交通线。因此，在保卫陕甘宁边区的战斗中，关中分区是解放军的极为重要的前哨阵地，而对胡宗南来说却是极大的威胁，它不能不拼死争夺”。[①]

胡宗南未能进攻延安，就先抢占关中分区（胡戏称为“囊形地带”）。以下摘录《胡宗南年谱》1947 年部分：“二月一日，研究关中晋南形势，主张先收复囊形地带。二日奉委座电话核可。七日研究攻略囊形地带方案。十五日赴三原整二十九军军部指导。十八日拂晓向囊形地带攻击前进，二十日占领马欄镇，向甘肃宁县以南地区追剿。二十五日率僚属至邠州，决定一举收复庆阳。二十八日忽奉召入京，各部队遂原地待命。”

经查，以上记载属实。《周恩来年谱》1947 年“2 月 18 日胡宗南部队五路进攻陕甘宁边区的关中分区”。裴昌会文：“整编二十九军的主力向陇东之庆阳、合水进犯。”

（三）据《胡宗南年谱》，2 月 28 日胡宗南飞抵南京，蒋介石召见时，突命胡将所属部队立即集中于陕西洛川—宜川一线，于3 月 10 日（美、苏、英、法四国外长会议开始之日）向陕北发起进攻，“以闪击行动迅速夺取延安”，务必严格保密。“三月一日（胡）在国防部研究攻略延安方案，刘为章认为妥善，晚九时同谒委座即蒙同意。”

《周恩来年谱》1947 年“2 月 28 日蒋介石在南京召见胡

---

① 刘冰．延安保卫战始末［J］．党史通讯，1986（4）：29.

宗南，部署进攻延安。中共中央得到情报后，决定延安紧急疏散”。

此前，美国宣布退出军事调处，马歇尔已返美。蒋介石决心完全破裂国共关系，《周恩来年谱》1947年“2月27日、28日南京国民党政府派军警包围中共驻南京、上海、重庆办事处，限三月五日前撤离全部人员，同时封闭《新华日报》”。“3月5日致函延安美军联络组转司徒雷登：‘感谢阁下给予中共留京、沪、渝人员在回延安运输上的便利。’”“3月12日就苏美英法四国外长会议建议对……中国问题……加以讨论，发表声明(略)。”3月初，蒋介石令其外交部公开宣布拒绝四国外长会议讨论中国问题。

（四）据《胡宗南年谱》，胡宗南于3月9日回到洛川，前进指挥所人员已先期到达。蒋介石发觉美军联络组尚在延安，即命胡将发起进攻日期推迟三天。裴昌会文说：“1947年3月初，胡宗南的整编第一军（三个师辖七个旅）附属迫击炮营和火箭部队，由晋南运城出发，在禹门口渡过黄河经韩城向宜川附近集中，整编二十九军（辖十七、三十六、七十六等三个师共八个旅）附战车重炮部队向富县、洛川地区集中。这两个整编军都在十日前集中完毕，并完成战斗准备。”

据《胡宗南年谱》，1947年“三月十日晚十时召整编第一、第二十九两军、师、旅长指授攻略延安方略”，然后进行讨论，并宣布任命前进指挥所主要人员，主任为裴昌会。会议开到凌晨。裴昌会文：“1947年3月11日，胡宗南下达作战命令。”

《周恩来年谱》1947年，“3月13日胡宗南指挥的十五个旅十四万余人自洛川、宜川之线北犯”。“3月19日西北野战兵团从延安撤出，胡宗南部占领延安。”

（五）据笔者所知，洛川前进指挥所由参谋、副官、电讯、后勤、政工等人员组成，前进指挥所主任裴昌会抓总，负责处理具体事务。裴实质上是幕僚长，有责任在作战方面提出建议，接受咨询，而无权“指挥”。从裴昌会文也可看出，“下达作战命令”的是胡宗南，从《周恩来年谱》中也可看出，“指挥”部队“北犯”的是胡宗南。

据笔者所知，1947 年 3 月，第一战区司令长官部（《毛泽东传》误为“第一战区长官司令部”）并未“改称”西安绥靖公署。这不只是“改称”，而是改组。在展开重大军事行动之时，绝不会改组指挥机构。那时，胡宗南还是第一战区司令长官，不是西安绥靖公署主任。1947 年 3 月 21 日，《中央日报》发表题为《劳解放延安的将士》社论。其中说：这一次胡长官所指挥的国军，……奏了犁庭扫穴的大功。当天该报还刊载了“嘉勉收复延安将士电”，电头就是“胡长官宗南转全体将士”。

（六）《毛泽东传》第 791 页上还有很长的一段，摘录如下：“国民党军队用来进攻陕甘宁边区的总兵力共三十四个旅二十五万人。基本部署是：以胡宗南直辖的十五个旅……担任主要突击；……以青海、宁夏的马步芳、马鸿逵等部……担任辅助突击。企图一举攻占延安……”在此仅须指出：全段只有一个主词，即“国民党军队”。

据笔者所知，核准“一举攻占延安”计划的是蒋介石。在计划当中，并未提到马步芳、马鸿逵、邓宝珊。马步芳、马鸿逵部队隶属于以张治中为主任的西北行辕，不受胡宗南指挥。裴昌会文说：胡曾“通报甘宁青马家部队，要求派出一部兵力向庆阳、合水附近进击，以支援胡军的北进（但这个通报马家并未理睬）”。

有些读者根据《毛泽东传》的上引段落对拙作《地下十二年与周恩来》提出质疑和非难。本文选用的上述材料，除供《毛泽东传》编者参考外，也作为对拙作质疑和非难的读者们的回答。本文如有错误或不当处，欢迎批评指正。

第二部分　外交生涯

| 一 |

周恩来、李克农与1954年日内瓦会议*

1954年的日内瓦会议，是新中国成立后首次参加的重大国际会议，以周恩来总理为首的中国代表团对这次会议所发挥的重要作用和所做的巨大贡献，已经载入史册。从会前到会后，作为外交部常务副部长的李克农协助周总理做了大量工作，其间有几件事使我深受教育。

（一）

1954年2月25日至28日，苏、美、法、英四国外长在柏林达成协议：由苏、美、法、英和中华人民共和国及其他有关国家的代表，于1954年4月26日在日内瓦开会，分别讨论朝鲜问题和印度支那问题。

根据四国外长的协议，2月26日，苏联政府邀请中国政府派出全权代表届时赴会。中央立即决定由周恩来总理以外长身份率团参加。2月28日，周总理批示：关于代表团人选，“告

---

* 原载《广东党史》1998年第4期。

李（克农）副部长先行讨论，3月2日上午提出名单”；关于代表团的工作人员，“请李副部长决定”；关于会议对策、编印资料、业务分工等，“请李提出方案”。经常事必躬亲的周总理，做了这样的批示，足见他对李克农的信赖。

3月2日上午，李克农函报周总理，建议由周总理任首席代表，由张闻天、王稼祥及外交部一位副部长任代表，由王炳南任秘书长。李克农在报告中提出：“我请求不参加。因：(1)情报部门今年计划刚通过，需贯彻实施。……（2）我无国际知识，又不懂外文。(3）身体不健康。”

周总理接受了李克农的建议，但不同意他“不参加”的“请求”，把克农列为代表之一，于3月2日晚经中央书记处确定。书记处原则上通过了周恩来提出的对日内瓦会议估计和初步意见，并决定成立参加日内瓦会议准备工作领导小组，由李克农抓总。

周总理传达了中央讨论的精神，主要是：（1）对这次会议持积极态度，力争在朝鲜问题和印度支那问题上达成一些协议，促进国际形势的缓和；（2）借参加会议的机会，扩大我国的国际影响；发展同外国的经济贸易和交通往来，打破美帝对我国的封锁禁运，相机改进同英国和西欧一些国家的关系；（3）为了适应上述要求，并在实践中培养锻炼外事干部，代表团可以多派一些人，包括经贸干部和记者，但不需要的人不去。

（二）

从3月3日起，李克农全力投入会议的准备工作。他同国内39个单位联系，选派工作人员132人，记者团29人。除我驻瑞士使馆全力以赴外，还请我驻苏联等6个国家使馆抽调人员，人数最多时达182人。

关于医护人员，傅连暲直接报告周总理，建议配备医生、护士各2人，“医生除黄树则外，另派史书翰。因史随李克农同志在朝鲜将近两年，工作认真小心，对克农身体甚为熟悉”。总理批示：“同意医生去黄树则、史书翰二同志，护士绝对不要。送李克农同志办。”李克农为了保证总理的健康和安全，把史书翰换成总理的保健医生周尚珏。由于总理坚持，偌大的代表团未带一名护士。

（三）

按照总理的意图，李克农抱病领导我代表团的各项准备工作，充分体现了他的认真负责、一丝不苟、周到细致、雷厉风行的作风。这里仅举几例：

（1）对会议所要讨论的及代表团可能涉及的政治性问题，设想各种情况，分别拟出详细的预案，报送总理审定。总理还委托李克农同先期秘密来京的朝鲜外务相南日协商关于解决朝鲜问题的意见。此外，李克农领导有关同志就朝鲜问题和印度支那问题拟出29篇发言稿。这些发言稿在会议期间虽然没有完全用上，但为周总理临时现场发挥提供了论据。

（2）李克农组织外交部、对外联络部、军委联络部、军委情报部、外贸部等10个单位编写有关资料，如：朝鲜问题、印度支那问题、中国的基本情况和内外政策等，共12大本，170多万字。这些资料对我代表团的工作起了很大的作用。有些资料提供给苏联、朝鲜、越南代表团，他们认为很有帮助。

（3）从3月3日开始到3月中旬，只十几天时间，代表团的工作人员和随行记者绝大部分已集中到北京，分别编组，进行培训。每人都按照各自的分工，熟悉情况，学习方针政策。遵照总理指示，李克农指定专人向全体人员介绍外交礼仪，介绍瑞士情况，包括有关法令和风俗习惯等。他还亲自作了应该注意的问题及保卫保密的报告。在总理领导下，培训工作十分严格，译员、机要员、打字员、速记员等都进行了测试，还请一些老同志分别介绍经验。没出过国的司机也事先学习了有关常识。总理还要李克农注意吸收外交部顾问、专家们的有益意见。如原国民党外交起义人员刘泽荣等提出的关于全权代表证书的格式及代表团应设对外发言人等。总理还要李克农组织代表团发言人黄华、随行记者及当时常驻北京的外国友好记者贝却敌①等，多次举行记者招待会的模拟演习。

（4）指示我驻瑞士使馆为总理及代表团主要成员预租一座别墅，为一般人员预租旅馆，并安装了日内瓦至国内的电传打字机，保证通讯联络迅速、安全、节约。会议期间，从国内运往日内瓦的物资达15吨。李克农还审定了工作制度、保密制度、会计制度、驻地生活制度等。

这些准备工作是从3月3日到4月19日这一短时间内完成的。

---

① 威尔弗雷德·贝却敌（Wilfred Burchett，1911—1983），生于澳大利亚墨尔本，“二战”时曾为美军随军战地记者，1951年作为法国《人道报》特派记者来到中国，并采访了朝鲜停战谈判。

（四）

周总理及代表团主要成员于4月20日离开北京，夜宿新西伯利亚，次日下午到达莫斯科，周总理与苏联外交部长莫洛托夫又进行了商谈，4月24日下午抵达日内瓦。我们随即广为散发事前印就的周恩来的中文和英文的书面简历。这一简历则是由李克农主持草拟后，未经总理迳报中央审定的，内容长达五页半，第一段是：

> “周恩来，生于一八九八年，中国杰出的政治活动家、军事家和外交家；中国共产党杰出的组织者和领导者之一；毛泽东的最亲密的战友之一。”

克农认为：宣传周恩来就是宣传新中国。据我所知，此前尚未用过“最亲密的战友”这种提法。这表明了当时毛主席、党中央对周恩来的评价，也反映了李克农对周总理的敬重和浓厚的阶级感情。

4月26日，日内瓦会议开始，首先讨论朝鲜问题，会议从4月26日到6月15日，全体会议15次，限制性会议1次。印度支那问题会议从5月8日开始到7月21日，全体会议8次，限制性会议24次。每次会议平均4个小时。周总理等除参加这些会议外，还要和有关代表团进行会外接触（宴请、商谈等）。印度没有能够参加日内瓦会议，尼赫鲁派他的亲信梅农到日内瓦活动，梅农常到我代表团来，一坐就是几小时。为了不干扰周总理和其他代表，李克农往往自己出面与之周旋。

6月20日至7月12日，与会各国首席代表休会，周总理先后访问印度、缅甸，并与胡志明会谈，张闻天、王稼祥也离开日内瓦。在此期间，总理委托李克农主持代表团的工作，并协助越南代表与法国代表商谈印支问题。

代表团秘书长兼支部书记王炳南除日常工作外，还要参加中美会谈，忙不过来，李克农主动多做工作。如：

（1）当时有许多国家（主要是法国）的人民团体拜访中国代表团，先后来访的各国人民团体有505个，共3800多人，李克农组织有关同志接待他们，并对联合国秘书处派出的工作人员做工作。这些都产生很好的影响。

（2）会议期间，“环境保卫”主要靠瑞士，内部警卫主要靠自己。克农提出：专业人员与一般人员相结合。代表团每个工作人员都要做总理的保卫工作。总理和代表团主要成员所住的别墅，保密困难，为防窃听，李克农派人利用别墅的马厩搞了一个内部会议室，这是人们料想不到的。

（3）李克农经常检查代表团的党的工作，了解工作人员的思想、情绪，分别征求大家的意见和建议，适当地进行批评与自我批评。他还注意工作人员的文娱生活，曾放映过卓别林主演的几部寓教于乐的电影。

（4）李克农贯彻执行周总理“勤俭办外交”的指示。代表团的预算为旧人民币327亿元，实际支出229亿元（旧人民币1万元折合新人民币1元）。

（五）

会议期间，重大问题都由总理亲自拟电向中央报告请示，一般的、公开的情况则由随行记者发回新闻，但李克农认为不够，他用自己的名义编写《每日简报》，电告外交部并抄送中央领导同志和有关部门，深受好评。其内容，主要是各代表团及外国舆论对周总理和我代表团的反应，对外接触中了解到的重要情况，以及具有史料价值的珍闻。这里只举一例。

4 月 30 日，莫洛托夫宴请周总理和英国外交大臣艾登，这是中英两国外长第一次直接接触。李克农向译员了解情况后，于 5 月 1 日电发了第三号《每日简报》。要点是：

艾登：联合王国承认了中华人民共和国，而中华人民共和国不愿承认联合王国。

总理：不是中华人民共和国不承认联合王国，而是联合王国在联合国不承认中华人民共和国。

艾登：不知周恩来先生是否愿意指定一人，由我们的杜威廉先生和他联系？

总理：我们的西欧司司长宦乡就在这里，他过去常和杜威廉先生接触。

艾登：那好极了，我是特意把杜威廉从北京调来的，看来我们是想到一块去了。

艾登（指着桌子上的水果）：什么水果都有，就是没有菠萝。

莫洛托夫：但是中国有，中国是极其富有的国家，艾登先生应该到中国去一次。

总理：欢迎艾登先生到中国访问。

艾登：我非常愿意。我想告诉你，在第一次世界大战时，和我同伍的一个军官叫哈蒙，他在战争中牺牲了。上星期他的弟弟给我一封信，要我信任周恩来先生的每一句话。他说他熟悉周恩来先生。

莫洛托夫：美国行事特别冲动，英国应该施加影响，你们有共同语言。

艾登：一个剧作家曾说，英国和美国除语言共同外，别无共同之处。

这样的《每日简报》十分生动，说明很多问题，引起党中央的高度重视。

（六）

到日内瓦后，总理指示成立新闻办公室，要我担任主任。总理规定，任何外国记者接触中国代表团都须通过新闻办公室。总理指示接待记者时要有问有答，有意识地了解情况，有选择、有重点地结交朋友。

我找到李克农，要求只做具体工作，另请别人当主任。李克农说：还没有上阵，你就打退堂鼓？我说：我水平低，没有经验。李克农说：你好像是谦虚，实际是怕，怕那些资产阶级记者。堂堂的中国共产党员，还怕他们？李克农说：总理的指示精神，就是“用宣传换情况”。讲出去的是宣传，换过来的是我们所要了解的情况。他要我着重接待了解内情的政治、外交记者、专栏作家以及采访日内瓦会议的具有中央委员身份的法共《人道报》、意共《团结报》、英共《工人日报》的记者。一般“报屁股”记者则由新闻办公室其他同志接待。他说：和记者交谈不要人翻译，好比两人谈恋爱，中间插一个人，那就谈不好。

在同记者接触中了解的情况，我都及时书面报告李克农核转总理，有些由李克农编进《每日简报》电告国内。若有几天不送材料，他就催询。有时他认为所送材料价值不大，就说：不要拿这种破烂货充数。这虽然有点“强迫命令”的味道，但也有好处，逼着你想办法。在接触中发现，一些资产阶级记者不满美帝的侵略战争政策，对某些国际问题的看法和我们相近，可以由此逐步深谈，了解情况。后来我又向李克农建议，老是介绍中国的情况和内外政策，记者已不感兴趣，总要给人家一点东西。李克农请示总理同意，接受了这一建议，在代表团发言人举行新闻发布会之前，让我先将一些有关情况透露给能提供重要情况的记者。总理在别墅会见卓别林夫妇时的照片，在新华社发表之前，由我送几位深交的记者。这样做，效果很好。

代表团回国后，李克农让主管部门对在日内瓦会议期间通过外国记者获得的情况材料作了评价。评价称：“所反映的情况，大都时间性很强，紧密地结合了当时会议的进展情况及其他活动，因之密切地配合了当时的外交斗争。材料来源可靠而且重要……这些材料不仅对于当时我们在日内瓦了解敌人的政策、意图有直接作用，而且有的对今后研究敌人的对外政策仍有较高的参考价值。”这是在周总理领导下，李克农亲自指示，督促取得的成果。

（七）

在日内瓦会议期间，周总理常在晚上召开由代表团各单位主管参加的汇报会。在一次汇报会上，雷任民报告说：英国工商界邀我派贸易代表团访英。对此，总理指示：可以同意，但现在保密。待中央批准中英两国交换代办后即行宣布，使我贸易代表团做开路先锋，打头炮。

隔了一天，英国《工人日报》头版头条大字标题报道中国贸易代表团行将访英。总理看到后非常生气，指定克农在两天内查清是谁泄露的。由于我是新闻办公室主任，李克农找到我。我说：我没有对任何人讲。我知道《工人日报》派来的记者的住处，派人去问，就可以弄清楚。李克农报告了总理，总理不同意。总理说：新闻记者都要保护自己的新闻来源，这件事自己查不清楚去问人家，在兄弟党记者面前丢中国人的脸。

总理的意见是完全正确的。但却使我被认为是唯一可能的泄密者。因为：(1）新闻办公室只我一人参加汇报会；(2)《工人日报》记者由我直接联系；(3）我被授权可以单独接触记者，不需翻译。于是李克农又找我说：你工作忙，接触人多，有时难免说漏了嘴，自己忘了，现在再仔细想想，承认了，吸取教训。如果隐瞒，就变成另外性质的问题。我有口难辩，又召集新闻办公室4位工作人员开会。我说：我确实没有讲，你们谁讲了，我承担责任。4位人员都说不知此事，周湘浦还借机批评我，并说我提出向《工人日报》记者进行了解是耍花招，明知他是不会说的。我说：千错万错，是中国代表团出的错，有错总要有人承担。于是我向李克农表示承担这一泄密事件的责任。李克农报告总理，总理批评了我，并通报全团吸取教训。此后一段时期，我同外国记者接触就要翻译在场。

中英交换代办一事经中央批准，我贸易代表团已洽办赴英签证。贝却敌来找我，他说：中国贸易代表团即将访英，是件大事。我说：这已不是什么秘密，英国《工人日报》早登了，不知是从哪里得到的消息。贝说是他提供的。我问：你是怎么知道的？他说是周湘浦告诉他的。

我让翻译李肇基做了详细记录，直接给李克农。李克农看后问：周湘浦是什么人？我说：是外交部新闻司的科长。李克农马上把新闻司司长龚澎找来看那个记录。龚澎说：老熊没有讲，为什么承担责任？李克农说：都怀疑他，连我都怀疑他，他不承担责任行吗？共产党员应该受气不说，有苦不叫，功则归人，过则归己。李克农让人拿一瓶老茅台酒和一包拼盘给我，他说："回旅馆去，喝，喝完了睡觉。"总理知道后，要李克农通报全团澄清。总理并指示：周湘浦品质很坏，不能再留在外交战线。

1962 年，中央决定我接替宦乡任驻英代办。我赴任前曾去看李克农，提及周湘浦在驻英代办处当二秘。李克农说：总理早有指示，怎么还没有执行？我现在不好向外交部提意见，你应该提，把周湘浦调回来，清除出外交部。

（八）

1954 年 7 月 21 日，日内瓦会议结束。7 月 23 日，周总理应邀先后访问东德、波兰，经莫斯科访问蒙古。总理委托李克农续留日内瓦几天，做好代表团的结束工作。李克农曾向留下的工作人员做了一次报告，传达周总理对日内瓦会议的工作小结。要点如下：

（1）这次会议主要是讨论亚洲最迫切的两个问题，总的是关于亚洲问题的会议。新中国作为五强之一第一次参加国际会议，成为这次会议的重大特点。

（2）关于斗争方法和策略：①我们开始在公开会议上先讲大道理，从大的政治原则问题讲起，宣布我们的立场和方针，使得我们在政治上处于压倒敌人的优势。这是战斗前的炮兵攻击。②进入具体讨论后，走向短兵相接，就要进一步了解敌人的意图，不断提出一些具体建议，使讨论具体化，使会议有所发展。在讨论中，必须坚持应该坚持的东西，但对某些问题，也要做些必要的让步。③要充分利用敌人的矛盾，抓住敌人的弱点。④始终抓住和平协商的旗帜，善于寻求共同点。⑤我们会前对有关问题做了充分准备，会议过程中根据情况做必要的修改。某些问题最高纲领不能实现时，就适当提出最低纲领。不应过早暴露自己的意图，也不能过迟地提出办法，失掉时机。⑥在谈判中要坚定，但不要顽固；要灵活，但不上当；要主动，但不能急躁。外交工作要有坚持性和耐性，不能图爽快，图爽快往往会吃亏，但也要随机应变。⑦要应用各种形式互相配合，善于运用大会、小会、会外接触等办法。

（3）由于美国的阻挠，在朝鲜问题上没有达成协议；我们利用法、英、美之间的矛盾，在印度支那问题上达成了协议。但是，会议的收获，不能用协议的多少来衡量，日内瓦会议远超过会议达成协议的范围。通过这次会议，缓和了国际紧张局势，打击了美帝的战争侵略政策，确立了新中国在国际事务中作为五大国之一的不可动摇的地位，扩大了新中国在政治、外交、经济、文化上的国际影响，提高了新中国的国际威望，给新中国开辟了在国际事务中更为广大的活动阵地，在今后能够起到更大的作用。同时，也使我国和一些国家的关系得到改善。

取得收获的原因，是由于党中央的正确领导，同志们的努力，也由于我们有强大的后盾，有中国人民和全世界爱好和平人民的支持。

（4）今后应大力开展对外活动，尽到中国对世界事务应尽的责任。我们已登上了国际舞台，就不能下台。相反，应该更好地发挥我们的作用。这不仅是为了尽我们的国际主义义务，而且是直接为了保卫我们的经济建设。

（九）

李克农离开日内瓦到莫斯科后，身体累垮了，治疗几天后病情有所缓和。总理到莫斯科时看了他。经研究决定：李克农由我和几位同志陪同，坐苏联班机到伊尔库茨克，休息两天，再乘国际列车经满洲里回北京。

李克农一行到伊尔库茨克后，苏方只有机场旅行社的一个职员来接，领到机场的旅馆住。我们要打电话给我驻苏使馆，该职员不让打，还不许我们越过离机场旅馆 5 米远的栏杆。我们问：这是为什么？回答说：这是上级的指示。8 月的天气甚热。机场常有飞机起落，嘈杂不堪，难以入睡，伙食是死马肉、红菜汤，不能下咽。李克农就这样受了两天罪。上了火车，也是一般的车厢，伙食很差。到了边境车站，火车换轨，要等 6 小时，苏方旅行社职员又把我们领到火车站的旅馆，仍不让打电话。随行的俄文翻译李越然直接向苏方边境站站长做了工作，在车站给我外交部驻满洲里办事处打了电话，曾处长立即乘汽车来接。李克农在我办事处洗了澡，吃了饭，才缓过气来。在回北京的途中，我们几个随行人员议论，李克农是我外交部副部长，是我情报部门总负责人，中苏双方还在进行“合作”，而苏方竟如此对待克农，我们非常气愤。李克农却严肃地对我们说：“不许讲，你们讲就是反苏。”

1971 年，我曾向总理讲起这一段往事，总理说：李克农没有讲过。总理认为，当时李克农不让讲，是由于避免因此向苏方交涉，影响两党两国的友好关系，宁可把此事当作对他个人的无礼而隐忍。总理说，这是李克农照顾大局的表现。

附录：

关于杜勒斯拒绝同周恩来总理握手的问题 *

《新中国外交风云》（1990年5月版）刊载史实撰写的1954年日内瓦会议期间《杜勒斯拒绝同周恩来握手问题释疑》（以下简称史文）。读后曾想为文补正，因当时卧病，未能命笔，后即淡忘。最近看到一些纪念周恩来的文章和电视又提及此事，特说明真相。文中所引的外电报道，读者均可在1954年4月至7月的《参考消息》中查到。

（一）日内瓦会议首先讨论朝鲜问题，由泰国代表团团长旺亲王、苏联代表团团长莫洛托夫外长、英国代表团团长艾登外相，轮流担任主席（讨论印度支那问题时则由莫洛托夫和艾登轮流担任主席）。除开幕时允许少数摄影记者短时间拍照后即行退出外，各次会议均禁止记者进入会场。

4月26日下午，在旺亲王主持下举行首次会议。路透社日内瓦4月26日电称："一位美国发布新闻的发言人说，艾登先生在会后曾走过会场与莫洛托夫先生握手。莫洛托夫先生然后把他介绍给周恩来先生。艾登先生和周恩来先生于是热烈地握手。"

这天会后，英国代表团成员杜威廉（英国驻北京的谈判代表）找到我代表团成员宦乡。他说：艾登外相有一个设想，

---

* 原载《百年潮》1997年第4期。刊出后与原文出入很大，此处据原文排印，并略做修改。题目有改动。

在第二次会议的会前或会后，由艾登外相介绍杜勒斯国务卿同周总理相识，彼此握手致意。如果周总理同意，艾登外相再派人询问杜勒斯先生的意见。宦乡请示总理后答复杜威廉说：周总理赞赏艾登外相的设想，既然在一起开会，理应互相接触。周总理愿意经过艾登外相的介绍，同杜勒斯先生握手致意。但第二天上午，杜威廉对宦乡说，杜勒斯先生表示，不能接受艾登外相的建议。——对此，英方、我方及美方均未向外透露。

史文说，“在会议期间，传出了周恩来总理要同美国国务卿杜勒斯握手，被杜勒斯拒绝的传说，而且议论纷纷，莫衷一是”，并引用王炳南回忆录中的一句话：“实际上没有发生过这样的事。”当时，我是中国代表团新闻办公室主任，我可以肯定地讲，不但“实际上没有发生过这样的事”，而且从未听到过“周恩来总理要同美国国务卿杜勒斯握手而被杜勒斯拒绝的传说”，也没有看到过关于这一“传说”和“议论”的报道。从《参考消息》所载的外电中，也没有这种“传说”和“议论”。事实上，早在1952年4月30日，周总理在《我们的外交方针和任务》的讲话中，就把“礼尚往来”作为一条方针提出来。他说：“资本主义国家，你对我好，我也对你好；你对我不好，我也对你不好。针锋相对，来而不往非礼也。我们总是采取后发制人的办法，你来一手，我也来一手。”① 如上所述，他是经过莫洛托夫的介绍，才和艾登握手的。他没有也绝不会不经介绍，贸然要同素不相识并敌视我国

① 周恩来．周恩来选集：下卷［M］．北京：人民出版社，1980：87.

的杜勒斯握手。

日内瓦会议是新中国第一次走上国际舞台。周总理的一举一动都受到人们的注意。路透社日内瓦 4 月 30 日电称："今天在日内瓦的最大新闻是英国外交大臣艾登与共产党中国总理周恩来第二次举行秘密会议。""这两位政治家应莫洛托夫之邀共进午宴。""据悉，美国国务卿杜勒斯和周恩来还没有彼此介绍过。"

（二）史文说："杜勒斯是一名反共老手，态度傲慢僵硬，他确实不愿同我国政府代表团人员接触。"这是事实。以下的几则外电可作一说明：

（1）美联社日内瓦 4 月 28 日电称："日内瓦会议上的美国代表团不理睬中国共产党人。国务卿杜勒斯显然正在做出榜样来。虽然他在会议桌旁距离周恩来只有四个座位远，但他没有与周恩来握手或说话。""一位美国代表说，杜勒斯在第一次会议上甚至连向周恩来那边看也不看。"

（2）合众社日内瓦 5 月 3 日电称："杜勒斯在中共总理周恩来出席日内瓦会议期间从没有对他直接谈过一个字。在整整六天会议中，杜勒斯有意不理周恩来。在十九国亚洲和平会议上不和他握手，也不用任何方式直接和他打交道。"

（3）美联社日内瓦 5 月 3 日电称："一位美国发言人说，虽然杜勒斯差不多每天都和周恩来在同一间屋里，但是他从没有和他碰头，也没有和他谈过话，甚至没有朝他那方向看一眼。"

（4）合众社 6 月 5 日电称："美国代表团来到日内瓦时奉有极严格的命令，规定不得与中国'侵略者'交往。美国国务卿杜勒斯在会议第一天在这里对他的密友说，他与共产党中国外交部长周恩来‘只有在我们的车子相撞的时候才会见面’。”

5 月 3 日杜勒斯离开日内瓦，由副国务卿史密斯继任美国代表团团长。他对中国代表团的态度在一段时间内并无变化。美联社日内瓦 5 月 4 日电称：“美国副国务卿史密斯将军和国务卿杜勒斯一样，在日内瓦会议上不理睬共产党中国的总理兼外长周恩来。”“一位官员（当史密斯和周恩来在同一间屋子里举行会议时曾有两次在场）说，史密斯与苏联外交部长莫洛托夫握手，但是在会上甚至没有朝周恩来那个方向看一眼，而在走廊上一直地从他面前走过。”以上这些电讯描述了杜勒斯对中国代表团“僵硬”态度的种种表现，但并无“周恩来要同杜勒斯握手，被杜勒斯拒绝”的任何流言。

杜勒斯对中国代表团的态度受到尖锐的抨击。如《华盛顿明星报》说：“杜勒斯先生演了一出假装不知道共产党中国领袖周恩来之存在的滑稽剧。”《基督教科学箴言报》说：“在日内瓦，许多有经验的职业外交家认为美国对共产党中国的政策是完全错误的。在他们看来，由于共产党中国的存在是一件令人不愉快的事实而拒绝承认这一事实，就跟谚语所说鸵鸟把头埋在沙土中的行径差不多。”

杜勒斯离开日内瓦后，到法国、英国访问，于 5 月 11 日返美，立即举行记者招待会。据合众社华盛顿 5 月 11 日电称：“杜勒斯说，他在日内瓦会议上跟共产党中国领袖周恩来并没有私人的社会接触；因为他把北平政府当作是曾经杀伤十多万名美国人的侵略者。杜勒斯说，美国并没有跟共产党中国处于事实上的和好状态，所以把中国外交家当作私人朋友似乎是不适宜的。”在这里，杜勒斯对敌视中国的态度作了辩解，但在口气上已经不那么“傲慢僵硬”了。

（三）有些文章说杜勒斯确曾对美国代表团下过不准同中国代表团人员握手的禁令。这一论断是没有依据的。

1971年7月，《纽约时报》等美国重要报刊相继发表了“五角大楼”关于侵越战争的秘密文件。周总理指示全文译印题为《关于美国国防部侵越秘密报告材料汇编》，1973年由三联书店分为上、下两册出版。上册第53页刊载《艾森豪威尔对出席日内瓦会谈的美国特使的指示》，副题为“国务卿杜勒斯一九五四年五月十二日给副国务卿沃特·比德尔·史密斯的电报”。内容首先是：“下述基本指示将作为你，美国代表团团长，参加日内瓦会议讨论印度支那问题阶段时的指针，这些指示是经过总统批准的，是重申曾经在口头上给你的指示。”“指示”共有8项，第2项全文如下：

> “你将不同中国共产党政权的代表或者美国现在没有在外交上承认的任何其他政权的代表在任何这样的条件下打交道：即，如果那将意味着政治上的承认，或者使该政权除了作为一个为了结束侵略或者结束侵略威胁和实现和平而必须在事实上与之打交道的政权所有的地位之外，获得更多的地位。”

这是迄今为止所发现的杜勒斯对参加1954年日内瓦会议的美国代表团下达的唯一一份指示。这一“指示”中并未规定“不准同中国代表团人员握手”。

（四）在日内瓦会议前一阶段，法国外长皮杜尔率领的法国代表团效法杜勒斯，对周总理为首的中国代表团也采取不接触、不理睬的态度。我方的回应则是“针锋相对”“后发制人”。后来，皮杜尔经其代表团成员肖维尔（法国驻瑞士大使）向我方说项，周总理就按“礼尚往来”的方针对待。合众社日内瓦 5 月 24 日电称：“皮杜尔在今日会议休息时间第一次与共产党中国总理周恩来握手。”同日美联社电称：“在下午三四点钟休会的时候，有人看见皮杜尔在休息室里和共产党中国的周恩来总理恳切谈话，这件事引起人们的重大注意，因为法国一如美国是一个还没有承认北平政权的国家。”

以周总理为首的中国代表团的外交风度赢得广泛称赞。路透社日内瓦 6 月 2 日电称：“有经验的外交家说，出席这里的亚洲会议的中国代表团恢复了一些已不存在的国际会议的尊严与礼节。练达的西方代表团的评论是：注意一下中国代表团的举止，真的像礼貌大全书中所说的那样，合乎外交规范地在适当的地方、适当的时机做适当的事情。”“西方观察家给予总理兼外长周恩来先生和他的同僚们以无懈可击的最高评价。”“他们从来不被邀请参加包括美国人在内的西方社交活动，在会议室中，在这两国代表团之间从来没有丝毫个人认识的痕迹。中国人明白地表示，他们愿意等待美国人先行采取和解的行动——甚至可以说，他们是坚持这一点的。”

（五）美国人首先采取了和解的行动。5 月 19 日，杜威廉向宦乡说：美国代表团希望能就在华美国人回国问题及在美中国人回国问题同中国代表团进行接触。宦乡按总理指示，回答杜威廉：中方同意与美方进行直接接触。6 月 4 日，杜威廉告宦乡称，美国代表团指定该团成员约翰逊（驻捷克斯洛伐克大使）为代表，马丁（国务院远东司官员）为助手与中方接触。杜威廉还说，艾登外相指示他作为中介参加中美之间的接触。宦乡请示总理后回答杜威廉：我方由王炳南（代表团秘书长、外交部办公厅主任）为代表，代表团成员柯柏年（外交部美澳司司长）为助手，与美方接触，同意杜威廉作为中介参加中美之间的首次接触，为此宦乡也参加首次接触。

首次接触于6月5日上午10时在国联大厦开始。合众社日内瓦6月5日电称："美国官员今天第一次与共产党中国人员直接会面，以举行旨在释放被拘留在竹幕后面的美国人的紧急谈判。""美国方面后来发表的一项公报强调指出，今天的会谈绝不包含外交上承认的意思。""消息灵通人士说，这种会谈是国务院在与美国国会领袖们磋商后命令进行的。这些人士说，这次会谈是友好的。""十分明显，今天举行的会谈的创意是华盛顿方面做出的。""参加今天会议的美国代表是由美国驻捷克斯洛伐克大使、中国及朝鲜问题专家约翰逊率领的。陪他一道参加会议的是英国驻北平代办杜威廉。"

这则报道说明，这一会谈是美国政府"创意"的。这则报道还说，这次会谈是"友好的"；但未言其详。现引《外交史资料》1992年第11期刊载我写的《关于中美在日内瓦会议期间的接触》一文中关于"第一次接触"中的两段："杜威廉作为中介人参加，他首先介绍中、美双方人员见面。美方人员主动趋前与我方人员握手。""美方代表约翰逊表示，很高兴与中方人员见面，希望双方商谈能有满意的结果。"

此文是据我当时的笔记写的。经外交史研究室同志查档，在原记录中确有美方人员主动趋前与我方人员握手的记载。虽然双方均未公开此事，但这毕竟是史实。

在7月中一次讨论印度支那问题会议的休息期间，史密斯曾主动同浦寿昌同志攀谈，说了一些友好的话。在复会后，我看到史密斯手里拿着一支笔向周总理摇晃。但总理及坐在他附近的我方人员均未察觉。我即向总理递了一张条子。总理向美国代表团的席位观看，史密斯又含笑向总理摇晃手中拿的笔。总理马上从桌上拿起一支铅笔向史密斯摇了摇。接着在第二天会议休息时，周总理同史密斯首次交谈。

史文称，1972年2月，尼克松访华。“周总理同尼克松第一次会谈时更明确地对尼克松说：‘你刚才不是在毛主席那里已经说了嘛，我们握手了。杜勒斯就不敢这样做。’尼克松则说：‘总理也不一定愿意同他握手。’周总理肯定地说：‘不见得，如果他愿意的话，我也会跟他握手的。’”

参阅本文第一段（艾登曾想介绍杜勒斯与周总理相识，彼此握手致意。对此，周总理表示同意，杜勒斯表示不能接受），则史文引用周总理对尼克松讲的这些话，就很容易理解了。

| 二 |

周总理对我的几次批评*

（一）

1954 年，日内瓦会议召开期间，我奉派以新闻联络官的名义，负责中国代表团新闻办公室的工作，主要任务是协助发言人组织新闻发布会，接待来访记者。

首次举行新闻发布会时，台湾国民党“中央社”驻巴黎记者王家松要求参加，被我拒绝了。事后我报告总理，并建议同“新闻之家”交涉，追回王家松的记者证。周总理问我：为什么？我说：“中央社”是台湾的官方机构，要警惕他在这里制造“两个中国”的假象。总理蹙了蹙眉头说：不能抽象地讲警惕，警惕要有事实根据，没有事实根据的警惕是主观主义，就会变成自己制造紧张，给工作造成损失。蒋介石的基本政策，也是坚持一个中国，但他所坚持的是只有一个“中华民国”。

---

* 本文原题为《于细微处见精神》，原载《不尽的思念》，中央文献出版社 1987 年 12 月第 1 版。

美国顽固支持蒋介石，一直否认中华人民共和国的存在。现在怎么样？瑞士早就同我们建交，杜勒斯不得不同我们一起开会，这里哪有“两个中国”的影子？来了一个中央社记者，怎么就会造成“两个中国”的假象？你应该了解蒋介石的为人。他对这次会议很不安，美国当然会向他通气，但他信不过。他派个记者来，显然是为了便于进行现场观察，观察我们，也观察美国。让他了解一些第一手的真实情况，这对我们有什么不好？你把人家拒之门外，这于情理不合。你还准备让“新闻之家”收回他的记者证，你有什么理由？你能说他是国民党的官方代表？要是这样说，岂不是反而给人造成“两个中国”的假象？

我说：总理批评得对，是我想错了。我不经请示，就把人家拒之门外，这是组织性纪律性的错误。总理说：我是从政治角度提醒你，没有说组织性纪律性的错误。当然，组织性纪律性是重要的，但不是事事都要请示，那叫不负责任。重大的、没有先例的问题应当事先请示，有时来不及请示，就需要当机立断，但要断得正确。要做到这一点，不只靠水平和经验，关键在于事前进行周密的考虑和认真的准备。代表团在北京集中以后，我要大家设想各种可能出现的情况和问题，一一提出对策，经过讨论批准作成预案。有了这种准备，我们就比较主动。当然，不可能事事都预料到，那不是唯物主义。应当并且可能预料到的事而没有预料到，就是失职。你也做了预案，但你没有设想国民党的记者到日内瓦来，你没有想到，我也没有想到，所以我也有责任。现在不是追究责任，工作中难免有失误。有了失误就追究责任，会弄得人人自危，不利于工作。但是，有了失误就要认真吸取教训。

我要在碰头会上讲这件事，要大家都吸取教训。首先是联系这几天的实践，检查有没有偏差，进一步设想还可能出现什么新的情况和问题，拟出对策，这样，继续战斗就更有把握。我说：我就召集新闻办公室的同志开会，按照总理的指示，进行检查和讨论。总理说：你们开会，再增加一个内容。新中国成立以来，我们一直反对制造“两个中国”的阴谋活动，这是必要的。现在看来，对这个问题缺少具体分析。你们先研究一下，区分几种情况，分别提出处理办法，写出来送给我。

总理还关照我，在我们的记者中找一位便于同王家松接触的同志，向他作些解释，告诉他今后如愿参加我们的新闻发布会，我们欢迎，有什么困难，我们可以酌情帮助。但要注意，同他接触，一定要掌握好分寸，不能过头，要顾及他的处境，不要使他为难，更不能让他丢掉饭碗。

（二）

1954 年，日内瓦会议讨论朝鲜问题和印度支那问题，中、苏、美、英、法都派代表团参加，引起广泛注意。在“新闻之家”登记的记者近千名，这在当时是破纪录的。周总理规定，除新闻发布会外，外国记者同中国代表团接触，一律通过新闻办公室。

总理对接待外国记者的工作，作了五条原则指示：（1）来者不拒，区别对待；（2）谨慎而不拘谨，保密而不神秘，主动而不盲动；（3）记者提问，不要滥用“无可奉告”，凡是已经决定的，已经公布的，经过授权的事，都可以讲，但要言简意赅，一时回答不了的，记下来，研究后再回答；（4）对于挑衅，据理反驳，但不要疾言厉色；（5）接待中，要有答有问，有意识地了解情况，有选择有重点地结交朋友。

新闻办公室设在宝瑞华旅馆，来访的外国记者很多，有时应接不暇。他们着重询问中国各方面的情况。总理对此早有预见，事先就让有关部门编写了介绍中国情况的材料。此外，还带去了国内出版的外文书刊。有了这些材料作依据，对外国记者提出的问题，基本上都能回答。总理指定人进行了检查，认为没出差错。总理听了汇报后说：没出差错，只能算勉强及格。你们接待外国记者的方式还太呆板，还只是“守株待兔”式，效果还不很大。可以为友好的记者举行小型宴会，为一般的记者举行大型冷餐招待会，请他们吸中国烟、喝中国酒、吃中国菜，边吃边谈，让人感到无拘无束，轻松活泼。这不是吃吃喝喝，是为了便于你们宣传“自己”，了解对方，结交朋友。这三者结合起来，才能更好地执行我们的外交政策。

不久，越来越多的西方记者询问中国的外贸情况，我们原先准备的材料不能满足他们的要求。总理说：让雷任民（外贸部副部长）当代表团的顾问，就是为了这一点。总理要新闻办公室为外国记者举行一次中国外贸问题座谈会，由雷任民主讲并答问。

这些方式是其他国家的代表团所未采用的，外国记者反映很好。有的说：中国人熟悉西方记者的心理，事先准备周密，易于使人了解中国。有的说：雷任民的介绍给人印象最深的是中国并不拒绝外资，任何国家都没有同中国贸易的优先权。有的说：从周恩来和他的助手身上，可以看出中国人的自信、乐观和组织能力，他们具有没有大国架子的大国风度。有的说：

严肃和热情是两种截然不同的性格，可是在周恩来和他的助手们身上，这两种性格融洽地结合在一起，这真是奇迹。

总理及时了解到这些反映，但他更注意对我敌视的反映。美国有个记者说：在日内瓦看不到共产党领导下的几亿中国人民的悲哀和愁苦，更看不到他们对共产党专政的憎恶和仇恨。总理了解到这种反映后，让我们为外国记者举行电影招待会，放映国庆节的纪录片。他特别交代：要选好放映日期，不要在开会的日子，也不要在周末，把请柬分成两种，一种指名邀请，一种不写名，就放在“新闻之家”，准备让台湾、南越、南朝鲜以及不便邀请的美国记者自取。放映时根据中文解说词，用英文通过扩音器做简单说明。

按照总理的指示，我们放映了《1952 年国庆节》。能容纳 350 人的电影院座无虚席，还有人站着看。放映过程中，不时响起掌声。放完后，掌声雷动，观众纷纷向我们握手祝贺。普遍反映，印象深刻。有的说：不能再用 1949 年以前的眼光看中国了。有的说：美国不少记者也来看，不知他们做何感想？瑞士的一位记者在报道中说：“当全副武装的中国军队和手捧鲜花的姑娘们，迈着矫健的步伐，跨过日内瓦的银幕时，西方和东方的无冕之王们都情不自禁地一起发出轻轻的赞叹声。”苏联代表团的新闻联络官说，这是个创举，表示要向我们学习。

听我们汇报了这些反映后，总理问：有没有批评意见？我说：间接地听到美国一个记者说，这部影片说明，中国在搞军国主义。总理说：即使是个别人这样说，也值得注意，再给他们演一部《梁祝哀史》。

《梁祝哀史》是根据越剧《梁山伯与祝英台》编拍的彩色

戏曲片。当时刚刚拍出，我还没有看过。为了便于向外国记者介绍，我们在旅馆里先行试映，旅馆的一些瑞士职工闻讯也来看，但放映不久，他们就一个个地走掉了，显然是看不懂。我要是不看字幕，也听不懂唱词。我想，让外国人看这部电影，真是“对牛弹琴”。但还得尽力而为，便请懂越剧的同志将剧情介绍和主要唱段写成一本十五六页的说明书，准备译成外文，发给外国记者。我先把剧名译成英文，叫作《梁与祝的悲剧》。

我向总理汇报试映的情况以及所做的准备，不料总理批评我是在搞“党八股”。他说：十几页的说明书，谁看？我要是记者，我就不看。

总理说：只要你在请柬上写一句话，“请你欣赏一部彩色歌剧电影——中国的《罗密欧与朱丽叶》”。放映前用英语作三分钟的说明，概括地介绍一下剧情，用词要有点诗意，带点悲剧气氛，把观众的思路引入电影，不再做其他解释。你就这样试试，我保证不会失败。不信，可以打赌。如果失败了，送你一瓶茅台酒，我出钱。

我说：说明词写好后，请总理审定。总理说：那是你的事，我不越俎代庖。

我们照总理说的去办。为了停车方便，租用了旅馆的大餐厅。放映前 10 分钟，250 个位子坐得满满的，王家松也来了，后到的无处可站。放映过程中，和上次不同，全场肃静。我举目四顾，都在聚精会神地观看。演到“哭坟”“化蝶”，我听到啜泣声。放映结束，电灯复明，观众还如醉如痴地坐着，沉默了大约 1 分钟，才突然爆发出热烈的掌声。他们久久不肯离去，纷纷发表观感。普遍认为：太美了，比莎士比亚的《罗密欧与朱丽叶》更感人。有的说：简直忘了是看电影，仿佛置身于画图之中。有的说，想不到色彩这么绚丽。友好的记者为电影的成功感到骄傲。一位印度记者说：中国在朝鲜战争和土地革命中拍出这样的片子，说明中国的稳定，这一点比电影本身更有意义。

之后，这部电影又在更大的范围放映了几次，许多社会名流称赞色彩、音乐的美，说这是“东方式的细腻的演出”。一位美国教授不请自来，看后要求购买拷贝。他说：应当把这部电影拿到美国去，让好莱坞那些只会拍大腿片的人看看。总理还让负责交际工作的王倬如拿到卓别林家里放映，这位电影大师也称赞不已。

“中国的《罗密欧与朱丽叶》”——多么贴切，多么吸引人，这简单的几个字，蕴含着多么丰富的知识和高超的智慧啊。

我向总理汇报演出获得巨大成功时，谈了自己的感受。我说：这使我进一步懂得对外宣传的重要。总理说：问题在于宣传什么，怎么宣传。——他告诉服务员，给我一瓶茅台酒，记他的账。

（三）

英国陆军元帅蒙哥马利退出现役后，曾在1960年5月访华5天。毛主席、周总理和陈毅副总理会见了他。他印象颇深，但感到时间太短，要求1961年9月访华3周，除会见我国领导人外，还要访问几个不对西方开放的城市。总理原则同意。外交部制订日程，组成接待小组，由国防体育协会主任李达上将率领，全程陪同。

9 月 7 日，蒙哥马利在陈毅副总理主持的欢迎会上发表讲话，提出“和平三原则”：（1）都承认只有一个中国——中华人民共和国；（2）都承认有两个德国——东德和西德；（3）一切地方的一切武装部队都撤退到他们自己的国土上去。

总理认为蒙哥马利很有政治头脑。他要我以外交部办公厅副主任的名义，参加接待小组，陪蒙哥马利去外地。总理指示，要放手让他看，旧中国遗留下的贫穷落后和新中国取得的成就，都是客观存在，让他自己看了做出结论。结合参观访问，帮助他尽量从本质上了解新中国。

从 9 月 9 日起，蒙哥马利先后访问了包头、太原、西安、延安、三门峡、洛阳、郑州、武汉，9 月 20 日傍晚回到北京。21 日凌晨 2 时许，总理找我到西花厅向他汇报。

我的汇报较简短，总理问得很仔细，对政治性问题问得特别细。汇报了两个多小时，看来总理还满意。我觉得总理该休息了，准备告辞。但总理不让走，又问我，在各地看了些什么文艺节目。我从包头谈起，谈到在洛阳时，当地为蒙哥马利准备专场文艺演出，他不看，晚饭后让我们陪他到街上散步，走过一个小剧场，他闯了进去，演的是豫剧《穆桂英挂帅》，翻译向他简介了剧情。中间休息时，他走了，回到宾馆，他说：这出戏不好，怎么让女人当元帅。我说：这是中国的民间传奇，群众很爱看。他说：爱看女人当元帅的男人不是真正的男人，爱看女人当元帅的女人不是真正的女人。我说：中国红军就有女战士，现在解放军有位女少将。他说他对红军、解放军一向很敬佩，不知道还有女少将，这有损解放军的声誉。我说：英国的女王也是女的，按照你们的体制，女王是英国国家元首和全国武装部队总司令。这一来，他不吭声了。

总理严肃地对我说：你讲得太过分。你说这是民间传奇就够了。他有看法，何必驳他。他提出了和平三原则，难能可贵。你搞了这些年外交工作，还不晓得求同存异？弄得人家无话可说，就算你胜利了？鲁迅讲过，“辱骂和恐吓决不是战斗”。引申一下，讽刺和挖苦绝不是我们的外交。

总理的批评很尖锐，但使我心服，我很想听他多批评几句，但总理却改了语气和话题。问我：蒙哥马利最喜欢什么文艺节目。我答：杂技，特别是口技。总理问：他看了杂技《抢椅子》没有？我说：没有。总理从文件框里取出为蒙哥马利安排的文艺晚会的节目单，其中没有杂技和口技，却有一出折子戏《木兰从军》。总理说：又是一个女元帅，幸亏问了你，不然他会以为我们故意刺他。总理马上打电话给外交部礼宾司司长俞沛文，要他从节目中撤掉《木兰从军》，加上口技、《抢椅子》和中国戏法，并指定了演员。

9 月 22 日晚，总理在饯别蒙哥马利的宴会上发表讲话，称赞蒙哥马利提出的“三原则”是“抓住了解决国际重大问题的关键”，表示“完全赞同和支持”。总理还说，这次蒙哥马利“亲眼看到中国人民正在辛勤劳动，从事和平建设”，但“我们改变贫穷落后的面貌，还要经过几十年的长期努力，我们需要和平，需要朋友”。蒙哥马利在讲话中说，这次访华“使我了解了整个国家成立以来获得的进展”，“中国的命运现在已经掌握在自己的手中”。

1962 年，英国考林斯书店出版了蒙哥马利所著的《三大洲》，书中详述了他访华的见闻和观感，强调指出：“从长远看来，世界和平的关键在中国，中国作为一大强国的兴起是必然的，这符合人类总的利益，有助于缔造一切国家的普通人民深切期望的和平世界。”在这本书中，他还描述了在北京看到的口技和《抢椅子》的演出情况。

（四）

1962年8月，我到伦敦担任驻英国代办。9月间，英国贸易大臣埃儒尔通知我：英国政府拟邀请中国外贸部副部长卢绪章于当年12月访英。我请示国内后，回答埃儒尔：中国政府感谢英国政府对卢的邀请，卢将会如期访英。埃儒尔非常高兴。他说：这是英中关系中的一件大事。英国政府将于3天内发布消息，希望中国政府也同时发表消息。我说：副部长出国访问，提前3个月发表消息，不符合中国的习惯做法。英方如何处理，由英方定。

第二天，英国政府宣布了这件事。

10月，印度再次在中印边境挑起武装冲突，我国被迫自卫还击。英国一些政客和报刊借机反华。《苏格兰人报》称，英国政府对中国外贸部副部长访英事将另作考虑。我马上去见埃儒尔，要他澄清。他说：这完全不是事实。英国政府对卢副部长的邀请以及访英的日期不会改变。

过了几天，埃儒尔紧急约见我。他说：英国政府决定无限期推迟卢的访问，半小时后就正式宣布。他个人认为，这不是由于政治原因。

我竭力抑制愤怒的情绪，简要回顾了前两次同他谈话的情况，指出：英国政府出尔反尔，使我惊讶。卢的访问日期是英

1962 年，熊向晖就任驻英代办后，专程到马克思墓前留影

国政府提出、中国政府同意的。现在英国政府不同中国政府商量，单方面决定无限期推迟，而且马上就要宣布，对这种不正常的做法，我个人表示遗憾。我将报告本国政府，并保留进一步评论的权利。

回到代办处，我召集主要外交官开会。我说：对英国政府这种帝国主义的态度，应当予以打击。根据我的意见，急电外交部和外贸部，说明埃儒尔同我谈话的情况以及我的表态，并提出三点建议：（1）向英国政府提出强烈抗议；（2）主动宣布取消卢绪章的访问；（3）削减从英国的进口。

外交部复电同意我对埃儒尔的表态，并要我以中国政府的名义向他重申，但不提保留进一步评论的权利。复电指出，三点建议不妥，不予采纳，要我联系我国总的外交政策和对英工作方针，进行研究考虑并复。这显然是认为所提建议不符合我国的外交政策和对英方针，让我做检讨。我感到不能接受。在给外交部的复电中，我只表示，所提建议仅供参考，现服从部里决定，今后将在实际工作中加深对我国外交政策和对英方针的理解。

1963年春，卢绪章应邀访英，访问很成功。这年秋天，我回国休假。总理找我谈话，提到此事。总理说：去年你提出三点建议，当时外交部和外贸部基本同意，到我这里挡住了。我让外交部给你泼了冷水，希望你考虑考虑。从你的电报看，你思想不通。我没有再跟你打“电报官司”。现在我问你，当时提出这三点建议，出于什么考虑？我说：我本想当场对埃儒尔提出抗议，鉴于外交工作授权有限，我只表示遗憾；我觉得不够分量，应该用政府的名义提出抗议。英国虽已衰落，有时还有强烈的帝国主义气焰。他们认为需要，就迫不及待地宣布邀请卢绪章访英；他们认为不利，就单方面宣布推迟。这有些“招之即来，挥之即去”的味道。我们主动取消卢的访问，可以表现我们的高姿态，我国经济以自力更生为主，对英国无所求。而英国的经济很大程度上靠外贸，削减从英国的进口，才能刺痛它，加深它的内部矛盾。对英国该拉就拉，该打就打。当时我觉得对这件事有必要给它沉重打击，这是针锋相对。

总理说：针锋相对要看全局。美国对我们封锁禁运，英国却邀请我们外贸部副部长访英，这就有区别，有矛盾，先要抓

1963 年，陪同卢续章（右四）在英国参观

住这一点。印度是英联邦的重要成员。中印发生武装冲突，英国要是按原计划邀卢绪章访英，就不好向印度交代。他们的态度有反复，说明内部有争论。他们决定无限期推迟，是因为他们不知道中印冲突会持续多久。它只是推迟，留有余地。你为什么要取消，把文章做绝？当然，英国的做法不大对头，你向埃儒尔指出来，表示遗憾，这很好，再用政府的名义口头重申一下就够了，何必小题大做提抗议？我们的建设以自力更生为主，也要在平等互利的原则基础上发展对外贸易。这在开国的时候就宣布了。进口的东西都是我们需要的，我们是计划经济，突然削减进口，首先对我们不利。英国同我们做生意的都是私营企业，对我们的态度比较友好，削减订货，受损失的是他们，还会落下一个不遵守合同的坏名声，你想到这些没有？这件事情已经过去了，我还是提一提，你有什么意见？

我说：卢绪章访英成功，证明我原来的想法和建议错了，但我只是知其然而不知其所以然。总理从方针政策上做了具体分析，使我豁然开朗，对我是很大的教育。

总理说：我记得你是1919年出生的，已经不是少年了，有时还那么“气盛”。外交工作不能意气用事，要有全局观点，从多方面考虑。我这样讲讲，是希望你成熟一些，但不要因此就不勇于提出建议。

（五）

1971年7月9日至11日，美国总统尼克松的国家安全事务助理基辛格秘密访华，周总理让我以他的助理名义参加会谈。7月15日，中美双方同时宣布：尼克松将于1972年5月以前访问中华人民共和国。这一新闻震动了世界。

这年10月，基辛格一行14人来北京，为尼克松访华作具体安排。总理主要同基辛格谈判被称为“上海公报”的内容，并商定尼克松访华日期为1972年2月21日至28日。

1972年1月，尼克松的国家安全事务副助理黑格一行18人（包括白宫发言人齐格勒）来华作技术安排。齐格勒提出，在尼克松访华期间，随行的大批记者将通过通信卫星播发电视、图片、电讯等，请中国政府给予方便。他着重指出，在美国和其他许多国家，几乎家家都有电视机，亿万人民渴望通过电视看到尼克松总统访问中华人民共和国的实况，尼克松本人对此极为重视。

总理让我约有关部门的负责人开会讨论此事。会上，国务院文化组负责人于会泳抢先发言。他说：我们绝对不能在中国向美国人民和世界人民为尼克松进行电视宣传，这也是“首

1972 年 1 月，熊向晖（右一）陪同黑格将军（右二）在杭州参观

1972 年，周恩来、叶剑英与尼克松一行合影。前排左一为熊向晖

长”的意见。与会的其他同志听后，一言不发，大家都明白，于会泳的“首长”是江青一伙。

我向总理做了汇报。总理说：岂有此理！过去美国政府一直敌视中国，现在美国总统要来中国访问，这是历史性的转变。美国和其他国家的亿万人民通过电视看到尼克松访华的情况，就会引起思考，增加对中国人民的了解和友谊。这是为尼克松做宣传，还是为新中国做宣传？

总理说：你告诉齐格勒，中国政府原则上同意他代表美国方面提出的这一要求。我们现在还没有通信卫星，请他帮助我们租用。在转播技术方面，也请美方协助。

对此，齐格勒表示，他没有经手租用过，但料想租金一定很贵。尼克松访华 8 天，8 天的租金估计要 100 万美元。中国政府不必花钱租用，因为美国政府已经准备了卫星终端站，只要求中方在北京、上海、杭州修建地面工程，费用由美国承担。我说：修建地面工程的费用由中国政府支付，只要美方技术协助。

我向总理汇报，并说：既然美国政府已做了准备，我们不必花那么多钱为美国记者租用电视、通信设施。总理立即批评我，他说：让你商谈租用，你一听 100 万美元就想缩头。这不是花多少钱的问题，这是涉及我们主权的问题，在主权问题上绝不能有丝毫含糊。你告诉齐格勒：第一，请他负责为中国政府租用卫星终端站，租用期是北京时间 1972 年 2 月 21 日上午 1 时至 2 月 28 日 24 时。第二，在租用期间，卫星终端站的所有权属于中国政府。美国方面事先向中国政府申请使用权，中国政府将予同意。中国政府向使用者收取使用费。第三，租用费和使用费都要合理，要齐格勒提出具体数目。我们通过其他途径了解国际上的一般价格，不做“冤大头”。

我按总理的三点指示向齐格勒讲了，他很惊讶，想了一会儿说：我第一次遇到这样的谈判对手。我完全接受中国政府提出的前两点办法。请放心，租用费一定很合理。我知道，租用费和使用费是互相关联的。我现在提不出具体数目，但我可以设想，这两项费用之间将会画个“等号”。我很佩服你们的精明，我更佩服你们处处注意维护中华人民共和国的尊严。我将把这一深刻印象报告尼克松总统，并告诉我的同事和亲友。我还要坦率地说：现在我完全同意基辛格博士的看法，周恩来总理是世界上罕见的、令人衷心敬佩的、伟大的政治家和外交家。

| 三 |

“克什米尔公主号”案件真相*

《中共党史资料》第57辑刊载了《“克什米尔公主号”事件始末》一文，像描述此事的其他作品一样，讹误颇多。不过该文首次指出，“我方外交部新闻司副司长熊向晖作为周总理的代表”，与印度总理尼赫鲁的代表高氏同赴香港处理此案，这倒合乎事实。此案发生在1955年，众说纷纭。作为知情者，特为文披露真相，并借此缅怀遇难的烈士，鞭挞谋杀的元凶，揭露港英对蒋特的包庇纵容，特别是宣传敬爱的周恩来总理在这一尖锐复杂的政治斗争、外交斗争、情报斗争中所展示的崇高风范。

中国代表团准备参加亚非会议

1955年4月18日至24日在印尼万隆举行的亚非会议，是由缅甸、锡兰（今斯里兰卡）、印度、印尼和巴基斯坦发起召开的。五国总理在联合公报中阐明亚非会议的目的是：（1）促

* 原载《中共党史资料》第62辑，1997年6月版。

进亚非各国间的亲善和合作与共同的利益；（2）讨论与会各国社会、经济与文化问题和关系；（3）讨论对亚非国家具有特别利害关系的问题，诸如民族主权、种族主义及殖民主义的问题；（4）讨论亚非国家今天在世界上的地位，以及它们对促进世界和平与合作所能做出的贡献。

1955 年 1 月 15 日，印尼总理卡斯特罗·阿米佐约致函周恩来总理，代表 5 个发起国政府邀请中国政府派代表团参加。2 月 10 日，周总理复电印尼总理称：“中华人民共和国政府同意亚非会议的目的，而且对于能够有机会同其他亚非国家一起为这些目的而努力，也感到荣幸”，“决定应邀派遣代表团出席”。

出席亚非会议的共 29 国。在与会国家中，同我国建交的只有 6 国（阿富汗、缅甸、印度、印尼、巴基斯坦、越南民主共和国），其余 23 国大都同蒋帮保持外交关系。美国政府害怕我国参加亚非会议，会前极力挑起一些与会国家对我国的疑惧，散布中国要“夺取亚非世界领导权”的谰言。蒋介石叫嚷现在是“我们外交最危险的时期”，加强在沿海和大陆对我的军事侵扰。美国总统艾森豪威尔发表关于台湾地区局势的声明，把矛头指向我国，胡说“对世界安全和稳定的眼前威胁集中在亚洲”，煽动亚非会议“谴责以武力实现国家野心”的共产党政权。《印度尼西亚新闻报》早在 2 月中旬就发表一连串消息，揭露在印尼的蒋帮特务分子正忙于同受到美国援助的印尼武装匪徒取得联系，将对中国代表团采取恐怖行动。印尼报纸还着重披露了蒋帮在印尼的秘密组织“铁血团”的活动。

为了保密，延至中国代表团出发之前，新华社才宣布：国务院总理兼外交部部长周恩来为中国出席亚非会议首席代表，国务院副总理陈毅、对外贸易部部长叶季壮、外交部副部长章汉夫、中国驻印尼大使黄镇为代表。代表团的顾问为廖承志、杨奇清、陈家康、黄华、达浦生。秘书长为王倬如。

经慎重考虑，周总理率中国代表团准备从香港包乘印度国际航空公司（简称印航）C－69 型星座式客机飞往印尼。原因是：(1) 当时我国没有远程飞机，而印航的星座式客机能连续不着陆飞行 8 小时跨越南中国海。在同我国建交的亚洲国家中，只有印度有这种远程飞机。中印两国政府最先共同提出和平共处五项原则，周总理乘印航飞机出席亚非会议，具有政治意义。而香港机场设备优于内地，适于大型飞机起落。(2) 1954 年 6 月中旬，日内瓦会议关于印度支那停战问题的磋商进入技术阶段，由副手（我国为李克农）参加讨论。苏、美、英、法的首席代表暂时回国。周总理借此机会率随行人员访问印度、缅甸，乘坐的就是印航星座式飞机“孟加拉公主号”。访问结束后，周总理一行续乘该机飞抵香港，停留一小时，飞往广州。(3) 印航星座式客机有往来于孟买至香港的定期航班，中间在加尔各答、曼谷起落。我有关单位与印航商妥，在亚非会议前，由我方按印航正常航期，指定从孟买起飞的某一航班，对外照常营业，在加尔各答和曼谷照常上下客货，到香港后临时改为中国代表团的专机。在港清舱加油等只需一小时左右即可起飞。由中方适时通知香港当局采取安全措施。

蒋介石批准进行的政治谋杀

3 月中旬，我情报部门侦悉，由蒋介石亲自批准，台湾“国家安全局局长”郑介民指令所属“保密局局长”毛人凤，策划在香港、印尼暗害周总理。毛人凤即命香港情报站（以下简称港站）负责在香港执行。主管情报工作的中国人民解放军副总参谋长李克农立即指示所属尽快探明蒋特的具体计划。

4月初，缅甸总理吴努邀请周总理率中国代表团于4月14日至16日访问仰光，与应邀届时去仰光的印度总理尼赫鲁、埃及总理纳赛尔、阿富汗副首相纳伊姆共商亚非会议有关问题。周总理让我代表团人员到昆明集中。但下列8人因工作需要必须先期到达万隆。他们是：记者黄作梅（新华社香港分社社长）、沈建图、杜宏、李平、郝凤格；外交部新闻司干部李肇基；总理办公室工作人员钟步云；外贸部干部石志昂。另有3名外国人亦需先到万隆：奥地利记者严斐德，波兰记者斯塔列茨，越南民主共和国官员王明芳。为此，我有关单位通知印航，4月10日自孟买起飞的星座式客机“克什米尔公主号”照常营业，4月11日到香港后即改为中国代表团的包机径飞印尼（此外，外交部亚洲司的干部钱嘉栋、林兆南及英文翻译冀朝铸已在4月初从香港乘船去印尼）。

4月7日，刚做完阑尾手术尚未完全康复的周总理乘中国民航伊尔-14飞机离开北京，途经重庆，于8日抵达昆明。离京前，周总理指示李克农和总理办公室副主任罗青长，继续密切注意香港蒋特动态，及时向他和中央有关领导同志及外交部等有关部门负责人通报。

外交部外交史编辑室编的《新中国外交风云》第二辑（1991年8月，世界知识出版社出版）载有史实写的《“克什米尔公主号”空难事件》一文，现先抄录该文的两段：

（1）（1955 年）“4 月 9 日晚，外交部办公厅获悉，台湾国民党特务欲破坏我代表团所乘飞机，并备有定时炸弹。与此同时，昆明长途电话传达周总理的紧急指示：要外交部将此情况火速转告香港新华分社和我国代表团，要他们立即向香港当局提出交涉，并请香港当局保证我有关人员的安全；同时指示外交部在北京向英代办进行交涉。”

（2）“办公厅主任董越千当晚将周总理的上述指示转告了香港新华分社和我代表团。次日一上班，又向外交部常务副部长张闻天作了汇报。张闻天副部长随即指示欧非司副司长张越向英国驻华代办处进行交涉。”

4 月 11 日下午，周总理在昆明收到急电：蒋特香港情报站报保密局称，周恩来已不过港，但对其代表团随员的打击，也会影响其在亚非会议上的实力，乃令检修飞机人员按原计划进行，唯因时间仓促，未及将定时炸弹置入油箱，乃绑于油箱底，预计下午 4 时可望爆炸。

不久，路透社新加坡电称：印度国际航空公司 C－69 型星座式客机“克什米尔公主号”从香港飞往雅加达途中，在北婆罗洲西北的海面失事，机身坠入海中。机中 11 位乘客，包括中国政府的工作人员和记者，以及该机 8 位机组人员下落不明，恐已全部遇难。

事件发生后，周总理非常愤怒和悲痛，让王倬如打电话问董越千，接到 4 月 9 日晚的紧急指示后是如何处理的。董答，他当夜即将总理指示打电话通知香港黄作梅，让黄即告香港当局，保证安全，黄即让分社干部潘德声通知印航驻港办事处。

10日上午8时，他报告了张闻天副部长。因英国代办杜维廉去上海未回，10日上午9时半，张越副司长约见英国代办处参赞艾惕思，告以上述内容。

章汉夫、乔冠华向总理建议，请张闻天副部长主持拟定外交部的声明及给英国代办处的照会，指出英国政府和香港当局负有严重责任，必须认真查究，将参与此事的蒋特逮捕。总理表示同意，但要张越再问艾惕思，在他4月10日得到张越通知后，香港当局采取了什么措施。总理特别交代，在外交部声明及给英国代办处的照会中，应如实写出4月10日上午张越对艾惕思的通知内容及艾惕思关于香港所采取措施的答复。在照会中，要香港当局着重查究机场人员。

4月12日下午，新华社发表了《中华人民共和国外交部声明》。声明说：

“参加亚洲非洲会议的中华人民共和国政府代表团工作人员、越南民主共和国代表团工作人员和随同前往采访亚非会议新闻的中外记者共11人，乘坐由我国代表团包用的印度国际航空公司的星座式客机一架，于北京时间4月11日12时一刻自香港起飞，前往雅加达转赴万隆。该机在飞越北婆罗洲沙捞越西北的海面时，爆炸起火，机身坠入海中，机上全部人员下落不明。

“这一不幸事件绝非一般的飞机失事，而是美国和蒋介石的特务机关蓄意制造的谋杀。早在这批代表团人员和新闻记者起程前，中华人民共和国政府即已获悉，美国和蒋介石的特务机关正积极布置对我国代表团将要包乘的印度飞机进行破坏，以实现它们暗杀我国以周恩来总理为首的参加亚非会议的代表团人员和破坏亚非会议的阴谋。因此，中华人民共和国外交部在4月10日9时半特将这一情况通知了驻北京的英国代办处，要求英国代办处转告香港英国当局注意，并采取措施以保障上述代表团人员和新闻记者的安全。英国代办处的官员问明了这些人员准备乘坐的客机的所属航空公司后，答应用电报通知香港英国当局。尽管如此，美蒋特务机关的阴谋仍然得逞。英国政府和香港英国当局对这次不幸事件是负有严重责任的。我们要求英国政府和香港英国当局对这一事件进行彻底查究，将参与这一阴谋暗害事件的特务分子逮捕法办，以明责任。”

声明中没有说清张越4月10日通知艾惕思的内容及艾惕思关于香港当局所采取的措施的答复，周总理要王倬如即让董越千查告原记录。不久，董越千复电：

一、4月10日张越同艾惕思谈话记录——这里引用上述史实所写《“克什米尔公主号”空难事件》的一段：

“欧非司副司长张越于10日上午9时半紧急约见英国驻华代办处参赞艾惕思，告知中国记者等一行11人明日（11日）上午由香港乘飞机去万隆采访亚非会议，我们获悉国民党特务将从中进行阻挠和捣乱，故请其转告香港当局注意，并务必对他们的安全予以照顾。艾惕思询问过我代表团有关情况后即表示，他将尽快将这一情况电告香港。还对张越副司长说，以后再有情况，请及时通知，他可随时电告香港。”

二、4 月 12 日外交部声明发表前，艾惕思交给张越一份备忘录，备忘录说：一接到杜维廉的电报，香港总督即安排警察采取适当的预防办法。飞机在香港降落后，警察一直在看守它，没有见到任何未经核准的人进入或接近该机，没有任何企图制造困难的迹象。

总理这才发现：12 日外交部的声明并未如实表达 10 日上午张越同艾惕思的谈话，而张越的这一谈话又与 9 日晚昆明长途电话传达的总理的紧急指示不符。

后来王倬如告诉我，当时总理非常难过，他说了两点：一是没有及时查询张越同艾惕思的谈话记录；二是没有事先了解外交部声明的内容。

1985 年 4 月 24 日，为纪念亚非会议召开 30 周年，《人民日报》在头版刊登并影印了“周恩来同志参加万隆会议前夕写给邓颖超的一封信”，这封信表达了总理公忠体国无私无畏的精神。全文如下：

超：

你的来信收阅。感你的好意和诤言，现将来信捎回，免得失落。有这一次教训，我当更加谨慎，更加努力。文仗如武仗，不能无危险，也不能打无准备的仗，一切当从多方面考虑，经过集体商决而后行。望你放心，再见。

周恩来

一九五五、四、一二

1981年，湖南人民出版社翻译出版了飞机失事幸存者卡尼克的《克什米尔公主号》一书。这本书写于1958年，卡尼克在书中讲到，4月11日“克什米尔公主号”飞机到达香港，他负责检修飞机时，印度航空公司驻香港的一位办事员跑来对他说：“卡尼克，要注意周围的陌生人。你知道中国政府代表团要乘这架飞机，可能有坏人要破坏。”当时卡尼克并未在意。当飞机在空中发生爆炸时，卡尼克才突然想起在香港那位印度航空公司的代表对他作的警告。“一定是什么人在飞机上放了一枚致命的定时炸弹，现在爆炸了。”

不言而喻，香港当局事先必然已得到黄作梅的通知，印航驻香港办事处事先也已得到潘德声的有关通知。但当时却被掩盖了。

案发后有关各方的态度

（一）4月12日，印度总理尼赫鲁“对飞机失事事件表示最深切的同情和哀悼”。他说：“这次灾祸有某些十分异乎寻常的特点。在飞机坠入海中之前十分钟，我们还接到了飞机上发来的正常电报。过后不久一定突然发生了什么事。对于这一切必须进行充分的调查。”

4月12日，美国国务院发言人指责我外交部声明“荒谬”，“没有丝毫根据”，“有一种强烈的宣传动机”。美国参议员曼斯菲尔德说：“如果这一事件涉及破坏行动的话，那大抵是来自共产党中国内部，可能是来自中共党内的分裂分子。”《纽约先驱论坛报》诬称：“中共为了在亚非会议上引起亚非国家反对美国和英国的情绪而破坏这架飞机并不是不可能的。”

台湾蒋帮官员说，飞机“绝非被人破坏”，“此种推测，荒谬无稽，不值一驳”。“中共的‘破坏’叫声未免太迅速，几乎在飞机还未落海前就大呼‘破坏’。”又诬称：“飞机是中共破坏的，旨在鼓动反美并为‘解放香港’打下基础。”

美联社4月13日东京电称，一位搭乘“克什米尔公主号”飞机自孟买到香港的意大利商人皮诺拉抵东京后说，该机在孟买准备起飞时，机长和地勤人员激烈争论后，“宣布这架飞机发生机械故障，不宜飞行”，为了进行修理，延误4个半小时。“这架飞机从香港起飞后，可能毛病又发生了。”印航负责人对此严加驳斥，他说：“这架飞机在离开孟买时，一切完好无损。截至失事时止，航行没有故障，没有掌握真实就发表据说是一位旅客的谈话，是极不妥当的。”

（二）在接到4月11日“克什米尔公主号”发出的紧急求救的信号后，印尼派出两架飞机进行搜寻，新加坡英国当局亦派出多架飞机及快速护航舰“丹皮尔号”进行搜寻。4月12日晨，在新加坡东北500公里处印尼所属的纳士纳群岛的斯达瑙附近发现“克什米尔公主号”残骸。机身坠入离海岸一公里的水中。有3位机上人员在一个小岛上被“丹皮尔号”救出，他们是：副驾驶员狄克西特，领航员帕塔克，地勤机械师卡尼克。“丹皮尔号”还找到3具尸体：一具是飞行机械师顿哈的，一具是飞行事务员皮门塔的，另一具则无法辨认。

由于飞机失事的地点在印尼领海，按国际民航法规，由印尼组成调查委员会进行调查。调查委员会主席是印尼民用航空局空运处处长伊马汪。印尼和英国船只打捞飞机残骸。

（三）4月13日晨6时，外交部副部长张闻天召见英国代办杜维廉，宣读并面交一份照会。杜维廉对照会中所说“英国政府和香港当局对这次不幸事件负有不可推卸的责任”提出抗议，声称尚未确定飞机失事的原因，应该等待调查的结果。他还说：4 月 10 日张越通知艾惕思时只讲到可能会有人捣乱，而未说有人企图进行破坏，但香港当局仍然采取了充分的预防措施。他要求中方提供所掌握的详细证据。

张闻天指出：英方的抗议我们不能接受，我们的指责是有充分理由的。香港当局知道机场上有美蒋特务在活动，从那里可以找到足够的证据。英国政府和香港政府首先得有决心。有了决心去查究，此案是不难弄清的。

同日上午，外交部副部长姬鹏飞约见印度大使赖嘉文时说：香港机场地勤人员中就有美蒋特务，非常可能在机内放了定时炸弹。

4 月 13 日下午，艾惕思将香港总督在当天下午 1 时 15 分对报界发表的声明函送张越。声明说：“香港政府于上周末接到英国代办处的一封电报说，中国外交部曾经得到情报说，中国国民党同情分子可能对搭乘印度航空公司即将离开香港飞赴万隆会议的一批记者进行捣乱，请香港政府采取适当的预防办法。”

声明说：“在 4 月 11 日即星期一上午，新华社有一位代表打电话通知高级警官说，11 名记者及一名越盟代表即将于该日下午搭乘一架印度航空公司飞机起程离开香港。”“该新华社代表当日及此后一点也没有提到怀疑有人捣乱。”香港政府“仍按照北京代办处的电报采取了行动”。

声明的第二段颇多破绽，欲盖弥彰。第一，如上所述，董越千在4月9日夜应即将周总理的紧急指示打电话通知黄作梅，香港“新华社的代表”绝不会在4月11日上午才通知港方。第二，如果“一点也没有提到怀疑有人捣乱”，香港“新华社的代表”为何要打电话给“高级警官”？第三，乘坐“克什米尔公主号”飞机的是11人。香港新华社作为接待单位，知道他们的国籍和职务，怎么会通知“高级警官”说“11名记者及一名越盟代表”要乘印航飞机离开香港？怎么会把11人说成12人？

（四）4月17日，印度国际航空公司在孟买发表了“克什米尔公主号”飞机坠毁事件的声明。声明说，据三位生还的乘务人员提出的报告，使飞机失事的爆炸和起火是“由于同飞机本身的构造完全无关的外来原因造成的”。

声明说，“截至爆炸和起火时止，飞机在各方面都飞行得很正常”，“这次悲剧的确切原因必须由正式调查委员会在详细检查飞机残骸后肯定”。

（五）4月17日，英国代办处送给我外交部一份“备忘录”，作为我外交部4月13日给英国代办处的照会的答复。

备忘录说：英国政府对“克什米尔公主号”事故不接受任何责任，对于中国政府没有给予时间去进行任何调查之前即对英国当局提出控诉一点，提出强烈的抗议。

备忘录说：4月10日，中国外交部西欧非洲司副司长通知英国参赞，国民党分子可能要对一批中国记者于次日离港前赴万隆会议时进行捣乱，请求采取适当的预防措施。这一通知并未在任何方面予以详述，也不含有破坏的意思。英国参赞询问此批人员的数目、居留地点、有关航空公司的名称和出发路线，当时这位副司长不能对提出的任何一个问题予以答复，而是在此后以电话通知的。

备忘录说：在4月11日11时20分左右，新华社代表一人以电话通知香港警察署特种事务处长称，11名新闻记者及越南代表一人将于同日午后不久乘印航飞机离港，但并未提到有任何扰乱可疑之处。香港当局鉴于来自北京方面的讯息，在飞机于12时15分到达香港后，随即采取进一步的预防措施，以保证该批人员在机场上不受骚扰。当该飞机在香港时，一名警官指挥警察守卫，未经许可之人不准接近或登上该机。飞机约于13时26分（香港时间）起飞，并无事故。因此，在全部调查完成之前断言失事原因实属过早，香港警察方面在香港正在进行调查中。如使此项调查能够确定真实失事原因，“有关方面势须供给其所能获得有关此项失事情况之全部材料。英国政府兹料中国政府将准备如此合作”。

（六）4月19日，《人民日报》发表了蒋元椿的《英国当局一定要负起责任》一文（以下简称蒋文），对英国政府在17日向我国外交部提出的备忘录作了批驳。蒋文指出：英国政府拒绝承担对这次不幸事件应负的严重责任，要求我国方面事先对特务将要施行破坏的情形予以详述，事实上是不可能的。而这正是香港当局有责任加以多方面研究并采取相应的预防措施的问题。

蒋文说：英国备忘录表明，香港当局在10日得到我国政府警告以后，在足足24小时以上的时间内，并未采取预防措施，直至11日中午12点左右，在印度飞机到达香港之前不久，香港警察当局才采取所谓“进一步的预防措施”，而其目的也仅仅是“保证该批人员不致在机场受到骚扰”，对飞机也只是作了一般的警戒，并没有像备忘录所说的“采取了一切措施来保证乘客和飞机之安全”。

文章说：印度国际航空公司证实飞机的爆炸和起火“是由于同飞机的构造完全无关的外来的原因造成的”。“外来的原因”只能是当飞机停留在香港的时候发生，而这个“外来的原因”只能是美蒋特务在飞机从香港起飞以前在飞机的什么地方安置的爆炸物。

该文说：我国政府在事先向英国驻北京代办处提出的警告和事后对这一事件发生的原因的判断是完全正确的。英国备忘录硬说我国政府断定失事原因“过早”，这种说法站不住脚。我国政府有一切根据做这样的判断，并且有必要及时向全世界揭露美蒋特务分子的这一罪行。

4 月 24 日，《人民日报》以《香港英国当局迄今没有进行认真查究》为题，刊载新华社 22 日讯：英国外交大臣麦克米伦 19 日说，英国将在香港对飞机失事事件进行“充分的调查”。然而，香港当局一直没有进行麦克米伦所说的“充分的调查”。相反地，香港当局一再传讯了在香港的新华社人员，向他们提出同飞机失事毫不相干的问题。有消息说，香港当局人士在 15 日说，香港警察局的特别部门的调查人员“花了很多时间”来讯问一个所谓“属于共产党”的工会的一些机场工人。香港当局的这些行径，只能说它是别有用心。

电讯说：香港当局一直没有认真地对启德机场的国民党特务分子进行彻查和追究。杀害我国人员的凶手至今仍逍遥法外。有消息说，破坏飞机事件被揭露后，在香港的美蒋特务曾经担心要被逮捕。但是由于香港当局所采取的纵容的态度，这些特务人员放心了。

（七）我国传媒连续发表了各民主党派、各人民团体的谈话，中国和外国报纸的报道和评论，波兰外交部和越南外交部的声明，谴责美蒋特务的罪行，要求英国政府和香港当局调查破案；还连续发表了许多国家的总理、负责官员、外交使节以及外国新闻团体、新闻工作者的函电，表示对我国遇难烈士的吊唁。

4 月 16 日，新华社发表了以宋庆龄为首的“石志昂等烈士追悼大会筹备委员会名单”。4 月 17 日下午，首都各界 5000 多人在中山公园音乐堂举行“四一一遇难烈士追悼大会”。会场上悬挂了 11 位烈士的遗像，摆着毛泽东、刘少奇、周恩来、朱德、陈云等送的花圈。大会致电印度国际航空公司转“克什米尔公主号”飞机遇难人员家属，“表示吊唁和慰问”。此外，《人民日报》发表了《追悼烈士，誓必解放台湾》的社论，还刊载了揭露美蒋利用香港进行特务活动的材料。

（八）4 月 26 日，外交部部长助理何伟接见了英国代办杜维廉。杜维廉说：中国的报纸、广播电台，甚至高级官员都继续指责英国当局，英国政府对此很不满意。希望中国政府能将失事前所说的国民党特务分子可能找麻烦以及事件发生后断定飞机是被破坏的所根据的情报供给我们，以便利香港当局的调查。何助理表示他可以报告本国政府。

周总理亲自交涉“克什米尔公主号”案件

4 月 14 日上午，中国代表团飞抵仰光。周总理除与吴努、尼赫鲁、纳赛尔、纳伊姆商讨亚非会议有关问题外，还与尼赫鲁就“克什米尔公主号”案件进行了交谈。周总理说：在这一案件中，中国、印度都是受害者，应共同促使英国政府指令香港当局破案。如果英国政府有合作诚意，中国政府愿意提供有助于破案的材料。周总理希望尼赫鲁致电英国首相艾登。尼赫鲁表示同意。

4 月 16 日，周总理率团由仰光乘坐包租的印航“空中霸王”式客机去印尼。这种飞机已陈旧，爬高能力不够，中途遇到雷雨，冒险迫降新加坡。天气好转后继续飞行，当晚抵达雅加达。周总理连夜以“中华人民共和国出席亚非会议代表团”的名义致电“北京石志昂等烈士追悼大会”，电称：“我们以无限愤慨的心情对 4 月 11 日在美蒋特务制造的飞机爆炸事件中牺牲的烈士们表示沉痛的悼念，并对他们的家属致衷心的慰问。和平事业绝不是卑劣的阴谋所能破坏的。为和平而牺牲的烈士们永垂不朽。”

4 月 17 日，周总理飞抵万隆，在机场发表谈话说：“亚非国家的代表们将会获得历史上的第一次机会在一起讨论共同有关的问题，这个事实就说明这次会议是有重大意义的。同时我们不能不指出，有些人是不喜欢我们这个会议的。他们正在力图破坏我们的会议。大家知道，中华人民共和国代表团已经为此付出了沉重的代价。同样，印度、越南民主共和国和其他国家在这次破坏事件中也遭受了沉重的损失。但是，和平友好的正义事业是破坏不了的。”

在印尼期间，周总理每天平均睡眠不过 3 小时，但他仍然为“克什米尔公主号”案件操劳。

4 月 26 日，周总理告诉尼赫鲁：中国政府获悉，蒋特是利用香港机场的地勤人员破坏飞机的。香港当局应从机场地勤人员中查明凶手。当晚，尼赫鲁函告周总理，他指派调查飞机案的 R. N. Kao（当时译为高氏）[①] 已到雅加达，即去香港，他已将周总理所谈的意见告诉高氏。函中称，他于4月19日曾致电艾登，刚才收到新德里转来艾登4月22日的复信。

艾登致尼赫鲁信中说，香港当局已进行“最全面的查询”，结果“只不过证明了香港政府4月13日向记者发表的声明中业已公布的各项事实”。信中说：“如果要使香港的这些调查进行得有效，有必要由有关各方提供他们关于坠机事件的情况所获得的全部情报。”信中重申4月10日中国外交部对英国参赞的通知“没有提到破坏”，希望尼赫鲁施加影响，使中国政府提供“进一步的细节”，并要求“印度政府把生还者的谈话或其他来源所获得的情报转告我们”。信中最后说，“飞机在到达香港之前，曾在曼谷停留”，请考虑是否“应请泰国当局在那里进行类似的查询”。

4月27日，周总理会见尼赫鲁和高氏。周总理告诉高氏两点：第一，在飞机失事前，中国政府获悉，由美国庇护的蒋介石驻香港特务机关准备对我代表团人员和记者进行破坏和阻挠。中国外交部事前通知了英国代办处参赞，并请他转告香港当局。新华社香港分社的代表也在事前告诉了印度国际航空公司驻香港办事处。第二，飞机失事后，中国政府获悉这次破坏是通过香港机场的地勤人员进行的。香港当局应据此进行调查破案。

---

① 高氏（Rameshwar Nath Kao，1918—2002），英迪拉·甘地和拉吉夫·甘地主政时均为其首席安全顾问。

周总理重申：如果英国政府真有破案的决心，中国政府准备提供艾登信中所要求的材料。尼赫鲁同意周总理的看法，破案的关键在于英国政府是否愿意合作。他表示将再次致电艾登。周总理邀请高氏在香港调查后于5月初到北京，尼赫鲁立即同意。

遵照周总理指示，中国驻印度大使袁仲贤派参赞申健及译员居坤道前往新加坡，负责处理善后事宜。他们到医院看望三位生还的机组人员，并向葬在新加坡的两位遇难的机组人员的坟墓献花致唁。从另一具遗体的遗物看是中国人，但已无法辨认是谁，火化后由申健将骨灰盒带到万隆。周总理仔细询问后说，他将亲自把骨灰盒带回北京。

5月7日回到北京的周总理，于次日下午约见印度大使赖嘉文和应邀来京的高氏。总理请赖嘉文电告尼赫鲁，感谢尼赫鲁在仰光和雅加达时的合作，请尼赫鲁再电艾登，希望英国政府指示香港当局在调查飞机失事一案上给予合作。

5月9日下午，周总理接见英国代办杜维廉。总理说：关于“克什米尔公主号”被破坏事件，现在我们又获得了足以破案的材料，中国政府希望英国政府同我们密切合作。如果英国政府愿意这样合作，我们提出下列五点：第一，中国政府提供的材料，将经由印度政府的代表高氏直接转告香港总督；第二，中方提供的材料不得透露给港英当局的华籍职员和与美国有关系的外籍职员；第三，对材料中所提人员应予监视，以防逃跑；第四，对关键人员进行审讯；第五，在进行这种审讯时，我们希望像印度政府所派的高氏一样，也有代表列席旁听。总理说：我们刚解放南京时，曾迅速查清蒋介石特务暗害并重伤埃及代办的案子，捕获了凶手。1954年，海南岛驻军辨查失误，击落英国民航机，我们迅速道歉并赔偿。如果英国政府指示香港当局同我们合作，查清这一案件，我们愿尽力帮助。当然，担负责任和行使权力的是香港当局，我们只是处于协助和合作的地位。如能破案，对香港当局有好处。因为蒋介石特务在香港凭借美国的金钱和势力做出各种肮脏卑鄙的事，给香港当局制造许多麻烦。这次事件后，香港当局更有理由清除蒋介石特务分子。如果让目前的情况继续下去，香港成为蒋介石特务活动和破坏活动的中心，成为对中国大陆进行颠覆活动的中心，这将妨碍中英关系，而且不利于世界局势。我们有诚意同英国政府合作破案，我们不是无事生非，而是要帮助香港当局解决困难。

杜维廉问：周总理提出的五点，是不是作为提供情报的先决条件？总理说：我们提出的五点，是工作发展的步骤，英国政府指示香港当局同我们合作破案才是先决条件。我们希望这些步骤能够实现，否则也不会有什么好处，反而可能使有关的人逃走。

周总理还嘱李克农将所侦悉的美国和蒋介石特务机关破坏“克什米尔公主号”案件的情况进行核实整理，他亲自审定后定名为《向香港当局提供的第一份情报》，日期为1955年5月11日，由浦寿昌译成英文。5月12日，周总理将这一份材料的中文本和英译本交给高氏。中文本内容如下：

（一）中华人民共和国有关方面于1955年3月即已获悉：美国和蒋介石集团的特务机关准备在中华人民共和国出席亚非会议代表团的人员途经香港时进行暗害。截至4

月10日止，中华人民共和国有关方面虽未能获悉此一暗害阴谋的细节，但已确知美蒋特务机关正在香港积极布置此项暗害活动。因此，中华人民共和国外交部乃于4月10日9时半通知联合王国驻北京代办处转告香港英国当局采取预防措施。

（二）中华人民共和国出席亚非会议代表团包乘之印度国际航空公司的“克什米尔公主号”星座式客机坠海事件发生后，中华人民共和国有关方面不久即获得确实情报，知悉蒋介石集团驻在香港的特务曾在“克什米尔公主号”飞机上装定时炸弹，使该机在航行途中爆炸起火。

（三）截至5月10日止，中华人民共和国有关方面陆续获得下列情报：

（1）此一暗害活动系由蒋介石集团的特务机关“保密局”所属的“香港情报站”所策划，主持此事者赵斌成，直接指挥者金建夫，具体执行者系香港启德机场检修飞机的地勤人员周驹。

（2）用以破坏“克什米尔公主号”飞机的炸弹是美国供给的小型定时燃烧性炸弹，此批炸弹于4月5日由台湾“保密局”交由基隆开出的太古轮船公司航轮“四川号”秘密运往香港，交与该局所属“香港情报站”，开始时将此批炸弹存放于香港西营盘第三街178号2楼张祖顺处，后由“香港情报站”派特务李益民前往领取，最后转交周驹。

（3）“香港情报站”曾于事先指令特务许缜训练周驹安置此项炸弹的方法。周驹在“克什米尔公主号”飞机从香港启德机场起飞前，在极为短促的时间内，将此炸弹暗置于“克什米尔公主号”飞机一个机翼的油箱附近。

…………

以上情报是完全确实可靠的。

5 月 15 日晚，周总理接见杜维廉。杜维廉说：“艾登首相感谢周总理的口信，欢迎中国政府提供情报，愿意全心全意地合作。英国政府的目的就是要查明真相。”

周总理欢迎艾登首相愿意全心全意地合作进行破案。总理说：高氏后天（17 日）到香港，把我们的材料交给香港总督，希望香港总督当天就见他。中国政府准备派一位代表去香港。他将通过高氏向香港当局联系。如果他能见到港督，我们将很高兴。

周总理派我去香港

5 月 15 日夜，周总理叫我到西花厅，罗青长在座。总理简要地讲了“克什米尔公主号”案件后说：英国政府同意合作破案，明天你做些准备，后天就同高氏去香港。高氏代表尼赫鲁和印度政府，你代表我和中国政府，这样便于执行任务，把新的情况经过高氏提供给香港当局，把高氏转告的香港当局破案的情况报回来。代表不是传声筒，特务案件不同一般，如果你认为香港当局的处理有问题，时间允许就报回请示，时间紧迫就马上向高氏表态，不要错过时机。

总理说：给你配个助手和译电员，带上密码去香港。所有给你的电报都由我批发，你发回的电报都抄送给我一份，重要的抄报主席和政治局。

总理说：这个案子非常复杂，不但涉及蒋介石集团，而且涉及英国和美国，所以我们一定要联合印度，共同促使英国破案。印度和我们都是受害者，但是对这个案件的看法和态度也不会完全一致，要参照统一战线的原则来处理。外事无小事，你要多动脑筋，认真细致，争取一个比较好的结果。①

5 月 16 日，李克农、罗青长、章汉夫、黄华分别向我介绍情况，董越千告诉我，已指定亚洲司专员张文廉做我的助手，译电员是王德三，英国代办处给我们三人在香港为期一个月的签证。当晚总理约见赖嘉文和高氏，让黄华和我参加。总理对高氏说：你代表尼赫鲁总理，熊向晖代表我。你们两位要像尼赫鲁总理和我一样，相互信任，友好合作。希望香港当局在审讯时，同意你们列席旁听。总理还一再提醒高氏在香港要注意安全。

5 月 17 日，我及随行人员和高氏乘中国民航飞机到广州，住在迎宾馆。高氏约我谈话，不让助手参加。他说：周总理多次接见他，对他如此信任，给他如此重大的委托，使他深感荣幸。周总理一再要他注意到香港后的安全，使他非常感动和感谢。他说：印度政府对飞机案极为关注，现在中国政府提供了难得的重要情报，英国政府承诺全心全意地合作，使这件事前进了一大步。现在要推动香港政府积极行动。我表示：周总理提出的五点是破案的必要步骤。高先生说要推动香港当局积极行动起来，我完全同意。如果高先生认为需要向香港当局提出

① 中共中央文献研究室. 周恩来年谱（1949—1976）：上卷［M］. 北京：中央文献出版社，1997：481.

其他建议并愿意先和我商量，我们可以随时交换意见。我在香港住在新华社招待所，我不准备外出，高先生在任何时间都可以找我。

我将香港住处的电话告诉高氏。高氏给我两个电话号码，只要拨通其中之一，就可找到他。双方约定会面的地点就在我的住处。

5月18日，我们由广州乘专列到深圳，新华社香港分社干部谭干、潘德声陪同过桥到罗湖。香港警察署政治部主任威尔考在罗湖迎接。他说，已指定电报局英籍人员轮班收发给我和我发出的密码电报，给我的电报将及时送达。他要求我外出时，及早通知他，以便保护。我和高氏乘新华社汽车去住处，港方派便衣警察专车护送，沿途要地也布置了警卫。

新华分社在摩星岭有3栋楼房作为招待所，我和随行人员专用中间的一栋，新华分社派4人轮流日夜值班。港方派持枪警察日夜在楼外保护，每班4人。威尔考偕便衣警官2人到我住处进行安全检查。此后未再见到他。经与新华分社同志商量，我拍发的电报由分社派2人乘专车送电报局，不要港方保护。北京发给我的电报由电报局派专人乘摩托车送达，没有延误。

因张文廉不懂广东话，体弱有病，改由潘德声做助手，参与记录和翻译工作。

错综复杂的斗争

（一）凶手周驹逃往台湾

高氏5月18日下午抵港后不久，即将我方提供的情报面交港督葛量洪。港督及港警察长均认为很好，当晚即派英警偕华籍译员按我方开列的12人姓名住址进行搜查。据称其中5人无法找到，对其中4人分别予以拘留、逮捕或监视。周驹在18日上午10时16分从机场下班后迄未回家，家中有其父及其叔和同住的两人。另称，18日15时45分，港警署接到美国人陈纳德经营的航空公司（CAT）保安官（Security Officer）美国人R. 琼斯（R. Jones）电话说，在该公司18日上午10时自启德机场飞往台北的飞机上，发现一潜乘者（stowaway），是香港航空工程公司清洁夫，名周梓铭。经港警查证，周梓铭即周驹，乃告琼斯，周梓铭是香港警署调查对象，希即送回香港。但不久又获悉，周驹已落入台北保安队之手。港警长请求中国方面在目前调查阶段不要公布这一消息，以利工作，并称追回周驹希望不大。因按国际法，交通工具业主有责任将潜乘者送回原地，但到达地之政府愿意收留则不送回。香港当局认为，这是一次大规模的谋杀活动（mass murder），周驹好赌好色，有二姘妇，经常负债，最易成为这类罪行的工具，其后必有主使人。港方决心把这些坏蛋一网打尽，请求中国政府继续提供情报。港方深信中国必有可靠的情报来源。

5月19日，高氏将上述情况当面通知我。我说：高先生转告的情况以及香港当局的请求，我即报告本国政府。现在我个人指出两点：第一，这证明中国政府提供的情报是完全正确的，证明“克什米尔公主号”飞机确实是蒋介石特务机关指使周驹破坏的。第二，香港当局仍应竭力追回周驹，并应加紧审讯已捕人犯，追捕其他人犯，使案情大白。此外，有几个问题，请转告香港当局查清：第一，为什么周驹恰巧在5月18日高先生和我到达香港的这一天逃走？第二，飞机和火车、轮船不同，怎么会有潜乘者？第三，按国际法，美国人陈纳德的航空公司有责任把潜乘者周驹送回香港，为什么周驹落入台北保安队之手？第四，香港当局说，周驹在5月18日上午10时16分从启德机场下班，又说周驹5月18日上午10时潜乘美国飞机逃走，为什么所说的这两次时间和事实不一致？

高氏说，他将尽快转告香港当局。高氏走后，我连夜赶写了发回北京的电报。我想，总理让高氏传话，这一着的确高明。这样一来，印度政府也会了解实际情况，使香港当局无法赖账。

5月20日上午，我收到了北京回电。总理认为我的表态完全正确，并请高氏转告港方，只要香港当局继续合作破案，中国政府将继续提供有关情报，周驹逃台的消息可以不予公布，同时要求港方将周驹“引渡”回港法办。

5月21日，高氏来告：港方称，香港和台湾并未缔结罪犯“引渡”条约，不能要求“引渡”周驹。港方不知道周驹为何恰好在18日逃走，周驹可能从某一两名分子处获悉中国政府已掌握了该案的详细情报，惧而逃走。5月15日，新华社发表了印度《闪电》周报社论摘要，详细叙述了飞机失事的原因，周驹有可能看到，惧而逃走。我对高氏说：港方对周驹18日逃台的解释完全不能令人满意，这不是弄清问题的态度。我保留进一步评论的权利。

我问高氏：《闪电》周报和印度一些报纸似乎有可靠的消息来源，发表了中国报刊所没有披露的消息。高先生对此有何看法？他笑而不答。现将新华社转发的部分摘录如下：

4月23日，《闪电》周报发表了以《破坏万隆》为题的文章。文章说：制造失事事件的组织名叫“中美联合署”（Sino - American Joint Administration），设在台北，在香港和日本的厚木有分支机构。另一破坏活动的组织名叫“铁血团”，设在万隆市及其周围。

文章说，据可靠方面消息，在万隆会议召开前一个月就制订了这个行动方针。但是在美驻香港总领事指挥下行动的中美联合署特务估计失误，爆炸了一架没有搭载周恩来的飞机。据这里的内幕新闻称，造成这个错误的原因是阴谋制造者看了发自加尔各答的一条消息，说周恩来将乘坐印度空中霸王式飞机，自昆明起程，特务认为这是印度故意转移视线，周恩来一定是乘坐星座式飞机自香港起飞。于是，他们用定时炸弹炸了这架飞机。

文章说，来自一个方面的消息称，这个爆炸任务是“由负责飞机的检查和加油的工作人员中的特务执行的。香港机场工作人员中有两个工会，一是亲北京的，一个则是由美国特务领导的、来自台北的煽乱者所把持”。

5 月 14 日，《闪电》周报主编卡朗吉亚在题为《空中谋杀》的社论中写道：这是一个预先计划和预先组织的破坏事件。定时炸弹是放在右翼后边的油箱后面，那里没有灭火设备，因为这个地方不可能起火。

社论说：很明显，定时炸弹是飞机在香港停留时被置放的。在香港并没有采取特殊的安全措施。在飞机场周围没有看到额外的警察。当飞机在香港着陆加油时，两个负责例行的中途检查和加油工作的机械师卡尼克和德索纳的皮包神秘地被人从机上取走了。皮包上都有机组人员的标识。在布置让这两个机械师去寻找他们的皮包的 15 分钟时间内，某一熟知星座式飞机结构的地勤人员就在右边支架的轮舱里放了定时炸弹。

印度报业托拉斯5月27日报道：在香港机场检修过“克什米尔公主号”飞机的职员已经逃往台湾。5月28日，印度《政治家报》也报道了这一消息，并说“无可辩驳的证据表明”，“此人应对飞机被破坏事件负责”。

（二）印尼调查委员会的报告及引起的反应

5月27日，印尼调查委员会发表调查结果的报告（摘要）：经过一个多月在纳土纳群岛、新加坡、印度、香港等地的调查，委员会根据对残骸进行的检查显示出肯定的证据，“断定这次失事的原因是由于放在飞机右翼轮舱处的一个定时炸弹的爆炸所造成。爆炸打穿第三号油箱而发生了无法控制的大火”。

5月27日，香港政府新闻处发表了关于“克什米尔公主号”失事事件的特别公报。公报说：在飞机残骸受到技术专家的检查之后，香港政府即接到通知说，飞机失事几乎可以肯定是由于右翼的爆炸而造成的。鉴于时间的因素（因为通常类型的定时炸弹是要在12小时以内爆炸的），看来最有可能的是，爆炸物事实上是当飞机在香港停留的时候被安放在飞机上的。港方表示他们将以最大努力进行侦察，使肇事者归案法办。

英国外交部发言人27日在记者招待会上说：英国政府同意香港政府发表的关于印度飞机“克什米尔公主号”失事事件的声明，并说这个声明说明了英国政府的意见。

5月28日，《人民日报》以《蒋匪特务谋杀罪行得到证实》为题发表社论。社论说，印度尼西亚调查委员会的调查报告摘要，以及香港当局的特别公报，“充分有力地证实了我国所一再提出的飞机失事事件是由蒋介石特务分子所蓄意破坏的指责”。“中国人民对于印度尼西亚共和国政府和从事这一调查工作的各方面人士的努力表示深切感谢，对于香港当局所表示的‘决心做一切努力来调查事实’‘决心尽全力来使肇事者归案法办’的负责态度表示满意。我们相信，经过这些公正调查之后，蒋介石特务组织所进行的卑鄙的谋杀罪行，定将在全世界人士面前完全暴露。”

印度总理尼赫鲁5月31日在新德里对记者发表谈话。他谈到“克什米尔公主号”被破坏事件时说：没有疑问，定时炸弹是在香港放在飞机上的。在航空史上，他不知道任何比这更可怖的事情。

《政治家报》专栏作家维迪5月29日发表文章说：在印尼调查委员会的报告摘要发表以后，印度国内再度掀起了愤怒和嫌恶的浪潮。印度人民怀着焦急的心情注视着美国政府，看它是否打算对蒋介石使用它的影响力量。对这种可怕的破坏行动负责的人不是一个普通的罪犯，因此，他不能够作为政治难民受到保护。

（三）香港当局使用蒋特“处理”破坏印机案

北京5月28日电告：尼赫鲁派印度驻联合国首席代表梅农来京会见周总理，想在中美关系中牵线搭桥。（这年4月亚非会议期间，周总理宣布中国政府愿意同美国政府坐下来谈判，讨论和缓台湾地区的紧张局势问题。）在他离京前，总理托他经过香港时向港督面告以下各点：

（1）现任香港警察司署政治部国民党调查组帮办的李福基，为台湾重要特务，属于“保密局”香港特别组，李过去在青岛国民党警察局任职，到港后与“保密局”发生关系。1953年，台湾“内政部”调查局以蒋经国的名义与李建立联系。1954年以来，港方取缔在港蒋特非法活动的历次行动，由于李福基充当耳目，蒋特组织未受大的损失。

（2）此次印机案发生后，李福基奉蒋特之命探听港方动态，在侦知港方已注意启德机场的地勤人员并监视周驹后，李即唆使周驹逃台，并将中印官员秘密抵港事报告台湾。李还将港方搜捕情况通知蒋特。

（3）李福基近向台湾报告，他现为印机案主审，暗嘱已捕案犯坚不吐实，销毁案犯之文件、账目等罪证。李还建议台湾要美国方面疏通港方将案犯递解台湾。

（4）英国政府在答复中国政府愿意合作破案时，曾保证不将中国政府提供的材料告知华籍职员。现蒋特分子李福基竟参与审讯，对破案极为不利。切盼港方对李福基采取紧急措施，将处理情况通知我们。

北京来电让我将此事告高氏。高氏认为此事十分严重，除亲告港督外，还将以慎密方式报告尼赫鲁。

我于5月30日电告北京，港督向高氏表示：（1）李福基虽参与审讯，但非主审，不知此案全貌，所获文件均由高级英警官保存，李无从销毁。（2）现即采取步骤，保证不使李影响破案。在梅农告知此事时，港方即对李注意，但尚不便逮捕，以免引起惊异。港方早知李曾在国民党政权下做过事，但数年来他为港方调查国民党情况颇有贡献，未疑及他对港府不忠。港府不知李与蒋特仍有关系，现将认真调查此事。(3) 港方从未将中国提供的情报材料透露给华籍职员，破案均由英人负责。但因下层警员均为华人，在具体工作中必须使用他们。华人不知意图和全貌，但搜查某地和逮捕某人，则无法保密。今后仍须使用华员，但只限于具体工作。此点请中方谅解。港督还向高氏表示：美国方面并未就印机案和港府有任何接触。

6 月 2 日北京电告：梅农告我驻印大使袁仲贤，他过港时已将李福基事转告港督，港督表示调查飞机案将不用华人，而用正式铨叙之官员。梅农说他请示尼赫鲁后又发一私人电报给港督，促港督注意此事对破案之重要性及应具的警惕。梅农说他去英时还要把上述情况通知英政府。梅农并称，他向港督提出通过美方向台湾要求“引渡”周驹，但恐难有结果。

我 6 月 2 日电告北京：高氏告，港警长已不使李福基接触印机案工作，并已对他进行调查。

6 月 4 日北京来电告，周总理今日对赖嘉文说：港府虽将李福基调开，但在港警署中尚有蒋特分子。我们已查明，港府政治部华籍帮办李洛夫，很早就属于蒋特系统，在审理印机案中担任审讯和翻译，经常向台湾报告港方侦察搜捕情况，并在设法减轻案犯罪行。现李洛夫每天都与香港特务曾汉元联系。中国政府认为这一情况非常严重，务希港督采取措施。

赖嘉文告诉周总理：梅农来电说，关于在港进行调查问题，已同艾登谈过。艾登说：英国政府已要求美国政府进行斡旋，把逃台的人送还香港。赖说：高氏认为港方不可能全部去除华籍译员，因懂中文的英籍译员不多，而需要审讯的人约在 500

至600人。此外还有大批中文文件要审查，但香港当局将注意可疑分子。

周总理说：李福基被调开后就由李洛夫取代，但他同蒋介石分子关系更为密切，不仅向蒋介石分子提供更多材料，且还销毁了一些材料。港方必须采取措施。

周总理及时解决同印方合作中的问题

（一）鼓励高氏留港

到达香港不久，高氏就想返回印度。5月18日，他对我说：中方已向港方提供详细完整的情报，使港方不能不采取行动。为此他已向港督建议，在此案发展到一定阶段后，港方就与中国政府代表熊先生直接接触，届时他的中间人的任务即可结束，他就退出。

我说：中印两国政府和人民都非常关心此案，现在工作刚开始，你我都是各自政府委派的代表，你不应以中间人自居，更不应中途退出。我与港方接触，一定要通过你，这是双方政府决定的，这对破案工作有利。

5月23日，高氏又对我说：港督及港警察长向他重申，他们对印机案是由蒋特破坏及中方提供的材料之正确毫不怀疑，决心破案，已做出周密计划，并正考虑采取法律规定以外的特别侦讯措施。不但如此，他们还决心在更大范围将香港国民党特务坏蛋搞干净。他们在开始时采取公开搜捕手段，是恐案犯逃跑，今后需转入秘密侦讯，不是短期内所能结案。印度对印机案舆情激昂，印机航线经过香港，香港不安全，印度也不能放心。他感到责任重大，希望早日破案，但过去尚少信心。现港方一再作了坚决表示，非他始料所及，使他信心倍增，同时感到此案非短期可破，而中国提供的情报已足够使港方据以破案。他对破案已无可帮助，是否继续留港，完全取决于我是否需要他。他建议我信任港方。如别无新的情报，不如让他回国。

我说：我们的行动都应听从本国政府的指示，我无权答复你是否现在回国的问题。作为朋友，我个人建议，在印度舆情激昂的形势下，不宜急于摆脱印度政府交给你的任务。

我将以上情况电告北京，并提出务必争取高氏不先我而回，否则我留港诸多不便。建议向印方做出表示。

5 月 24 日，北京来电说：你在港与高氏合作，通过他转达我们与港方之间的情况和意见，比我们直接与港方发生关系较有回旋余地。你可告高氏，奉周总理指示，感谢他在这一案件上的努力，周总理希望他在已经取得成效的基础上，继续在港与你合作，直到破案为止。这是中印友好相互信任的具体表现，也是中印双方争取改善中英关系的一个实际做法。

5 月 25 日，我约高氏及其助手在寓所晚餐，将北京 24 日来电内容告诉他们。高氏说，周总理对他的夸奖及要他继续留港与中方代表合作直到破案，是对他的极大信任，同时也是对他的莫大荣誉，他将立即报告政府。高氏对周总理所说“这是中印友好相互信任的具体表现，也是中印双方争取改善中英关系的一个实际做法”这句话极感兴趣，要我允许他以适当措辞告诉港督，以便从中英关系的角度加强港督破案的决心。26 日，北京来电表示同意。

（二）要尼赫鲁澄清印方的态度

5月31日，北京来电告：赖嘉文通知我们，为督促“印机案之进行”，尼赫鲁总理将派最高级情报人员马利克赴港。同时，高氏告诉我，马利克是他的上级，将于6月1日抵港，要他安排和我见面。6月2日，马利克（似为印度情报保卫机关负责人）由高氏陪同，偕古玛尔（加尔各答移民局副局长，原印度驻英使馆三秘）来我处谈话。

马利克说：印机案有政治和法律两方面，政治上可相信是蒋特破坏，但法律上如无证据即不能成立，请中方继续提供情报和证据。

马利克说：已捕人犯迄未招供。但从法律上看，即使本人承认，也不能定罪，而且也不能依据这一案犯的招供定另一案犯之罪，因为被控者不能同时成为证人。他估计周驹的罪行在法律上可能成立。因为周曾接触印机，有人证；周已逃跑，形成间接证据。周父及堂兄已被捕，可能成为证人。但其他人犯定罪的可能性只有50%。如无法律上的证据即无法定罪，由于他们是蒋特分子，英方从政治上考虑，为了向中国表示善意，可能将他们作为嫌疑分子驱逐出境。但此事亦不能同印机案联系起来，因为此案的公布将依法庭判决为准。印度对香港法庭的判决不会有任何异议。

马利克问：周总理曾通过印方建议港方，在审讯此案时有中国官员参加，如港方同意，印方准备参加，问我是否参加。我说：周总理曾希望中方能派员列席旁听，但英方没有表示同意，现在案子审讯已经半个多月，我们一直没有得到详情，中途列席是否适宜，我要请示本国政府。

6月2日，我将上述情况电告北京，并称：（1）现英方从法律问题着眼，后面可能有美国的压力，很可能缺席判决周驹个人的罪行了事。建议通过外交途径向英、印上层做工作，争取大部破案，至少应争取港方公开确认此案是蒋特所为。（2）目前列席旁听审讯应以婉拒为宜，以防港方一旦不能破案时，借此推卸责任。

6月4日，高氏对我说：因尼赫鲁即赴苏联访问，马利克已于今晨返印。港方将案犯分为两类：一类为破坏印机嫌疑犯，另一类为特务嫌疑犯。港方试图发现后一类人与破坏印机案的关系，但迄无所获。他说，马利克和他只对破坏印机案犯有兴趣，对特务案犯无从过问。我表示，港方这种分类不对，因上述所有人犯均是蒋特，且均与破坏印机案有关。高称：尚待从侦讯中求得证据。高还说：港方可能将破坏印机案（指第一类人犯）的调查（而非审讯）详情提供给我们。他和古玛尔奉命根据我的需要无限期留港。

我即将上述情况电告北京。4日当晚北京回电说：同意我对马利克来港接触中的意见和我对情况的分析；周总理得知电报后，即于6月4日下午接见了印度大使赖嘉文。

总理对赖嘉文说：有一件事要请你转告尼赫鲁总理。在侦破飞机案中，从高氏和熊向晖到港后的最初一个时期，香港当局所给予的合作我们是满意的。但最近情况有些变化，熊向晖至今未与港方直接接触。港方除告我一些名单外，侦讯详情迄今未告我们。这只是单方面的合作，不是双方面的合作，这样的合作是无法继续下去的。

总理说：港方既已承认事情发生在香港，一再认为我方提供材料可靠，从捕获和侦察到的人犯中联系起来加以追究，即不难获得充分罪证。而港方现在还要我们提供法律证据，这是非常没有道理的。根据已有材料来破案是完全可以做到的。

总理说：马利克告诉熊向晖，除已经逃跑的凶手，其他人因无证据，不能判罪，只能驱逐出境。如果港方这样做，就说明它想把此案草草了事。我们得到材料，蒋介石通过美国对英国施加压力，要香港政府把逮捕的人驱逐出境到澳门，并交还文件，否则对在台湾的英国领事馆将不予保护，还要派人到香港来捣乱。此外，美国也在施加压力。看来这个材料是正确的，而港方过去否认这一点。马利克说如果香港政府只判周驹一人有罪，印度政府将无异议。这使我们很诧异。我们怀疑，这是否代表印度政府的意见。印度政府是不是派马利克先生到香港去向我们解释的呢？请大使把以上各点告诉尼赫鲁总理，我愿意听取他的意见。

赖嘉文表示，可能其中有误会，马利克不能代表印度政府说话。不管中国方面是否提供材料，香港政府都有责任破案。印度同样是受害者，而且以后还要利用香港的飞机场，不能坐视这件事过去而不予追究。他将把周总理所说的事转告尼赫鲁总理。

6月5日，我将外交部来电告诉了高氏，高氏说马利克是他的上级，他不能正式表示意见。他核对了我与马利克的谈话记录，认为并无出入。他说：熊先生，我们相交不久，但我对你十分钦佩，希望和你永远做朋友。

到了6月8日，赖嘉文见到周总理说：关于马利克突然离港，是因为他急于赶往孟买亲自向尼赫鲁报告。尼赫鲁总理认为，周总理不必有任何怀疑。中印都关心这件事。印度一定尽一切力量使调查彻底地继续下去。尼赫鲁说，对周总理表示的焦虑，他有充分同感。

经过周总理坚决地表示，印度政府澄清了态度。当我把总理和赖嘉文交涉情况通知高氏时，他很有感触地说：你们的效率真高啊！你在这里跟马利克谈，你们总理又找我们驻华大使谈了，连我们总理也知道了。

从政治上考虑我留港或回京

（一）第一次延长签证

6 月 10 日，我致电外交部称：我和译电员留港签证至 6 月 15 日到期。请示是否需要延长。

第二天，北京回电说：印机案经过这一时期的斗争，我方提供港方的名单大部已被侦捕，印尼调查结果已公布，港方已公开表示态度，我们在政治上已取得初步胜利。如果这一案件能获得有利结果，不仅使这一暗杀阴谋得以揭露，而且暴露了香港的藏污纳垢，特别直接打击了蒋介石匪帮，对解放台湾斗争在政治上有配合作用。你现在回北京，可能会成为港方的借口，虽然港方尚未供给侦讯材料，但你留港经过高氏与港方接触，比在北京直接的外交接触更便利。你和译电员的签证请向港方交涉延长一个月，将来视情况发展再指示你的去留。

外交部要英代办处通知港方延长我们留港期，经新华分社代办，我们的签证延至 7 月 18 日。

（二）建议向港英施加政治压力

6 月 28 日，北京来电，问我案情有什么进展，并问我有什么看法和意见。当日我回电说：从 6 月初至今，港方始终拒绝告诉情况，我常请高氏催询，但港方均称侦讯无进展，并称是否供给我情况及供给哪些情况均由伦敦考虑处理。实际上已撇开我和高氏，将此事推到外交途径解决，这与我们来港初期情况已不同。我在联络和交涉方面均已无可致力。高氏因无事可做，思归心切，见面时屡表无奈。因此，我建议将我召回，经过外交及宣传途径向英方施加压力，并可考虑邀高氏和我一块去北京，共同草拟一份向两国政府的报告，以便必要时作为宣传斗争的资料。

6 月 30 日，我又致电北京称：6 月 28 日来电告英代办处艾惕思同章汉夫副部长的谈话要点，艾说港方未能提供侦讯情况系因侦讯尚无结果。我认为这是遁词。因为：

（1）5 月底高氏告我，港方准备将周驹等犯的照片及调查记录送他一份。当时我要高转请港方也送我一份，港方推称尚须请示，但迄无下文。

（2）当我方提出李福基的问题后，港方答称，李福基无从销毁所获案犯文件，因这些文件均由英籍高级警官保存。当时我对高氏说，由此说明港方已从案犯处搜获重要文件，请他转告港方将这类文件的名称及内容告我，但为港方所拒。

（3）据北京 6 月 28 日电示，证实港方已从周驹姘妇及其弟处获得案情，但港方迄今未将这一情况告诉我们。可见并非侦讯无进展。

(4) 港方屡次表示关于是否提供侦讯情况事须由伦敦考虑处理。高氏也曾表示此案关系重大，港警在未得高级决策者审查批准前，不便提供侦讯情况。可见港方拒告侦讯情况是出于政治考虑。

(5) 英方一再强调法律证据问题。据新华社同志谈，近年来港方逮捕和驱逐我方工会领袖多人，并未经过任何审讯，亦无任何罪证。我认为公开定罪不再需更多证据，案犯的文件就可能构成物证，但港方却秘不告我，在已捕人犯中只要加以适当诱导，不难使他们供出案情。依据港方法律，可以将招供者作为公证人而不作为罪犯，则他们的招供即可构成法律证据。港方推称难获罪证，很可能是借此拖延。

(6) 港方是否提供侦讯情况是判断港方和我真诚合作及愿否彻底破案的重要根据。照目前情况看，港方今后仍不会将侦讯情况告我。我们在此只能等待他们提供侦讯的最后结论，而无从获悉做出这一结论的过程和依据，因而难以改变或影响这一结论，港方由此可以保持主动，以便根据他们的意旨来决定此案的结果。在此情况下，我们继续留港已无意义。

(三) 再次延长签证

7 月 6 日，高氏转来香港政府给我的非正式备忘录。高氏说，这是在他多次催询后，港方给我的答复，明确表示不能提供侦讯详情。备忘录说将审讯的详细记录提供给另一方违反英国警察程序；到目前为止，没有发现确定的证据将周驹定罪；经过调查，未发现我提供材料中所提的赵斌成、金健夫、许缜等是特务。

我即将这一情况电告了外交部，7 月 13 日周总理接见英国新任驻华代办欧念儒，对港方给我的备忘录表示不能同意，并逐条进行了批驳。

总理说：香港当局根据香港警察程序，不把侦察情况通知我们的说法，这是一种法理态度，这叫“打官腔”。根据英国政府和艾登首相的多次请求，我们将有关情况提供给香港当局。按照中国国内法，我们也不能把我们的材料告诉另一国家的政府。但是中国方面并不采取这种法理态度，而是从政治上考虑的。我们对港方的态度表示不满：我们已提供了许多材料，主要线索都有了，一个能干的政府应该能够追查主谋者，虽然直接执行破坏的罪犯已逃到台湾，但主谋还在香港。因此，找不到主谋不能破案的说法是不能成立的，也是我们不能同意的。周驹在高氏和中国代表到香港的同一天乘飞机逃到台湾，英国要求蒋介石“引渡”，蒋介石不给。周驹是检查机翼的人，根据印尼的报告，定时炸弹就是安在机翼下的，这些都说明了周驹的罪。而香港当局现在却说不能判罪，这也是我们不能同意的。显然有政治原因使港方改变了态度，在这方面港方倒不是从法律上来考虑，而是从政治上来考虑了。最近二十几天，港方没有告诉我方代表任何消息，他的签证在本月 17 日就要满期，我们让他等到月底。我们的态度是继续同英国政府合作破案，但破案是香港当局的责任。香港当局也需要破案来洗清由于发生在香港机场的案件所造成的污点，香港当局政治部有许多蒋介石分子充任这一案件的翻译和审讯人员。他们破坏证据，翻译中该翻的不翻，问话中可以问出的话问不出，甚至连蒋介石特务凶犯的银行存款都由他们中饱。这对香港当局的信誉没有任何好处，希望香港当局采取切实有效的处理措施。

欧念儒表示将把周总理所提各点立即报告其政府。

7 月 15 日，北京来电说：由于必须视四大国会议情况的发展来部署整个外交斗争，我和译电员的签证延长到 7 月底。接电后我才知道，在香港的工作联系着外交全局。报载，苏、美、英、法四国政府首脑会议定于 7 月 18 日在日内瓦举行，旨在缓和国际紧张局势。

在办理我和译电员的延期签证时，由于港方承办人员未听清楚，顺延了一个月，到 8 月 18 日止。

（四）周总理将我召回并邀高氏到北京

7 月 26 日，北京来电告诉我，总理同意将我召回。周总理对赖嘉文说，如果本月底情况还没有进展，熊向晖就只能回来。我们邀请并欢迎高氏来北京。赖嘉文对周总理说：安排高氏在熊先生之后几天来北京，这样可以把最后的消息带来。

8 月 2 日，欧念儒向我国提交关于印机案的备忘录，内容仍是"证据不足"等老一套。8 月 13 日，外交部回他一个备忘录，予以全面驳斥。备忘录最后说：中国政府认为，我方派赴香港的代表熊向晖先生继续留在香港已无意义，我们不得不决定把他召回北京。我们重申破案是香港政府的责任，中国政府期待这一重大政治谋杀案能够早日破获，一切有关罪犯能够受到应有的惩罚。周总理当天召见欧念儒，在严正驳斥英国备忘录中所说的"不能破案"的谬论后说：我们不得不把我们的代表熊向晖先生召回，他将于本月15日离港回京。①

8月14日凌晨，我接到北京来电，让我即经高氏转告港方，我已奉命偕译电员返京，要港方在罗湖边境沿途采取安全措施。同时，我还代表周总理感谢高氏的努力，并欢迎他再次到北京来。

8月14日午夜，我致电外交部：行期已告高氏转达港方，并要港方保护。按照港方意见，我们决定在15日午前乘汽车赴罗湖，中午可抵深圳。高氏对周总理盛情表示感谢，在向政府报告后，争取月底前到北京。

真相大白

（一）周总理要我先向外交部汇报

我于8月18日回到北京。总理办公室的陈浩告诉我，总理到北戴河休息几天就回来，让我先向外交部汇报“克什米尔公主号”案件的主要情况，同时谈谈对香港工作的看法和建议，总理指示让廖承志参加。

汇报时，由张闻天主持，章汉夫、乔冠华、黄华、龚澎、董越千等出席，廖承志和陈浩参加。乔冠华首先说：“克什米尔公主号”案件不用汇报了，这件事拖得太久，参照8月13日给英国代办处的备忘录，由外交部发一个声明就可以结束，已经报告了少奇同志，少奇同志已经同意。

---

① 中共中央文献研究室．周恩来年谱（1949—1976）：上卷［M］．北京：中央文献出版社，1989：496－497.

我说：少奇同志尊重外交部的意见，但这件事是总理亲自处理的，而且以总理的名义邀请高氏来北京，高氏还没有来，就单独发表声明了结，这不合适，应该先报告总理。这不是不尊重少奇同志。

廖承志说：对，应该报告总理，这不是不尊重少奇同志。章汉夫说：我不知道报告了少奇同志，应该先报告总理。

关于“克什米尔公主号”案件，我说：英国的腹案就是不了了之。现在把我召回，又邀高氏来北京，这是对英国施加政治压力，英国可能要有所交代，只要它承认破坏飞机的凶手已逃到台湾，这就是我们的胜利。究竟如何，等高氏来北京以后就可能看出名堂。因此，现在发表声明告以结束的办法似乎过急了。

对于香港，我建议要积极利用，并提出了三点具体的意见。其中一条就是要在香港建立官方机构。廖承志说，这三点切中要害，他完全赞同。陈浩做了记录。

总理从北戴河回来后，把罗青长和我找到西花厅，他拿出陈浩的记录，说，你对香港工作的建议，毛主席和政治局的同志都同意，以后分别洽办。

（二）周总理指示我写一份书面工作报告

8 月 26 日，高氏到北京。27 日，周总理接见他。[①] 周总理说：高氏先生同熊向晖一起在香港工作了三个月，两人的工作

① 中共中央文献研究室．周恩来年谱（1949—1976）：上卷［M］．北京：中央文献出版社，1989：500－501.

在许多方面都具有共同性。熊向晖通过高氏得到香港当局的通知，又通过高氏通知香港当局。因此，我提议，高氏和熊向晖写一个共同的书面报告，提交中印两国政府。这个报告中不需要琐碎的和不相干的事实，而是纯粹客观的叙述，作为两人三个月工作的记录，以便于中印两国政府今后进行商量。中国政府的意见将向尼赫鲁总理和印度政府提出，那将是两国政府之间的事，不再涉及高氏和熊向晖两人。

高氏说：希望能给他时间，以便报告印度政府，并请求政府指示。周总理表示同意，并说这个报告可以很简单，只要提出几件事实，做一个纯客观的叙述。这个报告不必太长，因为高氏在北京的时间不能太久。这个报告将成为中印两国政府商量对破案态度的基础之一。

8 月 28 日，总理请高氏在颐和园听鹂馆餐叙，章汉夫、乔冠华、龚澎、浦寿昌和我都参加了。

后来，高氏对周总理说，他请示了印度政府，感到和熊先生一起写一份报告有所不便。总理表示理解。于是，总理让我单独写了一份报告，题目就叫《熊向晖向中国政府的报告》（见本文附录）。经总理审阅后，让浦寿昌译成英文，由我交高氏阅看，他做了几处修改。总理指示我加注“这份报告曾给尔·纳·高（R. N. Kao——编者注）先生看过”，把中文本、英文本各打印一份交高氏。

（三）英代办送交《周驹的罪证》摘要

9 月 2 日，英国代办欧念儒向章汉夫副部长提交《周驹（别名周梓铭）的罪证摘要》，列举了周驹的 7 个罪证。

其中“证据五”称：1955 年 3 月，有一姓吴的人（未查获）通过一名叫张耀灵（未查获）和另外 3 人（关就记、关懋公和周钻如——已被拘留）的关系介绍给周驹。张耀灵常出入于庙街 113 号 1 层楼的就记电料行，此店是被国民党作为一个联络站设立的。吴说，他正在物色一名在飞机场内工作并愿意干一件有国家性重要意义的事的人。周驹被说服去破坏一架共产党的飞机。吴告诉周说，将会给予奖金。

“证据六”称：周驹向周仕学、周国辉、周瑞维（周驹的父亲）和周钻如承认了他的罪行。其中包括以下细节：他曾破坏“克什米尔公主号”；他曾被允诺可得 60 万元的奖金；他曾用了一个轻微滴答声音的小型定时性炸弹；他企图逃到台湾。

（四）香港当局宣布缉拿周驹

香港当局在 9 月 3 日发布声明说：“对 4 月 11 日印度航空公司飞机‘克什米尔公主号’进行 4 个月的深入调查后，警务处今天自香港法官处获得对被控有阴谋谋杀罪的周梓铭（化名周驹）的逮捕状。”声明说：“据悉周梓铭在 5 月 18 日搭乘飞机赴台湾。因此要求该地当局将周梓铭交回香港受审”。

此外，新华社香港 9 月 4 日讯：据美联社报道，英驻淡水领事赫尔曼要求蒋介石集团“台湾省主席”严家淦把香港当局宣布缉拿破坏“克什米尔公主号”飞机的蒋帮特务周梓铭交回香港当局受审。

虽然台湾当局不敢交出周驹，但这一案件的真相已经大白于天下。

（五）“英国政府仍然负有不可推卸的国际责任”

1956年1月16日，英国代办处照会我外交部称：港英已将逮捕的31人驱逐出境，送往台湾。这些人被判定“曾在香港进行国民党的情报活动”，但“不能提出有关破坏事件的控告”。现港方继续拘留13人。

2月17日，尼赫鲁说：英国正设法“引渡”周驹，但台湾拒绝交出，印度已向英国转达对此事的关心。

6月24日，英代办处照会我外交部称：由于无充分证据交付审讯，港英已将拘留的13人驱逐出境。

8月4日，周恩来以外长的名义照会英代办处，对港英释放重大嫌疑犯提出严重抗议，并再次郑重声明，“此案尚未破获，英国政府仍然负有不可推卸的国际责任”。

历史不会忘记

处理“克什米尔公主号”案件全过程，凝结着周总理的心血和智慧，在案发后的不利局面中，周总理联合印度向英国政府和港英当局进行了坚决而又是有理、有利、有节的斗争，取得了出人意料的胜利。周总理始终把这一斗争局限于外交交涉的范围，无损于而且在一定程度上有利于对香港“长期打算，充分利用”的战略决策。这是历史不应忘记的。

1956年4月11日，周总理出席了在八宝山革命公墓举行的亚非会议死难烈士遇难一周年纪念大会和安葬仪式。在北京八宝山革命公墓里，矗立着周总理亲自书写的“参加亚非会议死难烈士公墓”。墓的基石上镌刻周总理核定的“殉难经过”，墓碑背面镌刻“参加亚非会议的死难烈士简历”。据《周恩来年谱（1949—1976）》下卷载，1975 年 3 月 25 日，重病中的周总理“得悉一九五五年‘克什米尔公主号’空难事件牺牲的烈士墓碑碑文模糊不清，指示外交部采取措施加以保护，并派工作人员慰问牺牲烈士的家属”。这种深情厚谊是历史不应忘记的。

附录：

熊向晖向中国政府的报告

（这份报告曾给R. N. 高先生看过）

1955年9月3日

我奉命于1955年5月18日和印度共和国政府指派的R. N. 高先生同到香港，执行下列任务：

（1）将我国政府所获得的有关我国出席亚非会议代表团所包乘的印度国际航空公司“克什米尔公主号”星座机于1955年4月11日在香港被破坏案件（以下简称破坏案或该案）的情报材料提供给香港当局，以期有助于香港当局履行其破案的责任；

（2）将香港当局处理该案的进行情况报告本国政府；

（3）代表本国政府就该案的有关问题向香港当局提出意见和建议。

在出发以前，我和高先生了解到：联合王国政府欢迎中国政府提供有关该案的情报，并表示愿意全心全意地合作。

我和高先生在香港共同工作了89天，直到8月15日我奉命离港回京为止。在此期间我一直没有能够和香港当局就该案进行直接接触。我和香港当局之间的联系是通过高先生保持的。

谨将我和高先生自5月18日至8月15日在香港共同工作期间的主要情况报告如下：

（一）

在5月18日到达香港的当天下午，高先生即将我国政府于5月11日在北京交给他的关于该案的综合情报材料面交香港总督葛量洪爵士。这份情报材料指出：“克什米尔公主号”的失事，是由于香港启德机场地勤人员周驹，遵照台湾“保密局”香港情报站的指示，在“克什米尔公主号”从启德机场起飞前，在该机一个机翼的油箱附近，放置了小型定时燃烧性炸弹，致使该机在飞行途中起火坠海。这份材料列举了和此案有关的11人的姓名并附有一部分人的详细住址。

在我居留香港期间，又先后经由高先生将我国政府陆续获得的有关该案的情报及时提供给香港当局。截至8月15日止，一共提供了与该案有关的40个人的材料。这些材料表明，这40个人都住在香港政府的辖区，都是直接或间接与破坏“克什米尔公主号”有关的蒋介石集团的特务或其代理人或者是知道破坏案内情的人，其中包括这一破坏案的主使者赵斌成，直接指挥者金建夫，参与筹划者沈齐平，运藏炸弹者张祖顺，具体执行破坏任务者周驹，与周驹同受破坏训练者李瑞元，发放这一破坏活动的经费及奖金者蔡渭清等。

（二）

香港当局根据我国政府提供的材料，于5月18日夜间开始搜查、逮捕等措施，并于5月19日、21日、25日、26日、31日，6月7日先后将他们进行搜捕的情况和结果经由高先生通知我。根据香港当局给我的被捕人犯名单，破坏案的要犯沈齐平、张祖顺、李荣芳（即李瑞元）、蔡渭清等已先后就逮。

但是，具体执行这一破坏任务的凶犯周驹，则已于5月18日逃往台湾。关于此事的始末如下：

（1）据香港当局5月19日下午4时告称：他们在5月18日夜间搜查了周驹的住宅，但未找到周驹。经查周驹在5月18日早上还在启德机场工作，当日上午10时16分下班后迄未回家，现仍继续搜捕中。

（2）据香港当局5月19日晚10时告称：香港警务处于5月18日下午3时45分接到美国人陈纳德所办的民用航空公司保安官美国人R. 琼斯电话称，该公司台北来电，在该公司5月18日上午10时自香港启德机场飞往台北的飞机上，发现一潜乘者（stowaway）。自称是香港航空公司职员，但不知姓名。香港警备处要求琼斯查询。5月19日下午4时半琼斯通知称，该潜乘者名周梓铭。经香港警务处查证，周梓铭即周驹，乃要求琼斯将之送回香港。未几琼斯回答称，周梓铭已落入台北保安队（Peace Preservation Corp）之手。

（3）5月19日晚11时，高先生将周驹逃台的消息转告我时，并转达了香港当局的下列请求：

①请求中国政府在目前调查阶段不要公布周驹逃往台湾的消息。

②追回周驹的希望已不大，但香港当局认为“克什米尔公主号”被破坏案件是一经过周密计划的集体谋杀罪行，周驹是一个好色之徒和赌棍，平日负债累累，最易被利用为此类罪行的工具，他的后面必有主使者，香港政府决心“肃清这批坏

蛋”，恳求中国政府惠予合作，继续供给有关情报，香港政府深信中国必有可靠的情报来源。

当时我请高先生转告香港当局说：

①上述消息及请求当即报告本国政府。

②周驹逃往台湾的事实，证明“克什米尔公主号”确是蒋特破坏，证明中国有关该案的指陈和提供的材料完全正确。

③香港当局仍应竭力追回周驹，并应努力侦讯破案。

④香港当局应查清下列问题：为何周驹恰好在高先生和我到达香港的同一天上午逃走？飞机不同于火车和轮船，怎样会有潜乘者？为何周驹会落入台北保安队之手？香港当局初称周驹在5月18日上午10时16分自启德机场下班，继称5月18日上午10时潜乘美国飞机逃走，为何两次所述的时间及事实不一致？

（4）5月20日，我遵政府指示请高先生转告香港当局说：只要香港当局继续合作破案，中国政府将继续提供有关情报，周驹逃往台湾的消息也可以不予公布，同时要求香港当局将周驹“引渡”回港归案法办。

5月21日，香港当局回答说，香港和台湾未缔结罪犯“引渡”条约，不能要求台湾“引渡”周驹。关于周驹在5月18日潜逃的原因，香港当局解释说，可能是因为5月15日新华社发表了印度《闪电》周报的电讯摘要，其中详述“克什米尔公主号”失事的原因，周驹可能看到，惧而逃走；也可能是因为周驹从某一两面分子处获悉中国政府已掌握了该案的详细情报，惧而逃走。当时我表示，这样的解释不能同意。

5月22日，我遵政府指示请高先生转告香港当局说：周驹之所以能由香港逃往台湾，是因为香港当局事先对在启德机场工作的地勤人员未采取应有的措施；但现在不是争论责任问题的时候，应该继续合作，以求彻底破案。

（三）

在6月上旬以前，香港当局经由高先生将他们处理破坏案的进展情况通知我，并一再表示了他们的破案决心。例如，5月18日香港当局看到中国政府所提供的第一份情报材料后，就认为这个材料是“翔实”（well - established）、“具体”（specific）的，决定据此进行工作。5月22日，香港当局表示，他们完全相信中国所提供的情报之正确，决心破案，并已做出周密计划，不但如此，他们还决心在更大范围将潜居香港的蒋介石集团的特务坏蛋加以肃清。5月23日，香港当局重申，他们对“克什米尔公主号”之为蒋特破坏及对中国提供的材料之正确毫不怀疑，决心破案，并正考虑采取法律规定以外的特别措施。5月26日，香港当局表示，他们的行动计划包括两重目的，直接目的是搜捕这一破坏案的全部人犯，长远（long-range）目的是将潜居香港的蒋介石集团的特务坏蛋加以肃清。他们表示，这两个目的是互相联系的，在中国所提供的材料的基础上，依据现有的搜捕成果，假以时日，这两个目的都有希望达到。

但自6月上旬以后，高先生和我几乎没有从香港当局处获悉有关处理破坏案的任何情况。我请高先生转请香港当局继续提供调查和审讯该案的材料，以利合作，但香港当局回答说，此事需要考虑。我请高先生转告香港当局说，为了体现合作，中国政府已将有关该案的情报无保留地供给香港当局，香港当局关于处理该案的情况也不应对中国政府有所保留。香港当局回答说，是否提供侦讯情况及提供哪些情况，需由伦敦外交部考虑审查。其后又经过多次催询，到7月6日，香港当局经由高先生送给我一份备忘录，其中说明，将审问的详细记录供给另一方，是违反英国警察程序的，但香港当局愿意继续经由高先生使中国代表获悉调查的进展。但直到8月15日为止，香港当局经由高先生告诉我的调查进展情况，只是：调查在继续进行中，进展无可奉告（这句话是高氏改的，原文为“调查尚无进展，但在继续进行中”）。

（四）

遵照政府的指示或根据个人的看法，在和高先生在香港共同工作期间，我还曾就下列问题经由高先生向香港当局提出建议或交换意见（这句话是高氏改的，原文为“我和高先生在香港共同工作期间，还曾就下列问题向香港当局提出建议或彼此交换意见”）：

（1）在5月28日、6月2日、6月11日及14日，我遵照我国政府的指示，曾请高先生转告香港当局说：参与破坏案的调查、审讯、搜捕等工作的香港警务处政治部帮办李福基和李洛夫，都是蒋介石集团的特务。中国政府获悉，他们在处理此案时销毁证件，篡改口供，并且不断地把香港当局处理此案的情况报告蒋特组织。中国政府要求香港当局立即采取措施，保证不使他们影响破案。同时，并将这两个人与蒋特组织联系的具体情况通知香港当局。

5月31日，香港当局回答说，李福基参与破坏案的审讯，但不知该案的全貌。香港当局早知李福基曾在蒋介石政权下做过事，但不知他与蒋特组织仍有联系。至于从已捕人犯处搜获的文件，均由高级英籍警官保存，李福基无从销毁。

6 月 2 日，香港当局通知说，已将李福基调职。关于李洛夫的问题，香港当局于 7 月 6 日表示，已注意到中国方面所提供的材料，但未说明已否对之采取措施。

(2) 6 月 2 日，香港当局表示，从政治上看，可以相信“克什米尔公主号”是由蒋特破坏，但从法律上看，需要证据才能定案。他们要求我国提供证据。他们把案犯分为两类：一类是与破坏案有关的；一类是与蒋介石特务组织有关的。据他们说，后一类的人中已有人承认与蒋介石特务组织有关系，但尚未能发现他们参与破坏案的证据。香港当局还曾暗示，如果没有证据，则后一类的人将予驱逐出境。

我曾就这一问题表示下列意见并请高先生转告香港当局：

①香港政府负有破案的责任，要求我国提供证据是不合理的。

②香港当局根据我国提供的材料所追查、拘捕的人，都是直接或间接与破坏案有关的蒋特或代理人，因此将案犯分为两类是不对的。

③香港当局在回答关于李福基问题时，已经承认从被捕人犯处获得文件。而且香港当局说过，根据香港法律，只要被拘者中有人供出案情，可以不把招供者作为被控者而将之作为证人，则其供述可以构成法律性的证据。因此，找到证据是不困难的。

④如果不弄清究竟，甚至仅将案犯驱逐出境，则正是蒋介

石集团所希望的。香港当局将无法向中国、印度及全世界公正舆论作交代。

6月10日，香港警务处长表示，在未弄清全案前，保证不对被拘者采取驱逐出境措施。7月6日，香港当局给我的备忘录中说，虽然迄今为止的破案是明显地不成功，但仍将竭力继续调查。

（3）6月1日至4日，印度的马利克先生到香港了解破坏案的处理情况。在他和香港当局讨论以后，于6月2日向我叙述他的印象说，基于下列因素，周驹的罪行在法律上可能成立（这句话是高氏改的，原文为“周驹的罪行在法律上可能成立，因为”）：

①周驹在“克什米尔公主号”自启德机场起飞前曾擦拭该机，这是有人证明的；

②周驹的潜逃形成间接证据；

③根据中国提供的材料，周驹的父亲周瑞维和堂兄周荣福，都知道周驹参与破坏案的详情及其潜逃台湾的经过。现在香港当局已找到周瑞维和周荣福，据香港当局说，周荣福表现十分合作，对破案很有帮助。但7月6日香港当局给我的备忘录中说，虽然嫌疑是在周驹身上，但迄今的调查未发现充分的确定的证据足以将他们提交法庭判罪。

（4）据5月21日香港当局告称，李荣芳（与周驹同受破坏训练者）是香港出生，因未找到他的犯罪证据，已于被拘48小时后释放。当时我曾对此表示遗憾，并要求香港当局在弄清全案前不再放人。

7月21日，香港当局经由高先生告我称，因未发现冯汉和刘国栋的罪证，已予释放。当时我请高先生转告香港当局说，香港当局迄未提供侦讯详情，即使并无证据说明冯汉和刘国栋有罪，但也无证据说明他们无罪，在弄清全案前，至少应将他们视为嫌疑犯，并无理由予以释放。而且香港当局在释放以后始行通知，这不是合作的态度，不能不引起我的诧异和不满，而且不免使人感到香港当局的破案努力不是前进而是后退了。希望香港当局采取积极态度，努力侦讯破案，在结案前不再放人。

（五）

遵照我国政府的指示，我于 8 月 15 日离港回京。我和高先生在香港的共同工作也就到此为止。

| 四 |

打开中美关系的前奏*

——1969 年四位老帅对国际形势的研判和建议

打开中美关系是毛泽东主席的重大战略决策，影响深远。这一决策经历了曲折的过程。它的前奏是 1969 年在陈毅主持下，四位老帅（陈毅、叶剑英、徐向前、聂荣臻）对国际形势的研判和建议。一些文章对此有所提及，但与事实颇多出入。作为知情者，现写出这段史料，以免湮灭。

中共九大政治报告对国际形势的论断

1969 年 1 月 20 日，尼克松就任美国总统。中美关系不但毫无松动，且如雪上加霜，仅举三事为例：

（1）1 月 27 日，尼克松举行就任后首次记者招待会。有记者问：是否打算同“共产党中国”改善关系？尼克松在叙述了中国对美国的“敌对行动”后说：“在他们未做某些改变之前，我们的政策不会很快有任何改变。”

* 原载《中共党史资料》第 42 辑，中共党史出版社 1992 年 6 月出版。

（2）2 月 19 日，我外交部新闻司发言人发表声明说，“前中国驻荷兰外交官廖和叔叛逃，并由美国中央情报局送往美国”；美国政府“无视中国政府的强烈抗议，拒不接受中国政府的严正要求，并且继续诬蔑中国”；“这一切再一次使中国人民和全世界人民看清了美国尼克松政府继承美国历届政府的衣钵，悍然与七亿中国人民为敌的狰狞面目”。“中国政府认为，在目前这种美国政府一手制造的反华气氛下，按照预定日期在 2 月 20 日举行第一三五次中美大使级会谈，显然是很不适宜的。”

（3）美国侵越战争在继续扩大。在尼克松上台后的头三个月内，在南越的美军由 50 万人增至 54.3 万人，接近前任约翰逊政府规定的最高限度。美机、美舰仍不时侵入我国领空、领海，我外交部发言人照例提出严重警告。

另一方面，中苏关系也更加恶化。3 月 2 日晨，苏联边防军侵入我国领土珍宝岛，打死打伤我边防军人员多名，我国政府向苏联政府提出最强烈的抗议。但苏联政府硬说珍宝岛属于苏联，反诬中国边防军侵入苏联领土，抢先公布了对中国政府的抗议照会。苏方动用舆论工具，向国内外大肆宣传中国军队“超过苏联国境线”，向“警卫”苏联领土的苏军“挑衅袭击”，苏驻美大使还找美国国务卿罗杰斯介绍“详细情况”。自 3 月 3 日至 12 日，中国 29 个省市自治区参加“声讨苏修武装挑衅”的示威游行和抗议集会的军民群众达四亿人次以上。苏联 18 个城市举行反华游行，莫斯科 10 万人冲砸我驻苏使馆。我方向苏方提出强烈抗议。15 日，苏武装部队又一次侵入珍宝岛地区，制造新的流血事件，我政府向苏政府提出紧急强烈抗议。3 月

21 日，苏联部长会议主席柯西金要同我国领导人通电话。次日，我国政府用备忘录复称："从当前中苏两国关系来说，通过电话的方式进行联系，已不适用。如果苏联政府有什么话要说，请通过外交途径正式向中国政府提出。"

正当中苏边境冲突白热化之际，尼克松 3 月 14 日在记者招待会上说："中国共产党对我国人民的威胁以及一次意外进攻的危险是不能忽视的。"为此，他已决定用六七十亿美元建立"卫兵"反弹道导弹系统，以对付"中国共产党的潜在威胁"。他说："苏联像我们一样，不愿使他们的国家暴露在中国共产党潜在的威胁之下。"并说，苏联部署的反弹道导弹系统的雷达"也是对准共产党中国的"。3 月 19 日，美国国防部长莱尔德在参议院作证时说，中国"仍然是亚洲和平最危险的潜在威胁"。

在此背景下，中国共产党第九次全国代表大会于 4 月 1 日在北京开幕。林彪代表中共中央做政治报告。九大主席团秘书处新闻公报称，这个政治报告"根据毛主席关于在无产阶级专政下继续革命的学说，总结了无产阶级文化大革命的基本经验，分析了国内外形势，提出了党的战斗任务"，经"全体代表认真地逐段逐句地反复地讨论"，于 14 日一致通过。24 日，九大闭幕。28 日，全文公布了九大政治报告，其中对国际形势的主要论断是：

(1)"当前世界的总趋势，还是毛主席说的那两句话：'敌人一天天烂下去，我们一天天好起来。'"（报告中所说的"敌人"，是指"帝国主义、现代修正主义和各国反动派”，而“美帝国主义”则是“全世界人民最凶恶的敌人”。报告中所说的“我们”，是指“全世界无产阶级和各国人民”。)

(2)“美帝国主义和苏修社会帝国主义，陷于政治经济的危机，内外交困，走投无路。他们妄想重新瓜分世界，既互相勾结，又互相争夺。在反华、反共、反人民、镇压民族解放运动和进行侵略战争方面，他们互相配合，狼狈为奸。在争夺原料、市场、附庸国、战略要地和势力范围方面，他们钩心斗角，互相倾轧。他们为了实现各自的野心，都在扩军备战。”

(3)“美帝国主义至今还霸占我国领土台湾。它把侵略军队派到很多国家，还在世界各地搞了成百成千的军事基地和军事设施。”“它搞了那么多飞机、大炮，那么多核弹、导弹。这一切，是为了什么？是用来吓唬人民、镇压人民、屠杀人民、霸占世界的。而这样做的结果，就使它到处陷入与人民为敌的地位，陷入全世界广大无产阶级和人民群众的包围和痛击之中，并且必将在全世界引起更大规模的革命。”

“勃列日涅夫上台以后，苏修叛徒集团的指挥棒越来越不灵，内外困难越来越严重，就更加疯狂地实行社会帝国主义、社会法西斯主义。”“派几十万军队占领捷克斯洛伐克，对我国领土珍宝岛进行武装挑衅，就是苏修最近的两次丑恶表演。”“我们坚信：具有光荣革命传统的苏联无产阶级和广大人民，一定会起来推翻这一小撮叛徒集团。”

(4)“美帝、苏修总想‘孤立’中国，这是中国的光荣。他们猖狂反华，动不了我们一根毫毛，反而激起我国人民独立自主、自力更生、奋发图强；反而向全世界证明：中国同美帝、苏修划清了界限。今天，决定世界命运的，不是帝、修、反，而是无产阶级和各国人民。”

(5)“我们决不可因为胜利，放松自己的革命警惕性，决不可以忽视美帝、苏修发动大规模侵略战争的危险性。我们要做好充分准备，准备他们大打，准备他们早打，准备他们打常规战争，也准备他们打核大战。总而言之，我们要有准备。毛主席早就说过，‘人不犯我，我不犯人；人若犯我，我必犯人。’他们一定要打，我们奉陪到底。中国革命的胜利是打出来的。”

很显然，从上述事实和九大政治报告中，根本找不出打开中美关系的任何迹象。

毛主席交给四位老帅的任务

根据毛泽东主席的意见，1967 年参与所谓“二月逆流”而长期靠边站的四位老帅被选为中共九届中央委员，在九届一中全会上，叶帅被选为政治局委员。会后，毛主席交给四位老帅两项任务：一是分别在北京四家工厂“蹲点”；二是共同研究国际形势，由陈总负责，提出书面看法。

按照毛主席的意图，周恩来总理进行了周到的安排。他指示外交部和其他外事部门将涉外文电及时分送四位老帅；他亲自选定四家靠得住的工厂：陈总在南口机车车辆修配厂、叶帅在新华印刷厂、徐帅在“二七”机车车辆厂、聂帅在化工三厂，总理并向各厂负责人就四位老帅“蹲点”时的劳动、休息、饮食、安全及职工应持的态度等作了细致交代；他让四位老帅每星期二至星期四在工厂“蹲点”三天，其余时间自行支配，看看有关国际问题的材料，由陈总主持，每月讨论两三次。

四位老帅很不理解：经毛主席审定的九大政治报告刚刚发表，其中对国际形势做了详细阐述，为什么还要他们研究？如果照抄照搬，算不上研究。如果提出某些不同看法，那又谈何容易？即使能够，会不会被认为是同九大政治报告唱反调？

总理对四位老帅说：主席交给你们这个任务，是因为主席认为还有继续研究的必要。主席的一贯思想是，主观认识应力求符合客观实际，客观实际不断发展变化，主观认识也应随着发展变化，对原来的看法和结论要及时做出部分的甚至全部的修改。所以你们不要被框住。现在国际斗争尖锐复杂，各部门集中力量进行“斗、批、改”，只能应付“门市”；熟悉国际问题的干部大部分尚未解放；我一天到晚忙于处理日常工作，实在挤不出时间过细地考虑天下大事。主席没有让你们回到原岗位，除了“蹲点”，你们可以不受行政事务的干扰，每星期有几天时间专心考虑国际形势。你们都是元帅，都有战略眼光，可以协助主席掌握战略动向，供主席参考。这个任务很重要，不要看轻了。你们也不要因为我这样讲就去拼老命，要注意身体，量力而行。世界风云天天变，但是战略格局不是天天变，一个月讨论两三次就可以了。有了比较成熟的看法，请陈总归纳几条送给我，我帮你们参谋参谋再转呈主席，但讨论的内容要保密。

5 月 27 日下午，陈总找我谈话，告诉我上述情况。陈总说：我们四人带了各自的秘书开了一次会，我报告了总理，总理批评了我。总理说：为什么要带秘书？以后开会讨论，只限于你们四位，不许其他人参加。总理就讲这么几句，我一听就明白他的心意。总理是担心我们四个人聚在一起，难保不放炮，传出去又要惹祸。我们的秘书不外传，晓得哪天再有风吹草动，别个派红卫兵把他们揪走，勒令他们揭发检举，不得下台。不让他们参加，免得他们遭灾。于是我对总理说：总理的批评、指示，我完全理解，非常感谢，坚决照办。主席交给我们的任务，我们要努力做好。只是我们四个人都上了年纪，有些事力不从心，请总理给我们派个帮手。总理“点将”，“点”了你。总理说：就让熊向晖协助，他还可以帮你们看些英文材料。我说：好，赞成，请总理马上下命令。总理让我直接同你谈。你看可以不可以？忙不忙得开？

我说：我还没有分配工作，总理给了我向四位老帅学习的机会，我一定按照四位老帅的指示，全力以赴。但这两年多来我脱离外交实践，不了解外交内情，建议再请外交部派一位现职工作的同志参加，使静态材料和动态材料结合，对研究工作更有益处。

陈总说：这个意见好，我就报告总理。

几天后，陈总告诉我，总理让姬鹏飞同志从外交部司局长以上干部中推荐一位同志，要求政治历史清楚，熟悉国际情况，组织性纪律性较强，不是造反派。姬鹏飞推荐欧美司司长姚广，总理批准了。

我着手准备，特别整理收集了以下几件材料：

（一）5 月 24 日，中国政府发表声明，申述中苏边界问题的事实真相和中国政府的一贯立场。声明中指出：（1）“珍宝岛事件是苏联政府蓄意挑起的”，是为了“讨好美帝国主义，以便进一步联美反华”；“苏联政府通过这一行动告诉美国，中国是美苏的共同敌人”。“苏联政府还向以美国为首的帝国主义国家游说，乞求支持。”（2）“苏联政府在 3 月 29 日的声明中，一面表示愿意恢复‘协商’；一面又极力否认中苏之间存在边界问题，实际上就是说没有什么好谈的”，“同时苏军继续向中国境内纵深进行射击，至今未停”。“苏联政府在 4 月 11 日给中国政府的照会中提出 4 月 15 日就在莫斯科开始‘协商’，并且不等中国政府答复，就在第二天公布了照会，苏联政府的这种态度至少是极不严肃的。”（3）“中国政府仍然准备通过和平谈判全面解决中苏边界问题，反对诉诸武力。”“中国政府建议，双方通过外交途径商定举行中苏边界谈判的日期和地点。”（4）“苏联政府开动一切宣传机器,竭尽造谣诬蔑之能事，煽动民族沙文主义情绪，发出战争叫嚣，向中国挥舞核武器。”“如果苏联政府认为中国政府的和平解决边界问题的态度是软弱可欺，可以用核讹诈政策吓倒中国人民，用战争实现对中国的领土要求，那就完全打错了算盘。”“中国人民的伟大领袖毛主席教导我们：‘人不犯我，我不犯人；人若犯我，我必犯人。’‘就我们自己的愿望说，我们连一天也不愿意打。但是如果形势迫使我们不得不打的话，我们是能够一直打到底的。’这就是中国政府和中国人民对于苏联政府战争政策和核讹诈政策的回答。”

（二）6 月 2 日，新华社发出电讯，对苏联“加紧对我侵略威胁”，做了详细揭露，其中包括：(1)“苏修头目勃列日涅夫凶相毕露地叫嚷要‘不惜人力物力’加强‘国防’。苏修的一

在 1964 年成都会议上，与周总理、邓大姐、陈老总等合影。第四排右四为熊向晖

些军事头目也接连叫嚷为了对付中国，要‘采取一切必要措施’，进行‘分秒必争的战斗准备’，‘不容许有丝毫的缓慢’。”(2)“他们把煽动反对中国说成是所谓‘保卫祖国’，甚至无耻叫嚷‘中国的边界在离北京不到一百公里的长城’。”(3)“他们大大增加了军费，在中苏、中蒙边境修建了一系列的空军基地和导弹基地。他们大量增加了在中苏边境和远东的驻军；不断地在中苏边境举行‘军事演习’；下令大规模征兵；向中苏边境大批‘移民’，并发给边境居民武器；不断侵犯我国领空、领土，制造边境挑衅事件。”(4)“对我国进行核讹诈。他们喋喋不休地叫嚷什么‘苏联部队的核武器是有无限毁灭力量的带核弹头的导弹’，设在后贝加尔湖和中蒙边境的核导弹部队，已经‘严阵以待’，‘随时准备’以‘毁灭性的核回击’来对付中国。”(5)“苏修叛徒集团如此丧心病狂，绝不是偶然的”，是“梦想用武力来实现他们同美帝国主义合伙瓜分世界，建立

世界霸权的阴谋的一个组成部分”。

（三）6月6日，中国外交部照会苏联驻华使馆。照会说，苏联政府“加紧对中国进行武装挑衅，并且把武装挑衅活动从乌苏里江扩大到黑龙江，从水界扩大到陆界，从东段扩大到西段，挑起了一系列边境事件”。照会详细列举了从3月15日到5月31日“苏联政府蓄意侵犯中国领土，对中国人民进行猖狂挑衅的严重事件”，指出这是“苏联政府加剧中苏边境紧张局势的严重步骤，是苏联政府推行社会帝国主义侵略政策的新罪证”。“中国政府对此表示极大的愤慨，并且向苏联政府提出强烈的抗议。”

值得注意的是：（1）九大政治报告中，提出美帝和苏修“既互相勾结，又互相争夺”，但在九大闭幕后，我国政府的正式文件以及宣传报道中，不再提美苏“争夺”，而突出美苏“勾结”，特别强调美苏勾结共同反华。（2）苏联动用宣传工具，大肆造谣，说中国要对苏联发动核战争。对此，我方长期未做报道。

陈总主持“国际形势座谈”

6月7日下午3时半，四位老帅在中南海武成殿开会，姚广和我列席。

陈总讲了“开场白”。他说：主席指定我们议议天下大事，让我牵头。平时各人看材料，用不着我“牵”。上次我们谈过，材料很多，有价值的不多。一些单位的调研报告，差不多都是上面怎么说，自己做注脚。这种“二路货”可以不看。要重视第一手材料。《参考资料》每天两大本，内容很丰富。香港、台湾的几家报纸杂志，有时透露一些内幕消息。对有用的材料要认真看、过细看。对这些材料要按照主席的教导，去粗取精、去伪存真、由此及彼、由表及里，形成看法。开会的时候交换意见。总理让我们每个月讨论两次到三次。地点就在武成殿，或者紫光阁。时间一般定在礼拜六，下午3点开始，讨论半天。每次开会之前，由我这个牵头的人打电话分别通知。我们这个会，就叫“国际形势座谈”，在沙发上“座”而谈之。上次开的会不算，今天重打锣鼓另开张，算作第一回。我们四个老家伙，增加两位“壮丁”“强劳力”。一位是熊向晖同志，他不再当驻英代办，总理让他专门协助我们，包括从英文书报里选择材料。另一位是姚广同志，他的工作比较忙，不一定每次都参加，他可以向我们通通情况，提供外交动态。开会的时候，每人清茶一杯，我请客，算是一点“物质刺激”，“刺激”大家踊跃发言。欢迎长篇大论，也欢迎三言两语。现在开不得“神仙会”，我们就来个“自由谈”。不拘体，不限韵，鸣放一通。可以插话，可以打断，可以质问，也可以反驳，讲错了允许收回。“自由”不能漫无边际，国际形势千头万绪，什么都议也不行，鸡毛蒜皮可以不管。要抓重点，抓要害。现在北边苏修磨刀霍霍，会不会向我们发动大规模进攻？南边美帝虎视眈眈，会不会把侵略越南的战火向中国烧？这是关系党和国家安危的大事，我们要做出明确回答，不能模棱两可，含糊其词。总理的指示很重要：第一，脑袋里不要有框框；第二，要密切注意世界战略格局的发展变化。一次议不出名堂，就多议几次。由向晖同志做记录，议有所得，加以整理，再请大家复议。意见比较一致，上报总理。总理为我们把关。如果总理认为有可取之处，他会呈送主席参考。讨论的过程和内容要保密，这是总理规定的纪律，大家都要遵守。

陈总讲完“开场白”，四位老帅一个接一个地发言，毫不冷场。他们没有稿子、没有提纲、侃侃而谈、高瞻远瞩、语言生动、条理分明，显然事先都做了认真准备。这年叶帅 72 岁，聂帅 70 岁，陈总和徐帅都是 68 岁，但他们精神都很好，连续讨论三个半小时，中间不曾休息。此后每次开会，他们都提前几分钟到达。讨论的次数超过预定的计划，有时星期天也开会讨论。从 6 月 7 日到 7 月 10 日，他们进行了 6 次共 19 小时的讨论，写出书面报告，由陈总定稿，上报总理。

在此期间，《人民日报》的宣传报道有以下主要内容：

（一）继续揭露苏军入侵我国领土，如：

（1）6 月 11 日头版标题是：《苏联政府指使苏联军队侵入我新疆巴尔克鲁山西部地区制造新的流血事件　我国政府向苏联政府提出强烈抗议》。

（2）7 月 8 日头版标题是：《苏修边防军侵入我黑龙江八岔岛地区进行武装挑衅　我国政府向苏联政府提出强烈抗议》。

（二）更加强调苏美以反华为重点的勾结，如：

（1）6 月 7 日以《苏修加紧同美帝进行反革命全球勾结》为标题，指出：“苏修同美帝勾结的一个突出表现，是加紧拼凑反华包围圈和组织反华‘神圣同盟’。”“苏修叛徒集团在其他方面同美帝的反革命勾结也在加紧。”

（2）6 月 19 日以《美苏一对世界恶棍狼狈为奸加紧反华》为标题，指出，“美帝国主义和苏修社会帝国主义，正在加紧勾结，狼狈为奸，妄图重新瓜分世界”，“正在结成事实上的政治联盟和军事联盟，共同反对中国”。“尼克松之流大谈所谓‘中国的威胁’，公开叫嚷说中国是美帝的‘头号敌人’；而苏修头目则鹦鹉学舌般地污蔑中国‘策划武装冲突’，来掩饰他们猖狂反华、不断对中国进行武装侵犯的罪恶行径”，“亦步亦趋地追随美帝的脚印，往反华死胡同里乱钻”。“苏修还同美帝经营的一条从日本、南朝鲜到暹罗湾的所谓‘新月形防线’这一军事侵略部署相响应，在中苏、中蒙边境大量陈兵，美帝苏修串联亚洲各国反动派，拼凑一个反华军事包围圈的罪恶阴谋严重地威胁着中国的安全。与此同时，美帝苏修这两个‘核霸王’还越来越公开地结成了反华核军事同盟。”

（3）6月27日以《苏修反华一再向帝国主义求援》为题，引用英、美报刊的一些报道，说苏修“做了很大努力来使华盛顿了解同中国日益恶化的边界局势情况”，“故意把向北京发出的一个措辞强硬的照会内容转告给美国政府”。说明“紧张局势并不孤立于某些地区，而是边界沿线都如此”。苏联“在口头上向华盛顿及其他西方国家的首都进行试探”，要它们“对远东发生核战争的可能性有所准备”。

（三）一再渲染美、苏联合日本等亚洲国家进行反华。这里只引用《人民日报》的几则标题：（1）《苏修打起“亚洲安全体系”破旗拼凑反华军事联盟》（6月29日）；（2）《尼克松在走投无路中疯狂扩军备战　勾结苏联拼凑反华包围圈　在亚洲加紧侵略活动和战争部署》（7月3日）；（3）《美帝苏修大力扶植日本军国主义充当反华反革命急先锋》（7月8日）。

上述宣传报道造成的印象是：大规模侵华战争迫在眉睫。

但是，四位老帅并不这样看。

四位老帅《对战争形势的初步估计》

7月11日，由陈毅、叶剑英、徐向前、聂荣臻签署，将题为《对战争形势的初步估计》的书面报告上送总理。主要内容如下：

（一）中、美、苏三大力量之间的斗争

国际上两大阶级的对抗，集中地表现为中、美、苏三大力量之间的斗争。这既不同于第二次世界大战以前的“七强”并立，也不同于战后初期的美苏对峙。

（1）中国代表世界无产阶级的根本利益。我党九大公开宣布：中国坚决同全世界真正的马列主义者和广大革命人民共同战斗，直到“在整个地球上消灭人剥削人的制度，使整个人类都得到解放”。

（2）美帝、苏修是国际资产阶级两种牌号的代表。一方面，它们均以中国为敌；另一方面，它们又互以对方为敌。美帝、苏修敌视中国，散布中国“扩张”“侵略”的谰言。但社会主义中国并无一兵一卒在外。中国20年来的实践，特别是在反击印度侵略战争和支援越南人民抗美救国战争中的实践，充分表明中国并无任何“扩张”“侵略”的意图。帝、修、反并不是真的担心中国会对它们发动武装进攻。它们最为害怕的，是威力无穷的毛泽东思想指导各国人民革命，把它们送进坟墓。因此，美帝、苏修敌视中国，归根到底，是敌视毛泽东思想，敌视本国革命和世界革命，敌视本国人民和世界人民。但就中国本身而论，尼克松认为还是“潜在的威胁”，而不是现实的

威胁。

对于美帝和苏修，现实的威胁是在它们相互之间。对于其他各国，现实的威胁更是来自美帝、苏修。美帝、苏修互相勾结和互相争夺，往往在反华的掩护下进行。并不因为它们的互相勾结而使它们的矛盾有所缓和。相反，它们的互相敌对更为剧烈了。

（3）其他国家，或主要受制于美，或主要受制于苏，尚未形成匹敌美、苏的力量。它们基于各自的利害，在对中国的国家关系上，除少数追随美帝、苏修反华者外，多数采取不同于美帝、苏修的态度：或要两面手法；或持旁观立场；或对中国表示友好，借以抵抗美帝或苏修的控制和压榨；或对美苏重新瓜分世界心怀不满，甚至公然反抗。随着中国的进一步强大和美帝、苏修的进一步削弱，这种情况还会发展，使美帝、苏修在政治上难于组成反华的统一战线，在军事上难于找到反华的打手。

（二）对反华大战的看法

我们认为，在可以预见的时期内，美帝、苏修单独或联合发动大规模侵华战争的可能性都还不大。

（1）美帝不敢轻易进攻中国。主要理由是：

①中美之间隔着辽阔的太平洋。美帝侵朝、侵越两次战争的失败，加深了它的内外困境，使它有了沉痛教训，申言不再参与朝鲜式或越南式的战争。中国不同于朝鲜、越南，美帝更不敢贸然动手。

②美帝战略重点在西方。美帝长期陷在南越，已使它在西

方的地位大为削弱。如与中国作战，需时更长，结局更惨。美帝尤其不愿单独和中国打，使苏修渔利。

③美帝想把亚洲人推上反华大战第一线，特别想利用日本打先锋，但日本自己有侵华失败的切肤之痛。新中国远非昔比，日本反动派对中国不敢轻举妄动。日本羽翼渐丰，佐藤之流叫嚣反华，实际是想利用反华发战争财，并借此向美、苏讨还失地，向南进行扩张，取得亚洲“领袖”地位，和美、苏争短长。日本不愿当反华炮灰，美帝就更不会亲自上阵。

因此，美帝不致轻易发动或参与反华大战。

（2）苏修把中国当成主要敌人。它对我国安全的威胁比美帝大。在中苏漫长的边境，苏修不断制造紧张，发动武装入侵，集结大量兵力。它大造反华舆论，在国际上呼号奔走，对一些亚洲国家软硬兼施，企图建立反华包围圈。这都是苏修准备挑起侵华战争的严重步骤。但真和中国大打，苏修还有很大顾虑和困难。

①中、美都各以苏修为敌。苏修不敢同时进行两面作战。美帝对中苏矛盾故作超然，宣称不表态、不介入。实际上它在西边和苏修搞和缓，力求把苏修推上反华大战第一线，自己坐山观虎斗，使中、苏互相削弱，便于它乘虚接管东欧，甚至直捣苏修的老巢。

②如果苏修决心大举进攻中国，它将力图速战速决；或仿效日本侵华的故技，采取对中国逐步蚕食的作战方案，以便及时休整，随时观察美帝及各方动静，保持机动。但它一旦大打，我们绝不会让它速战速决，绝不会给它喘息的时间和行动的自由，而是按照主席的教导“一直打到底”，形成地面持久战，

这就造成苏修极大的困难：

第一，苏修反华大失人心。迄今它是以“防御”的口号欺骗人民。如它大举进攻中国，更会引起人民的反对。苏修多年来进行战争恐怖宣传，对它发动战争也有不利影响。

第二，苏修工业布局都在欧洲部分，西伯利亚补给困难，一切要从欧洲运来，只有一条铁路线，劳师远征，不能持久。目前苏修生活必需品已经奇缺，打起仗来更难维持。

第三，作战要有巩固的后方，苏修后方不巩固，国内阶级矛盾、民族矛盾很尖锐。侵华战争必是长期战争，长期中必有变化，主要是它后方出乱子。前方未解决，后方祸起萧墙。一旦欧洲部分被美军突破，更使它进退失据。

③我们认为，和美帝一样，苏修兵力东移，并不意味它的战略东移。苏修的战略重点仍在欧洲。东欧各国是它的主要市场和重要屏障，它不会掉以轻心。它的反华战争准备虽是真的，但它主要是想以军事体制维持其政治统治，镇压国内和东欧的反抗；并且摆出盘马弯弓的姿态，一面妄图以实力地位和我谈判；一面骗取美帝相信它真要和中国大打，求得西线安宁，使美帝同意它组织反华包围圈，以此掩盖它向东南亚等地的扩张，把手伸向美、英的口袋，乘机重新瓜分世界。而美帝则要推动苏修打中国，乘虚接管苏修的地盘。

（3）美帝、苏修会不会突然对我发动核袭击？我们对此要做充分准备。但核武器并不是可以轻易使用的，要使用核武器来威胁别的国家，也就把本国置于核武器的威胁之下，必然遭到本国人民的强烈反对。即使悍然使用核武器，也不可能征服不屈的人民，而战争的最后胜负，归根到底，还要决定于地面部队的连续战斗。因此，核武器救不了它的命。

（4）从目前情况看，美帝、苏修单独或联合打中国，或纠集日本、印度等国一起打中国，现在都有困难。目前鼓吹单独或联合打中国，都有别的作用。实际上谁都知道中国不好欺侮，陷进去就出不来。美帝、苏修都要别人当出头鸟，自己在后面捡便宜。我们严阵以待，不论是单独来打，或联合来打，都一定使侵略者彻底垮台。

（三）对美、苏矛盾的分析

（1）苏修在建设上采取一条腿走路的方针，始而片面发展重工业，继而畸形发展军事尖端工业，使它具有对外扩张的可能。而美帝陷身于南越，英帝决定从苏伊士运河以东撤退，又为苏修的扩张提供了机会。苏修还假借反帝的名义或利用反华的掩盖进行扩张。它往往从薄弱处下手，在北非、中东、东南亚等地占领了一些阵地，甚至伸手到美帝的后院拉丁美洲。苏修扩张的突出表现之一是拼命发展海军。海洋原为美英所控制，苏修向海洋大力扩张，引起它和资本帝国主义的新冲突。

（2）苏修进行扩张实际是挤美帝的地盘。它力图和美帝平分秋色，共管世界。美帝则一定要保持优势。它的世界霸权和霸主的地位不能让。美帝不让苏修在中东最后站住脚。美帝并不相信苏修真会和中国大打，也不因此而听任苏修扩张。

（3）美帝、苏修都在布局。苏修要向西欧伸手，美帝要向东欧插足。双方针锋相对，彼此都要争夺对方的东西。真正的、现实的利害矛盾还是在它们之间。它们的斗争是经常的、尖锐的。

（4）美帝、苏修内外交困，但它们不会知难而退。苏修在东边积极布置，在西边不会放松，在南边还要发展。美帝也还要扩张。它们之间的矛盾必然日益加剧。

（5）欧洲和中东是美、苏矛盾比较集中的地区。德国统一是欧洲问题的核心。西德力量日增，东欧原是德国的传统市场，而现在法国力量又有所削弱。在中东，阿、以战争已有美、苏间接交锋的性质。在欧洲，如果矛盾进一步加剧，发生美、苏火并的可能性也不能排除。对此，应予密切注意。

四位老帅在这个报告的最后一部分中说：我们早已森严壁垒，随时可以战胜任何来犯之敌。但推迟战争，对我更有利。我们要抓紧时间，加强各方面的准备。“抓革命，促生产，促工作，促战备。”推动工农业生产的持续大跃进，把我国建设成为无产阶级的铁打江山，有更加强大的经济力量，有更加强大的陆海空军。在对敌斗争中，军事上积极防御，政治上主动进攻。继续对苏修、美帝进行揭露和批判。加强我国驻外使领馆的力量，积极开展外交活动。扩大反对美帝、苏修的国际统一战线。在同美帝、苏修的斗争中，争取更大的胜利。

（此件于7月20日由中央办公厅作为
中央文件印发中央负责人）①

---

① 这一文件将叶剑英的名字放在陈毅之前。有些文章说法不确，如牛军写的《毛泽东“三个世界”理论研究纲要》一文中说：“受毛泽东委托召开的叶剑英、陈毅、徐向前、聂荣臻四人座谈会”，写出“《从世界森林看一棵珍宝树》等报告”；并说毛泽东“要求叶剑英等四人研究国际形势，并不是在珍宝岛事件之后”。（参见《晚年毛泽东》，春秋出版社1989年版，第28页。）

对中美苏“大三角”战略关系的探索

在《对战争形势的初步估计》中，四位老帅全面分析“中、美、苏三大力量之间的斗争”，指出反华大战不致轻易发生，判定中苏矛盾大于中美矛盾，美苏矛盾大于中苏矛盾，明确提出“苏修扩张是挤美帝的地盘”，“它们的斗争是经常的，尖锐的”，从而勾画出刚刚形成并延续十余年的国际战略格局，为打开中美关系提供了依据。从7月29日至9月16日，四位老帅对相继发生的重大新情况又进行了十次共29个半小时的讨论，概述如下：

（一）7月11日，苏联外长葛罗米柯在最高苏维埃做报告，一方面倡议苏美举行最高级会晤，以发展两国间的“广泛合作”，并在国际问题上“寻求一致的立场”；一方面大肆攻击中国。7月21日，美国和柬埔寨恢复代办级外交关系（1965年柬国家元首西哈努克因美对柬进行军事威胁和政治挑衅，宣布与美绝交）。同日，美国国务院宣布：放宽对美国旅游者购买中国货物的限制；放宽美国公民去中国旅行的限制。7月25日，尼克松在观看了美国首次进行登月飞行的宇宙飞船“阿波罗”号返回船舱溅落后，在关岛发表谈话，承认在越南战争中“受挫”，宣布将在印度支那收缩兵力、使战争“越南化”。7月26日，尼克松动身访问菲律宾、印尼、南越、泰国、巴基斯坦和罗马尼亚。就在这一天，发生两件事：（1）苏联外交部第一副部长突然约见我驻苏代办，面交苏联部长会议给中国国务院的内部声明（未公布），要求举行中苏高级会谈。（2）西哈努克派人见我驻柬大使，面交美国参议院民主党领袖曼斯菲尔德6

月 17 日写给周总理的信，要求访华，会见周总理或其助手。信中说，中美“二十年长期交恶”不应继续下去了。

1976 年，熊向晖与叶帅合影

四位老帅立即进行研究。

叶帅说：美帝不得不从南越逐步撤军，苏修却在大力推动建立“亚洲安全体系”，尼克松访问亚洲五国，是怕苏修接管“真空”。同时，美乘与柬复交时，转来曼斯菲尔德的信，苏修可能侦悉此事，美国国务院宣布“两个放宽”，步子虽然不大，但表明尼克松想拉中国、压苏修。

聂帅说：葛罗米柯反华的调子那么凶，刚刚半个月，就来个一百八十度大转弯，要求举行中苏高级会谈，它是害怕中美和缓。

徐帅说：尼克松访问罗马尼亚，在东欧会引起连锁反应，苏修怕后院出问题，不得不向我们递出橄榄枝。

陈总说，“二十年长期交恶”，真是慨乎言之！美国人可以上月球，就是接近不了中国，接近中国比登天还难，这是美帝自己造成的。现在美帝憋不住了，苏修也憋不住了，它们的矛盾不可开交，都向中国送秋波，都向对方打中国牌。局势到了转折关头，后面还会有文章。我们要继续观察，必要时向中央提点参考性的建议。

（二）据外电报道：（1）尼克松在出访中，多次表示美国准备开始同北京交往，反对苏联建立“亚洲安全体系”。并说，如果让中国继续处于“孤立”状态，亚洲就不能“向前进”。他出访罗马尼亚时强调不应孤立中国，并称，美国愿意同苏联和中国都建立友好关系。回国后，尼克松表示，明年春天以前不再出国。外电评称，这意味着尼克松不愿匆忙与苏联举行最高级会晤。一家英国报纸认为，尼克松此次出访六国，是要利用中苏矛盾，改善欧洲局势。（2）8 月 8 日，美国国务卿罗杰斯在堪培拉发表演说，声称，“台湾的中华民国和大陆上的共产党中国都是生活中的现实”，“大陆中国终有一天会在亚洲和太平洋事务中起重要作用”，“这就是我们在一直寻求打开来往渠道的一个原因”。（以上各点，以及美国宣布对中国两个“放宽”，新华社均未报道。）（3）原定 1968 年 5 月举行的“中苏国境河流第十五次航行例会”，因苏方破坏，延至 1969 年 6 月 18 日至 8 月 8 日在苏联伯力举行。8 月 11 日新华社报道：“中国代表团本着开好会议、解决问题的精神，同苏方进行了耐心的协商，就中苏国境河流航行的某些具体问题达成了协议，并签订了会议纪要。”（我代表团未带密码，八岔岛事件后，苏修在伯力搞示威游行，他们打电报要求回来。总理指示用明电回答：要沉住气，争取达成一两条协议。）

四位老帅讨论时认为：（1）在总理指导下，就中苏国境河流航行达成若干协议，具有重要意义。一方面可以驳斥苏修说我“好战”的谰言，表明我在坚持原则下谋求和缓；另一方面使美国担心中苏改善关系，有利于增强我在对美斗争中的地位。（2）美要利用中苏矛盾，苏要利用中美矛盾，我应有意识地利用美苏矛盾。苏渴望同美举行首脑会晤，尼克松迄未同意。苏要同我举行高级会谈，目的之一是想捞取资本压美。它知道我不会当砝码，因此没有声张。我不宜急于表态，以免造成我屈服于其武力威胁的错觉。可拖些时候答复，指出举行高级会谈条件不成熟，可举行部长或副部长级会谈，只谈中苏边界问题。苏坚持顽固立场，谈判难以有成果，但抓住和谈旗帜对我有利，力争避免边界武装冲突，维持较正常的国家关系对我有好处，这也可加快美接近中国的步伐。（3）对曼斯菲尔德的访华要求不予置理。美急于同我接触，我应保持高姿态，再憋它一个时候。第一三五次中美大使级会谈原定 1968 年 5 月 28 日举行，由于美扩大侵越及美、越和谈，我借故三次延期。中苏边界谈判开始后，可恢复华沙谈判。

（三）四位老帅的建议未及写出，局势出现重大变化：（1）8 月 13 日，我外交部照会苏联驻华大使馆，指出该日上午苏军侵入新疆裕民县铁列克提地区制造新的流血事件，中国政府为此向苏联政府提出强烈抗议。（2）8 月 15 日，《人民日报》以《苏修头目声嘶力竭发出反华战争叫嚣》为题，刊载新华社的报道说：“勃列日涅夫诬蔑中国‘策划武装冲突’，叫嚷要‘把防御能力保持在最高水平’，猖狂地对我国进行战争威胁。苏修军事头目格列奇科・雅库鲍夫斯基更是歇斯底里地叫嚷什么‘军事威力’，公然威胁要进行核战争。”“最近，苏修在中苏、中蒙边境地区不断大量增兵，并且肆无忌惮地不断进行各种‘军事演习’。目前，苏修还在接近中国边境的地区赶修战略公路和铁路”，“把住在靠近中苏边境的苏联居民赶走，沿边界线建立一条宽达二十公里的无人地带”。(3) 8 月 16 日，《人民日报》以《苏修美帝紧锣密鼓大搞反革命全球勾结》为题，刊载新华社的报道说：“对于苏修的步步加紧反华，尼克松政府欢迎唯恐不及”，“苏修叛徒集团抛出的所谓‘亚洲集体安全体系’的黑货”，“苏修这个黑货也是同尼克松近年来一直在鼓吹的加紧拼凑反华军事联盟、用亚洲人打亚洲人的罪恶阴谋遥相呼应的”。(4) 8 月 18 日，外电报道苏驻美大使馆一官员询问美国一专家：如果苏联袭击中国核设施，美国将做何反应？8 月 27 日外电报道，美国中央情报局局长赫尔姆斯向记者透露，“苏联可能就它对中国的核设施发动先发制人的打击问题，向其东欧共产党同伙进行试探。”(5) 8 月 28 日，苏联《真理报》发表编辑部文章，恶毒反华，诬我对苏进行武装挑衅，要求全世界在为时不太晚之前认识到中国的危险，并说：“在当前拥有最现代化的技术、有效的致命武器和发射这些武器的现代化手段的条件下，如果爆发战争，哪一个大陆也不能幸免。”(6) 8 月 28 日，中共中央下达加强战备的命令，包括赶修防核工事，但未公布。

四位老帅讨论时，一致认为：(1) 在《对战争形势的初步估计》中提出的看法没有错，苏修不会发动大规模侵华战争。

(2) 中央决定加强战备非常必要，无论何时都不能放松战备，要立足于打，有备无患。(3) 毛主席说，中央领导同志都集中在北京不好，一颗原子弹就会死很多人，应该分散些，一些老同志可以疏散到外地。主席从最坏处打算，我们拥护。

四位老帅还反复研究，万一苏修对我发动大规模战争，我们是否从战略上打美国牌。叶帅说：魏、蜀、吴三国鼎立，诸葛亮的战略方针是“东联孙吴，北拒曹魏”，可以参考。陈总说：当年斯大林同希特勒签订互不侵犯条约，也可以参考。姚广汇报说：外交部研究了尼克松的对华政策，已上报中央。概括起来，就是玩弄“遏制不予孤立，压力加劝说”的反革命两手既定方针，把中国看作潜在威胁，对台湾问题一直不松口，加紧对我军事包围，同时搞些假和缓姿态，是做一张牌压苏修，希望同我接触，妄图软化我们，争取喘息时间，消除“潜在威胁”。姚广还说：外交部主要领导同志希望四位老帅向中央提建议时，可以原则上讲要利用美苏矛盾，如何利用，不宜具体。在美、越和谈期间，恢复中美大使级会谈也不适宜。

陈总说：外交部的老同志关心我们，怕我们又犯“右倾”错误。我们尊重外交部领导同志的意见。

（四）胡志明主席于9月3日逝世。越南党和政府决定9月9日举行国葬和追悼会。以周总理为团长、以叶帅为副团长的中共代表团于4日到河内吊唁，当晚回国。外电猜测，周总理此行是为了避免与参加胡志明葬礼的苏联领导人见面。9月8日，李先念副总理率领中国党政代表团去河内，9日在胡志明追悼会上未与苏联党政代表团团长柯西金交谈，10日回京。柯西金通过越方向我方传话，希望路过北京时在机场会晤周总理，越方因故延误，苏驻华代办向我外交部紧急提出，经报毛主席同意后，柯西金已离越回到塔吉克首府杜尚别，知我答复后绕道于9月11日上午9时许飞抵北京，周总理在机场同他会谈。新华社11日发布低调的简短消息："国务院总理周恩来今天在首都机场会见了从河内参加胡志明主席葬礼回国途经北京的苏联部长会议主席柯西金。双方进行了坦率的谈话。"

9月13日，四位老帅集体阅读了周总理同柯西金的谈话记录。总理谈话的要点是：

（1）理论和原则问题的争论，不应影响两国的国家关系。两国的问题，只要心平气和地处理，总可找到解决办法。

（2）在边界冲突问题上，中国是被动的。今年发生冲突的地方都是争议地区。你们说我们要打仗，我们现在国内的事情还搞不过来，为什么要打仗？我们领土广大，足够我们开发，我们没有军队驻在国外，不会侵略别人，而你们调了很多军队到远东。你们说我们想打核大战，我们核武器的水平，你们清楚。你们说，你们要用先发制人的手段摧毁我们的核基地，如果你们这样做，我们就宣布，这是战争，这是侵略，我们就要坚决抵抗，抵抗到底。

（3）中苏之间的原则争论不应妨碍两国关系正常化，中苏不应为边界问题而打仗。中苏边界谈判应在不受任何威胁的情况下举行。中苏双方应先就维持边界现状、避免武装冲突、双方武装力量在边界争议地区脱离接触的临时措施达成协议。

此外，双方还就重派大使、恢复两国间政务电话、扩大贸易及改善通车通航等问题达成协议。总理还告诉柯西金，准备恢复中美大使级谈判。

在讨论时，四位老帅认为，总理对柯西金的谈话很典范，充分体现了主席的战略和策略。现在柯西金屈尊就教，主要原因是想同我们缓和一下，借中国压美帝，同时也摸摸我们的底。总理请他吃了一顿饭，同他恳切地谈，称他为同志，还转达主席对他的问候，这是高姿态。美国情报部门限期搜集柯西金在中国三小时的详细情况，可见美帝很着急。尼克松一定会急起直追。陈总说：中苏首脑会谈震动全世界，一旦举行中美首脑会谈，一定更会震动全世界。

（五）为时不久，战争的空气又甚嚣尘上。对柯西金北京之行，有些人认为是苏修大举侵华前施放的烟幕，有如珍珠港事变前日本派特使来栖去美迷惑罗斯福。根据是：（1）柯西金在同周总理谈话中，并未否认苏修同我挥舞核武器，更未保证今后不向我发动核战争。（2）柯西金返回莫斯科时，苏修的主要头目均未出场，只派二三流人物到机场接。说明柯西金所做的若干缓和承诺不代表苏修政治局的意见。（3）外电报道，9月10日苏联驻联合国代表团一位成员对美国一位代表说，苏联在军事上具有对中国的压倒优势，如果中国对苏联的敌对态度继续下去，一场军事较量无法避免。（4）9月12日《人民日报》在题为《核讹诈救不了新沙皇的命》的文章中揭露，苏国防部第一副部长扎哈罗夫说，苏“战略火箭部队”“随时准备立即行动”，“出其不意地进行打击”，“使敌人措手不及”。（5）9月16日，伦敦《新闻晚报》刊载苏联“自由撰稿者”、经常透露苏联重大决策的维克托·路易斯的文章。文中说，如果中苏爆发战争，“世界只会在战争爆发以后才会知道”，并说，苏可能对新疆罗布泊的核试验基地进行空袭。

四位老帅紧急讨论后，写出《对目前局势的看法》，由陈总定稿，9 月 17 日报送周总理。

四位老帅《对目前局势的看法》和陈毅打开中美关系的设想

四位老帅在《对目前局势的看法》中首先指出："国际阶级斗争错综复杂，中心是中、美、苏三大力量的斗争。目前压倒一切的问题是苏修会不会大举进攻我国。正当苏修剑拔弩张，美帝推波助澜，我国加紧备战的时候，柯西金突然绕道来京，向我表示希望缓和边境局势，改善两国关系。其意何居，值得研究"。然后，提出以下几点：

（一）"苏修确有发动侵华战争的打算"，"苏修的战略目标是同美帝重新瓜分世界。它妄想把我国纳入其社会帝国主义的版图"。"最近，苏修变本加厉地制造反华战争舆论，公然对我进行核威胁，阴谋对我核设施发动突然袭击。"表明"苏修领导集团中的一批冒险分子，想乘我国'文化大革命'尚未结束，核武器尚在发展，越南战争尚未停止时，依靠导弹和'乌龟壳'，对我打一场速战速决的战争，幻想把我搞垮，消除其心腹大患"。

（二）"苏修虽有发动侵华战争的打算，并且做出了相应的军事部署，但它下不了政治决心"，因"对华作战是有关生死存亡的大问题，苏修感到并无把握"。"苏修对侵华战争的决策，在很大程度上取决于美帝的态度。迄今美帝的态度不但未能使它放心，而且成为它最大的战略顾虑。"美帝"绝不愿苏修在中、苏战争中取胜，建立资源、人力超过美帝的大帝国”，“美帝多次表示要同中国改善关系，这在尼克松访问亚洲前后达到高潮”，苏修“生怕我国联合美帝对付它。7月26日尼克松出访亚洲的第一天，苏修迫不及待地向我方交出其部长会议给我国政府的声明，充分表现了苏修惶惑不安的心情”。“它对中、美可能联合的担心，增加了它大举进攻我国的顾虑。”文中还列举其他“种种因素”，判定“苏修不敢挑起反华大战”。

（三）柯西金的北京之行，是“基于反革命实用主义的需要，试图改变对我国的战争边缘政策，打出和谈旗帜，借此摆脱内外困境”，并“探询我方意图，作为苏修决策的依据”。“估计苏修可能同我谈判，要我基本上按照它的主张暂维边界现状或解决划界问题；在继续反华的同时，缓和并改变同我国的国家关系，以便争取时机，堵塞国内漏洞，稳定东欧形势，巩固和扩展在中东及在亚洲等处的阵地；特别是想利用对我国的反革命两手政策，在同美帝的争夺中，增加一点资本，求得一些主动。”

（四）“周总理会见柯西金的消息，轰动了全世界，使美帝、苏修和各国反动派的战略思想发生混乱。”“我们坚持打倒美帝、苏修，柯西金反而亲来北京讲和，尼克松反而急于同我们对话，这都是中国的伟大胜利。”“在中、美、苏三大力量的斗争中，美对中、苏，苏对中、美，都要加以运用，谋取它们最大的战略利益。”我们“对美、苏进行针锋相对的斗争，也包括用谈判方式进行斗争。原则上坚定，策略上灵活”。“苏修要求举行边境会谈，我已表示同意；美帝要求恢复大使级会谈，我也可以选择有利时机给予答复。这种战术上的行动，可能收到战略上的效果。”

在这个报告定稿后，陈总提出他对打开中美关系的设想。

陈总说：这个报告，主要是分析柯西金来华意图和苏修会不会大举进攻我国的问题，对恢复华沙中美大使级会谈没有多讲，只从战略意义上点了一笔。关于打开中美关系，我考虑了很久。华沙会谈谈了十几年，毫无结果，现在即使恢复，也不会有什么突破。我查了资料：1955 年 10 月 27 日，我们提议举行中美外长会议，协商解决缓和与消除台湾地区紧张局势问题。1956 年 1 月 18 日和 24 日，我外交部发言人两次发表声明指出，中美大使级会谈已经证明不能解决像缓和和消除台湾地区紧张局势这样重大的实质问题，必须举行中美外长会议才是解决这个问题的切实可行的途径。这一重大建议被美国拒绝。现在情况发生变化，尼克松出于对付苏修的战略考虑，急于拉中国。我们要从战略上利用美、苏矛盾，有必要打开中美关系，这就必须采取相应的策略。我有一些“不合常规”的想法：

第一，在华沙会谈恢复时，我们主动重新提出举行中美部长级或更高级的会谈，协商解决中美之间的根本性问题和有关问题。我们只提会谈的级别和讨论的题目，不以美国接受我们的主张为前提。我估计美国会乐于接受。如果我们不提，我估计美国也会向我们提出类似的建议。如果这样，我们应该接受。

第二，只要举行高级会谈，本身就是一个战略行动。我们不提先决条件，并不是说我们在台湾问题上改变立场。台湾问题可以在高级会谈中逐步谋求解决，还可以商谈其他带战略性的问题，这不是大使级会谈所能做到的。

第三，恢复华沙会谈不必使用波兰政府提供的场所，可以在中国大使馆里谈，以利保密。

陈总说，他决定将这些“不合常规”的设想向总理口头汇报。

四位老帅疏散

（一）9月17日，《人民日报》及各大报均在头版以整版篇幅刊登《庆祝中华人民共和国成立二十周年口号》。口号共29条，第22条口号是：“全世界人民团结起来，反对任何帝国主义、社会帝国主义发动的侵略战争，特别要反对以原子弹为武器的侵略战争！如果这种战争发生，全世界人民就应以革命战争消灭侵略战争，从现在起就要有所准备！”9月18日，《人民日报》刊载新华社的报道说“国庆口号第22条是伟大的动员令，具有深远的战略意义”。

这个“伟大的动员令”发表后，报纸上相继出现了一些引人注目的新闻：

（1）9月21日，《人民日报》刊载：“毛主席、林副主席批准中央军委命令，授予珍宝岛自卫反击苏修挑衅的战斗中孙玉国等10位同志‘战斗英雄’称号。”

（2）9月28日，《人民日报》以《美帝二十年来疯狂反华遭到惨败》为题，刊载新华社的长篇报道，历数“二十年来美帝伙同它的帮凶、走狗顽固敌视、侵略中国所遭到的一次又一次的惨重失败”。最后说，“如果他们胆敢对中国发动侵略战争”，中国人民“一定要把一切敢于来犯的侵略者，坚决彻底干净全部消灭之”。

（3）9月30日晚，周总理在国庆20周年招待会的讲话中说，“美帝国主义和社会帝国主义内外交困”，“企图组织反华包围圈，对我国进行战争威胁。为了掩盖他们不可告人的目的，他们反诬我们有所谓扩张主义野心，甚至影射我们要发动核战争”。周总理说：“我们是真正的社会主义国家，我们决不会侵略别人。我们发展核武器完全是为了防御，为了打破核垄断，其最终目的是为了消灭核武器。”周总理在强调和平共处五项原则后说：“对于美帝国主义、社会帝国主义的战争威胁，包括核战争威胁，我们要做好充分准备。如果他们硬是要把侵略战争强加在我们头上，我们就坚决抵抗到底，直至最后胜利。”

（4）10 月 1 日，林彪在天安门讲话。他说：“美帝国主义、社会帝国主义，妄图策划对我国的侵略战争，公然对我国进行核讹诈。”“我们警告美帝国主义、社会帝国主义，如果你们硬要把战争强加在中国人民头上，我们就坚决奉陪到底！我们辽阔的土地到处都将是你们的坟墓。”林彪的讲话和两报一刊的国庆社论，都一字不易地将国庆口号第 22 条作为结束语。社论还号召“防止敌人突然袭击，坚守岗位，做好准备”。

（5）10 月 4 日，新华社报道：“1969 年 9 月 29 日，在我国西部地区上空，成功地进行了一次新的氢弹爆炸，在此以前，在 1969 年 9 月 23 日，我国还成功地进行了首次地下核试验。”“中国核武器发展的这些新成就，对于美帝国主义、社会帝国主义的核垄断，又是一个沉重的打击。”

（6）10 月 7 日，中国政府发表声明，重申“中国政府一贯主张和平解决中苏边界问题”，而苏联政府“在中苏边界全线不断进行武装挑衅”，“同时反诬中国进行边界挑衅，并且更加露骨地影射中国要对苏联发动核战争”。在驳斥苏方上述言论和阐明中方立场后，声明又简述了9月11日周总理和柯西金就两国边界问题等交换意见及中国方面的建议。声明宣布：“中苏两国政府已经商定，中苏双方就中苏边界问题在北京举行外交部副部级谈判。”

（7）10月10日新华社报道，在北部湾公海上从事正常捕鱼的中国渔船，连续遭到美国军舰的炮击和美国军机的扫射。“这是美帝国主义头子尼克松上台以来，美国军用飞机和军舰对我在公海捕鱼的船队连续进行猖狂挑衅的极为严重的罪行”，我外交部发言人“提出严重抗议”和“严正警告”。

（二）10月11日下午，四位老帅开会，这是9月16日休会以后的第一次会议。会上，四位老帅说，中苏边界谈判即将开始，毛主席、党中央为了防止苏修、美帝利用谈判为掩护，对我发动突然袭击，公开宣布了一系列措施，提高全党全军和全国人民的警惕性。同时使苏修、美帝知道我们已有准备。立足于打，才有利于谈。

陈总说：在加强备战声中，北京市革命委员会送来观看体育表演的请柬，这倒是新鲜事，我想去看看。叶帅、徐帅、聂帅也接到请柬，认为这和加强战略的气氛不大协调。

（三）10月17日，新华社报道：“北京市革命委员会邀请在北京外宾两千多人，今晚观看了我国优秀运动员的体育表演。体育表演在新建的现代化的首都体育馆进行。”“表演受到了全场中外观众近两万人的热烈鼓掌欢迎。”报道最后提到，“观看表演的，有董必武、朱德、叶剑英、王震、邓子恢、陈云、陈毅、陈奇涵、李富春、张鼎臣等”。（徐帅、聂帅未参加。还有一些未被选为中央委员的老同志观看了表演，新华社未做报道。)

表演结束后，工作人员把出席的老同志引入休息室。不久，周总理和政治局的几位成员来了，分批会见这些老同志。周总理说，主席根据当前形势，决定这些同志在20号或稍后从北京疏散到外地。主席指定了每个人的去处，其中，陈总到石家庄，叶帅到长沙，徐帅到开封，聂帅到郑州。总理已分别向各地第一把手打了电话，安排好住处，并由中办准备专机或专列。

10月18日上午，陈总邀叶帅、徐帅、聂帅以及姚广和我到紫光阁开会，向徐帅、聂帅作了转达。陈总说：总理讲，主席指示我们4人去的地方都是战略要地，去后在当地工厂“蹲点”，分别研究国际形势，如果战争爆发，协助当地军政首脑指挥作战。陈总说：总理已做了周到布置，并且再三嘱咐，一定要带夫人去，北京的住处保留。陈总说：我们的国际形势座谈到此结束。①

聂帅说，他对郑州不熟悉，希望去邯郸。后经总理同意。

就在这一天，新华社报道说：“中苏两国政府已经达成协议，中苏双方于1969年10月20日在北京就中苏边界问题举行外交部副部长级谈判。”

---

① 本文记述了四位老帅从北京疏散到外地的原因和经过。有些文章认为这与林彪的“一号命令”和“第一个号令”有关，不确。另据于南《“文化大革命”时期史实订正》，“战备疏散是在中央统一部署下进行的。”“1969年10月18日下达的所谓《林副主席指示（第一个号令）》中，并没有疏散干部、家属的内容。”（参见王年一：评《“文化大革命”十年史》，《党史通讯》1987年第4期，第20页。）

中美关系终于打开

四位老帅疏散离京，中苏边界谈判开始，虽然苏方态度顽固，连“争议地区”也不承认，但正如四位老帅的判断，苏中战争并未发生，边界冲突也未继续，两国关系有所缓和。而尼克松则“急起直追”，他采取了一系列主动行动，导致基辛格秘密访华。

1971 年 7 月 9 日至 11 日，尼克松派他的国家安全事务助理基辛格秘密来京，周总理同他会谈，叶帅以中央军委副主席的名义协助，总理让我作为他的助理参加。7 月 16 日，双方同时发表公告，宣布周总理代表中国政府“邀请尼克松总统于 1972 年 5 月以前的适当时间访问中国”，“中美两国领导人的会晤，是为了谋求两国关系正常化，并就双方关心的问题交换意见”。

我对叶帅说：实践证明，四位老帅 1969 年对国际形势的判断是正确的。叶帅说：当时九大政治报告刚发表，主席指定我们研究国际形势，我们很不理解，总理作了指示，我们才明白主席的深意。我们共同提出了书面看法，陈总向总理口头汇报了他对打开中美关系的设想。这些看法和设想事关重大。美国长期敌视中国，苏联又不断挑起边界冲突，国际斗争错综复杂，主席在慎重考虑、反复观察之后才做出决定，这个决定是不容易的。可惜陈总患了癌症，大概看不到尼克松访华了。

我到 301 医院看望陈总，他对中美关系终于打开感到兴奋。他说：尼克松为了美国的利益，居然比我的设想更“不合常规”，这倒出我意外。陈总还说：只有主席才会下这个决心，只有主席才敢于打美国这张战略牌。主席下了这着棋，全局都活了。

1972年2月21日，美国总统尼克松到达北京，会见了毛主席，并同周总理会谈。2月27日，双方在上海发表《联合公报》（即《上海公报》），揭开中美关系史上新的一页，在国际上也发生了重大深远的影响。但陈总已于1972年1月6日逝世了。

结语

有的史学工作者曾提出，毛主席对重大问题的决策，都先全面分析形势，提出论据，形成相关的文献。但从1969年1月尼克松就任美国总统到1971年基辛格访华期间，在毛主席的讲话、写作和党中央的文件中，都没有为何要打开中美关系的系统分析和论述。相反，作为权威文献的九大政治报告中对国际形势的论断，以及1970年5月20日毛主席发表的声明，都把美帝看作最主要的敌人，从中找不出打开中美关系的任何依据。为什么会有这样的“历史空白”？

其实，并不存在这种“历史空白”，本文介绍的内容就是要回答这个问题。作为参证，再举出4段文字：

（一）《人民日报》1986年10月30日刊载的《叶剑英同志伟大光辉的一生》中说：“1969年4月，在党的九届一中全会上，经毛泽东、周恩来等同志的提议，叶剑英被选为中央政治局委员。6月至10月，叶剑英与陈毅、徐向前、聂荣臻受毛泽东、周恩来委托，全面深入地分析了错综复杂的国际形势；为打开对外工作的新局面，提出了战略性的意见和建议。”

（二）《人民日报》1990年10月18日刊载的《徐帅丰功伟

绩永载史册》中说："1969 年夏，受毛泽东、周恩来委托，在陈毅主持下，同几位老帅一起，全面深入地研究国际形势，为打开对外工作的新局面提出了战略性意见和建议。"

（三）《人民日报》1991 年 8 月 27 日刊载江泽民同志《在陈毅同志九十诞辰纪念会上的讲话》中说："在被迫离开领导工作岗位以后，他还向中央提出了恢复中美会谈，打开中美关系的建议，得到毛主席的重视。"

（四）《人民日报》1992 年 5 月 26 日刊载的《聂荣臻同志生平》中说，聂荣臻同志"1969 年夏，受毛泽东、周恩来委托，在陈毅主持下，与叶剑英、徐向前一起，全面深入地研究了国际形势，为打开对外工作的新局面提出了战略性的意见和建议"。

由此可见，打开中美关系是毛泽东主席的重大战略决策，它的前奏是 1969 年在陈毅同志主持下，四位老帅对国际形势的研判和建议。

| 五 |

斯诺最后一次访华的几件史实*

中华人民共和国成立后，美国友好人士埃德加·斯诺曾三次访华。第三次是在 1970 年 8 月至 1971 年 2 月，同来的有他的夫人洛伊斯·惠勒。这是斯诺最后一次访华，见闻观感收入他的最后一部著作《漫长的革命》。

这些年来，一些有关斯诺最后一次访华的记述颇多讹误，本文举出三项具有代表性的例证，分别剖析，借以澄清所涉及的史实。

（一）

1969 年 8 月中旬至 11 月初，英籍女作家韩素音来我国访问。周恩来总理指定龚澎和我主持接待。韩素音多次提及斯诺希望再次访华。龚澎和我报告了周总理。总理说（大意）：本来有这个打算，有些同志说他在外国渲染中国搞个人崇拜，现

* 原载《中共党史资料》第 65 辑，中共党史出版社 1998 年 2 月出版。收入本书时题目有改动。

在不好考虑了。这件事放一放，将来请示主席再说。

“有些同志”指谁？总理没有讲，却也不难想见。至于斯诺是怎样渲染中国搞个人崇拜的，不妨摘引斯诺自己的一段文章：

1971年，周总理与韩素音夫妇（左二、右一）留影。左一为熊向晖

1964年秋到1965年初（冬），我隔了五年之后又来到中国，旧地重游，几乎每一个地方的情况都大有好转，这使我非常感动。……1959—1962年的“困难时期”过去了，粮食已比较丰富，消费必需品和服务的供应都更加充足。工业的损失开始得到了弥补，集体农业看来进行得很好。除了日益担心越南战火扩大以致同美国发生战争外，显然普遍感到轻松和乐观。

这个国家在毛泽东的领导下，看来在政治上空前地团结起来了。

我在离开中国前不久，单独和两位老朋友进餐时曾说：“在整个情况中，只有一件事使我迷惑不解，那就是在我看来过分地颂扬了毛泽东。”现在他的巨幅画像挂在街道上，半身塑像摆在每一间会议室里，他的书和相片到处都是，把别人的都排挤掉了。在长达四小时的革命歌舞剧《东方红》中，毛是唯一的英雄。作为这场有两千人参加演唱的、专为来访的阿富汗国王穆罕默德·查希尔·沙阿和王后演出的歌舞剧的一个高潮，我看到了一幅放大到30英尺高的画像，那是依照我在1936年拍摄的一张相片复制的。这使我产生了一种复杂的心情，一方面对摄影技巧感到得意，另一方面很感不安地想起了战时在俄国看到的对斯大林的类似的狂热崇拜。

……但当我见到主席时，我还是向他问道："苏联批评中国在助长个人崇拜。这有根据吗?"毛回答说，也许有吧。据说斯大林曾是个人崇拜的中心，而赫鲁晓夫则完全没有个人崇拜。批评的人说，中国人民有一些（这种情感或做法）。有一点个人崇拜也许是有道理的（更多吗?）。他最后说，赫鲁晓夫垮台也许就是因为他完全没有个人崇拜①。

1997年出版的中共中央文献研究室编的《周恩来年谱(1949—1976)》(以下简称《年谱》）下卷1969年部分载有："8月18日，会见埃德加·斯诺和夫人。""10月19日，会见斯诺和夫人。"我看后致函《年谱》下卷副主编安建设，询问上述记载是否有误。安建设复信说："周总理1969年8月18

① 参见《漫长的革命》中文版，伍协力译，上海人民出版社1975年版，第67—69页。以下所引斯诺的话，均出自该书，引时不再说明书名，只注中文版的页数。

日、10 月 19 日确实没有会见斯诺夫妇。这两次会见均依据外交部外交史研究室编的《周恩来外交活动大事记（1949—1975）》。周总理工作台历 1970 年 8 月 18 日（晚 10 时半），10 月 19 日（晚 8 时半）记有会见斯诺夫妇。这是我们编写时发生的讹误。类似情况，《年谱》中可能还有，请随时予以指正，以便再版时修正。”这封信谦虚坦诚，激励我先就此事进一步查核。

1993 年世界知识出版社出版的《周恩来外交活动大事记（1949—1975）》（以下简称《大事记》），1969 年部分载有：“8 月 18 日晚上，在首都体育馆接见美国友好人士斯诺和夫人。”“10 月 19 日晚上，接见美国友好人士埃德加·斯诺和夫人。”对照安建设信中所述的周总理工作台历，我猜想可能是《大事记》的编者把 1970 年误为 1969 年。但《大事记》的《编后记》中说，这部《大事记》“编录了周总理自中华人民共和国成立以来的外交活动共达六千余次。材料来源于外交部保存的周总理外交活动的档案和 1949 年至 1976 年《人民日报》有关周总理外事活动的报道。内容力求全面、翔实，有较高的资料价值”。经查，1969 年《人民日报》并无周总理接见斯诺和夫人的报道，而斯诺和夫人 1969 年确未来华。斯诺写道：“1960 年，我终于能重来中国，1964 年至 1965 年又来过，这一次是 1970 年来的。我的当演员的妻子洛伊斯·惠勒以前从未去过中国，……这一次她不等华盛顿的‘批准’就来了。……我们于 8 月初到达北京。”（第 5 页至 6 页）外交部外交史研究室已不复存在，难以查询，但可以设想，不会有周总理在 1969 年接见斯诺和夫人的档案。

斯诺1970年8月至1971年2月最后一次访华期间，《年谱》共有7处记载，现摘录如下：

1970年

9月（按：无日期，置于9月30日之后）安排来华访问的斯诺夫妇参观北京反帝医院，同时会见斯诺的老朋友、该医院妇科专家林巧稚教授。

10月1日同毛泽东等在天安门城楼参加国庆二十一周年庆祝大会并检阅游行队伍。将斯诺和夫人引见给毛泽东。毛与斯诺夫妇在天安门城楼上合影。

10月19日会见斯诺和夫人，谈及中国针灸麻醉、核试验、自身健康情况等。……在谈到健康状况时说，在身体方面，文化大革命把我打败了，所以要打球蛋白了。因为睡得少，所以使我健康减弱了，近四年心脏有毛病，年纪已近七十三了。

11月5日与斯诺及其夫人长谈。在谈到中美关系时说：中美谈判从一九五五年开始到现在，没有解决什么问题。为要解决问题，现在就要谈台湾问题，就是美国武装侵略和占领了台湾及台湾海峡。其他问题都是次要的。对此，我们谈判的态度和方针不会改变，应改变的是美国政府。我们的大门始终是敞开的。

12月7日致信黄华，请他写一简单报告，说明斯诺夫妇来华后的访问情况，以便报毛泽东接见。并特别注明："请你们在这样一个报告上，不要提请林副主席和江青同志接见了。"

12月18日毛泽东会见斯诺，回答他提出的有关“文化大革命”、中美关系等问题。……毛泽东还提出可由斯诺对外发表周恩来同斯诺的谈话。

1971年

1月15日同斯诺就中国国内问题长谈。向斯诺提供了有关国内生产情况的数字，认为总的形势是好的，基础经济受到的损失是相当有限的。

《年谱》中上述记载一开始就是“安排来华访问的斯诺夫妇参观北京反帝医院……”，使人看后感到突兀。经查，1970年8月19日《人民日报》第二版在《周总理会见美国友好人士埃德加·斯诺和夫人》的标题下，载“新华社十八日讯”，内称斯诺和夫人“是应中国人民对外友好协会的邀请来我国进行访问的”，并称，会见时，该会“理事黄华在座”。《年谱》却未提及。

这段《年谱》及本文其他各节均涉及1970年12月18日毛主席同斯诺的谈话。这次谈话共5小时，翻译是唐闻生，记录是王海容。这次谈话记录印发范围很小，所列密级较高。但1971年5月31日，中共中央发给党、政、军、各部委及各省、市、自治区、各大军区党委（或党的核心小组）的通知说：“现将《毛主席会见美国友好人士斯诺谈话纪要》发给你们。此件请印发党的基层支部，传达至全体党员。”“如非党干部和群众……提出问题时，亦请以毛主席的谈话为准予以回答和解释。”中央转发的《毛主席会见美国友好人士斯诺谈话纪要（一九七〇年十二月十八日）》（以下简称《纪要》）

特别注明“已经主席审阅”。《纪要》未列密级。

斯诺将这次会见以《同毛泽东的一次交谈》为标题，写一短文，发表于1971年4月30日美国《生活》杂志。斯诺以同一标题及该文除导语外的全部内容收入《漫长的革命》一书。

对照《纪要》，《年谱》中1970年12月18日“毛泽东会见斯诺”一段概括得不够确切，而最后一句“毛泽东还提出可由斯诺对外发表周恩来同斯诺的谈话”则完全错了。据《纪要》，毛主席同斯诺谈话开始不久就说：“我看你发表跟周恩来总理的谈话比较好，同我的不要发表。意大利杂志上的这一篇我看了，我是看从外国文翻译成中文的。”毛主席是指1970年12月13日意大利《时代》周刊上发表斯诺写的《同周恩来的谈话第一部分》（谈外交问题）。在西方国家，杂志的发行日期常比标明的出版日期早几天。12月13日出版的意大利《时代》周刊12月10日就发行了。新华社编印的《参考资料》1970年12月11日下午版就以《外电纷纷转播〈时代〉周刊发表的周总理同斯诺的谈话》为题，刊载了合众国际社、美联社、路透社10日自意大利米兰发的电报，在导语中，多引用周总理所说中、美关系的关键问题是台湾问题；电讯中有的突出说明“这是‘文化大革命’以来共产党中国领导人同西方记者的第一次谈话”；有的着重指出斯诺是“美国作家、著名的中国问题专家”；有的则提到“《时代》周刊说它对这篇谈话拥有世界版权”。在此后几天的《参考资料》中，还相继刊载了《法报报道斯诺发表的周总理同他的谈话》《日报报道周总理会见斯诺并发表述评》，乃至《伊拉克、赞比亚报纸报道周总理同斯诺的谈话》。日本《产经新闻》转载法新社米兰电，并以《从外交上动摇美国》为题，发表述评说：“周总理对闻名的中国问题专家、美国记者斯诺的谈话，是重申中国过去的态度，再次说明美中之间的最大障碍是台湾问题”，“华沙会谈自今春美军进攻柬埔寨以来中断，至今没有恢复”，“即使华沙会谈恢复，如果美国不改变它的对中国政策，谈判也不会有进展。因此，可以说周总理的谈话是从外交上动摇美国”。

《参考资料》1970 年 12 月 18 日上午版在《意〈时代〉刊登斯诺报道周总理同他的谈话第一部分全文》的标题下，载“［新华社日内瓦十五日意文电］意大利《时代》周刊 1970 年 12 月 13 日刊登了埃德加·斯诺报道周恩来总理接见他的谈话。这家意大利杂志在文章中刊载了两张周总理的照片，一张斯诺的照片和两张描写中国生活的照片。下面是斯诺报道周总理同他的谈话的第一部分的全文。”现摘录一些段落：

> 下面是我同周恩来总理进行的四小时谈话的第一部分，这次谈话是在我到达北京后同他进行的一系列短暂的谈话之后进行的。
>
> 我们的谈话是以分析中国的新的国际关系开始和结束的。中国外贸的扩大，同外国建立外交关系——特别是同意大利和加拿大建交——以及很快就要同另外一些国家建交，决定了中国新的国际联系。在中国，人们认为，这些突破的结果是，福摩萨①政权孤立了，美国和日本在联合

① 福摩萨源于葡萄牙语，意为“美丽之岛”，是中国台湾的别称，该词具有殖民色彩，现在一般不使用。——编者注

国及其成员国中在福摩萨问题上更孤立了。

在中法友好关系进一步发展时，北京热烈地欢迎巴基斯坦总统叶海亚第二次到中国正式访问，这是华盛顿包围和孤立中国的政策失败的又一明显的证明。

中国总理说，（对美国的）反叛到处都有。在西欧，同蒋介石保持关系的国家已剩下不多几个了。在另外一些承认中国的国家中，意大利的承认实际上是结束了想在“两个中国”上妥协的幻想。在争夺中国市场的竞争中，意大利的竞争现在不仅为联邦德国所重视，而且也受到日本的重视，也许可以说日本更为不安。

中国人从人们激烈反对五角大楼在亚洲及其他地区的军事冒险，从军费开支毫无限制而美国国内的一些重大问题却被忽视的情况中得出结论说，美国人民已经得到了有益的教训，特别是从越南的灾难性战争中得到了教训。

目前，中国已经摆脱了“文化大革命”所造成的长期严重的“倒退”，恢复了自己同外界的联系，很明显，中国要建立一个广泛的反帝统一战线，按照毛主席五月二十日的声明，这一战线并不排除美国人。

西方观察家们今天说，中国的态度是“开放的”，这种态度可以说是谨慎的革命乐观主义同高度警惕以及预防不幸的混合物。

只要认真地读一读中国的正式文件，就会从中得出很多初看时没有注意到的东西。周恩来在几年的“文化大革命”期间非常严肃的和以其他方式的谈话之后，同意同一个美国作家谈话，这一事实就足可以说明问题了。

为行文方便及避免重复，斯诺在这篇报道中关于周总理谈中美关系的两段话，将放在本文的第二部分叙述（其要点在上述外电中已做了勾勒）。这里要指出，毛主席对斯诺的这篇报道非常重视。前已提及，毛主席在同斯诺谈话不久就说："意大利杂志上的这一篇我看了。"对这次会见，斯诺写道："当主席在他的书房门口迎接我时，……我对要主席等候这一点表示了歉意。他没有预先通知我，传唤我时我已经入睡了，那是在清晨。我们共进了早餐，一直谈到下午一点钟光景。主席稍微有点感冒。"（第167页）

在清晨，《参考资料》上午版还不会送到。一向认真阅读《参考资料》的毛主席当然注意到此前《参考资料》有关斯诺的报道的电讯。新华社常将重要电讯专门即时印送中央领导人，对意大利《时代》周刊的那篇报道全文可能就是如此处理的。毛主席在12月18日不顾"稍微有点感冒"，于清晨突然把斯诺请来，很可能是在看到斯诺那篇报道全文后临时决定的。毛主席对斯诺所讲的关于尼克松访华的那些话，很可能也是由斯诺的那篇报道引发的（下节再作探讨）。

（二）

中共中央党史研究室主管的《百年潮》（双月刊）1997年第2期载有汪向同写的《我的丈夫冀朝铸：中美关系的见证人》。文末说明："本文原为《我的丈夫冀朝铸》一书（山西教育出版社近期出版）中一章，这次发表前经作者同意，适应本刊需要对原文做了一些调整增删，并重拟了大小标题。"该刊第4期发表了编者写的《我们的信心和希望》，谈到读者对该刊“除了热情的鼓励，也有恳切的批评”时，提及我曾口头指出汪文中的“一些不够全面、不够准确，甚至错讹之处”，“作者已赶在该书出版之前改正了……某些错讹”。

有些同志问我，《我的丈夫冀朝铸：中美关系的见证人》一文有哪些“不够全面、不够准确，甚至错讹之处”？这里我只谈与斯诺最后一次访华有关的问题。汪向同的文章（以下简称汪文）在第一部分说：“1970 年国庆，朝铸被召到天安门上去当翻译。”“正当毛主席和其他中央领导人检阅游行队伍时，朝铸忽然看到周总理带着斯诺夫妇向毛主席走去。朝铸赶忙走过去，为主席和斯诺做翻译。”汪文的第三部分有以下一段：

> 朝铸说，1970 年《人民日报》刊登毛主席在天安门上和斯诺在一起的大幅照片，就是给全世界，特别是美国一个信号：中国要同美国和解。当时林彪也在天安门上，但是他一见斯诺便躲开了，这一行动被解释为他反对同美国有任何和解。不过毛主席送出的信号当时并没有生效，因为美国并不重视这次会晤，认为斯诺是亲共分子。斯诺回国后写了有关中国的长篇文章给《纽约时报》，也没有被刊登。

在这里，我无意对这段文字进行挑剔，而是借此写出我所知道的有关史料：

（1）1970 年 12 月 25 日《人民日报》第一版报头右侧《毛主席语录》栏刊载：“全世界人民包括美国人民都是我们的朋

友。”下面在《毛泽东主席会见美国友好人士埃德加·斯诺》的通栏标题下，以将近半版的篇幅并排刊登一段文字和一张照片。照片约占版面的3/4，照片左侧（约占版面的1/4）横排分行刊印“新华社二十五日讯　中国人民的伟大导师毛主席，最近会见了美国友好人士埃德加·斯诺先生，并同他进行了亲切、友好的谈话”。下面是照片的说明：“毛主席、林副主席今年十月一日同斯诺在天安门城楼上。新华社发。”照片上共4人，第一排自左至右为斯诺、毛主席、林彪；第二排在斯诺和毛主席后面中间是冀朝铸。

有些文章说，这张10月1日的合影刊登在10月2日的《人民日报》上。这是“想当然”。而斯诺则写道：“在主席七十七岁寿辰那天，《人民日报》发表了我们在天安门城楼上的照片。”（第2页）这也不正确。毛主席的生日是12月26日，而12月25日则是圣诞节。

（2）汪文说，《人民日报》刊登这幅照片，“是给全世界，特别是美国一个信号：中国要同美国和解”。乍一看，似乎如此。实际上，并非如此。因为，“中国要同美国和解”的论断不正确。按照这一论断，不是美国要同中国和解，而是“中国要同美国和解”，那就意味着，是“中国”首先向“全世界，特别是美国”发出这样的“信号”。

历史事实如何呢？请看1969年1月20日就任美国总统的尼克松的回忆录。尼克松写道：“我认为美国和共产党中国建立关系非常重要这一想法，是我在1967年为《外交季刊》写的文章中第一次提出的。我在就职演说中提到了这一点，……不到两个星期以后，在2月1日，我写了一个备忘录给基辛格，主张我们竭力鼓励政府探索同中国人改善关系的可能性。”[①] 在严格的命令下，1969 年 12 月 3 日，美国驻波兰大使不顾外交身份，在华沙的一次时装展览会上，紧追中国驻波使馆的译员，说奉尼克松总统指示，要和中国进行重大的会谈。这就使中断已久的第一三五次中美大使级会谈得以举行。稍后，又举行了第一三六次会谈。但尼克松对此还不满意。他说：“1969 年这一年，中国人没有理睬我们几次在低水平上发出的重要信号。……对华主动行动的第一个认真的公开步骤是在 1970 年 2 月采取的，那时我向国会提出了第一个外交报告。”（第 229 页）

基辛格则说：“总统的这个报告是在二月华沙会谈之前两天公开发表的，‘中国人是伟大的生气勃勃的民族，不应该继续孤立于国际社会之外，从长远来说，如果没有这个拥有七亿多人民的国家出力量，要建立稳定的持久的国际秩序是不可设想的。’”[②] 这是尼克松第一次公开发出“美国要同中国和解”的信号。

1970 年 3 月 18 日，美国乘西哈努克亲王出国之机，策动柬埔寨政变。不久，中国方面宣布，鉴于美帝悍然侵柬，按原定日期举行第一三七次中美大使级会谈已不适宜。接着，5 月 20 日，毛主席发表了《全世界人民团结起来，打败美国侵略者及

---

① 参见《尼克松回忆录》中文版，1979 年商务印书馆出版，中册，第 229 页。本书以下所引尼克松的话，均出自该书中册，引时不再注明，只注页数。

② 参见基辛格《白宫岁月》中文版，世界知识出版社 1980 年版，第二册，第 339 页。本书以下所引基辛格的话，除另有说明外均出自该书第二册，引时不再注明，只注页数。

其一切走狗》的声明。

美国的反应是出人意料的。尼克松写道："10月初，我接见了《时代》杂志的记者。我说：'如果说我在死以前有什么事情想做的话，那就是到中国去。如果我去不了，我要我的孩子们去。'"（第230页）这是尼克松第二次公开发出"美国要同中国和解"的信号。

10月26日，罗马尼亚总统齐奥塞斯库到达华盛顿。基辛格写道："尼克松在国宴上致祝酒词时谈到美国和罗马尼亚的许多共同利益，其中突出地列举了罗马尼亚和美国一样都希望和苏联以及'中华人民共和国'有良好的关系。一位美国总统用中国的正式名称这还是第一次。"（第353页）尼克松更为坦率地说："罗马尼亚总统齐奥塞斯库来进行国事访问。……在欢迎他的宴会上祝酒时，我作为美国总统第一次有意地用正式名称称呼共产党中国，即称它为中华人民共和国，……这是一个意味深长的外交信号。"（第231页）这是尼克松第三次公开发出的信号。

此外，尼克松私下还通过一些途径向周总理传话。据《年谱》，1970年10月，"尼克松分别向正在访美的巴基斯坦总统叶海亚·汗和罗马尼亚总统齐奥塞斯库表示，中美和解十分重要，……并提出愿派一高级使节秘密访华"。（下卷，第406页）

11月10日，来京的叶海亚·汗向周总理转达了尼克松的口信；11月21日，来京的罗马尼亚部长会议副主席勒杜列斯库向周总理转达了尼克松的口信。周总理请示毛主席后，分别请他们向尼克松转达口信。因此，1970年12月25日《人民日报》的版面，只能说是对尼克松多次发出的美国要同中国和解的信号的首次公开回应。

（3）汪文说，“毛主席送出的信号当时并没有生效，因为美国并不重视这次会晤，认为斯诺是亲共分子。”实际情况并非如此。

基辛格写道：“十月一日、中国国庆节那天，周恩来把美国作家埃德加·斯诺（中国共产党人的一个老朋友）和他的妻子领到天安门城楼上站在毛旁边检阅一年一度的国庆游行队伍，而且照了相。这是史无前例的，哪一个美国人也没有享受过那么大的荣誉。这位高深莫测的主席是想传达点什么。斯诺自己后来谈论这一事件时指出，‘凡是中国领导人公开做的事情都是有目的的。’事情过后我才终于理解到，毛是想以此作为象征，表示现在他亲自掌握对美关系。但是，这在当时真是一种远见卓识。我们在关键时刻理解不到他的真意。”（第 352 页）

姑不论基辛格的理解是否正确，但这说明他对这张照片很重视（基辛格没有说斯诺是“亲共分子”，而说他是“中国共产党人的一个老朋友”）。

尼克松写道：“12 月 18 日，美国作家埃德加·斯诺会见了他的老朋友毛泽东（按：这与基辛格的上述称谓相同）。毛告诉他，外交部正在考虑允许左、中、右各派政治色彩的美国人访问中国。斯诺问，会不会允许像尼克松这样一个代表‘垄断资本家’的右派来？毛回答说，他将受到欢迎，因为他是总统，中美之间的问题毕竟还得同他解决。毛说他将乐于同总统谈话，不论作为旅游者或者总统来都好。毛的这些话，我们在几天后就知道了。”（第 232 页）

姑不论尼克松对毛主席的话引用得是否正确，但确实表明了他对“这次会晤”的重视。

（4）斯诺和夫人1971年2月结束访华，并未像汪文所说“回国”，而是回到斯诺从1959年起就定居的瑞士。那时斯诺是否“写了有关中国的长篇文章给《纽约时报》”，是否“没有被刊登”，我不知道。但我知道，美国《时代》周刊和《生活》杂志的创办人亨利·卢斯是坚决支持蒋介石、反对新中国的人。他于1967年逝世，但到70年代仍有影响。

基辛格不无幽默地说：“尼克松是在十月间在和《时代》周刊记者的谈话中第一次公开表示愿意访华，而毛泽东则在后来由《生活》杂志刊载的他的谈话中第一次表示欢迎尼克松访华（这两次谈话无疑使亨利·卢斯心神十分不安）。”（第357页）。基辛格还谈到“詹姆斯·赖斯顿的戏剧性事件”。

1971年7月9日，基辛格秘密抵达北京，对此毫无所闻的《纽约时报》副社长詹姆斯·赖斯顿在7月8日到达广州，12日到达北京。基辛格写道：“到七月十五日，赖斯顿才获悉我曾去北京，这使他身感剧痛。……那不是新闻记者因未赶上报道大新闻而懊丧欲死，其实是急性盲肠炎。他于七月十七日开刀，割去了盲肠，那是在北京反帝医院动的手术。”“想到近在身边都错过时机，不能抢先报道这样重大的新闻，这种内心的痛苦是什么药都治不了的，就是中国人也没有办法。”①

由汪文引起的话题到此结束。

现就1970年12月18日毛主席同斯诺涉及中美关系的谈话

---

① 参见《白宫岁月》中文版，第三册，第29－30页。

提供一些史料和看法。

前已提及，尼克松在回忆录中说："毛的这些话，我们在几天后就知道了。"基辛格对此提出异议。他写道，（毛）"当时把翻译唐闻生所做的谈话记录给了斯诺，但是在几个月内不容许在他的文章中发表"，"我们过了几个月以后才得悉这个谈话的内容"（第357页）。基辛格还加上很长的注释，注释的最末一句是："尼克松所说的想必是指，他在我秘密出访之前已知道毛泽东的谈话。这是对的。"（第397页）

斯诺所写的《同毛泽东的一次交谈》一文发表于1971年4月30日，基辛格"秘密出访"是在1971年7月。说斯诺的文章发表了两个多月以后，尼克松才"知道毛泽东的谈话"，这是难以令人置信的。

斯诺在《同毛泽东的一次交谈》中说："毛主席强调，他不希望进行接见记者式的谈话。我们进行的是一次交谈。不过，后来我得到证实，他将不反对在不直接引用原话的情况下发表他的某些意见。"斯诺是在何时、通过何人"得到证实"的，他没有讲，现也难以查考，但斯诺并未说"在几个月内不容许在他的文章中发表"。

为了澄清此事及有关问题，现将《纪要》的开头部分摘录如下：

斯诺：我经常想给你写信，但我真正写信打扰你还只有这一次。

毛主席：怎么是打扰呢？上次，一九六五年，我就叫你找我嘛。你早找到我，骂人，我就早让你来看中国的

“文化大革命”，看全面内战，（按：这表明，斯诺于1969年要求访华，未获允准，他写信给毛主席，毛主席让他来。）……到处打，分两派，……外交部就闹得一塌糊涂。有一个半月失去了掌握，这个权掌握在反革命手里。

斯诺：是不是火烧英国代办处的时候？

毛主席：就是那个时期。……多数还是好的，有少数人是坏人。这个敌人叫“五·一六”。

斯诺：有一个问题我还不大清楚，即主席对我讲这些，是供公开发表用，还是作为介绍背景材料，还是朋友之间的交谈，还是三者兼而有之。

毛主席：不供发表。就是作为学者，研究者，研究社会情况，研究将来，研究历史嘛。我看你发表跟周恩来总理的谈话比较好，同我的不要发表。意大利杂志上的这一篇我看了，我是看从外国文翻译成中文的。

斯诺：你看写得可以不可以？

毛主席：可以嘛。……

在这里，毛主席说“不供发表”，但又说“作为……研究将来，研究历史嘛”。

1970年12月18日，毛主席约见斯诺，主要不是同他谈“文化大革命”，而是在看到12月13日意大利《时代》周刊刊登斯诺写的《同周恩来的谈话第一部分》全文后，着重同他谈中美关系问题。对照斯诺的这一报道，可以看出毛主席在肯定周总理谈话的基础上，提出了极为重要的新方针：

（1）斯诺的报道说：“周恩来对美国人民表示了友好的感

情，他强调说，他的政府总是根据具体情况处理‘中国的朋友’的访华要求，‘具体问题具体解决’，他举了我和我的妻子的访问作为例子。”

毛主席对斯诺说（据《纪要》）：“今天不分中国人、美国人。我是寄希望于这两国人民的，寄大的希望于美国人民。……美国的产业高于世界各个国家，文化普及。”“外交部要研究一下，美国人左、中、右都让来。为什么右派要让来？就是说尼克松，他是代表垄断资本家的。当然要让他来了，因为解决问题中派、左派是不行的，要跟尼克松解决。”

（2）斯诺的报道说：“1960 年周恩来向我谈过解决福摩萨问题和中美建立关系的条件，1965 年又说过一次。现在，总理肯定说，这些条件没有改变，将来也不会改变。中国的政策要求：第一，美国承认福摩萨是中华人民共和国不可分割的一部分，并且要从福摩萨岛和福摩萨海峡撤出它的武装部队；第二，中国和美国尽管社会制度不同，要在五项原则基础上实行和平共处。

“尼克松担任总统之后说，愿意和缓中美关系，要跟中国谈判。确实，15 年来，中美在断断续续地进行大使级会谈，但是，为什么没有结果，这是很清楚的。福摩萨问题过去是、现在仍然是关键问题。周恩来这样对我说：‘福摩萨是中国的内政问题，中国人民有权利解放这个岛屿。美国在那个地区的武装侵略是另一个问题，是国际问题，我们愿意对此进行谈判。’总理还说，‘门是敞开的，但是这完全要看美国是否打算认真解决福摩萨问题。’”（按：这段话的重点是：解决中美关系“完全要看美国是否打算认真解决福摩萨问题”。）

据《年谱》，1970 年 11 月 14 日，周总理“在回答叶海亚转达的尼克松的口信时说：因为尼克松通过阁下转告的是口信，我们也应该通过阁下作口头回答。阁下清楚，台湾是中国不可分割的领土，解决台湾问题是中国的内政，不容外人干涉。美国武装力量占领台湾和台湾海峡，是中美关系紧张的关键问题，中国政府一直愿意以谈判来解决这个问题，但是谈了 15 年还没有结果。现在，尼克松总统表示要走向同中国和好。如果美方真有解决上述关键问题（指台湾问题）的愿望和办法，中国政府欢迎美国总统派特使来北京商谈，时机可通过巴基斯坦总统商定”。

按：这个口信和斯诺上述报道是一致的，都是毛主席同意的。口信中说：“欢迎美国总统派特使来北京商谈”，但前提是“美方真有解决上述关键问题（指台湾问题）的愿望和办法”。

12 月 18 日，毛主席同斯诺关于这个问题的谈话很难概括，现按《纪要》摘录重要的段落：

毛主席：我欢迎尼克松上台。为什么呢？他的欺骗性有，但比较的少一点。他跟你来硬的多，来软的也有。他如果想到北京来，你就捎个信，叫他偷偷地，不要公开，坐上一架飞机就可以来嘛。谈不成也可以，谈得成也可以嘛。何必那么僵着？……他早就到处写信说要派代表来，我们没发表，守秘密啊！他对于波兰华沙那个会谈不感兴趣，要当面谈。所以，我说如果尼克松愿意来，我愿意和他谈，谈得成也行，谈不成也行，吵架也行，不吵架也行，当作旅行者来也行，当作总统来谈也行。总而言之，都行。……

斯诺：有一两件事想跟你探讨一下。第一是尼克松来华的问题，是否可以做这样的理解：目前他来是不现实的，但尼克松来华被认为是理想的。第二是关于美国人访华的问题，我能作为这个问题中的一个例外，感到格外高兴。

毛主席：但你代表不了美国，你不是垄断资本家。

斯诺：当然，我也刚要这么说。

毛主席：那是尼克松自己提议的，有文件证明，说愿意在北京或者华盛顿当面谈，不要让外交部知道，不要通过国务院。神秘得很，又是不要公开，又是这种消息非常机密。他选举是哪一年？

斯诺：1972 年。

毛主席：我看，1972 年的上半年他可能派人来，他自己不来，要来谈是那个时候。他对那个台湾舍不得，蒋介石还没有死。台湾关他什么事？台湾是杜鲁门、艾奇逊搞的，然后又是一个总统，那个里面他也有一份就是了。然后又是肯尼迪。尼克松当过副总统，他那时跑过台湾。他说台湾有 1000 多万人，我说亚洲有十几亿人，非洲有 3 亿，都在那里造反。

…………

斯诺：尼克松在南亚陷得越深，就越是发动人民起来反对他。

毛主席：好！尼克松好！我能跟他谈得来，不会吵架。

斯诺：我不认识尼克松，但如果我见到他的话，是否可以说……（按：这里的删节号是《纪要》原有的，意味着斯诺尚未说完。）

毛主席：你只说，是好人啊！是世界上第一个好人。这个勃列日涅夫不好，勃兰特也不算怎么好。

…………

斯诺：你看中美会不会建交？

毛主席：总要建交的。中国和美国难道就一百年不建交啊？我们又没有占领你们那个 Long Island（长岛）。

以上说明，毛主席说，“尼克松愿意来，我愿意和他谈，谈得成也行，谈不成也行”，这里的“谈”，当然是指斯诺所报道的“周恩来向我谈过解决台湾问题和中美建立关系的条件”，首要的是美国承认台湾是中华人民共和国不可分割的一部分，并且要从台湾和台湾海峡撤出它的武装部队，这就可以从根本上解决中美关系，实现中美建交。如果尼克松同意这样做，就是“谈得成”。毛主席估计到尼克松虽一再表示访华的愿望，但难以很快迈出这样大的步子，因此一面向斯诺讲，“台湾关他什么事？台湾是杜鲁门、艾奇逊搞的”，同时又指出“尼克松当过副总统，他那时就跑过台湾。他说台湾有 1000 多万人”，“他对那个台湾舍不得”。毛主席从战略上考虑，没有以“谈得成”作为尼克松访华的先决条件，而是以“何必那么僵着”，为尼克松留下“谈不成也行”的余地。刚发表了《同周恩来的谈话第一部分》的斯诺，当然看出了毛主席所说与周总理所说的不同之处，当然理解毛主席这番话的极端重要性，当然懂得这是多次公开发出“美国要同中国友好”的尼克松所急于知道的。鉴于毛主席在讲话中一再提到尼克松要求严守秘密，因此，经验丰富的斯诺没有问毛主席可否发表，而是问："我不认识尼克松，但如果我见到他的话，是否可以说……"毛主席不等他讲完，就打断说："你只说，是好人啊！是世界上第一个好人。……"虽然毛主席的答话有点海阔天空，实际上是同意了斯诺的愿望，何况在开始时毛主席就对斯诺说，"你就捎个信。"在看到12月25日《人民日报》头版的版面后，斯诺更加心领神会：毛主席就是要他将上述谈话内容通知尼克松。

这是主观臆测，牵强附会吗？非也！请看论据：

《漫长的革命》一书有两篇附录，其中一篇是斯诺写的题为《山南海北》的文章，副题是"1965年1月9日：同毛泽东主席的谈话"（第190至230页）。文中记述了毛主席对中美关系、越南战争等重大问题的看法。斯诺问毛主席："我从未见过约翰逊总统，但是我想，如果你有什么信息要给他，我也许能够带去交给他。你有什么话要对他讲吗？""主席停了一下说：不需。"（第225页）虽然如此，斯诺却另有理解。他写道："1965年我们谈话的那天，《人民日报》登载了一幅毛主席和我的大照片，我只被介绍为《西行漫记》的美国作者。……发表了这次谈话，在政府和党的机关刊物上又刊载了这次会见的报道，这显然加重了这件事的分量，它绝不是什么普通的旧友重逢。在我看来，多半是毛想通过这种方式，把中国对战争与和平的见解尤其是对越南问题的看法通知美国。"（第194至195页）

斯诺在谈到他1970年的中国之行时，说他的夫人"以前从未去过中国"，"过去几次，美国国务院拒不'批准'她申请去中国旅行的护照"。斯诺接着写道："我自己在1960年和1965年旅行中国的护照，只是在我的出版人向华盛顿的高级官员施加了压力以后才‘批准’的。后来我的访华报告当然也受到这些高级官员的忽视。但十多年来我未能把我的报告中的一些有用的消息渗透到高层决策部门中去（还有1963年约翰·肯尼迪在他的就职演说中所说的‘同中国开始新关系’的可能性，未等实现就被他忘掉了，而在他的总统任内，反而陷我们于越南战争的丛林之中）。这些情况我已在别的地方谈过了。”（第5至6页）

斯诺并不讳言他曾向美国高级官员提出访华报告，并称上述的“有用的消息”未被美国决策部门采纳。然而，1970年的美国处境不同于1965年或1960年，尼克松的政治胆识也不同于约翰逊或肯尼迪。因此，尼克松说，“毛的这些话，我们在几天后就知道了。”至于斯诺采取什么办法这么快地就使尼克松知道了，这是难以查考也无须查考的事。至于基辛格为什么对尼克松的说法提出异议，也许尼克松没有对他讲，也许另有原因，这都不必深究。

应该指出，如果斯诺及时发表毛主席同他的上述谈话，必然会比他在意大利《时代》周刊发表同周总理的谈话造成更大的轰动效应。但是斯诺并未这样做。这并不是由于某人“在几个月内不容许在他的文章中发表”。实际上，1971年4月18日，意大利《时代》周刊就发表了他写的《我们同毛泽东谈话》，文中披露了毛主席讨厌对他的个人崇拜以及他发动“文化大革命”的原委与经过，而毫未涉及尼克松访华一事。4月30日，美国《生活》杂志发表了他写的《同毛泽东的一次交谈》，文中谈及尼克松访华只是短短两段：“外交部正在研究让左、中、右各派的美国人都来访问中国。是否应当让代表垄断资本家的尼克松这样的右派来呢？应当欢迎他来，因为，毛解释说，目前中美两国之间的各种问题需要跟尼克松商量解决。毛将高兴同他晤谈，他作为一个旅行者也行，作为总统也行。”（第171页）“我（按：指斯诺）代表不了美国，我不是一个垄断资本家。我能够解决台湾问题吗？何必那么僵着？蒋介石还没有死。但是台湾关尼克松什么事？这个问题是杜鲁门和艾奇逊搞出来的。”（第172页）事隔多月，这篇文章已不具有多少新闻价值。《生活》杂志将它排在这一期的第三篇，刊在第46至48页。这一期的封面及头两篇都是应邀访华的美国乒乓球队的图片和报道。

1972年初，斯诺病重。1月22日，毛主席、周总理派出医护小组去瑞士斯诺住所。2月8日，中国驻联合国代表黄华奉周总理指示专程到瑞士探望斯诺。2月15日（中国春节）斯诺逝世。2月16日，毛主席的唁电说：“斯诺先生是中国人民的朋友，他一生为增进中美两国人民的友谊进行了不懈的努力，作出了重要的贡献。他将永远活在中国人民心中。”周总理的唁电说：“斯诺先生的一生，是中美两国人民诚挚友谊的一个见证。……甚至在他病重期间，他仍念念不忘为增进中美人民之间的了解和友谊而工作。”

斯诺曾对毛主席说：“我不认识尼克松。”但1972年2月12日，尼克松在行将访华之前，给生命垂危的斯诺写了一封热情洋溢的信，内有“你那举世瞩目的卓越事业”的赞语[①]。

① ［美］罗斯·特里尔. 毛泽东的后半生［M］. 北京：世界知识出版社，1989：183.

1972年2月21日，毛主席会见尼克松时说："所以，我跟早几天去世的记者斯诺说过：我们谈得成也行，谈不成也行，何必那么僵着？一定要谈成？"尼克松说："他的死是很令人悲伤的。"尼克松总统应邀访华，在中美关系史上和国际关系史上都是具有重要意义的事件，斯诺对此所做的贡献是不应湮没的。

（三）

《年谱》称，"毛主席会见斯诺，回答他提出的有关'文化大革命'、中美关系等问题。"这一概括并不确切。从上面引述的《纪要》看，"文化大革命"和中美关系问题，都是毛主席首先主动地向斯诺讲的（中间斯诺有几个插问）。关于个人崇拜问题也是如此。据上面引述的《纪要》，当毛主席讲到"意大利杂志上的这一篇我看了"，斯诺问："你看写得可以不可以？"接着就是下面一句：

> 毛主席：可以嘛。你的那些什么错误有什么要紧？比如：说我是个人崇拜。你们美国人才是个人崇拜多呢！你们的国都就叫作华盛顿。你们的华盛顿所在的那个地方就叫作哥伦比亚区。

联系到《纪要》开头斯诺所说的"我经常想给你写信，但我真正写信打扰你只有这一次"，可以推想，斯诺在信中似乎承认所谓毛主席助长个人崇拜的说法是一个错误。但斯诺没有提到这些，在《同毛泽东的一次交谈》一文中，他对个人崇拜问题是这样写的（删去一些无关的话）：

我们谈到了我写的关于我们上次1965年1月谈话的报道，在那篇报道中，我写道，他承认中国确有“个人崇拜”——而且有理由搞“个人崇拜”。因为我写了这一点，有些人曾批评过我。

他说，就是写了在中国有“个人崇拜”，又怎么样呢？有这样一回事嘛。为什么就不能写呢？它是事实嘛……毛继续说，在我们1965年进行谈话的时候，许多权力——各个省和各个地方党委内，特别是北京市党委内的宣传工作的权力——他都管不了的。正因为如此，他那时曾说需要更多的个人崇拜，以便鼓动群众去摧毁反毛的、党的官僚机构。

当然个人崇拜也搞得过火了。今天，情况不同了。……所谓“四个伟大”——对毛本人的称号：“伟大的导师、伟大的领袖、伟大的统帅、伟大的舵手”——多么讨厌。总有一天要统统去掉，只剩下“Teacher”（导师）这个词——那就是教员。毛历来是当教员的，……其他的称号将一概辞去。

我说：“我常常想，不知道那些喊拥护毛的口号最响、挥动旗子最起劲的人，是不是就像有些人所说的，在打着红旗反红旗。”

毛点点头。他说，这些人分三种。一种是真心实意的。第二种是随着大流的——因为别人喊“万岁”，他们也跟着喊。第三种是伪君子。我（按：指斯诺）一定不要受这一套的骗。

我说：“我记得，就在你1949年进北京之前，中央委员会曾通过一个决议，据说是根据你的建议，禁止用任何人的名字来给街道、城市或地方命名。”

他说，是的，他们避免了这种做法。但是，其他的崇拜形式出现了。有那么多的标语、画像和石膏像。红卫兵坚持说，如果你周围没有这些东西，你就是反毛。在过去几年中，有必要搞点个人崇拜。现在没有这种必要了，应当降温了。

他接着说，但是，难道美国人就没有自己的个人崇拜吗？各州州长、各届总统和每个内阁成员，没有一些人去崇拜他，他怎么能干下去呢？总是有人希望受人崇拜，也总是有人愿意崇拜别人。他问我说，如果没有人读你的书和文章，你会高兴吗？总是要有点个人崇拜嘛，这也适用于我（按：指斯诺）。（第 168 至 170 页）

以上就是斯诺在《同毛泽东的一次交谈》（中文版）中所写关于个人崇拜问题的全部内容（未按《纪要》核正）。

据原记录，斯诺认为毛主席谈得很坦率，他提到两位定居北京的美国朋友，说他们谈到这个问题时不像毛主席这样坦率。对此，毛主席说：“你们有点迷信，还有一点恐惧，怕说错了话；我不怕说错话，我是无法无天，叫‘和尚打伞，无发（法）无天’，没有头发，没有天。”唐闻生翻译时说明，“和尚打伞，无发（法）无天”的意思是无所畏惧。

《生活》杂志刊登的斯诺的文章中没有提到这些，却在该文倒数第二段写了一些无中生有、生编硬造的话。《参考资料》1971 年 5 月 2 日所载“美《生活》杂志刊登斯诺文章《同毛泽东的一次谈话》"，把这一段删掉了（《纪要》中也未将原记录中的那段话纳入）。

斯诺将这篇文章收入《漫长的革命》一书，该书的中译本记载了原文的倒数第二段：

> 当他亲切地送我到门口时，他说他不是一个复杂的人，而实在是很简单的。他说，他不过是一个带着把破伞云游世间的孤僧罢了。（第 176 页）

1928 年，斯诺来到中国，在中国生活、工作了十几年。按照他的中文水平，即使没有翻译，也会理解"和尚打伞，无发（法）无天"的含义。但他故意利用"和尚打伞"这句话编造出一段文字，实在是不应该的。当然，他到 1971 年 4 月 30 日才发表毛主席 1970 年 12 月 18 日的谈话，已失去新闻的时效性，他可能出于不损害中美高层接触的考虑，在文章中对毛主席所谈的尼克松访华一事写得平淡无奇，没有引用毛主席的"尖端"语言，甚至未提"谈得成也行，谈不成也行"。利用"和尚打伞"一语进行编造，可能是为了增加一点吸引力。《生活》杂志在刊登该文时，就以"一个带着把破伞的孤僧"作为末一节的大标题。斯诺在这段编造的文字中，没有加上引用号，而是采取"他说，他不过是……"的表达方式，也是留了余地的。

1971 年 7 月 9 日，基辛格秘密抵京。周总理和他会谈时，提到斯诺的这篇文章，指出其中有一部分不那么准确，个别地方还有错误，但基本上是对的。"个别地方还有错误"就是指上述那一段。

中文版将原文的“monk”译为“僧”（通俗的译法是“和尚”），将原文的“walking”译为“云游”（本可译为“漫步”）。

斯诺绝不会料到，在他逝世18年以后，他的这一错误竟一度在中国的传媒上传播开来。

1990年夏，由“中央宣传部策划、深圳市委宣传部摄制”的“电视政论片”《世纪行》在电视台黄金时间播映。这部长约160分钟的电视政论片许多报纸进行了宣传，说它的主旨是“以艺术形式系统地宣传四项基本原则”，其中有马克思、恩格斯、列宁、毛泽东、邓小平的形象和有关言论。《人民日报》1990年8月16日刊载《擂响奋进的心鼓——电视政论片〈世纪行〉的艺术特色》一文，文中说：“这部片子运用了一百多年来的有关文献资料。编摄者坚持历史唯物主义的实事求是的立场，他们严肃地精选客观存在的史料，没有把历史当作任意打扮的天真小姑娘。”该文还特别“称道”《世纪行》的解说词，说“解说词热情而朴实，……沸腾着、流动着滚烫的形象化‘语言’，它从多角度地、带有浓烈感情色彩地阐明了当代中国坚持四项基本原则的重大现实意义和历史意义”。

1990年8月15日，《人民日报》刊载了《真理的召唤——〈世纪行〉解说词选登》。其中有以下一段：

> 1970年，毛泽东再一次见到老朋友斯诺，30多年前在陕北窑洞前，他就是戴上斯诺递过来的红军帽才拍了一张最好的照片。30多年后北京天安门上，毛泽东已被人们尊

崇为“神”，就在千百万人流着泪，淌着汗向他山呼万岁的时候，毛泽东忽然对斯诺说：我就像一个手执雨伞云游四方的孤僧。“和尚打伞，无法无天”。……

“我就像一个手执雨伞云游四方的孤僧”，显然是取材于斯诺写的《同毛泽东的一次交谈》的中文版：“他说，他不过是一个带着把破伞云游世间的孤僧罢了。”但不是照抄，而是做了艺术加工，把“不过是”改为“就像”，相应地删去“罢了”；把“带着把破伞”改成“手执雨伞”；把“云游世间”改为“云游四方”。这些“加工”可以说是“艺术”，但把主语“他”改成“我”，那就超出“艺术”范围了。

“和尚打伞，无法无天”，这是斯诺的那篇文章中所没有的，从《纪要》里也找不到，只能是取材于原记录。既然看到原记录，必然会发现斯诺那句话是编造的。但是为达目的，不择手段，还是搬出来，而又不是照搬，把“和尚打伞，无发（法）无天”改为“和尚打伞，无法无天”。

把这两句互不相容的“论据”凑在一起，这能说是“严肃地精选客观存在的史料”吗？

不久，听说胡乔木发现《世纪行》存在的错误，在他的建议下，成立了由当时的中宣部王忍之部长负责的小组，核对史实，修改了解说词，重新配音播放。在这个问题上，我很敬佩胡乔木，也赞成中宣部知错即改的做法。遗憾的是，刊登过《世纪行》原解说词的报纸，没有刊登修改后的解说词。不久前，仍有人引用杜撰毛主席的那句话来贬损乃至丑化毛主席。

四年后，《党的文献》副主编田松年向我约稿，我把 1990 年写成而未能发表的《毛泽东是否说过“我就像一个手执雨伞云游四方的孤僧”?》一文稍加修改交给他，开头只说“1990 年有关单位拍摄了一部轰动一时的电视政论片”，文中未提片名、单位名、报纸名及评论者名。该文在《党的文献》1994 年第 5 期发表。这里则着重提供有关史料。从中可以看出，连斯诺这样高尚的人，在特殊情况下也写过不实之词。因此，鉴别史料真伪的工作不容忽视，当然，也不能因此而怀疑一切。

附录一：

毛泽东是否说过“我就像一个手执雨伞云游四方的孤僧”？*

1990 年有关单位拍摄了一部轰动一时的“电视政论片”，其中有这样一段解说词：

> 1970 年，毛泽东再一次见到老朋友斯诺……北京天安门上，毛泽东已被人们尊崇为“神”，就在千百万人流着泪，淌着汗向他山呼万岁的时候，毛泽东忽然对斯诺说：我就像一个手执雨伞云游四方的孤僧。“和尚打伞，无法无天”。社会主义要改革，但路子怎么走？地动山摇的欢呼却使他感到从未有过的艰难、孤独和不安。当年，从他面前走过的你、我、他啊，有谁曾体察过这位伟人的心境。

一位评论家发表文章，称赞这部电视片的“艺术特色”，并说它“严肃地精选客观存在的史料”。然而，事实又是如何呢？

斯诺确曾在 1970 年访华。这年 10 月 1 日，他应邀参加新中国成立 21 周年庆典，毛泽东确曾在天安门城楼上和他谈过话。这次谈话的内容，新华社未做报道，但斯诺做了记载，其中并无这部电视片解说词所写的那些话。①

---

* 原载《党的文献》1994 年第 5 期。

① 参见斯诺著《漫长的革命》，1971 年纽约兰登书屋出版；该书的中文版于 1975 年由上海人民出版社出版，译者伍协力。

毛泽东确曾向斯诺讲过“和尚打伞，无发（法）无天”，时间是1970年12月18日，地点是中南海毛泽东住处，在场的有担任英文翻译和记录的唐闻生，担任中文记录的王海容。这次谈话长达5小时（曾印发过正式记录），现只介绍与本文有关的内容。斯诺提到个人崇拜问题。毛泽东说，你们美国人才是个人崇拜多呢！你们的国都就叫华盛顿。在中国，过去这几年有必要搞点个人崇拜，崇拜过分了，比如什么“四个伟大”，讨嫌！要降温了。斯诺问：搞个人崇拜的人是不是真心？毛说：有三种，第一种是真的，第二种是随大流，第三种是假的。

斯诺提及两位定居北京的美国进步人士，说他们的谈话不像毛主席那样坦率。毛主席说（据正式记录）：“他们有点迷信，还有一点恐惧，怕说错了话。我不怕说错话，我是无法无天，叫‘和尚打伞，无发（法）无天’，没有头发，没有天。”

对“和尚打伞，无发（法）无天”一语，唐闻生先直译，后解释，说明“无法无天”意为无所畏惧（在这里，毛主席是针对有人“还有一点恐惧”而说“我是无法无天”，其含义是无所畏惧更为显然）。事后，唐闻生奉命给斯诺一份英文记录。美国《生活》杂志1971年4月30日的一期，发表了斯诺写的题为《同毛泽东的一次交谈》的文章。文中介绍了这次交谈的主要内容。这里只引用该文倒数第二段（斯诺将这段一字不漏地收入《漫长的革命》第七节）。这段（据伍协力的译文）全文如下：

“当他亲切地送我到门口时，他说他不是一个复杂的人，而实在是很简单的。他说，他不过是一个带着把破伞云游世间的孤僧罢了。”

这样，斯诺对“和尚打伞”做了“艺术加工”，以致面目全非。

伍译的“云游”二字“雅而不信”，其余均符原文。若按原文的句法和语气，应译为：“他说，他不过是一个孤单的和尚，带着把破伞，漫步在世间。”“孤单的和尚”或“孤僧”，可看作是对“实在是很简单”的描写或延伸。

毛泽东对斯诺讲的那句话，有两种记载：一是正式记录；二是斯诺的文章。两者大相径庭。如作“严肃地精选”，理当去伪存真，但被誉为“运用了一百多年来的有关文献资料”的这部电视片的创作者，却将这两种互不相容的史料融为一体，加以灵活“运用”。——且看是如何“运用”的：

（一）该电视片让“毛泽东忽然对斯诺说：我就像一个手执雨伞云游四方的孤僧。‘和尚打伞，无法无天’”。“忽然”二字似非闲笔，姑不置论。问题是：“说”字之后有两句。第一句末尾加上句号。第二句是不是毛说的？由于那个句号，就有两种可能：是。不是。

先看第一句：我就像一个手执雨伞云游四方的孤僧。这一句半文不白，长达16字，不会是口语（不信？你说说看），更不会出自一向反对党八股的语言大师毛泽东之口，这显然取材于斯诺的文章，但又做了加工。为便于对照，重引伍协力的译文：“他说，他不过是一个带着把破伞云游世间的孤僧罢了。”该电视片解说词把“不过是”改成“就像”，相应地删去“罢了”；把“带着把破伞”改成“手持雨伞”；把“云游世间”改成“云游四方”。这些改动还不打紧，关键是把主词“他”改成“我”。斯诺采用“他说，他……”的表达方式，因非直接引用，留下余地；尽管有错，自己负责。该电视片改成“我”，一变而成毛泽东的原话。如此这般地“再创作”，就不好让逝世多年的斯诺负责了。

再看第二句：“和尚打伞，无法无天。”这显然取材于正式记录，但截头去尾，并把“无发（法）无天”改成“无法无天”。作为口语的“和尚打伞，无法无天”，一旦写在纸上，总要在“发”后加上“（法）”，这是常识。若问该电视片为何这样改？先需弄清第二句是不是被当作毛说的话。如是，与第一句相连，就显得毛语无伦次，愚昧无知。如不是，就成为创作者的“主体意识”：“和尚打伞”可能是用来为生造的第一句打圆场，“无法无天”可能是逆毛泽东的原意而用之。《辞海》对“无法无天”的解释是“胡作非为，肆无忌惮”，《官场现形记》第十五回：“……一个个无法无天，我们的苦头也吃够了，实在说不出一个‘好’字。”倘创作者意不在此，还可另做解释：据《辞海》，“天”也“指所依存或依靠”，则“无天”可指“无所依存”或“无所依靠”，这与“无法”的通常含义“没有办法”是一个意思。是否如此，且看下文。

（二）下文紧接着是：“社会主义要改革，但路子怎么走？”——这是毛泽东的内心独白？还是毛向斯诺或其他人提出的问题？若是前者，创作者怎会知道？若是后者，有什么“有关文献资料”作依据？这是重大的“政论”问题，不宜一笔带过。据我所知的文献资料，“社会主义要改革”这一具有特定含义的概念，是在十一届三中全会以后才开始酝酿、到20世纪80年代才逐步明确的。如果毛泽东在1970年就探讨“社会主义要改革，但路子怎么走”的问题，则从那以后的中国历史就得重写了。

（三）这段解说词的主旨在于揭示毛泽东晚年的“心境”，但笔法曲折，写成“地动山摇的欢呼却使他感到从未有过的艰难、孤独和不安”。我相信（创作者也使我相信），即使欢呼声果真达到地动山摇的强度，也不会使“无法无天”或无所畏惧的毛泽东感到“艰难、孤独和不安”。自1949年开国大典到1970年国庆节前，在天安门广场多次举行过数十万军民参加的集会游行，毛泽东多次在天安门城楼上听到“地动山摇的欢呼”。但创作者告诉我们，毛“从未有过”这种心境。可见，这种心境和这种欢呼不相干（从1971年林彪叛逃到1976年毛泽东逝世，毛再也未在天安门上听到那样的欢呼）。可是在1970年国庆节，毛泽东却忽然“感到从未有过的艰难、孤独和不安”了。这部电视片不是故事片，而是政论片，政论总要有论据。这有论据吗？有的。1970年来了个斯诺。毛泽东在天安门上“忽然”对斯诺说：我就像一个……孤僧。孤僧当然“孤独”。但“艰难”和“不安”同云游四方、超凡脱俗的孤僧对不上号。这有论据吗？也有的。毛泽东“无法”解决“社会主义要改革，但路子怎么走”的问题。

临末，我也谈点“体察”吧。该电视片这一段解说词编织出这样的图像：以1970年国庆节的天安门为典型环境，在“人”与“神”之间划出一道鸿沟，并用“艺术语言”作了鲜明对比——天安门下，“千百万人”向“已被人们尊崇为神”

的毛泽东“山呼万岁”，而且是“流着泪，淌着汗”，“地动山摇的欢呼”；天安门上，被尊为“神”的毛泽东“却感到从未有过的艰难、孤独和不安”。为此，就让毛泽东说出他从未说过，也绝不会那样说的话，就代毛泽东提出他从未提出而至今也未完全解决的问题。创作者创作出已被尊为“神”的“这位伟人的心境”，还要“当年从他面前走过的你、我、他”去“体察”；并通过电视，还要当年未从他面前走过的千百万观众去“体察”。从艺术上看，是很有“特色”了，但从政治上看呢？（这是“政论片”呀！）对此，且借用某评论家的两句赞辞，以提问的形式收尾：这是“坚持历史唯物主义的实事求是的立场”“严肃地精选客观存在的史料”吗？是“没有把历史当作任意打扮的天真小姑娘”吗？

附录二：

我的一点补充

龚育之

熊向晖同志的文章中讲到《世纪行》解说词中一度出现过一个令人难以理解的情况，即在叙述毛泽东同斯诺的谈话时，一方面，正确地引用了毛泽东的原话："和尚打伞，无发（法）无天"；另一方面，却又错误地沿用国外流行的斯诺误传的所谓毛泽东自己说过：我就像一个手执雨伞云游四方的孤僧。

为什么会出现这样的情况呢?

我知道，或者说，我可以猜到这个情况的由来。

事情的原委是这样的：

1990 年最初拍成的《世纪行》，其解说词只是说：1970 年国庆节在北京天安门上，"毛泽东忽然对斯诺说：我就像一个手执雨伞云游四方的孤僧。明明是亿万人簇拥着他，他却感到孤独；明明是地动山摇的欢呼，他却听来悲凉。当年，从他面前走过的你、我、他啊，有谁曾体察过这位伟人的心境"。

我看了电视片，听到这段解说词，给这部电视片的总策划和总监制分别写了同样内容的信，一方面称赞这部片子，一方面告诉他们，所谓"手执雨伞云游四方的孤僧"，是斯诺对毛泽东所说的"和尚打伞，无发（法）无天"这个歇后语的误解。而且毛泽东不是在天安门上向斯诺说的，是后来在同斯诺长谈时说的。因此，不合事实，必须删去。我还说，我查过原始的记录，我这个判断是绝无疑问的。

然而，出乎我的意料，我没有收到任何回音。

以后，8月间报上发表了《世纪行》的解说词，是经过了修改的。我提出意见的那一段，没有删去，仍然保留了那句执伞孤僧，但是，在那句话之后，加了八个字："和尚打伞，无法无天。"

我猜，这就是对我那封信的回应。

然而，我认为这样的处理是没有道理的。如果不相信我提供的材料，不相信毛泽东当时说的是"和尚打伞，无发（法）无天"，那就没有理由加上这八个字。如果承认毛泽东讲的是这八个字，那么，斯诺所说的执伞孤僧云云，只能是误解，没有理由再加以引用。把原文和对原文的误解，一起引上，这在逻辑上是违背同一律的，在文辞上，只能使人不知所云。

于是，我又写了一封信，给全文发表了修改后的《世纪行》解说词的那家报纸的主编，请求发表。

依然是没有发表，而且没有回信。

然后，就有了熊向晖同志文章所说的胡乔木同志对《世纪行》中的缺点和错误的批评以及对《世纪行》的认真的修改。那句云游孤僧，当然是删去了。

不过，还是没有在相应的报刊上对此事加以澄清。

这一年的10月，在第五次全国毛泽东哲学思想讨论会上，我发言，讲了这个例子，借以说明使用国外提供的材料，一定要经过鉴别。

这一年的12月26日，毛泽东的生日，电视台放映了一部讲毛泽东的短片（不是《世纪行》），其中又说，毛泽东说，他是一个手执雨伞云游四方的孤僧。

这个不是事实的、基于误解的所谓毛泽东对自己心境的自白，仍然在中国流传着！

为此，我给《人民日报》写了一封信，是从那个短片说起的，希望这样的误解不要继续在中国流传。

很高兴，也很感谢，《人民日报》发表了我这封信。

在香港出版的《紫荆》杂志对这件事发生了兴趣，我把我那个发言中详细说明毛泽东的原话和斯诺的误解的那一段话，写成短文，送给它发表了。

以上这些经过，写下来，算是对熊向晖同志文章的一点补充。

一九九七年十二月十五日

| 六 |

“乒乓外交”史话*

第31届世界乒乓球锦标赛（以下简称世乒赛），于1971年3月28日至4月7日在日本名古屋举行。最后一天上午，爆出了美国乒乓球代表团应邀访问中国的特大新闻。这一被称为“乒乓外交”的故事，已有不少文章和专著作了记述。本文环绕几个问题，提出一些史料，供读者参阅。

美国乒乓球代表团是些什么人？

1971年4月11日，《人民日报》第6版以《美国乒乓球代表团到北京》为题刊载［新华社十日讯］：“美国乒乓球代表团在参加第31届世界乒乓球锦标赛以后，前来我国进行友好访问，今天晚上乘飞机到达北京。”

美国乒乓球代表团是些什么人？现据所知，作一简介：

团长：

格雷厄姆·斯廷霍文：美国乒乓球协会主席，在美国克莱

* 原载《纵横》1997年第10、11、12期。

斯勒汽车公司人事部工作，出生在英国。

成员：

拉福德·哈里森：美国乒乓球协会国际委员会主席，国际乒乓球联合会（以下简称国际乒联）理事和技术委员会主席，美国特拉华州杜邦公司化学师，出生在英国。

蒂姆·博根：美国乒乓球协会副主席，长岛大学英语助理教授，美乒协杂志《乒乓球概论》编辑。

乔治·布本：美国参加国际乒联代表大会的代表，底特律冶金制模厂职工。

领队：

杰克·霍华德：美国乒乓球队教练，美国国际商用机器公司计算机编程员。

男运动员：

约翰·坦纳希尔：19 岁，辛辛那提大学社会系学生。

埃罗尔·雷赛克：29 岁，纽约化学银行信托公司工作人员。

格伦·科恩：19 岁，圣莫尼卡市立学院政治系二年级学生。

乔治·布雷斯韦特：36 岁，美国乒乓球代表团唯一的黑人运动员。

女运动员：

康尼·斯威里斯：23 岁，密歇根州人，曾获美国乒乓球女单冠军。

朱迪·博琴斯基：15 岁，俄勒冈州中学二年级学生。

奥尔加·索尔斯特：17 岁，佛罗里达州奥兰多中学生。

随行人员：

迪克·迈尔斯：美国《体育画报》记者，曾 10 次获得美国乒乓球赛男单冠军。

还有布本夫人和雷赛克夫人。

在该团领导成员中，经常出面的是哈里森，最活跃的运动员是蓄长发的“嬉皮士”科恩。

下文引用的材料主要来源有：

《周恩来总理生涯》中《小球转动了大球》一节（以下简称《生涯》），作者熊华源、廖心文，1997 年 1 月人民出版社出版。

《我所知道的“乒乓外交”》，作者赵正洪（第 31 届世乒赛中国乒乓球代表团团长，原国家体委负责人，已故），载《中共党史资料》第 39 辑。

《周恩来年谱（1949—1976）》（以下简称《年谱》），中共中央文献研究室编，1997 年 5 月中央文献出版社出版。

新华社编印的《参考资料》所载有关外电。

美国乒乓球代表团是怎样提出访华要求的？

据《生涯》称：（1971 年）“3 月 30 日，美国乒乓球队听到中国队邀请南斯拉夫队访华的消息。在名古屋比赛休息大厅内，美国乒协主席斯廷霍文，国际乒协理事、美国乒协国际部主任罗福德·哈里森碰见中国乒乓球队负责人宋中时，忙问他还准备邀请哪些队访问中国，并说：‘如果有机会，美国队可以到中国参加比赛。’斯廷霍文还说：‘中国的乒乓球运动水平很高，如果美国选手去一次中国，一定能学到许多有益的技术，也希望中国乒乓球选手到美国去。'"

赵正洪文中说：有一天，美国运动员科恩错上了中国运动员的大轿车，他问庄则栋："你们邀请了好多国家运动员访问中国，我们美国运动员能不能去?"赵文又称，4 月 1 日团体赛结束后，组织观光，中国运动员又一次与美国运动员有所接触，他们问："听说你们邀请了加拿大和英国乒乓球队去你们国家访问，是真的吗?"我们说："有此事。"他们又问："什么时候能轮到我们美国队去呢?"我们当时不好回答，只是一笑了之。……我们就及时报告了北京。

以上两种说法都具有代表性，但彼此不一致。现将 1971 年 4 月间的几则有关外电摘录如下，从中可以看到事实真相。

[美联社名古屋一日电] 据今天报道，共产党中国已邀请参加 31 届世乒赛的加拿大代表团到北京访问一周。

[共同社名古屋二日英文电] 正在这里参加世乒赛的英格兰乒乓球队应北京政府邀请，将于四月七日锦标赛结束后访问中国。

[路透社名古屋七日电] 消息灵通人士今天在这里说："美国官员们请他们的英格兰同道和加拿大同道向中国人表示美国代表队想进行这样一次访问的愿望。"

[共同社东京七日电] 名古屋消息，中国代表团秘书金恕今日对共同社记者说，"美国队来到名古屋以后，通过种种方法向我们传达了想要访问中国的意见。"

[法新社名古屋七日电] 中国乒乓球代表团秘书长宋中说，他曾见过哈里森几次，并听到他表示美国人希望访

问中国。

[合众国际社香港十日电] 宋中在东京举行的一次记者招待会上说，美国代表队“在到达名古屋以后曾寻找一切机会同中国代表团进行接触。”他说，“美国代表队的一个队员对我们说，美国政府采取敌视中国的政策，但是美国人民希望同中国人民保持诚挚的关系。”

外交部和国家体委为什么认为美国乒乓球代表团访华“时机还不成熟”？

《生涯》说，获得美国乒乓球代表团希望访华的信息后，“外交部和国家体委就这个问题进行了讨论，由于种种原因，他们向中央写的报告的结论是：‘现在访华时机还不成熟。’”外交部和国家体委得出这个结论究竟是什么原因，《生涯》没有说，《年谱》没有说，我看过的有关“乒乓外交”的著述也都没有说。特将有关情况做一介绍：

“文化大革命”开始后，中国乒乓球队已连续两届没有参加世乒赛。1971 年 1 月下旬，日本乒乓球协会（以下简称日乒协）会长后藤钾二专程来北京敦请中国派队去日本参赛。周恩来总理会见了他，指定宋中以中国乒协负责人的名义与后藤钾二签署《会谈纪要》，并于 2 月 2 日公布，内称：日乒协根据中日政治关系三原则邀请中国乒乓球队参加在名古屋举行的 31 届世乒赛，中国乒协“接受邀请”。“根据中日政治关系三原则”是后藤钾二主动写上的，周总理认为很好。针对日本政府政治上敌视我国的情况，周总理于 1958 年提出中日政治关系三原则，即不执行敌视中国的政策；不参与制造“两个中国”的阴谋；不阻挠两国关系正常化。

后藤还兼任亚洲乒乓球联合会（以下简称亚乒联）主席。他离京后即赴新加坡主持亚乒联临时全体会议，提出将“中华民国乒协”开除出亚乒联。在蒋帮代表勾结南越傀儡集团、南朝鲜等“代表”的疯狂攻击下，后藤愤然辞去亚乒联主席职务，由南越人取代。他们决定以亚乒联的名义推荐“中华民国乒协”参加国际乒联。我方知悉后，邀请国际乒联主席伊万斯（英国人）去名古屋前访问北京。3 月 23 日，周总理会见了他。

以下消息均刊载于《参考资料》，《人民日报》没有发表。

（1）［共同社东京二十五日英文电］国际乒联主席伊万斯3 月 25 日在名古屋举行记者招待会。他说，台湾以“中华民国”的名义申请参加国际乒联是不合理的，因为国际乒联章程规定，参加国际乒联的必须是控制那个国家全国的乒乓球协会。台湾不是国际乒联的成员，但却成了亚乒联成员，亚乒联采取了不符合国际乒联章程的行动，为此国际乒联已向亚乒联多次警告。他还说，东德和西德，北朝鲜和南朝鲜，虽然不代表有关国家整体，但根据彼此达成的协议，它们都是国际乒联的成员。

（2）［新华社名古屋二十六日电］26 日国际乒联咨询委员会召开秘密会议，出席会议的有国际乒联主席与 5 名副主席（包括美国），9 名委员（包括日本、美国、苏联、南越、南朝鲜）。会议结束后，伊万斯宣读声明称：“曾收到亚乒联就国际乒联提出的亚乒联章程应当符合国际乒联章程的要求的一封来信。考虑到亚乒联表达的意见，为了保持国际乒联的团结并出于对这个问题能本着相互谅解的精神得到解决的愿望，已把这个问题提交执委会研究。”（按：伊万斯的态度显然发生了变化。）

（3）［日本广播协会二十六日八时广播］“今天的国际咨询委员会集中讨论了台湾参加国际乒联问题。南越、南朝鲜、美国等代表支持台湾参加，而苏联等东欧各国表示反对。最后，会议通过了伊万斯的折中意见。”

（4）［新华社名古屋二十七日电］据悉，二十六日咨询会议上，由南越、南朝鲜及另两个亚洲国家以亚乒联名义提出要把蒋帮塞进国际乒联。经过长时间的讨论，据透露，美国代表以“两个朝鲜”“两个越南”为由，叫嚷应“邀请”蒋帮参加。

（5）［法新社名古屋三十日电］国际乒联代表大会今天下午在这里举行。“南越乒协代表提出以‘中华民国’的名称接纳福摩萨参加国际乒联的动议。南朝鲜、美国和其他几国的代表支持南越人的动议”，但“人民中国、北朝鲜这样一些共产党集团国家的代表强烈反对。在印度代表指出这个问题已于上周在咨询委员会进行讨论之后，该动议便被拒绝了。”

在名古屋的上述斗争中，《人民日报》只在3月28日第6版以《我乒乓球队代表团发言人在名古屋向报界发表书面谈话，坚决反对把蒋帮人员塞进国际乒联》为题，刊载［新华社名古屋二十七日电］：“中国乒乓球代表团发言人二十七日在这里发表一项书面谈话”，内有“在咨询委员会上竟然有人企图把早已被中国人民所唾弃的蒋帮人员塞进国际乒联，这是我们坚决反对的。我们再次重申坚决反对任何制造‘两个中国’和‘一中一台’的阴谋。我们的立场是坚定不移的。”

由上可见，在3月26日举行的国际咨询委员会上和在3月30日举行的国际乒联代表大会上，美国乒协都支持台湾以“中华民国”的名义参加国际乒联。外交部和国家体委对美国乒乓球代表团要求访华一事，没有提出严词拒绝，或“不予置理”“婉言谢绝”之类的意见，而是提出“现在访华时机还不成熟”，已经是很破格的了。

为什么周总理在外交部、国家体委的报告上加批后又送毛主席？

《生涯》转引“新闻工作者钱江在他的书中”（指《乒乓外交》）写道：“对于这份报告，周恩来持非常慎重的态度。他在报告中加进了一段话：可留下他们的通信地址，但对其首席代表在直接接触中应表明，我们中国人民坚决反对‘两个中国’‘一中一台’的阴谋。在文件末端，周恩来写了三个字‘拟同意’。他本人不做最后决定，没有把报告批下去，而是于4月4日将它呈送毛泽东主席。”

为什么“周恩来持非常慎重的态度”？《生涯》没有说，钱江也没有说。

这里介绍一些背景：

尼克松自1969年1月20日就任美国总统后，积极设法接近在他看来已成为“世界五大力量中心”之一的中国，借以对抗已成为美国的“咄咄逼人的竞争者”的苏联，并期望这有助于摆脱美国侵越战争的困境，为此采取了一系列主动行动。1970年12月18日，毛主席会见美国友好人士埃德加·斯诺时说：“外交部研究一下，美国人左、中、右都让来。”周总理指示外交部尽快研究美国人来华问题。1971 年 3 月 15 日，美国国务院宣布尼克松总统决定“取消对持美国护照到中华人民共和国旅行的一切限制，此后只要有正当目的，许可到中国去访问”。而在此期间，美国官方宣布将在联合国推行“两个中国”的政策。

在此情况下，如何处理美国乒乓球代表团的访华要求，确实是一个比较困难的问题。如果同意他们来，那就可能被认为中国政府在“两个中国”问题上有所松动，会招致坚持“一个中国”的后藤钾二等友人的不满。如果拒绝他们来，那就不符合毛主席提出的“美国人左、中、右都让来”的战略决策。美国乒乓球代表团虽有人支持蒋帮以“中华民国”的名义加入国际乒联，但并未得逞，他们并非官方人士，政治态度不会比美国“右派”更坏。外交部和体委的报告中提出“现在访华时机还不成熟”，但过于笼统，周总理加上“对其首席代表在直接接触中表明，我们中国人民坚决反对‘两个中国’、‘一中一台’的阴谋”，这就明确地婉转地说明了不能让他们访华的原因，但又不是生硬地进行批评。“直接接触”更有深意，即直接“对其首席代表”讲，而不对其他人讲。同时，周总理还批示，“可留下他们的通信地址”，这就意味着可以保持联系，时机成熟时再通知他们来访。由此可以看到，周总理考虑细致，处理得体。

毛主席对周总理的批注是否同意？

《生涯》转引钱江书中的话说：“毛泽东看了报告后没有当即批示，但也没有让秘书把它拿走。这个情况说明，报告引起了毛泽东的思考。因为等不到毛泽东的批示，名古屋的赛事就要结束，外交部就把周恩来批过的文件内容告诉了中国乒乓球代表团。”——这是一种说法。

《生涯》则说：“结束比赛的日子即将临近，周恩来提醒毛泽东，4 月 8 日，各国代表团将纷纷离开名古屋回国。毛泽东面对新的抉择。”——这又是一种说法。

《生涯》转引当年任毛主席护士长的吴旭君回忆说：“毛主席在 4 月 6 日那天给我看了份文件，……这是外交部和国家体委联合起草的一份关于不邀请美国乒乓球队访华的报告。这上面，毛主席在他自己的名字上圈阅了。我当时想，这么看来，不邀请美国乒乓球队访华这个大局已定，因为大家的意见一致。主席让我看完文件退给外交部办理。”——这是第三种说法。

据我所知，吴旭君的说法符合事实，只需略做补充。外交部、国家体委的报告于 4 月 3 日送给周总理，周总理于 4 月 4 日在这份报告中加进了上一段所引钱江书中写的那些话，除写了“拟同意”，还写了类似请“主席审批”这样的文字。4 月 6 日，毛主席在“请主席审批”中“主席”二字上画了圈，工作人员退外交部（当然要先给周总理看过）。

赵正洪文中说：“实际上在科恩与庄则栋接触后，我们就及时报告了北京。北京第二天回答‘告诉美国朋友，将来访华总是有机会的’。美国队再度提出访华后，我们又打电话请示北京，答复还是那句话。……北京几次回电都是那句话。”这段文字没有说具体日期。赵正洪当时虽是中国乒乓球代表团团长，但在 20 年后写的回忆文章难免有不准确之处。这里只指出，代表团既然请示北京，在未得回答之前就不能作答，外交部和国家体委也不能作答，而是在 4 月 3 日提出意见报告周总理，周总理于4月4日加批后送给毛主席，毛主席于4月6日白天圈阅后退外交部，外交部有关人员只能按周总理的批示回答代表团。而如此回答代表团只能是一次。因此，赵正洪文说，“北京几次都是那句话”，一定是记错了。

奇怪而又值得一提的是，中国乒乓球代表团负责人对美方的这一答复，并无任何外国通讯社或报纸做过报道。

毛主席如何及因何决定邀请美国乒乓球代表团访华？

《生涯》转引吴旭君的回忆说：

主席让我看完文件退给外交部办理，办完这件事后我觉得主席有心事……至于有什么心事，我不知道。就在4月6日那天，他要提前吃安眠药，他要提前睡觉。晚上11点多了，……他就坐在床边。我坐在床前面的桌子上吃饭，就坐在他对面。他因为吃了大量的安眠药，困极了，他就脑袋这么低着，就在那儿这么低着睡，就是不肯躺。过了一会儿，他突然间说话了，嘟嘟囔囔的，听不清说什么。听了半天，我才听出来，他要我去给王海容同志打电话，当时王海容同志是外交部副部长，他说要邀请美国乒乓球队访华。我的天哪，我一听这话当时就愣了，我想这跟白天退走的文件正好相反，如果按他现在说的去办，那跟文件的精神不符合呀，那总理和他都画了圈的，那可能就会办错了。再有，主席曾经跟我交代过，他说他吃了安眠药以后，讲的话不算数。那么现在跟我交代的这件事就是他吃了安眠药后讲的，那算不算数呢？……我得想一个办法来证实主席现在到底是清醒还是不清醒。用什么办法呢？我想，那就是我得让他再主动地讲话。过了一会儿，主席勉强地抬起头来，使劲睁开眼睛看着我说：小吴，你怎么还坐在那吃呀？我叫你办的事你怎么不去办呢？我想这下可对了，主席可说话了。我就很大声地问他，我说：主席，你刚才都跟我说了什么啦？我尽顾吃饭了，没听清楚，你再跟我说一遍。不错，他又断断续续一个字一个字地，慢吞吞地又把刚才交代的事重新说了一遍。我就反问了一句，我说："你现在都吃了安眠药了，你说的话算数吗？"主席就向我这么挥了一下手，说：算，赶快办，要不就来不及了。这个时候我意识到，毛主席做了最新的决定。

吴旭君非常生动具体地提供了非常宝贵的史料。毛主席那时有什么心事呢？他为什么改变了主意又要邀请美国乒乓球代表团呢？吴旭君没有讲。

实际情况是：4 月 6 日，在圈阅退走了周总理的报告以后，在晚上 11 点多吃了大量安眠药以前，毛主席看了新华社编印的《参考资料》1971 年 4 月 6 日下午版，这一版除封面外共 78 页。封面和里页印着目录，里页开头是：

第 31 届乒乓球赛

我国选手李富荣、郗恩庭进入男单前八名 / 40

日《朝日新闻》文章《博得好评的中国选手——风格也是近台快攻》 / 42

在第 42 页下半页刊登《博得好评的中国选手——风格也是近台快攻》转到第 43 页上半页登完。下面分别用五号黑体字印小标题，用五号楷体字印正文，如下：

共同社消息《以庄则栋为中心，形成了“友好之环”》

[共同社东京5日电] 题：以庄则栋为中心，形成了“友好之环”

名古屋消息：在世界乒乓球锦标赛的比赛场上，中国的老运动员庄则栋的名声突然高了起来，在庄则栋的身边总是围着一群喜笑颜开的人们。央求庄则栋签名的孩子们，以及其他人形成了“友好之环”，并在悄悄地扩大着。令人感到中国运动员代表团到日本的“友好比胜负更重要”的目的似乎在由他一个人实现着。

前一天被邀请上了中国运动员代表团的接送车、接受了庄则栋赠送的织锦纪念品的现代派美国运动员科恩，这天拿着回赠的礼品，从上午9点钟就来到比赛场等候着。科恩的提包里珍藏着和庄则栋的合影照片，登载着这则报道的日本报纸，以及印有象征着和平的标志的衬衣。

科恩向结束了比赛的庄则栋打招呼，把他带到记者接见室，握着他的手说：“真多谢你了！”作为回礼，他拿出一件睡衣，旁边陪同的一个中国代表团官员，拉了拉庄的袖子，但是，庄则栋却没有理会，微笑着接受了他的礼物说：“美中虽没有外交关系，但我很愿意加深个人之间的友好。”两个人被许多摄影师簇拥着，几乎是汗流浃背，连声说“谢谢！”“谢谢！”两人友好地让摄影师拍了照。

和庄则栋分手以后，科恩说：“中国人是好人，我也想到中国去看看，但是人家没有邀请，大概去不了吧！”

（下略）

共同社报道《“一起乘车吧”——世乒赛上的“美中友好”》

［共同社东京4日电］题：“一起乘车吧”——世乒赛上的“美中友好”

名古屋消息：从专门接送中国选手代表团的汽车里招手的中国选手说：“咱们一起坐车到体育馆去吧！”于是，美国的科恩选手就蹒蹒跚跚地走上了汽车。4日早晨，在名古屋举行的世界乒乓球锦标赛上，发生了这样一件事：美国选手和中国选手同乘一辆汽车，通过体育互相了解了“美中人民”的友好。

上午10点左右，在体育馆附近体育会馆前结束了练习的中国选手正要上车，这时候，穿着印着“USA”字样运动服的科恩选手，正急急忙忙经过汽车旁边步行到体育馆去。中国选手看见了他，就打着手势对他说：“要是去体育馆，就坐车去吧！”

对于这种出乎意料的邀请，科恩选手开始有些诧异，但后来却被面带微笑招手示意的中国选手们吸引过去，上了汽车，向距那里数百米左右的比赛地点爱知县体育馆驰去。

在汽车里，中国选手面带微笑，向与他们并排坐着的这位选手搭话说：“中国希望同美国友好。让我们共同努力吧！”虽然要把中国语翻成日本语，再由日本语翻成英语，经过这样烦琐的两重翻译，但是对方的意思似乎都可以明白。庄则栋选手送给他织有黄山图案的长10厘米、宽15厘米的杭州织锦，他非常高兴。

到了体育馆之后，穿着流行服装的科恩选手和穿着鲜红色运动服的中国选手在大门前面一起拍照留念。因门票卖光而进不去体育馆的观众，见到了这种情景，都热烈地欢呼、鼓掌。

中国选手代表团自从来到日本以后就说：“友谊比胜负更重要”，积极地掀起了人民之间的友好热潮。这一天的“美中友好”，使人更强烈地感受到了这一点，是一个给人以深刻印象的场面。

科恩选手在这天参加了男子双打，与日本的今野、阿部两个选手对垒，虽然比赛连续失败，但当问到他对中国选手的感想时，他高兴地莞尔微笑说：“诚恳、友好、亲切。”

美联社报道我运动员和美国运动员科恩进行一次友好活动

［美联社名古屋5日电］（记者：彼得·萨姆）

参加第31届世界乒乓球锦标赛的共产党中国人，昨天招呼一位美国乒乓球运动员搭乘他们的汽车，并向他赠送了一件礼物。这位美国人向中国一位冠军回赠了礼物——一件带有和平标志的短袖衫。

格伦·科恩（19岁）透露说，他把这件短袖衫送给庄则栋以前，还在上面别上了美国代表团的纪念章。

庄则栋说：“谢谢，谢谢。”并同这位美国人握了手。

庄则栋对记者说："收到美国代表队队员的礼物，我感到高兴。"

星期日那天，庄则栋在汽车上曾向科恩赠送了一幅杭州的风景织锦。

庄则栋在中国队负责人的陪同下，在爱知县体育馆正面看台后面的走廊上接受了他的礼物。

科恩对庄则栋说，他还要向其他的中国选手赠送礼品。

这个美国运动员（圣莫尼卡市立学院政治系学生）说，他在 4 月 4 日从一个练球场走到体育馆的途中，坐在一辆大轿车里的大约 25 位中国男、女运动员向他招手，并让他上车。这辆大汽车是中国代表队专用的。

他说："我坐到前面一个座位上，问'谁会讲英语?'一位中国译员走过来了。"

科恩说，在大轿车 5 分钟的行车过程中，他通过这位译员同中国运动员（包括庄则栋在内）交谈。

科恩说："交谈大都是私人性质的，个人性质的。"他不肯详谈。

科恩说："后来，庄先生从我后面约 4 排的座位上走来，送我一件礼物。"科恩说着，展示了这幅风景织锦。

科恩说："多年来，我一直很崇拜庄则栋。"但是他说，他没有对中国运动员讲这一点。

（下略）

［法新社名古屋 5 日电］三届世界男子单打冠军庄则栋今天表示，在体育领域中是没有界线的。

这位 31 岁的中国选手同美国的一位男选手科恩交换了

礼品，作为人民中国和美国之间友好的象征。

庄则栋把一小幅绣着中国风景的织锦送给了科恩。

科恩回赠庄则栋一件乒乓运动衫。

运动衫上有一个标志，科恩给庄则栋讲解说，这象征着反战的美国人民的愿望。

就是这几则没有列入目录、用很小的字体印在很不显眼的位置的电讯，引起了已经78岁高龄、日理万机的毛主席的注意和深思。正如吴旭君所说，“晚上11点多了，……他因为吃了大量的安眠药，困极了，……他突然间说话了，……毛主席做了最新的决定”——这一决定不但打开了中美两国人民友好的大门，而且开始改变了整个世界的战略格局。

庄则栋等为何敢于同科恩接触？ 代表团领导人曾否及时报告北京？

赵正洪文中说：“实际上在科恩与庄则栋接触后，我们就及时报告了北京。”据上节引述《参考资料》所载的几则外电看，科恩与庄则栋和中国其他运动员的首次接触是在4月4日，而外交部和国家体委给周总理写报告的时间是4月3日，其中并没有也不可能有科恩与庄则栋接触的内容。

赵正洪文中说：“出访前，曾有过规定：不和美国队员手拉手；不与美国人主动交谈；比赛场上不与美国队交换国旗。看到庄则栋这些举动（按：指庄与科恩在汽车上的接触和谈话），我心里颇为紧张，拉了他一下。庄则栋笑着对我说：‘你

2004 年，与张玉凤夫妇和庄则栋（左二）在家中合影

当团长顾虑多，我是运动员，没关系，你放心吧。'”

据我所知，周总理并没有做出“不和美国队员手拉手；不与美国人主动交谈”等规定。做出这样规定的必是有关部门的领导人，庄则栋“违反规定”的行为，该团领导人没有向北京报告，是可以理解的。不但如此，在名古屋的新华社记者也没有发回此项电讯。《参考资料》4 月 8 日上午版才刊登新华社记者 7 日自名古屋发回日本报纸报道的美国乒乓球运动员科恩在名古屋同我运动员接触的消息。无论从时间上、内容上，都远远不如《参考资料》4 月 6 日下午版刊载的几则外电。

对照上述几则外电，可以看出赵正洪文及《生涯》等记述中的问题。这里只举出三点：

第一，4 月 4 日，并不是科恩错上了中国选手的车，而是中国选手们主动邀请正在步行的科恩上车。在车上，和科恩谈话的不只是庄则栋一人，同时还有好几位中国选手。

第二，4 月 5 日，并不像《生涯》所说，“科恩在地铁站买了一件运动衣回赠庄则栋”，而是“科恩从上午 9 点钟就来到比赛场，等候庄则栋，把他带到记者接见室”，回赠了礼品。(共同社说是“一件睡衣”。美联社说是“一件带有和平标志的短袖衫”。法新社说是“一件乒乓球运动衫”，“上有一个标志。科恩给庄则栋讲解，说这象征着反战的美国人民的愿望”。)

第三，《生涯》说，“第二天，日本新闻媒介争先恐后报道了这条令世界瞩目的新闻”。而事实上最先报道的不只是共同社，而且还有美联社和法新社。

为什么庄则栋和中国其他乒乓球运动员，敢于违反赵正洪文中所说的“出发前曾有过的规定”，敢于同蓄长发的美国选手科恩接触交谈，并表示友好态度？这是与周总理在该团出发前再三叮嘱的“友谊第一，比赛第二”方针分不开的。据《年谱》下卷 1971 年部分：周总理 2 月 12 日观看准备参加第 31 届世乒赛的中国运动员练习情况。“嘱告参赛运动员：这次出国比赛，是打政治仗。要反骄破满，谦虚谨慎；放下包袱，增强信心；友谊第一，技术第二。做到胜不骄、败不馁。”周总理 3 月 8 日批示同意外交部、国家体委关于参加第 31 届世乒赛有关问题的请示，提出中国乒乓球队应“坚定、敏捷”，“严守集体行动”，实现“友谊第一，比赛第二”。10 日晚，周总理接见赴日参赛的中国乒乓球队全体人员时，又说：“打出水平，打出风格，应该把打出风格放在前面。风格不高，不是真本事。风格就是政治、思想、品格、作风。水平是技术。我们要政治挂帅，不能搞小动作。你们这次出去，即使技术不熟练，稍有失手，但是思想过硬，万一输一些，我们不会责备你们的。如果是政治上的错误，我们倒要责备了。”周总理“3

月14日召集外交部、国家体委等部门负责人开会，商讨中国乒乓球队赴日参赛问题，并研究有关外交对策。15日，致信毛泽东，提出：此次出国参赛，已成为一场严重的国际斗争；我方提出‘友谊第一，比赛第二’，即使输了也不要紧，反正政治上占了上风。……16日，再次接见中国乒乓球队全体队员，强调：到日本后，应注意在对外宣传方面不要强加于人，比如是不是每人手里都要拿语录本，就值得研究；要克服和防止类似的形式主义，提倡实事求是”。

周总理的谆谆教导，武装了中国乒乓球队全体人员的头脑，使他们在对外接触，包括同美国乒乓球队员的接触心中有数。

也应指出，“文化大革命”开始时，每人每日都要背诵“老三篇”①，几乎每个人都背得滚瓜烂熟。《愚公移山》中有这样几句：“我们反对美国政府扶蒋反共的政策。但是我们第一要把美国人民和他们的政府相区别，第二要把美国政府中决定政策的人们和下面的普通工作人员相区别。”据我所知，这几句“最高指示”在中国乒乓球队员中是起了很大作用的。最能说明问题的是：4月9日《人民日报》以《我们的朋友遍天下》为题，刊载“新华社名古屋8日电”，报道“日本乒乓球协会7日晚为庆祝锦标赛胜利结束举行了1000多人的送别酒会”。其中说：“在酒会上，一对从美国前来观看比赛的夫妇向庄则栋致意。庄则栋对他们说：‘虽然美国政府敌视中国，但中国人民同美国人民是友好的，我们是把美国政府和美国人民加以区别的。’这两位美国朋友对庄则栋的话频频点头表示同意。”

① 这里指毛主席的三篇短文：《为人民服务》《纪念白求恩》《愚公移山》。

应该说：庄则栋在“乒乓外交”中的表现是突出的。《生涯》中有以下一段：“有人称赞庄则栋在这一重大历史转变的关头所做出的贡献，而庄则栋却说了这样一句深刻的话：‘我只是把乒乓球从球台的这一边打到那一边，而周总理是把友谊之球从地球的这一边打到了那一边。’”——讲得好！

邀请美国乒乓球代表团访华的消息传出后有什么重要新闻？

据赵正洪文中说，4 月 7 日上午工作人员将北京打来的电话记录送他看，上面写着：“关于美国乒乓球队要求访华一事，考虑到该队已多次提出要求……现在决定同意邀请美国乒乓球队包括负责人在内来我国访问。可在香港办理入境手续，旅费不足可补助。请将办理情况，该队来华人数，动身时间等情况及时报回。”赵马上叫宋中去通知美国乒乓球队，并请日本朋友村岗久平迅速转告后藤钾二。村岗到了后藤家，许多记者正围着后藤问：据说“中国代表团已邀请美国代表团访华，是否有此事?”后藤再三说：“没有这回事。中国不会邀请美国代表团访问中国的。”村岗向后藤转达后，后藤大发脾气：“这么大的事也不打个招呼，太不够朋友了！我刚刚答复了新闻界，中国决不会邀请美国队访问中国。这下子让我说什么好呢?”村岗说：“赵团长说事情突然决定了，来不及先通报，请您原谅。”后藤又亲自找到赵正洪，问是怎么回事。赵详细做了说明，“他的气也消了”。（按：共同社 7 日报道，后藤钾二说，“我之所以努力邀请中国队，始终是为了使世乒赛获得成功，没有料到这样的结果。”）

据外电报道，宋中7日上午到美国队住处向哈里森口头发出邀请，哈里森表示将进行研究，在今日之内做出答复（因需请示美国驻东京大使馆）。但宋中随即向记者宣布说，曾几次听到哈里森表示美国乒乓球队希望访华，中国方面从促进中美人民之间的友好关系的观点出发，决定接受美国乒乓球队访华进行友好比赛的要求，并已发出了邀请。这一宣布立即引起轰动。

据《年谱》，4月8日晨，周总理在国家体委关于接待美国等国乒乓球队的请示件批注："（邀美国队访华的）电话传过去后，名古屋盛传这一震动世界的消息，超过31届国际比赛的消息。"

美国驻日本大使馆同意美国乒乓球代表团访华，并将所持护照上"不能去共产党中国"的印记抹去。4月7日中午，哈里森走访宋中，答应接受邀请，细节待该团开会决定后再告。7日下午，美国代表团开会，团长宣布，访华事已得政府许可，但是女选手中，未成年者要得到双亲的许可，已婚者要得到丈夫的许可。这时会场外已挤满了记者。科恩第一个跑出会议室，他说："太幸福了，一定要去，我很高兴。"女选手中，15岁的朱迪·博琴斯基马上给住在美国俄勒冈州尤金的父亲打电话，并取得同意。17岁的奥尔加·索尔特也给住在美国佛罗里达州奥兰多的父亲打电话，并取得同意。刚打完电话，美联社就分别从尤金和奥兰多发出电讯，电讯说：朱迪的父亲在接到女儿的电话前就从收音机中听到美国乒乓球队应邀访华的消息。他说："我很感动。这对国际和平和友谊确实是好事。"电讯说：奥尔加的父亲在40年代是匈牙利的乒乓球冠军，后移居美国。他说：“我很兴奋，是我训练了奥尔加。”团长斯廷霍文说：“我感到非常高兴。心情与其说是兴奋，毋宁说是惊讶。”哈里森对中国接受美国队的要求这种友好的态度表示感谢，他对带领第一个美国代表队去中国访问感到特别高兴。他说：“所有的队员皆大欢喜，并没有任何害怕。中国运动员们在比赛期间表现得极为友好。”男选手坦纳希尔说：“中国球员们是友好的，而且确实是最优秀的运动员。我到中国去，肯定会丰富我的经验。我们要看看中国究竟是怎么样的，我们也要他们看看我们美国人究竟是怎么样的。”

美国白宫和国务院发言人对此表示欢迎，认为这是中国要同美国改善关系的一个认真的信号，说：“这是完全出乎意料的事。”“中国向一个美国团体发出邀请，这是第一次。”

外电纷纷发表评论。［美联社东京 7 日电］说：“20 年来在恢复美国和中国已经中断的对话方面所采取的最有意义的一个步骤，竟出现在一个想不到的地方：乒乓球比赛场。”［法新社 8 日电］说：这是“中国的新外交战略”。“北京选择了在政治上最中立的方式向美国舆论以及世界舆论伸出手。”“中国政府用大跳跃的”、“大胆的国际战略”，使美国“愈来愈难坚持尼克松对中国迈出的‘小步子’”。［朝日新闻 8 日电］说：“中国无疑是在建立中国人民和美国人民之间的联系，以使尼克松的‘帝国主义政府’陷于孤立。”［合众国际社东京 8 日电］说：“这是日本政府从未料到的惊人之举，日本外务省认为意义重大。”［合众国际社东京 10 日电］说：“这一邀请对美国人和世界其他地方的人们所产生的影响犹如一声惊雷，因为这是最没有预料到的事情。”“中国人竟选择乒乓球锦标赛作为发出邀请的地方。……它突然成了一个进行人民外交的地方。”

4月9日下午，美国乒乓球代表团到达东京羽田机场，久已等候在候机室的记者一拥而上，美国选手们愣了一下，然后轻松愉快地向记者们展示他们的护照上面“不许去共产党中国”的印记都已抹去。斯廷霍文说：“我感到非常称心如意。”有记者问：“你最想看的是什么？是天安门，还是长城？”他说：“我最想了解的是人，我想尽可能多见到一些中国人。”接着，他又笑着加了一句：“也许我能推销几辆克莱斯勒汽车。”哈里森说：“我们对此行感到很兴奋。我们希望向中国人学习。”他说：“加拿大和英国乒乓球队去中国访问。但是美国和中国没有建交，因此我们去访问有特殊意义。我们认为中国选手们‘友谊第一，比赛第二’的方针是正确的。”他还说：“听说毛主席和周总理都对乒乓球感兴趣。”博琴斯基说：“这是不能令人相信的事情，不是为了比赛，而是为了友好，我一定为此做出努力。”科恩说：“中国选手的力量是超群的，到中国以后，我要更好地向他们学习。”

中国乒乓球代表团应日本乒协、日中文化交流协会及朝日新闻社之邀，继续在日本一些地方进行访问和友谊比赛。代表团派翻译王家栋和江承宗陪同美国乒乓球代表团经香港去北京。当晚该团抵达香港，中国旅行社派人迎接，机场上有一大批记者。下机后，斯廷霍文说：“我们很高兴，欢喜得要发狂似的，我们希望此行将促进美国同中国的关系。”他说，中国的邀请完全是友好行动，没有附加任何政治性的东西。哈里森说：“我们把自己看作是促使美中两国达成较多国际谅解的先锋。我们热切希望中国运动员访问美国。”

香港报纸称，香港的美国企业家和银行家们“感到鼓舞”。他们期望能向中国出售美国产品。一位美国银行家说：“我要是会打乒乓球就好了。”

“乒乓外交”一词是怎么产生的？

在周总理主持下，组成了参加第31届世乒赛的中国乒乓球代表团。全团共60人，团长赵正洪，副团长3人，正副秘书长各1人；男、女运动员各11人；领队和教练共9人，记者13人，其余为翻译、医生等。日本右翼团体非常嚣张，猖狂进行破坏活动，有人提出我团不参加。周总理认为不能失信于人，通过日方友好人士要日本政府保证安全。并报告毛主席。毛主席批示，“我队应去”，“要一不怕苦，二不怕死”。3月21日晚，代表团从香港分乘汉莎公司和加拿大太平洋公司的两架飞机抵达东京羽田机场，受到千余位日本各界朋友的热烈欢迎。赵正洪发表书面谈话，强调“友谊第一，比赛第二”。他说：“我们愿意通过这次访问和比赛，为增进中日两国运动员和人民之间的友好关系以及各国人民的友谊做出贡献。”“友谊第一，比赛第二”的号召立即受到广泛的注意。3月22日，日本各报都突出这一主题。

3月28日，世乒赛在名古屋举行。［合众国际社名古屋28日电］称：“共产党中国代表团今天在开幕式上受到5000名观众的最热烈的欢迎。穿着红色运动衫裤的中国男女运动员14人列队走进体育馆，他们行进时轻快地摆动着两臂，受到观众雷鸣般的鼓掌欢迎。”“庞大的日本代表团最后入场，受到热烈欢迎，但是热烈的程度赶不上对中共运动员的欢迎。”

首先提出“发挥了外交使节作用”的是《朝日新闻》。3月29日，该报第三版以《友好发球，中国选手》《总是握手与微笑》《请“一定到北京来”》为题，详细介绍了世乒赛第一天中国选手的表现。该报写道：“中国选手们机敏爽朗地行动了，无论是在比赛中，还是在友好活动中都是如此。”“比赛一结束，就同对手一再握手，关系融洽，摄影留念，还给别国选手签名。”“如同‘友谊第一，比赛第二’这句话所说，他们直接发挥了‘外交使节’的作用。”

首先提出“体育外交”的是共同社。该社3月20日以《无限明朗的友好气氛，参加世界乒乓球赛的中国代表队》为题，发出电讯说：“相隔五年来到日本的中国代表队，连日来和各国代表队进行比赛和联欢，展开了‘体育外交’，成了轰动大会的主角。”他们的表情总是非常明朗，特别给人留下了印象，记者团和他们交谈时总是爽快和直率地答话。男子冠军庄则栋以及其他人，不管谁都善于交谈。女子老手林慧卿和年轻而又惹人喜欢的选手林美群直率地但很害羞地回答记者的提问。代表队异口同声的说法是“友谊第一，胜败第二”。“大概是因为克服了“文化革命”前的锦标主义，才这样爽朗，这样有说服力。红色封面的《毛主席语录》也不再公开拿出来，甚至当前来声援的旅日华侨少年从口袋中掏出《毛主席语录》时，反而提醒他不要这样做。”“中国代表团的体育外交不仅指向日本，而且同参赛的各国代表团进行多方面的交流，同和中国未建交的国家的代表团也不断进行联欢。开幕的28日，南美洲的哥伦比亚和中东的亚丁的选手们来到中国队的座位上，互换了纪念章并亲切地进行了交谈。女子队的第一场比赛是同加纳队对垒。林慧卿等选手在比赛结束后跑向前去称赞10年前参加过北京锦标赛的杰克斯夫人和年仅15岁的‘小选手’奥克迈小姐。这足以填补断绝了外交关系的中国和加纳两国之间的鸿沟。在这种灵活的态度中，中国对待原则问题的态度是严峻的。对南越、南朝鲜等策划台湾加入国际乒联的问题以及对南越、柬埔寨（按：指朗诺集团）参赛的问题，始终表示反对。”

首先提出“外交性的乒乓球比赛”的是英国《每日简报》。4月8日，该报以《周恩来在外交性的乒乓球比赛中起了作用》为题，刊载一篇署名文章，内称：“周恩来总理在把中国和西方隔开的外交网上打开了一个小洞——他是通过巧妙地运用他的乒乓球运动员做到这一点的。在有60名成员的代表队飞往日本参加锦标赛之前，他把他们召集在一起，讲了一句简短的鼓励话：‘友谊第一，比赛第二。’昨天，身穿灰色制服的代表队队员们正是这样做的。……他们邀请美国代表队到中国去进行友谊比赛——美国人立即接受了这个邀请。昨晚华盛顿把这个建议看作是具有重大意义的突破。”

首先提出《赛璐珞外交》的是西德《法兰克福汇报》。4月8日，该报以此为题发表评论说：“一个赛璐珞球跃进世界政治并且谱写着历史。起着架设第一座越过中美两国之间割裂开了20多年的鸿沟的桥梁这种耸人听闻作用的，是中国乒乓球运动员。……他们不向其他人宣传毛泽东，而愿意成为友好的人。他们对任何人都表示友好，喜欢微笑，愿意给人看球板的特殊胶膜，失败后急忙向获胜者表示祝贺。机智而又举止得体，留着短发，服装简朴，谦虚而始终是礼貌的。他们像火星上的人受到惊奇的注视。由于受到日本右翼极端分子谋刺的危险而处在警察保护之下，起初他们感到不快，但渐渐缓和下来了。那些仔细地遵循着毛的道德学说的人，在他们的乒乓桌上进行中国的外交攻势。”

首次提出“乒乓外交”的是法国外交人士。据［共同社巴黎8日电］：法国外交人士评论中国邀请美国乒乓球队访华时说：“中国的邀请是在慎重地研究之后发出的，因此乒乓外交可能会使改善美中关系的工作取得成功。”同时，“中国……向莫斯科打出了一个‘难球’，……就是说，这次乒乓外交的真正目的是要在美苏关系上制造混乱，以牵制两国之间的接近”。

| 七 |

1972年毛泽东同尼克松的谈话*

1972年2月21日至28日，美国总统尼克松访华。21日下午，毛泽东主席会见尼克松总统，在座的有周恩来总理、基辛格博士，译员是唐闻生，记录是王海容。当时中美双方商定，会谈情况不外传。我方将王海容的记录作为绝密文件印发中央领导人和少数部门，能够阅看者甚少。

这次会谈连翻译时间在内一共70分钟，其中涉密之处并不多。随着时间的推移和情况的变化，原来视为机密的已不成为机密。《尼克松回忆录》和基辛格著的《白宫岁月》已将这次会谈的大部分内容公之于世，其中夹杂着一些讹误和曲解。1993年12月11日，《人民日报》刊载了魏史言写的《解冻——记新中国接待第一位美国总统》（以下简称《解冻》），文中以近半篇幅记述毛泽东同尼克松的谈话。1994年3月，世界知识出版社出版的《新中国外交风云》第三辑又刊载魏史言的《尼克松访华》（以下简称《访华》）一文，看来是对《解

---

* 原载《党的文献》1996年第3期。收入本书时题目有改动。

冻》做了一些修改和较多补充后加工写成的，其中对毛泽东同尼克松谈话的记述长达三页多，大都加上直接引用号，给人的印象是引自原记录。但在细读之后，发现《访华》文中需要商榷之处甚多。坦率地说，作者对于已成为历史档案的原记录不重视，使用材料带有随意性，取舍欠斟酌，对所介绍的文件研究不深。毛泽东的言论、著作向以流畅易懂著称，但他同尼克松的这次谈话却有所不同。基辛格深有体会地说："我慢慢捉摸到毛泽东的谈话有好几层意思，……而他最后的那个意思只有在长时间思考以后才能从总体把它抓住。……毛泽东的诙谐谈吐之中夹带有一些暗示和主题，犹如瓦格纳歌剧的序曲，需要加以发展才能显示出它们的意义。"①

毛泽东同尼克松的谈话（以下简称这次谈话），是具有历史意义的重要文献。为免误传、误解，现据原记录及有关资料，对《访华》（包括《解冻》）及尼克松和基辛格的一些论述试作剖析，提出意见和看法，以纠正于外交史的研究者。

（一）

（1）据《访华》一文，这次谈话是这样开始的②：

> 毛主席谈笑风生，寓意深刻。他向尼克松表示欢迎和寒暄后风趣地说："今天你在飞机上给我们出了一个难题，

---

① 本文所引基辛格的话，除另作注明外，均见《白宫岁月》第四册第13至第18页。

② 本文所引《访华》，均见《新中国外交风云》第三辑第84至89页。

要我们吹的问题限制在哲学方面。对于这个问题我没有什么可说的，应该请基辛格博士谈一谈。”基辛格马上说：“我过去在哈佛大学教书时，指定我的学生要读主席的文选。”

这就引起疑问：毛泽东初会尼克松，为什么先“请基辛格博士谈一谈”？基辛格为什么抢在尼克松之前“马上说”？为明真相，照抄原记录的相应部分（以“毛”代毛泽东，以“尼”代尼克松，以“基”代基辛格）：

毛：昨天你在飞机上给我们出了一个难题，说是我们几个要吹的问题限于哲学方面。（众笑）

尼：我之所以这样说，是因为读了主席的诗词和讲话，我知道主席是一位思想深刻的哲学家。

毛：（指基）他是博士。

尼：他是一位思想博士。

毛：（指基）今天主讲要请他，博士，philosopher（哲学家），哲学博士。

尼：他是一位哲学专家。

基：我过去在哈佛大学教书时，指定我的学生要读主席的选集。

由此可见：①《访华》选用了这段记录的首句和末句，略去其余各句，而用“基辛格马上说”联起来，使人看不出有删节。②《访华》在文字上做了多处修改，突出的是把毛说的

“昨天”改成“今天”。③记录中并无“对于这个问题我没有什么可说的，应该请基辛格博士谈一谈”。这是《访华》添加并置于引号内，作为毛的话写出来的。

（2）关于这次谈话的开始部分，基辛格做了如下描述：

> 毛评论了尼克松在飞机上对乔冠华说的一句话，即他认为毛泽东是可以同他谈哲学的人。（这是又一个例子，说明中国人内部联系特别迅速，而且对毛的汇报很详尽）他开玩笑说，哲学可是个“难题”。对于这个题目他没有什么有意思的话可说，可能应该请基辛格博士谈一谈。

这一段的末两句，可能就是上引《访华》添加的“对于这个问题我没有什么可说的，应该请基辛格博士谈一谈”的蓝本。《访华》将毛说的“昨天”改成“今天”，可能也是以基辛格的这段话为依据的。为了说明这一点，先引《访华》的一段真实记述：

> “2 月 21 日上午 9 时，尼克松总统的专机飞抵上海，稍事休息用餐后，即由专程前往迎接的乔冠华、章文晋、王海容等陪同，于上午 11 时 30 分到达北京。”（下午）“2 时 40 分，毛主席在他书房里会见了尼克松。”

基辛格判断：尼克松在飞机上对乔冠华说，毛泽东是可以同他谈哲学的人，中国人很快向毛主席汇报，因此，毛主席会见尼克松时就说，哲学可是个“难题”。《访华》可能据此判断，这都是发生在 2 月 21 日的事，尼克松在飞机上对乔冠华出“难题”的时间，应是“今天”，而不是记录中所写的“昨天”。

但是，在这次谈话中，尼克松和毛泽东都没有谈唯物主义、唯心主义之类的哲学问题。尼克松所说的“哲学”究竟是什么意思？对此，基辛格未做解释，《访华》未做探索。在把“昨天”改成“今天”之后，这个问题将会永远搞不清楚了。而这样一来，就无法理解毛泽东开头那句话的含意，也难以理解毛泽东这次谈话的基本精神。

其实，按原记录做些查证，就会找到答案。

答案就在新华社编印的《参考资料》1972 年 2 月 21 日上午版第一页的合众国际社的一则电讯中，现节录如下：

> ［合众国际社关岛阿加尼亚二月二十日电］（记者：诺曼·肯普斯特）尼克松总统今天说，他准备同中国领导人进行马拉松式的会谈，如果这些会谈证明在缓和中美紧张局势方面有成果的话。
>
> 尼克松在他的蓝、白、银三色的“七六年精神号”喷气式飞机上对记者们说：“我们的主人想参加会谈多久，我就准备参加会谈多久。”
>
> 总统说，他期望他同共产党主席毛泽东和周恩来总理的谈话从哲学的角度来进行，而不是只集中讨论眼前的问题。
>
> （中略四段）
>
> 尼克松说，毛和周都是“有哲学头脑的人物，他们不是仅仅讲究实际的、注意日常问题的领导人”。
>
> 他说：“他们是一些眼光看得很远的人。”

> 他说："我自己对世界上的长期的和双边的问题的态度不是策略性的。美国领导人的眼光必须看得很远——我们的政策辩论必须根据一项妥善地制订，并且为人们充分了解的哲学，这是我们国际关系的基础。"

在导语之后，多次出现了"哲学"字眼，而在这里，"哲学"具有特殊的含意。尼克松所说的"哲学的角度"，是指"不是只集中讨论眼前的问题"。他所说的"有哲学头脑"，是指"不是仅仅讲究实际的、注意日常问题的"，而是"眼光看得很远的"。他说，他对（中美）"双边的问题的态度不是策略性的"，那就意味着是战略性的。他说，美国"国际关系的基础"是（由他）"妥善制订"的"哲学"。这里的"哲学"实际上是"战略"的同义语。

概括起来说，尼克松期望同中国领导人的讨论，要用"哲学头脑"并从"哲学的角度"来进行，要"眼光看得很远"，尽量撇开"眼前的问题"，摆脱"实际的"即具体的和"日常的问题"，超越"策略性"的问题。那就意味着，要着重讨论长远性的、原则性的、宏观性的、战略性的问题。

尼克松这番话确实是在飞机上讲的，但不是对乔冠华而是对美国记者讲的，时间是 2 月 20 日而不是 21 日，记录上的"昨天"是正确的，《访华》改成"今天"是错误的。

（3）这次谈话一开始，毛泽东就对尼克松说："昨天你在飞机上给我们出了一个难题。"这句开场白真是高明之至，精彩之至。然后，毛泽东借尼克松的话并揉进自己的意见，用幽默的口吻明确提出："要吹的问题限于哲学方面。"这就是说，不吹眼前的、具体的、日常的、策略性的问题，只吹问题的长远性、原则性、宏观性、战略性的方面。

尼克松简述了他在飞机上“这样说”的缘由，赞誉毛泽东是“思想深刻的哲学家”（这里的“哲学家”意为“战略家”）。毛泽东避开了尼克松的赞誉，转而一再促使基辛格发言。在尼克松引导下，基辛格讲了他在哈佛大学时指定他的学生“读主席的选集”（《访华》将“选集”改成“文选”）。接着，《访华》写出了内容与记录相同的三句话，即：毛主席说：“我那些东西算不得什么。”尼克松则称赞说：“主席的著作感动了全国，改变了世界。”毛主席说：“没有改变世界，只改变了北京附近几个地方。”

尼克松将这三句话以基本相同的字句写进他的回忆录，起语用的是“毛用典型的谦虚口吻说”；他称赞毛泽东的那句话则写成“主席的著作推动了一个民族，改变了整个世界”。

对此，基辛格另有看法。他写道：“毛泽东的谈话也不全都是战略问题。甚至在我们短暂的会见中，他也摆脱不了那使他的成就蒙上阴影并给他的晚年带来痛苦的噩梦。”他举出的唯一例证是：“毛泽东不无伤感地回答（尼克松）说：‘我没有能改变世界，我只改变了北京周围的一些地方’。”并说，这种“无可奈何地接受事实的态度，突出地表明了革命的矛盾”。

这显然是曲解。但国内却有人据此为文贬低毛泽东，胡说毛泽东自己承认，他只改变了北京周围的一些地方。与这种谰言相对照，1994 年尼克松逝世后，人们发现在他尚未出版的最后著作《超越和平》一书中，首先提到毛泽东，说毛泽东是“富有领袖魅力的共产党领导人，曾运用他的革命思想推动了一个国家并改变了这个世界”。[①]

（4）同“哲学”问题相关联，这里插进《访华》中间部分的一段话：

> 尼克松想接着谈台湾、越南、朝鲜、日本、苏联等问题，毛主席打断他的话说：“这些问题我不感兴趣，那是他（指周总理）跟你谈的事。”

读者可能要问：尼克松想谈的都是当时的重大问题，毛泽东却打断他的话，说他对这些问题不感兴趣。这岂不是太生硬，使尼克松难堪？究竟毛泽东感兴趣的是什么问题？

事实是，《访华》按照记录引用了毛泽东的话，而对尼克松的话却转述得不准确。据记录，尼克松说：“如果可能，我希望跟总理，以及以后跟主席除了讨论眼前的问题，台湾问题、越南问题、朝鲜问题而外，……”毛泽东不等他讲完，就说了上面引述的那句话。很清楚，尼克松把台湾、越南、朝鲜问题都说成是“眼前的问题”，毛泽东对“眼前的问题”表示“不感兴趣”。他开宗明义就提出：“要吹的问题限于哲学方面。”而尼克松对记者说过，他期望同毛泽东的谈话“从哲学的角度来进行，而不只是集中讨论眼前的

① 译自1994年5月2日美国《时代》周刊，尼克松遗著《超越和平》摘要，第18页。

问题”。

对此，基辛格是这样写的：“当尼克松列举了一系列需要共同关注的地区时，毛泽东客气但又坚定地回答说：‘这些问题不是在我这里谈的问题。这些问题应该同周总理去谈。我谈哲学问题。’”基辛格记述的这段话虽与记录不相同，但却相当准确地表达了毛泽东的本意。

（二）

《解冻》对这次谈话的内容做了概括，说毛泽东同尼克松“纵论天下大事”，“交谈”了“双方关心的重大问题”①。这样的概括不符实际，《访华》删去了，这是对的。但《访华》没有另做概括，没有指出这次谈话的主题，这是缺陷。尼克松则有点睛之语，他写道：“我同毛会见，主要谈到我们之间有发展潜力的新关系的他所谓的‘哲学方面’。”② 简言之，这次谈话的主题是中美关系的“哲学”方面，亦即中美关系的长远性、原则性、宏观性、战略性的方面。

毛泽东牢牢抓住这个主题，主动对尼克松和基辛格说了五段话：

（1）第一段。《访华》称，毛主席说：“我们共同的老朋友，就是蒋委员长，他可不赞成。他说我们是‘共匪’。其实我们跟他做朋友的时间比你们长得多。”接着加了一句：“主席

① 参见魏史言《解冻——记新中国接待第一位美国总统》，《共和国的回忆》第57－60页。

② 此处及以下所引用尼克松的话，均见《尼克松回忆录》中册，第249至253页。

话锋一转，很自然地引出台湾问题。”

记录中这一段文字较长，包括周恩来和尼克松的插话，《尼克松回忆录》详细地记述了，《访华》则做了有失原意的删改。鉴于这一段十分重要，还是照抄记录：

毛：我们共同的老朋友，就是说蒋介石委员长，他不赞成。他说我们是“共匪”，他最近还发表了一篇讲话。

周：就是在他们最近召开的“国会”上。

尼：蒋介石把主席叫作共匪，主席把他叫作什么呢？

周：我们一般叫蒋介石集团，新闻里面有时也叫匪。

毛：那还不是匪？彼此叫匪，互相对骂。其实我们跟他做朋友的时间比你跟他做朋友的时间长得多。

周：从1924年开始。

为了便于理解，提供以下材料：

毛泽东讲到蒋介石“最近发表了一篇讲话”，周恩来补充说：“就是在他们最近召开的‘国会’上。”据此进行查考，就可以在《参考资料》1972年2月21日上午版，找到蒋介石2月20日“在国民大会第五次会议开会典礼中的致辞”。其中讲了“我们和共匪”之间的“区别”，诬蔑“大陆的精神文化”被“摧残”，“大陆七亿人民的生活”已是“血干泪尽”。接着说：“试问这是一个什么‘政权’？这如何能说它对大陆有了‘有效的控制’？……所以今天国际间任何与恶势力谋求政治权力均衡的姑息举动，绝不会有助于世界和平，而适以延长我七亿人民的苦难，增大全世界的灾祸！我们对任何有损于中华民国主权利益的行动，保有高度的警惕！”在这一“致词”中，蒋介石未提美国，未提尼克松。他在尼克松抵达北京的前一天讲了这番话，矛头所指，不言自明。对此，毛泽东幽默地而又意味深长地对尼克松说：“我们共同的老朋友，就是说蒋介石委员长，他不赞成。”

毛泽东在这段谈话中多次讲到“朋友”，这不是泛泛之谈。1972年2月17日，新华社就尼克松向美国国会提出的对外政策报告做了长篇评论（见次日《人民日报》）。其中说：

> “美国总统在谈到中国时，开宗明义就肯定中国是美帝国主义的‘死心塌地的敌人’，这表明美帝国主义不愿改变其敌视中国的立场。他在谈到他的访华之行和中美关系时说，‘我们不会以牺牲朋友来同中华人民共和国进行新的对话，但是尽管如此，我们承认，这种做法不能不使我们台湾的老朋友感到苦恼。’”
>
> “尼克松总统一方面说美国‘经不起同世界上四分之一的人口隔绝开’，另一方面又说不能‘背弃’美国的‘老朋友’，这充分表明他处在难以解脱的自相矛盾之中。”

参阅上述材料，有助于理解毛泽东这段话的含意。可以设想，当时十分注意研究中国有关文章和评论的基辛格，不会忽视这些材料。对毛泽东这段话，基辛格记了一句“我们共同的老朋友蒋委员长对这件事可不赞成了”。然后，他又做了仔细的分析。他写道，“毛泽东是用一种故意显得很随便的方式来发表他的主要意见的”，“他巧妙地把台湾问题放在一个次要的地位，把它当作中国内部的一项不甚重要的争端；他甚至只字不提美国在台湾驻军问题”。“关于双方如何对骂开的玩笑”，是“有政治意义的”，“连这也是一种传话的方式：中国人最终是会找到自己的解决办法的”。

这次谈话中，毛泽东根本未提台湾，只提到“我们共同的老朋友，就是说蒋介石委员长”，提到“彼此叫匪，互相对骂”。基辛格认为，这是向尼克松“传话”——“中国人最终是会找到自己的解决办法的”（指不许美国及任何外国干预）。这就从“哲学”方面阐明了中美关系中的根本问题。

《访华》称，“主席话锋一转，很自然地引出了台湾问题”。这样一句插话是否正确？就不必评论了。

（2）第二段。据《访华》称，毛主席向基辛格说：“你跑中国跑出了名嘛，头一次来公告发表以后，全世界都震动了。”这一段的文字与记录相同。记录中“头一次来”之后有一逗号，《访华》删去了，《解冻》将逗号改成“的”字，这都有损原意。

“头一次来”，是指基辛格1971年7月9日至11日秘密访华。当时周恩来同他商定了“尼克松总统于1972年5月以前的适当时间访问中国”的公告，由双方以各自不同的方式于7月16日同时发表。

基辛格确因“跑中国跑出了名”。（他说：当尼克松派他秘密访华时，“我感到十分惊讶”。因为“对于广大公众来说，我基本上是默默不闻的，我任职两年半以来从未举行过公开的记者招待会”①。）毛泽东这样说，是对他“跑中国”表示赞许，

① 参见基辛格《白宫岁月》第二册，第377页。

激励他继续“跑中国”，为发展中美关系而努力。

“公报发表以后，全世界都震动了。”这是完全符合实际的描述。（基辛格说，在他秘密访华时，“周恩来指出，这一宣告会震动世界。他说对了。这不仅使新闻界震惊，而且一夜之间改变了国际政治结构。”①）毛泽东讲这句话，似在向尼克松和基辛格表示，中美关系不只是两国之间的事，而是具有世界意义和世界影响的，应从这样的战略高度来审视和处理中美关系。

这一段本可到此结束。但《访华》写道：“毛主席又幽默地说基辛格‘他不像个特务’。实际是称赞他秘密访华的保密工作做得好。”——实际是，毛泽东并未讲这句话，也未对基辛格做这样的称赞。这无须引用记录，只须引用《尼克松回忆录》：

> “他不像一个特工人员，”我说，“但只有他能够在行动不自由的情况下去巴黎十二次，来北京一次，而没有人知道——除非有两三个漂亮的姑娘。”

“特工人员”的英文是 secret agent，亦可译为“特务”。“他不像一个特工人员”，分明是尼克松说的，《访华》却写成是毛泽东说的，并故意把“特工人员”改作“特务”。

上文“我说”之后的引号中的话，《访华》全部照抄，只将“我说”改成“尼克松笑道”。这样，即使从《访华》看，也是尼克松而不是毛泽东称赞基辛格“保密工作做得好”。但

① 参见基辛格《白宫岁月》第一册，第216页。

尼克松并未做此断语，只是具体指出基辛格“去巴黎十二次，来北京一次，而没有人知道”。《访华》照抄了尼克松这段话，又另外加上毛泽东“实际称赞他秘密访华工作做得好”。这是不严肃的。

继“……漂亮的姑娘”之后，《访华》写道：

> 基辛格慌忙解释：“她们不知道，我是利用她们做掩护的。”毛主席问：“是在巴黎吗？”尼克松又问：“凡是能用漂亮姑娘作掩护的，一定是有史以来最伟大的外交家。”毛主席反问：“这么说，你们常常利用你们的姑娘啊？”尼克松申辩说：“他的姑娘，不是我的。如果我用姑娘作掩护，麻烦就大了。”周总理点上一句：“特别是大选的时候。”引起大家哈哈大笑。

以上引号内的语句，除两个字外，都与《尼克松回忆录》相同。引号前的“慌忙解释”“反问”“申辩”“点上一句”等则是《访华》的作者绘声绘色的手笔。

对上述尼克松、基辛格的话，不必与记录查对。但应指出，记录中并无“毛主席问：‘是在巴黎吗？’”。所谓“毛主席反问……”，据记录，则是“毛：你们的姑娘常被人利用啊？”最后一句是毛泽东说的，而不是“周总理点上一句”。记录中也无“引起大家哈哈大笑”的描绘。

（3）第三段。《访华》称，毛主席说：“讲老实话，这个民主党如果再上台，我们也不能不同他打交道。”

毛泽东讲这句话的因由是：尼克松 1969 年入主白宫后，

"特别感到苏联已成为美国的一个'非常强大、有力和咄咄逼人的竞争者'，想通过改善中美关系，增加美国对付苏联的资本"①。此外，尼克松也想借助改善中美关系多捞选票，连任总统。毛泽东早就看出这一点，1970 年 12 月 18 日，他对斯诺说："1972 年美国要大选，这年的上半年，尼克松可能派人来。"②遵照毛泽东的指示，我国有关部门邀请并批准了美国乒乓球队和一些友好人士、新闻记者等访华，但对美国政界人物的访华申请则不予安排。对此，尼克松可能没有察觉。据基辛格称，在他 1971 年 7 月准备秘密访华前，"尼克松还想要中国人保证，在他去中国之前，不邀请美国的任何政治人物去中国访问"③。在他离开美国之后，他写道："我三番五次地接到训令，还是在我出发前跟我讲过不知多少遍的那些话，……在尼克松之前，其他政治家不许去中国。"④ 基辛格抵京后，在同周恩来会谈中，婉转地表露了此意，周恩来明确告诉他，我们收到了美国政界许多人士申请访华的函电，但我们都未邀请。基辛格立即代表尼克松感谢中国领导人的"明智"，并说，美国走向同中国友好之路应由尼克松总统亲自开始，美国其他政治家步尼克松的后尘才是合适的。

毛泽东讲这句话意味着，中美关系不是权宜之计，应该超越美国党派政治的框框，高瞻远瞩地持续地发展中美关系。此后不久，美国参众两院的两党领袖和一些议员相继访华。尼克

① 参见《当代中国外交》，第 217 页。
② 参见《毛泽东外交文选》，第 592 页。
③ 参见《白宫岁月》第三册，第 3 页。
④ 参见《白宫岁月》第三册，第 5 页。

松虽以压倒优势赢得大选，但被“水门事件”搞得焦头烂额，被迫辞职。1979 年 1 月中美建交，当时美国总统是民主党人卡特。

（4）第四段。摘抄原记录（《访华》所做的删改则不提及）：

毛：我的问题是哲学问题，就是说，你当选，我是投了一票的。

尼：我想主席投我一票，是在两个坏东西中间选择好一点的一个。

毛：我是喜欢右派的。人家说你们是右派，说你们共和党是右派。

尼：是的。

毛：说英国的希思首相是右派。……说西德的基督教民主党也是右派。我喜欢右派，比较高兴这些右派当政。

尼：我想重要的是，在美国，至少现在，像我这样的右派可以做那些左派只能口头上说说的事情。（毛点头）

毛泽东对斯诺说，尼克松是“右派”，是说“他是代表垄断资本家的”[①]。而毛泽东在这一段中说的“右派”，是作为“哲学问题”讲的。从“哲学”即“战略”上讲，当时西方一些国家中，在“苏攻美守”的形势下，右派主张对苏强硬，或可称之为抗苏派，左派主张对苏妥协，或可称之为亲苏派。为了抗苏，也就主张改善对华关系。由于对苏妥协，往往不愿或

① 参见《毛泽东外交文选》，第 592－593 页。

不敢接近中国。正是在这个意义上，毛泽东把尼克松、基辛格说成右派，并把“英国的希思首相”以及“西德的基督教民主党”也说成右派。正是在这个意义上，毛泽东说“我喜欢右派，比较高兴右派当政”。对此，尼克松做了心领神会的回答。基辛格犹感不足，以向尼克松提醒的方式补上一句，毛泽东马上做了回应：

基：总统先生，我觉得左边的人是亲苏的，他们不鼓励我们向人民共和国这边移动，而且批评你这样做。

毛：就是啰。我们国内有一派也反对我们跟你们往来，结果坐一架飞机跑到外国去了。全世界的侦察就只有美国的比较准确，其次就是日本。苏联就在那里挖尸。

《访华》对这两段话略而不提，基辛格则写了一段：

（毛泽东）提到了他自己的政治上的反对派，他说，有一个“反动集团反对我们和你们接触。结果他们乘飞机逃到外国去了”。为了怕我没听出这是指林彪，毛泽东和周恩来还解释说，这架飞机后来在外蒙古坠毁了。

（5）第五段。摘抄记录（《访华》所做的重大删改则不提及）：

毛：……所以我们两家也怪得很，过去二十二年总是谈不拢，现在从打乒乓球 table tennis 起不到十个月，如果从你们在华沙提出建议时算起，两年多了。

我们办事也有官僚主义。你们要搞人员往来这些事，搞点小生意，我们就死不肯。十几年，说是不解决大问题，小问题不干，包括我在内。后来发现还是你们对，所以就打乒乓球。

……从杜鲁门到约翰逊，我们也都不那么高兴。这个中间有八年的共和党，那个时候，你们也没有想通。

这一段内容丰富，试做如下解释：

“过去二十二年总是谈不拢”——“过去二十二年”是指1949年初夏至1971年初夏；“总是谈不拢”是指中美关系问题。

1949年4月23日，南京解放，苏联大使已随国民党政府迁往广州，美国大使司徒雷登却留在南京，并派秘书傅泾波向我南京外事处处长黄华传话。毛泽东得报后，于5月10日致电南京市委：“黄华可与司徒见面”，告以“如果美国政府愿意考虑和我方建立外交关系的话，美国政府就应当停止一切援助国民党的行动，并断绝和国民党反动残余力量的联系”；“对于傅泾波所提司徒愿意继续当大使和我们办交涉并修改商约一点，不要表示拒绝的态度”①。黄华往见司徒，司徒表示，愿同新中国建立新关系。后又表示，目前尚无一个新政府成立，没有承认对象；按照国际法，美国尚不能断绝与旧政府的关系。不久，傅泾波告黄华，美国副国务卿魏伯电示司徒赴北平会见周恩来

① 金冲及. 建国前夕毛泽东对新中国的构想［J］. 党的文献，1993（6）：46.

先生。中央考虑通过非官方途径较好，由燕京大学校长函邀司徒去北平。6 月 28 日，黄华告司徒，他希望与当局晤面事亦有可能。7 月 2 日，傅泾波告黄华，美国国务卿艾奇逊电示司徒，回国短暂停留后即返中国，届时可去北平。8 月 2 日，司徒离华返美。8 月 5 日，美国国务院发表关于中美关系的白皮书和艾奇逊给杜鲁门总统的信[①]。艾奇逊信中说“共产党领袖已背弃他们中国的遗产，公开宣布他们附从于一个强国——俄国”，并煽动中国人民“推翻外来制度”[②]。

1950 年 6 月 25 日，朝鲜战争爆发。6 月 27 日，杜鲁门命令第七舰队开进台湾海峡，阻止我解放台湾，并宣称台湾地位未定。不久，美国在台湾设立军事基地。1954 年 12 月，美蒋签订《共同防御条约》。对此种种，中国政府均发表严正声明，一再宣告“台湾是中国的领土，中国人民一定要解放台湾”。1955 年 4 月 23 日，周恩来率团出席亚非会议时发表声明：“中国人民不要同美国打仗。中国政府愿意同美国政府坐下来谈判，讨论和缓远东局势的问题，特别是和缓台湾地区的紧张局势问题。”

在一些国家斡旋下，中美大使级谈判于 1955 年 8 月 1 日在日内瓦举行（后移至华沙）。到 1960 年 9 月，会谈了 100 次，除开始时就“平民回国问题”达成协议外，别无结果。美国政府实行对华贸易禁运，不准中国人去美国，不准美国人来中国。

---

① 黄华．南京解放初期我同司徒雷登的几次接触［M］//黄华．新中国外交风云．北京：世界知识出版社，1990：22－32.

② ［作者不详］．中美关系资料汇编：第一辑［M］．北京：世界知识出版社，1957：40－41.

1960年9月13日，中国外交部新闻司发表声明说，“中国政府曾经设想”，双方先就“一些比较次要的问题”达成协议，“以便为解决中美两国之间的根本性问题创造有利条件。为此，中国方面在中美100次会谈中，曾经先后提出消除两国贸易的障碍，消除两国文化交流和人员往来的障碍以及在平等互惠基础上互换记者等等一系列的合理建议”，但“都遭到美国政府”的“无理拒绝”。“中国方面不能不得出这样的结论，今后在会谈中没有必要再在次要的问题上浪费时间，而应首先致力于解决中美两国之间的根本性问题”，即“美国政府同意把它的武装部队从中国领土台湾和台湾海峡全部撤出的问题”①。

在会谈中，美方也“首先致力于解决”它认为是“中美两国之间的根本性问题”，那就是要中国政府同意美军留在台湾和台湾海峡。

如果借用毛泽东的语汇，把“根本性问题”称作“大问题”，把“次要问题”称作“小问题”，则可对中、美两国的态度做这样的描述：中方本想先解决一些“小问题”，以便解决“大问题”；而美方的态度则一直是“不解决大问题，小问题不干。”经过100次谈判之后，我方改变了态度，以其人之道，还治其人之身。后来毛泽东说：“美国人想跟我们做生意，我们就是不做。他们想派记者来，这也不成。我们认为，大问题没有解决以前，这些小问题、个别问题可以不忙着去解决。”②

① 谢益显．中国外交史：中华人民共和国时期1949—1979［M］．郑州：河南人民出版社，1988：208－209.

② 参见《毛泽东外交文选》，第533页。

直到约翰逊总统下台，中美大使级会谈共进行了 134 次，未取得任何成果，毛泽东说“从杜鲁门到约翰逊，我们也都不那么高兴”，是指他们都坚持敌视中国、霸占台湾的立场，因而“我们总是谈不拢”。“这个中间有八年的共和党”，总统是艾森豪威尔，副总统是尼克松，“你们也没有想通”，当然属于我们“不那么高兴”之列。

从 1949 年 5 月黄华会见司徒雷登，到约翰逊下台，“谈不拢”的时间一共是十九年半，离二十二年还差两年半，这两年半就得算到尼克松的头上了。

1969 年 1 月 20 日，尼克松就任美国总统。2 月 19 日，我外交部新闻司发表声明说“前中国驻荷兰外交官廖和叔叛逃，并由美国中央情报局送往美国”，美国政府“拒不接受中国政府的严正要求，并且继续诬蔑中国”，因此不适宜“按预定日期在 2 月 20 日举行第 135 次中美大使级会谈”。由于尼克松采取破格的外交行动，中美第 135 次及第 136 次大使级会谈得以进行。1970 年 5 月，中方又因美国侵略柬埔寨推迟了第 137 次大使级会谈（此后未恢复）。尼克松多次做出了向中国友好的表示，并准备亲自访华。1971 年 4 月下旬，美国《生活》杂志发表了斯诺写的《同毛泽东的一次交谈》。文中说：是否应该让代表垄断资本家的尼克松这样的右派来呢？应该欢迎他来，因为，毛泽东解释说，目前中美之间的各种问题需要跟尼克松商量解决，毛泽东高兴同他晤谈。他作为一个旅行者也行，作为总统也行。4 月 29 日，美国国务卿在伦敦发表讲话称，斯诺报道的毛泽东要尼克松总统去访问是“随随便便提出的”，不是“当真的”。他还说，中国的对外政策是“扩张主义的”；中国必须“无条件地”参加国际社会，遵守“国际法规”。这时，美国国务院宣布对台湾的主权是“一个未解决的问题”。5月4日，新华社发表评论说，美国国务院宣扬“台湾地位未定”是对中国内政的“无耻干涉”，是“以中国人民为敌”。并说，尼克松所谓要改善中美关系是个“大骗局”。

这样，尼克松上台两年半，还是“谈不拢”。自1949年5月黄华会见司徒雷登算起，整整22年，“总是谈不拢”。

尼克松就职后，美国政府在别的方面向中国做些姿态：

1969年7月21日，美国国务院宣布：放宽（但不是取消）对中国的贸易限制（允许美国旅游者购买不超过100美元的中国制的非商业货品），放宽美国公民到中国旅行的限制。8月8日，国务卿罗杰斯发表演说，谈到“共产党中国”时，他说：“我们放宽了美国旅客购买他们的货物的政策，并且正在批准去中国旅行的签证。我们的目的是……帮助大陆上的中国人记起我们过去对他们的友谊。”

此后，美国政府陆续宣布进一步放宽对华贸易禁运和对美国人来华旅行的限制。直到1971年3月15日，美国政府宣布凡持美国护照去的人，只要有“正当”目的，都许可到中国访问（而不只是旅行）。同年4月14日，美国白宫宣布大幅度取消对华贸易禁运，把对华贸易置于与美苏贸易同等的地位。

对上述种种，我国未予理会。这就是毛泽东对尼克松说的“我们办事也有官僚主义”，“你们要搞人员往来这些事，搞点小生意，我们就死不肯”。“十几年，说是不解决大问题，小问题不干，包括我在内。”毛泽东说“后来发现还是你们对”，——实际上是指美方改用我方在中美大使级会谈头几年采取的办法，即，先解决一些“小问题”，以便解决“大问题”。毛泽东决定先在人员来往方面采取主动，“所以就打乒乓球”。

当获悉在日本参加第 31 届世界乒乓球赛的美国乒乓球队有访华的要求时，毛泽东立即决定邀请该队访华。这一举世瞩目的“乒乓外交”，起到“小球推动大球”的作用。4 月 14 日，周恩来会见美国乒乓球队时说：“中美两国人民过去往来是很频繁的，以后中断了一个很长的时间。你们这次应邀来访，打开了两国人民友好往来的大门。”① 基辛格评称：“这也暗含有对我们的警告，如果中国的建议遭到拒绝，北京可以积极开展人民对人民的来往接触，……以求达到他们的目的。”②

但毛泽东对美国放宽对华贸易限制则不予重视。在基辛格秘密访华前，毛泽东指示，不同美方谈贸易问题。其后美方多次要求开展中美贸易，我方均表示不感兴趣。直到毛泽东会见尼克松时，提到可以“搞点小生意”，双方贸易才开始起步。

从“打乒乓球”起到尼克松访华这“不到十个月”的时间中，中美之间有三次重要接触：一是 1971 年基辛格秘密访华，发表了震动世界的公告；二是 1971 年 10 月基辛格公开访华，同周恩来预拟了尼克松访华时中美联合公报即上海公报草案；三是 1972 年 1 月基辛格的副手黑格访华，为尼克松的中国之行作具体安排。但中美关系仍未“正常化”。

---

① 参见《周恩来外交文选》，第 474 页。

② 参见基辛格《白宫岁月》第二册，第 368 页。

以上五段中，毛泽东深入浅出地讲了中美关系的“哲学”方面。

以下三段，是毛泽东在回答尼克松所谈问题时就中美关系所做的表态或阐述，均按记录分段摘引，《访华》的修改处不予提及。

> (1) 尼：……世界上大多数国家都是赞成我这次访问的，苏联不赞成；日本是怀疑的，它已经表示了这种怀疑；印度不赞成。所以，我们要研究为什么会这样，并决定我们的政策，看就全世界来说，我们应如何发展，而不是看眼前的问题。当然，朝鲜、越南、台湾这些问题也要讨论。
>
> 毛：对，赞成。

如前所述，尼克松把朝鲜、越南、台湾等问题作为眼前问题提出来，毛泽东不感兴趣。但从世界全局来探讨双方的政策及朝鲜、越南等问题，毛泽东是赞成的。

> (2) 尼：……究竟怎样好，是要日本处于中立和不能自卫的状态，还是在一个时期内让日本同美国具有某些关系，这都是属于哲学范围的问题。……总理指出，他感到美国在伸手，苏联在伸手，那么问题是，人民共和国面临的危险，是来自美国的侵略，还是来自苏联的侵略？这是一个困难的问题，但是我们要讨论这个问题。
>
> 毛：来自美国方面的侵略，或者来自中国方面的侵略，

这个问题比较小，也可以说不是大问题，因为现在不存在我们两个国家互相打仗的问题。你们想撤一部分兵回国，我们的兵也不出国。

基辛格认为，毛泽东在这里“暗示”了“一个保证”，“这个保证消除了美国两届政府的噩梦：害怕中国会武装干涉印度支那”。他对毛泽东这句话的前半段则评论说：“通过排除法，显然说明苏联是毛泽东在安全方面主要担心的对象。”这是曲解。尼克松提出的问题是：“人民共和国面临的危险，是来自美国的侵略，还是来自苏联的侵略？”毛泽东并未回答这个问题，根本不提苏联，而告以“现在不存在我们两个国家互相打仗的问题”。在基辛格一再强调的“中、美、苏三角关系”中，如果“通过排除法”，那只能意味着，对美国来说，来自苏联的威胁比较大。

(3) 尼：主席先生，我知道，我多年来对人民共和国的立场，是主席和总理所完全不同意的。我们现在走在一起来了，是因为我们承认存在着一个新的世界形势。我们承认重要的不是一个国家的对内政策和它的哲学，重要的是它对世界上其他国家的政策以及对于我们的政策。

毛：就是啰。

尼：……当我们看到美国和中国这两个伟大的国家时，我们知道中国并不威胁美国的领土。

毛：也不威胁日本和南朝鲜。

周：任何国家都不威胁。

对这一段，基辛格写道："尼克松雄辩地介绍了他从反共立场到今天来北京这一段漫长的路程（他的回忆录中记载了这段话），所根据的论点是，我们两国外交政策的利益是一致的，两国谁也不威胁对方。毛泽东趁这个机会对于美国的盟国做了一个重要的保证：……他说，我们'也不威胁日本和南朝鲜'。"基辛格还说："在保证中国不会到国外进行军事干涉以及在谈到日本和南朝鲜时，毛泽东是在告诉我们，北京不会对美国的主要利益提出挑战。"

从以上三段中，可以看出毛泽东认为哪些是当时中美双方的共同点，也可以看出，毛泽东从"哲学"角度点到了或暗示了印度支那、日本、南朝鲜、苏联等问题。

（三）

关于这次谈话的结束部分，《访华》所摘录的很难让人理解，更看不出毛泽东在这段谈话中所显示的高度原则性和高度艺术性。为便于解析，以下按记录分七段摘抄。

在上一节周恩来说"任何国家都不威胁"之后，接着是：

> （1）尼：我们也不威胁别人，我想你们也知道美国对于中国也没有领土要求。我们知道中国不想统治美国，我们认为你们也懂得美国不想统治中国。同时，我相信，当然你们可能不会相信，美国和中国都是伟大的国家，它们都不想统治世界。正因为我们这两个国家在这些重大问题上态度相同，所以我们相互并不构成威胁。因此，我们虽然有分歧，但是可以找到共同点来建立一个世界结构，一

个我们都可以在其中安全地发展自己、各走各的路的结构。对世界上另外一些国家谈不上这一点。

毛：你们下午还有事情？现在几点了？

周：四点半开全体会，现在是三点三刻。

毛：吹到这里差不多了吧？

尼克松说“中国不想统治美国”，“美国和中国都是伟大的国家”，这是事实。但他说，美国和中国一样，“不威胁别人”，“不想统治世界”，则不是事实。他说，中美两国“可以找到共同点来建立一个世界结构”，这是根本不可能的，是与中国反对少数大国操纵国际事务的立场相悖的。

对此，毛泽东没有回答，转而询问时间，表示结束会谈。

（2）尼：我想说，我们知道你和总理是冒了很大的险请我们来的，这对我们也是一项困难的决定。但是，我读了主席的某些著作。我看到主席写道，机会来到面前时，要“只争朝夕”。

毛（笑）：只争朝夕就是他（指基）。（按：毛泽东对尼克松的这段话仍未置答，而是以开玩笑的方式推给基辛格。）

（3）尼：从个人的意义上说，你和总理对我都是不了解的，因此你们不应该信任我。但是你们会发现，我不能做的就决不说，但我做的比说的要多。我就是想在这样的基础上，同主席和总理坦率地交换意见。

毛：大概我这种人放大炮的时候多。无非是全世界团结起来，打倒帝、修、反这一套，建立社会主义。

尼（微笑）：就是像我这样的人，还有匪徒。

毛：你可能就个人来说，不在打倒之列。可能他（指基）也不在内。都打倒了，我们就没有朋友了嘛。

尼（笑）：就没有靶子了。

这一大段话非常精彩。除“就没有靶子了”一句外，尼克松以基本相同的语言全都写进他的回忆录。

对于毛泽东讲的“放大炮”那一句，基辛格认为，毛泽东是让人不要“认真看待中国到处墙上写着的这种喊了几十年的口号”，并据此认为，“中国领导人在和我们打交道时已经超越了意识形态，他们面临的危险使地缘政治占据了绝对的首位”。

事实是，在尼克松讲了“你们不应该信任我”，讲了“我不能做的就决不说，但我做的比说的要多”之后，针对“说”和“做”，毛泽东乘机讲了“放大炮”那一段。毛泽东认为，世界上许多国家面临着“打倒帝、修、反”“建立社会主义”的问题。毛泽东说过：“任何国家的问题，只有当地人民起来革命，才能解决。”① 毛泽东还说过：“中国支持革命，不支持革命不行。哪里发生革命，我们就发表声明支持，并开些大会声援。帝国主义讨厌的就是这个。我们喜欢说空话，放空炮，但不出兵。放空炮，就叫侵略？出了兵的，反而不叫侵略？”②

有意思的是，尼克松听了“放大炮”那段话后，马上想到

① 参见《毛泽东外交文选》，第565页。

② 参见《毛泽东外交文选》，第558页。

“打倒帝、修、反”的对象，并联系自己，笑说“就是像我这样的人”。毛泽东又对他讲了一段“谈笑风生，寓意深刻”的话。这是与上引的新华社2月17日对尼克松对外政策报告的评述相呼应的。

(4) 尼：主席的一生我们都是熟悉的。你出身于一个贫穷的家庭，现在到达世界上人口最多的国家、一个伟大的国家的顶峰。我的背景，不那么被人所知，我也是出身于贫穷家庭，现在达到了一个大国的顶峰。我感到，是历史把我们带到一起来的。问题是，我们的哲学是不同的，但我们都脚踏实地，都来自人民，我们可以实现一个突破。这种突破不仅将有益于中美两国，而且在今后的岁月中会有益于全世界。我就是为此而来的。

毛：你的《六次危机》写得不错。

尼克松以基本相同的语言将这段对话写进他的回忆录。

在这里，尼克松先讲到毛泽东个人和他个人的一些共同点，然后提出要同毛泽东“实现一个突破”，实际上还是要按照他的愿望共同“建立一个世界结构”。毛泽东仍不置理，“顾左右而言他”，但换了一种方式，说“你的《六次危机》写得不错”。从而表明也研究过尼克松的著作。

(5) 毛：所以我跟早几天去世的记者斯诺说过，我们谈得成也行，谈不成也行，何必那么僵着呢？一定要谈成？

尼：他的死是很令人悲伤的。

毛泽东1970年12月18日同斯诺谈话时说的，“谈得成也行，谈不成也行”中的“谈”，是指“谈”中美关系，首先是谈中美关系中的关键问题，即美国从中国的领土台湾和台湾海峡撤走它的一切武装力量。这就可以从根本上恢复中美关系，实现中美建交。如果尼克松同意这样做，就是“谈得成”。毛泽东估计到尼克松虽表示了访华的愿望，但很可能迈不开这样大的步子。毛泽东从战略上考虑，没有以“谈得成”作为尼克松访华的先决条件，而是为他留下“谈不成也行”的余地。毛泽东的这一战略决策，促使尼克松下定访华的决心。世界头号强国美国的总统，去访问并无外交关系且被称为美国“死心塌地的敌人”的中国，这使“全世界都震动了”。1971年10月，第二十六届联大以压倒多数通过了恢复中华人民共和国在联合国一切合法权利并立即把台湾国民党集团的代表从联合国一切机构中驱逐出去的提案，这是中国的巨大胜利。毛泽东的这一战略决策，对当时直接威胁中国安全的苏联起到了约束作用，并扩大和提高了中国在国际事务中的影响和威望。

尼克松访华前，已通过基辛格向我方表明，美国开始走向中美关系正常化，从台湾和台湾海峡撤走美国的一切武装力量还要有一个过程，美国还不能断绝同台湾国民党集团的外交关系，须待尼克松1972年赢得大选后，在第二届任期的中期，才能解决这些问题，实现中美建交。因此，尼克松访华时，中美还是“谈不成”，“谈不拢”。

当毛泽东向尼克松回顾当年同斯诺的谈话时，尼克松采取回避的态度，只说一句“他的死很令人悲伤”。

> (6) 毛：人们会说话的。一次没有谈成，无非是我们的路子走错了。那我们第二次又谈成了，你怎么办啊？（双方站起来）

基辛格以大体上相同的语言记下毛泽东这句话，但把“没有谈成”写为“失败”。他评称，“毛说的是对的，第一次的失败必然会使后来的成功逊色。”① ——这是什么意思？搞不清楚。

在这里，基辛格忘了他自己的体会：“犹如瓦格纳歌剧的序曲，需要加以发展才能显示出它们的意义。”——“加以发展”，可能就是这样：

> 人们会说话的。一次（你尼克松总统）没有谈成，无非是我们的路子走错了。那我们第二次（“这个民主党如果再上台”）又谈成了，你怎么办啊？

这句话表明：尽管尼克松访华是中美关系战略性的突破，但美国武装力量还未从台湾和台湾海峡撤走，这是毕生珍视中国主权和领土完整的毛泽东所不能满意的。

> (7) 尼（握着毛的手）：我们在一起可以改变世界。
>
> 毛：我就不送你了。

---

① 参见基辛格《白宫岁月》第四册，第35页。

如此答问，体现了毛泽东鲜明的立场和超人的智慧。

临末还要提到，《访华》指出："这次会见因毛主席大病初愈，到3时50分即结束。"其实当时已80岁的毛主席尚未痊愈。会见时，医护人员藏在附近房间内准备随时抢救。但毛泽东仍与尼克松谈了70分钟。尼克松写道："他的思绪显然像闪电一样敏捷。"基辛格写道："我从没有遇见过一个人像他具有如此高度集中的、不加掩饰的意志力。""他身上发出一种几乎可以感觉到的压倒一切的魄力。"

附录：

“破冰之旅”第一天*

——周总理助理熊向晖的回忆

30 年前的 2 月 21 日是令世界震惊的日子。美国总统尼克松踏上中国的土地，对中国进行被后世史学家称为“破冰之旅”的访问。2002 年已经 83 岁的熊向晖当年以周恩来总理助理的身份参与了尼克松访华前后的中美会谈。最近，熊老应约接受了新华社记者的专访。他翻着精心保存多年、纸色已经泛黄的资料，向我们描述了 30 年前“破冰之旅”的第一天。

话题从尼克松行前准备谈起。熊老说，美国民众对尼克松访华的反应十分热烈。美国国会参众两院专门通过一项联合决议，要求规定 1972 年 2 月 21 日为支持尼克松访华的纪念日①。美国新闻处的电报称，尼克松访华受到“美国人民压倒多数的支持。两党所有的政治领袖实际上都和尼克松总统一样，具有同中国重新建立联系的愿望。”

熊向晖说，尼克松本人也为中国之行做了充分准备。当年的美国《时代》周刊刊登了一篇题为《尼克松中国之行指南》的文章，文章在引用毛主席诗句“神女应无恙，当惊世界殊”之后评论道：尼克松准备飞往北京的时候“除了阅读其他读物

---

* 新华社 2002 年 2 月 17 日电讯稿，根据当时送熊老审阅稿略有改动。

① 其正式名称是“为一致支持总统谋求缓和国际紧张局势与持久争议和平的努力的纪念日”。

以外，还在阅读将作为他的主人而接待他的这位非凡的诗人兼政治家的一些作品……一年以前，如果有人提出尼克松或者美国总统到中国去做亲善访问的想法，那似乎是荒唐的。但是在这些日子里，对世界发生如此重大变化感到惊讶的不仅仅是神女了”。谈到这里，熊老朗声大笑。

尼克松来华途中路过关岛时，透过媒体表示，他期望同毛泽东主席和周恩来总理的谈话从哲学的角度来进行，而不是只集中讨论眼前的问题。他认为，毛泽东和周恩来都是“一些眼光看得很远的人”。熊向晖说，尼克松的话意味着他想与中国领导人着重讨论长远性、原则性、宏观性、战略性的问题。

1972 年 2 月 21 日，北京时间上午 8 时 54 分，尼克松的专机飞抵上海虹桥机场作短暂技术停留。11 时 27 分，专机在北京首都机场着陆。11 时 30 分，尼克松总统和夫人走下飞机。尼克松总统向迎候在机场的周恩来总理首先伸出手去，两位领导人实现了历史性的握手。尼克松事后说：“当我们的手相握时，一个时代结束了，另一个时代开始了。”

熊向晖回忆说，当天下午 4 时，随访的美国记者在人民大会堂门前苦等应来参加会谈的尼克松而未果。尼克松一向守时。他的“迟到”引起种种猜疑。直到 5 点 55 分，“谜底”方才揭晓。白宫发言人齐格勒突然向记者宣布：在到达北京 3 小时后，尼克松总统与毛泽东主席举行了会谈。

关于这次会谈，熊老曾写过一篇文章：《1972 年毛泽东同尼克松的谈话》。作为对尼克松关岛谈话的回应，毛主席上来就说：“昨天你在飞机上给我们出了一个难题，说是我们几个要吹的问题限于哲学方面。”尼克松回答说：“我之所以这样说，是因为读了主席的诗词和讲话。我知道主席是一位思想深刻的哲学家。”

年近 80 高龄，又是大病初愈，毅力非凡的毛泽东在笑谈声中和尼克松交谈了 70 多分钟。毛泽东牢牢抓住了谈话的主题：中美关系中的“哲学”方面，即中美关系中的长远性、原则性、宏观性、战略性问题。对这次谈话，基辛格后来写道：“毛泽东是用一种故意显得很随便的方式来发表他的主要意见的。”

下午 6 时整，周恩来与尼克松举行第一次会谈。熊向晖是中方参加会谈的正式成员之一。尼克松刚刚结束与毛主席和周总理的接触，在大组会谈中显得仍很兴奋。但尼克松也坦率表示，“我们不可能用美好的外交辞令掩盖我们的分歧”，“我们不幻想任何问题都可以解决”。周恩来总理也以同样的坦率回应说：“我们有这么大的分歧，今后还会有。但总会找到共同点，推进关系正常化。”周总理提出，由他和尼克松谈“基本的大问题”，美国国务卿罗杰斯和中国外长乔冠华谈促进关系正常化的具体问题，以加快会谈进程。尼克松说，周总理提出的工作概念“令人满意”。

会谈持续了一个小时。晚 7 时，周恩来为尼克松举行的欢迎宴会在人民大会堂开始。经过一天紧张的活动，中美双方把这场正式的活动几乎变成了高潮迭起的联欢会。

周恩来首先代表毛主席和中国政府向美国客人表示欢迎。他在祝酒词中说：“美国人民是伟大的人民。中国人民是伟大的人民。我们两国人民一向是友好的。由于大家都知道的原因，两国人民之间的来往中断了二十多年。现在，经过中美双方的努力，友好往来的大门终于打开了。”尼克松也发表了长篇讲话。他特意引用了毛泽东的诗词：“多少事，从来急；天地转，光阴迫。一万年太久，只争朝夕。”他说：“现在就是只争朝夕的时候了，是我们两国人民攀登那种可以缔造一个新的、更美好的世界的伟大境界的高峰的时候了。”

熊老说，中国乐团演奏的美国乐曲以及宴席上的茅台酒和中国菜都得到美国客人的赞赏。宴会的气氛非常轻松。美国媒体对此评论说，“这种情景简直像是个梦境”！“宴会结束时，他（尼克松）几乎要流泪了。他走到演奏《山上的家》和《美丽的阿美丽加》的中国乐队前向他们表示感谢。”

尼克松访华第一天就这样圆满结束了。

晚 8 时 30 分，新华社向海内外播发了毛主席与尼克松会谈的消息和照片。熊老手中至今仍保存着次日《人民日报》头版刊登的这则消息。

美国政界对尼克松访华第一天的成果反响也十分积极。熊老再次拿出一份材料，引用了当时美国两位国会议员的评论。参议院民主党领袖曼斯菲尔德对记者评论说，他对尼克松“有机会这样快地会见毛泽东感到意外，但是感到高兴”，并认为访问是“突破的继续”。共和党全国委员会主席、参议员多尔则在参议院发表讲话说，“尼克松总统和周恩来总理在北京机场握手一事不只是两位领导人或两个国家的行动。这是在地球上人类的记录中非常罕见的事情”；“很少有一个事件标志着在人类为实现其文明的潜在力量所做的努力中迈出过比此更深远的一步”。

｜八｜

1976：毛泽东主席与尼克松先生*

——兼析《1975：演唱唐诗宋词之谜》

《上海滩》1991 年第 10 期刊载岳美缇同志①的文章：《1975：演唱唐诗宋词之谜》。文中临末处说，“1988 年 1 月，我在《光明日报》上看到张玉凤同志写的《毛主席晚年二三事》一文中提到她在为毛主席眼疾开刀前播放我唱的岳飞《满江红》”，“这时我终于明白无误地知道了，1975 年我们唱的唐诗宋词，曾经伴随在毛主席晚年的病床边。这个埋在我心头好些年的谜揭晓了……”

“揭晓了”，但未完全“揭晓”。单从“演唱唐诗宋词”来说，要使这个“谜”完全“揭晓”，还得剖析江青在这方面的心态。其实，岳美缇同志的文章已提到基本线索。为醒目计，不按原文顺序，将原文的有关语句串录如下：

---

* 原载《上海滩》1992 年第 1 期，署名向晖，题为《1976 年：江青为尼克松安排的文艺晚会——进一步揭开“演唱唐诗宋词之谜”》。作者后做了较多修改。

① 岳美缇，1941 年生，女，江苏苏州人，上海戏曲学校首届毕业生，1981 年获全国戏剧“梅花奖”。

岳美缇同志写道，“要我唱唐诗宋词”，是“江青在抓这项工作”。“我唱的第一首词曲是宋代王安石的《桂枝香·金陵怀古》”，还唱过“北宋张元干的《贺新郎》”，以及“辛弃疾、张孝祥、陈亮等人的爱国诗词”。“在人民大会堂”，“一次重要的外事演出”，“（我）演唱岳飞的《满江红》”，“一曲终了，只见前排坐着的竟是美国总统尼克松”。

这么一句少了一个字：“美国总统”应为“美国前总统”。本文就由此展开。

（一）

1972年2月21日至28日，美国总统理查德·尼克松在夫人等陪同下，访问了中华人民共和国。访问期间，尼克松总统会见了毛泽东主席，同周恩来总理进行了会谈。中美双方发表了《中华人民共和国和美利坚合众国联合公报》（以下简称《上海公报》），揭开了中美关系新的一页，对国际局势产生了深远影响。

这一年是美国大选年。6月17日，5名男子在华盛顿水门大厦民主党全国委员会总部安装窃听器被捕，其中一人是尼克松竞选班子的成员。尼克松虽以压倒优势连任总统，但水门事件越搞越大。最后，大陪审团把尼克松定为掩盖水门事件的同谋者，最高法院裁定尼克松必须向官方交出有关的录音带。面对国会弹劾他的威胁，尼克松于1974年8月9日辞职，由副总统杰拉尔德·福特继任总统。尼克松夫妇回到加利福尼亚州的圣克利门蒂故居。有些人不肯罢休，要对尼克松提出刑事诉讼。福特运用总统的权力，宣布赦免尼克松“犯下的，或可能犯下的，或参与策划的”一切罪行。尼克松否认参与策划水门事件，但他承认，在美国人看来，他永远是“不光彩的前总统”。——美国自建国以来，从华盛顿到尼克松，共有37位总统，而辞职的、被赦免的总统只有尼克松一人。

尼克松遭到蔑视，蒙受耻辱，辞职后的日子过得寂寞而悲惨。但毛泽东主席则向他致意，邀他再次访华。由于尼克松患了腿部静脉炎重病，几乎致命，一时不能成行。

（二）

1976年2月6日，新华社播发了一项“公告”，内容是：

> “一九七二年美利坚合众国总统理查德·尼克松和夫人对中国的历史性访问和中美两国发表联合公报，对改善中美关系起了重大作用。中国方面和前总统尼克松都认为他再次访华是适宜的。中华人民共和国政府邀请尼克松先生和夫人于一九七六年二月二十一日，即在第一次访问四周年之后，再次访问中国。他们愉快地接受了这一邀请。”

这一消息不但轰动了美国，而且引起世界瞩目。普遍议论的是：美国总统福特于1975年12月1日至5日访问了中国，刚刚两个月，为什么中国政府又邀请这位“不光彩的前总统”访华？1976年又是美国大选年，2月24日福特在新罕布什尔州共和党预选中争取候选人资格，为什么中国政府安排尼克松于2月21日到达北京？

有各种各样的说法，只举几例：

（1）美国全国广播公司2月17日晚评论说：“华盛顿正在流行一种游戏，即猜测为什么。尼克松于本周末前往中国。福特的白宫感到恼怒，但是只愿说，他是个不任官职的公民，此行没有任何政治意义。另外，有些人更为担心，说在福特先生第一次预选活动期间进行的这种宣传活动（中国已允许人数相当多的美国记者团前往采访），将会重新引起公众对赦免做法的不满，从而损害福特的竞选活动。甚至有人猜测说，中国人从来不了解水门丑闻，因此也不了解尼克松不再是美国的领导人了，没有权力了……谁也不知道哪种看法符合实际。尼克松几乎不讲什么话，中国人根本就没有讲话。”

（2）2月17日晚，美国广播公司高级记者、美国驻联合国前大使约翰·斯卡利从圣克利门蒂报道说：“几天以后，前总统尼克松即将对中国进行一次独特的、富于感情的访问，这次访问将成为他重新进入世界舞台的标志。自从尼克松先生18个月前辞职以来，他一直待在圣克利门蒂这里深居简出。”“尼克松先生对他这次即将访问北京的心情，同他4年前改变美国对外政策性质的第一次历史性访问前一样感到兴奋。尼克松先生将在他的夫人陪同下在2月21日抵达，正好在新罕布什尔州预选前3天。助手们说，这个时间的选择是巧合，因为中国人坚持这个日期以庆祝第一次访问4周年。”“中国人秘密通知他，他仍将住在他1972年担任总统时所住的政府宾馆18号。尼克松夫妇将乘一架中国的专机去北京，这是飞来美国的第一架中国飞机……尼克松先生在这次访问期间将同他在1972年一样由中国最高领导人毛泽东主席接见。这次访问将由一批美国记者陪同采访。这是一个肯定的迹象，表明中国人认为这次访问是一个重要事件。因此，在新罕布什尔州竞选运动的最后几天，肯定会刊登许多照片以提醒选民在尼克松执政时期的情况，而那时同中国的关系比今天远为友好。”

（3）英国《泰晤士报》发表社论称：“中国派飞机去加利福尼亚接尼克松先生去北京”，这一做法“肯定超过了已被接受的国际惯例。在福特总统正式访问北京之后没有多久，中国人现在就给了这个失去总统职务、信誉扫地的人以这样的荣誉”，这就“引起了美国各种非常不同的政界人士的伤心的批评”。但是“中国人是不难无视这种批评的”，因为他们“对过去两年中同美国关系正常化的缓慢进程感到失望”，“假如尼克松继续执政，本来是会一切顺遂的”。现在美国政府认为，“对华关系归根结底远不如同莫斯科的关系重要”，而“尼克松已表明，他准备顶住俄国人”。因此，“让他继福特总统之后这么快进行访问，显然是表明中国对华盛顿的现行政策感到不悦”。

（4）南通社北京 2 月 21 日电认为：中国邀请尼克松访华“也是对苏联的间接的警告：北京现在处于这样的地位，它能够在两个月的时间内接待美国的现任总统和前任总统”。

（5）合众国际社 2 月 22 日电称：中央情报局局长、美国驻中国联络处前主任乔治·布什说：“我在中国度过的十四个月中，一再听到说，尼克松总统是中国的朋友，对此还有某种怀旧的情绪。”他说，中国人“对水门事件并不在意”，“他们说水门事件没有什么关系”，虽然有种种看法，但观察家们一致认为，中国总理周恩来已经逝世，第一副总理邓小平又被“打倒”，华国锋“出人意料地被任命为代总理”。因此，邀请尼克松夫妇访华的决定必然是毛泽东做出的，也只有毛泽东才会做出这种“谁也想不到”的决定。

（三）

2月21日晚，尼克松夫妇乘中国专机到达北京。新华社播发的消息说：“到机场迎接的有国务院代总理华国锋，人大常委会副委员长姚连蔚，外交部部长乔冠华，以及各界访美人士和首都群众共三百五十多人。”“我国外交部礼宾司司长朱传贤专程前往美国洛杉矶迎接尼克松先生和夫人，并陪同他们到达北京。”

美国三大电视网（全国广播公司、美国广播公司、哥伦比亚广播公司）、美联社、合众国际社、《时代》杂志社、《新闻周刊》等20家美国传媒获得中国政府批准前来采访，常驻北京的外国记者申请采访尼克松访华的也获得批准。他们在专机到达前就在机场等候，并迅速发出消息。

美联社说：“尼克松今天重新来到共产党中国，来到他取得个人成功的地点。时至今日，历史也没有否定他的这种成功。”路透社说，“这是尼克松被迫辞职以来对国外的第一次旅行”，“标志着他在隐居了几个月之后又成为公众注意的中心了”。“中国人已安排了相当于接待一位国家首脑的日程。”

本文只记日程中的几项。

2月22日上午11时，尼克松夫妇到人民大会堂新疆厅拜会邓颖超同志。新华社报道说，“尼克松和夫人对周恩来总理的逝世表示深切的悼念”，“邓颖超同志感谢”他们“在周恩来逝世后对她表示的慰问”，并同他们“进行了亲切的交谈”。

拜会开始时，外国记者在场。哥伦比亚广播公司记者解释说：“尼克松先生和夫人星期日头等重要的事情是对已故的周恩来总理的夫人邓颖超进行礼节性拜访。”

下面选录两家外国通讯社的电讯：

［美联社北京二月二十二日电］（记者：索尔·佩特）美国前总统理查德·尼克松今天对周恩来总理的夫人说，她的丈夫是“他的时代的巨人”之一，“他的业绩将长期留在人们的记忆里”。

尼克松说：“我见到过许多世界领袖，在我所会见过的所有人中，他是一个非常了解整个世界，而不是仅仅了解他所在的那一部分世界的人。他有巨大的能力来分析问题，并且做出符合他自己的国家的以及世界上其他国家的最大利益的实际而正确的决定。”

尼克松对这位身着黑色服装的夫人说：“我为能够再次和你在一起而感到荣幸。”

她通过一位译员回答说：“当尼克松先生和夫人接受中国政府邀请将到这里来访问时，我告诉了躺在病床上的周恩来同志。他听到这个消息时感到非常高兴。很可惜他不能在这里欢迎你，因为他已经离开了我们。”

她感谢尼克松夫妇的慰问。这位前总统说，他由于不能及时来中国同周总理见最后一面而感到遗憾。

［路透社北京二月二十二日电］（记者：戴维·罗杰斯）……尼克松脸色苍白、神情严肃，但是在他向同周先生相处五十年之久的邓颖超表示深切慰问之后，神情轻松了。

他对这位七十二岁的夫人说，他曾见过许多世界领导人，周先生是一位杰出的伟人。

尼克松颂扬周恩来对国际局势的了解以及他的分析问题和做出切合实际的决定的能力。

尼克松又说，“当领导人去世时总是大量使用伟大这个字眼，以至于使这个字眼失去意义，但是对周总理来说，他确实是一位伟大的领导人。他留下了宝贵的财富。”

记者离开后，谈话继续进行。

尼克松说，我同周总理进行过长谈。他知识渊博，逻辑性强，坚毅，是世界上伟大的谈判者。他彬彬有礼，不是大喊大叫，用温和而简练的语言表达出坚定的信念，这比拍桌子、强加于人有效得多。我们从事最高级重要会谈的人都知道，理亏的人总要大声嚷嚷，而有理的人可以语气温和，无须多说。

尼克松说，毛主席、周总理能和我们相处得如此之好的原因之一是，我们双方谈话都不用外交辞令，不把我们的分歧轻描淡写，一笔带过。相反，我们不避免争论，把观点放到桌面上，分清哪些是分歧，哪些是共同点。对一致的地方，双方互相合作，这是和平谈判取得进展的唯一方法。写在文件上的东西甚至签署了的文件都是不能算数的。只有双方坦诚相见，才能取得真正的谅解。因此，上海公报是真正有历史意义的，是永存的。

尼克松说：我在想，如何才能正确地纪念周总理。我相信，他不会喜欢建立一个大塑像或者造一所纪念大楼，他要的是无形的建筑，这就是：建立一个不是以天真、温情的态度对待和平的国际关系，这种关系建立在力量、安全、尊重大小国家独立的基础上。我们所有认识尊敬和热爱周总理的人，都要帮助建立他为之奋斗一生的安全的和平。

邓颖超说，尼克松先生给周恩来同志很高的评价，这应归功于毛主席的领导和指导，按照周恩来同志生前的愿望，他的骨灰撒在祖国的山河土地上。正如尼克松先生所说，纪念周恩来同志不需要建立有形的建筑。我认为，对他最好的纪念是促使我们两国关系在《上海公报》的基础上向前发展，使中美两国人民的友谊连绵不断地继续发展。虽然周恩来同志不能实现原来的愿望欢迎尼克松先生和夫人，但你们的第二次访问在发展中美关系中很有意义，为《上海公报》添了砖，加了瓦。

尼克松说，所有认识、尊敬周总理的人都要为之添砖加瓦，建立一个安全的和平结构来纪念周总理。

尼克松说，各国领导人取得的成就，在很大程度上取决于他的夫人。尼克松夫人和我见过许多国家的元首、政府首脑和外交家，但当四年前我们离开中国时，我们一致认为，世界上为共同事业和她们的丈夫一起奋斗的夫人中，周总理夫人应当名列前茅。周总理知道你在他身边，会继承他的事业，在他生命的最后时刻，对他是一种慰藉。

邓颖超说，中国的国家制度同美国和其他国家不同，夫妻关系和工作关系也不同，每个人在各自的岗位上尽自己承担的责任。作为一个共产党员，我的工作是由党组织分配决定的。尼克松先生说我对周恩来同志有所帮助，应该说，在这方面我做得很少。

尼克松最后说，我曾希望周总理和你能到我们的家——太平洋边的圣克利门蒂做客。如果有一天你访问美国，希望你一定光临。遗憾的是周总理不可能去了，但他的精神还在。

会见持续55分钟，乔冠华外长等在座。

（四）

2月22日晚，国务院在人民大会堂举行欢迎尼克松夫妇的宴会。新华社报道说：“华国锋代总理代表中国政府和人民，向尼克松先生和夫人以及其他美国客人，表示热烈欢迎。尼克松先生在谈到他再次访问中国时说，久别重逢，分外高兴。他祝愿中国人民和美国人民之间的友谊万古长青。”

应邀出席宴会的外国记者（包括进行现场广播的美国三大电视网的记者）做了详细报道，指出“这是尼克松先生辞职以来第一次公开讲话”，说他“不用讲稿”，“讲话的口气似乎还是美国总统”。他们报道的重点是：

（1）尼克松说：《上海公报》“比起常见的两国领导人之间和两国之间签署的一般性的声明都更为重要”。因为，“由于涉及大国的利益，尽管领导人可能更换，但利益仍然不变。而这是由于《上海公报》的原则既符合中华人民共和国的利益，也符合美利坚合众国的利益，因而这些原则同四年前一样同样得到了强大的支持”。

（2）尼克松说：“我回忆起四年前我第一次荣幸地会见毛主席。我们开诚布公地谈到，我们来自不同的背景，我们在哲学、政治、经济等许多方面的信念也都互不相同。那么，是什么把我们带到一起来了呢？回答是：历史把我们带到一起来了。”

（3）尼克松说：“历史号召我们两国继续努力，在四年前我们奠定的基础上添砖加瓦，在阐述我们双方一致协议的原则的文件上向前发展。我们必须认识到，这样做是多么重要。因为不仅是中华人民共和国八亿人民的未来，以及美利坚合众国两亿人民的未来，而且是全世界人民的未来，都依赖于我们两国为了各国的和平与安全而共同努力的可靠性、能力和决心。”

全国广播公司的记者评论说，“尼克松在祝酒词中强调了《上海公报》的精神和中美友谊”，“这个宴会回答了关于尼克松先生进行访问的原因的一些问题”。美国广播公司的记者评论说：“这篇讲话带有重实际的政治家气概。中国人喜欢它，美国人是否会接受尼克松正在为自己确定的作用，这还要以后再看。”

（五）

2月23日下午，新华社发表消息说：

> “毛泽东主席今天会见了美国前总统理查德·尼克松和夫人及其随行人员约翰·布伦南。
>
> “会见时，毛主席和美国客人一一握手，对他们前来我国访问表示欢迎，并且同尼克松先生就广泛的问题进行了友好的交谈。谈话结束后，毛主席请尼克松先生回国以后向福特总统转达他的问候。”

新华社还发表了毛主席同尼克松握手的照片。

按多年惯例，毛主席会见外宾时不让外国记者在场。他们立即根据新华社的上述消息发出电讯，并转发了照片。

美联社称：“毛泽东主席今天中午会见了理查德·尼克松，

使这位前总统重温他担任总统极盛时期的情景。”合众国际社称：“这是尼克松和这位八十二岁高龄的中国领导人的第二次会见，第一次会见是在四年前他抵达中国后不久。”路透社称，尼克松同毛主席“进行了一小时四十分钟会谈”，“只比福特总统去年十二月同毛主席的会谈少十分钟”。“毛主席很少接见外国人”，“毛主席上一次接见外宾是在去年十二月三十一日接见尼克松的女儿朱莉和她的丈夫戴维·艾森豪威尔”。法新社称：“毛主席请美国前总统转达他对福特总统的问候。这里的观察家认为，这是要打消某些人认为邀请尼克松是一种反对福特的策略的想法。”

美国三大电视网迅速播放了中国摄影师拍摄的《毛泽东主席会见美国前总统尼克松》的彩色电影。

会见后，尼克松回到宾馆，向接待人员兴奋地说：今天能同毛主席就当前国际重大问题进行长时间的广泛的交谈，感到非常愉快。他说：使我惊讶的是，毛主席如此高龄，思想仍如此明晰敏锐，对当前国际重大问题仍如此关切注意。历史上伟人的伟大之处就在于精神和思想的活力。毛主席就是充满思想活力的伟人。

当天下午，尼克松在宾馆同几位摄影记者闲谈时说，他为自己的日记而不是为记者写了两页半关于同毛主席谈话的笔记。

几年后，尼克松对这次会见做了描述：

“当我在 1976 年 2 月 27 日（按：应为 23 日）在北京同毛泽东最后一次见面时，我吃惊地发现，他的身体状况自从我们 1972 年第一次见面以来已经大大恶化……他的思维依然敏捷，但一次严重的中风使他失去将思想化作语言的能力。这位富有领袖魅力的共产党领导人曾运用他的革命思想推动了一个国家并改变了这个世界，但他现在却连要一杯水都十分困难。就在我们坐在紫禁城里他那堆满书的办公室里时，我想起了1957年艾森豪威尔总统中风之后那种极度沮丧的样子……不过，我与之交谈的这个人仍然是近10亿人所爱戴的领袖，他在起始于四年前的我们两国实现新关系方面起到无可比拟的作用。在会谈中，我说，我们必须继续合作，不仅在我们两国之间，而且要在全世界所有国家之间寻求和平……在他刚咕哝出半个字时，他的脸就憋得通红。他的译员——一位身穿单调毛制服的很有吸引力的女士——试图将他那含糊的话译成英语。毛泽东掌握的英语足以使他明白她没有理解他的意思。他生气地摇摇头，一把抓过她的笔记本，用中文写下了他的话。她大声用英语念道：'和平是你们的唯一目标吗？'我没有料到他会提出这样一个问题，稍稍停顿之后，我答道：'我们应该寻求正义的和平。'"①

"我们在同中国共产党人打交道时一定要记住这一点。他们是革命家，相信他们的利益和理想应是值得为之战斗和牺牲的，如果我们用一种一味强调需要和平的说教来回答毛的问题，中国人会认为我们犯了错误，甚至更坏，他们将会把我们看成白痴。最终，他们会说，假如和平真是

① 参见美国《时代》周刊1994年5月2日第1期第18页，尼克松最后一部著作《超越和平》摘要。

我们唯一的目的，那么我们随时都可以用投降来达到我们单纯期望的和平。因此，一定要向中国人重申，我们也有我们为之奋斗的价值……在我们会晤结束时，秘书们把他从椅子上扶起来，搀着他陪我走向门口。在电视灯光和摄像机要记录我们最后的握手时，他却推开了助手们，自己站在那里向我们告别。”“无论人们对毛有怎样的看法，谁也否认不了他是一位战斗到最后一息的战士。”①

（六）

1972年尼克松访华时，江青只被安排露一次面，即周恩来总理等和江青一起陪同尼克松夫妇观看“革命现代舞剧《红色娘子军》”。这一回，也只让江青露面一次，即2月23日晚，华国锋、江青、乔冠华等陪同尼克松夫妇及其他美国客人观看中国艺术团的演出。新华社的消息说，演出的节目有：“《台湾同胞——我的骨肉兄弟》《草原女民兵》等中国现代革命音乐、舞蹈和《满江红·写怀》等古典音乐”以及“美国民歌”。但合众国际社记者查尔斯·史密斯报道说：“节目没有什么革命歌舞，长期住在北京的人对这种选择感到意外，其中包括许多古典作品。”

《尼克松夫妇访华简报》第七期（1976年2月24日）载：“2月23日下午，乔冠华部长受江青同志委托，就当晚文艺晚会中古典节目的历史背景向尼克松夫妇做了介绍。乔部长说：江青同志对艺术创作是非常认真严肃的。为了准备今晚这套节

---

① ［美］尼克松．领导者［M］．北京：世界知识出版社，1983：280－281.

目，江青同志花了不少时间和精力。由于部分古典节目涉及一些历史背景，为了使尼克松先生和夫人能更好地欣赏，江青同志委托我在演出之前把这些历史背景告诉尼克松先生和夫人。乔部长然后就《文姬归汉》《满江红·写怀》《百字令·登石头城》《桂枝香·金陵怀古》《贺新郎·送胡邦衡谪新州》《春香闹学》《南乡子·登京口北固亭有怀》《念奴娇·登多景楼》《江梅引·忆江梅》《柴桑口》等节目的时代政治背景和人物作了扼要介绍，尼克松夫妇听后，表示非常感谢江青同志委托乔部长花这些时间来提供背景情况，非常感谢江青同志的盛情。”

乔部长是如何介绍的，可以不谈，下面抄录这些古典节目中的六首词：

（1）王安石：《桂枝香·金陵怀古》

登临送目，正故国晚秋，天气初肃。千里澄江似练，翠峰如簇。征帆去棹残阳里，背西风，酒旗斜矗。彩舟云淡，星河鹭起，画图难足。

念往昔，繁华竞逐。叹门外楼头，悲恨相续。千古凭高对此，谩嗟荣辱。六朝旧事随流水，但寒烟衰草凝绿。至今商女，时时犹唱，《后庭》遗曲。

（2）萨都剌：《百字令·登石头城》

石头城上，望天低吴楚，眼空无物。指点六朝形胜地，唯有青山如壁。蔽日旌旗，连云樯橹，白骨纷如雪。一江南北，消磨多少豪杰。

寂寞避暑离宫，东风辇路，芳草年年发。落日无人松径冷，鬼火高低明灭。歌舞樽前，繁华镜里，暗换青春发。伤心千古，秦淮一轮明月。

(3) 张元干：《贺新郎·送胡邦衡谪新州》

梦绕神州路。怅秋风、连营画角，故宫《离黍》。底事昆仑倾砥柱，九地黄流乱注？聚万落千村狐兔。天意从来高难问，况人情老易悲难诉。更南浦，送君去。

凉生岸柳催残署。耿斜河、疏星淡月，断云微度。万里江山知何处？回首对床夜语。雁不到，书成谁与？目尽青天怀今古，肯儿曹恩怨相尔汝！举大白，听《金缕》。

(4) 陈亮：《念奴娇·登多景楼》

危楼还望，叹此意、今古几人曾会？鬼设神施，浑认作、天限南疆北界。一水横陈，连岗三面，做出争雄势。六朝何事，只成门户私计！

因笑王谢诸人，登高怀远，也学英雄涕。凭却江山，管不到、河洛腥膻无际。正好长驱，不须反顾，寻取中流誓。小儿破贼，势成宁问疆对！

(5) 辛弃疾：《南乡子·登京口北固亭有怀》

何处望神州？满眼风光北固楼。千古兴亡多少事，悠悠，不尽长江滚滚流。

年少万兜鍪，坐断东南战未休。天下英雄谁敌手？曹刘。生子当如孙仲谋。

（6）岳飞：《满江红·写怀》

怒发冲冠，凭栏处、潇潇雨歇。抬望眼，仰天长啸，壮怀激烈。三十功名尘与土，八千里路云和月。莫等闲、白了少年头，空悲切。

靖康耻，犹未雪；臣子恨，何时灭！驾长车踏破，贺兰山缺。壮志饥餐胡虏肉，笑谈渴饮匈奴血。待从头、收拾旧山河，朝天阙。

这六首词都是好词，但江青却别有用心。当时知情的几位同志议论说：毛主席曾在政治局的会议上警告江青不要搞“四人帮”；并说，江青并不代表我，她只代表她自己。他揭露江青有野心，粉碎了江青“组阁”的阴谋。他向她指出：不见还好些，多见何益？江青非常不满，但并未死心。她经常吟诵这六首词，借前三首词表达她的“伤心”和“怨心”，借后三首词表达她的“雄心”即“野心”。

这样，就从江青方面揭开“演唱唐诗宋词之谜”。

但有一个费解的问题：江青特意安排这些“古典节目”请尼克松夫妇“欣赏”，并先让乔部长去做介绍，其意何居？当时议论的同志都感到不好捉摸，认为是一个难解的“谜”。

不过，尼克松对这些节目不感兴趣。采访这场晚会的南通社记者报道说："演出到最后，尼克松十分疲倦，他以某种方式向东道主表现出了这种情绪。"尼克松可能知道，基辛格1973年11月12日在北京再次会见毛泽东，"告辞时，毛泽东突然重新提到我们二月间谈话的主题，我们必须提防中国的女人——指他的夫人的阴谋诡计"。①

顺便摘引岳美缇文章中的一段："十万火急要我赶回北京，是要我重唱张元干的《贺新郎》，因为词中结句'举大白，听《金缕》'改成了'君去了，休回顾'。我不懂为什么要改动原词？大家也都不知道改动的原因。一次江青找我们一起听录音，在放重唱的《贺新郎》时，她自言自语：'这是毛主席改的，特地送给我的。'她那种傲慢，又有点失落，加上歇斯底里的神态，令我至今难忘。"

（七）

按照商定的日程，尼克松和夫人于2月26日离北京去桂林访问，他们于2月25日晚上在人民大会堂举行宴会，华国锋、乔冠华等应邀出席。

尼克松向中外来宾致祝酒词。他说："我当然感到非常荣幸，能够有机会再次见到毛主席……特别是在同毛主席的会谈当中，讨论了今天世界所面临的许多重大问题，使我获益匪浅。"

尼克松说："在一九四九年之后的二十多年的时间里，在

① 参见基辛格《动乱年代》，世界知识出版社1983年版，第二册第335页；第一册第282页。

美利坚合众国和中华人民共和国之间，横着一条鸿沟……我们两国几乎没有任何接触，而只有冲突和潜在冲突及对抗。四年前，两国领导人得出结论认为，已经到了在这条一万六千英里宽、二十二年长的鸿沟上架设桥梁的时候。”

尼克松说：“我们之间的政治制度不同，我们外交政策的某些方面不同，在我们国家利益的某些方面也不相同。但另一方面又有着利益相同的方面，而这方面比我们利益不同的方面要重要得多。我们不得不说，当我们决定架设或者说开始架设这样一条跨越鸿沟的桥梁的时候，这是一项很困难的工作，有人认为几乎不可能。但正如毛主席所说，‘世上无难事，只要肯登攀’，因此当我们想到他的这些话时，当我们考虑这个问题时，我们就敢于登攀，我们就开始架设这座桥梁。”

尼克松说：“我们在这项巨大的工程中取得了一些进展。它还没有完工，仍然有许多工作要做，但我们决心要把它完成。我们必须完成它，决不能失败。”他说：“因为我们相信我们担负着使命，要在力所能及的范围内，在建设一个新世界的过程中设法共同努力，在这个世界中，所有的国家，不分大小都有机会选择自己独立自主的方式，并在不必担心任何外国侵略的情况下生活，这就是我们两国共同的目标。”他最后说：“我们已经开始架设一座巨大的桥梁，这座桥梁一头在加利福尼亚的金门，另一头在北京的天安门。我们在架设这座桥梁的时候，将牢记这是一座建立在伟大的中国人民和伟大的美国人民之间的互相谅解、互相尊重和持久的友谊的桥梁。”

应邀出席宴会的外国记者做了报道和评论，其中有：“尼克松又发挥了他的专长，不看笔记发表了一篇相当长的讲话”；

“尼克松讲话的主题是需要在华盛顿和北京之间建立更密切和更有效的联系”；“尼克松说，中美两国利益相同的方面比利益不同的方面重要得多”；“尼克松在结束对北京的四天访问时预言，中美两国将共同努力来建立一个更好的世界”；“人们在听尼克松讲话时，决不会想到他已不再是美国总统了。例如，他在谈到架桥时说，对于这项巨大的工程，我们必须继续下去，我们决不能失败”；“他引了毛主席的诗句：‘世上无难事，只要肯登攀’”。

（八）

在访问了桂林、广州、从化之后，尼克松先生和夫人由中国外交部礼宾司司长朱传贤陪同，于2月29日下午乘中国专机离开广州回国，从而结束了这一举世瞩目的中国之行。

法新社记者比昂尼克评称：“尼克松在中国似乎一天天变得更加愉快和自信。这要归功于中国领导人给予他的心理上的电休克疗法。中国领导人给他一种政治上复活和恢复青春的治疗。”美国《基督教科学箴言报》刊载约瑟夫·哈希的文章说：“整个故事具有讽刺意义的是，理查德·尼克松得以恢复名誉而成为有用的国际人物的这一机会是中国共产党人给他的，而中国共产党一度是他喜欢抨击的政治对象之一。”——可以理解，上述的“中国领导人”和“中国共产党人”首先是指毛泽东。

3月5日，“世界各地十四名中国问题专家”在美国俄亥俄州辛辛那提聚会，研究尼克松访华的意义。据合众国际社报道，在会上，美国哥伦比亚大学东亚研究所的安德鲁·内森博士说：

“中国人邀请尼克松是既向美国也向俄国发出的一个信息。这个信息说，我们肯定利用美国作为对俄国的抗衡力量。尼克松是传递这个信息的理想人物，因为他是中国利用美国抗衡俄国的政策的象征。”英国伦敦大学《中国季刊》主编迪克·威尔逊说：“我认为，将来在世界史中回忆起尼克松的，主要是他的对华工作，而不是水门事件。”他说：“中国人认为尼克松在改善中美关系方面所做的事情是世界历史上的一个转折点。他们是从长远的观点看问题的，而不是像我们当中的大多数人那样在日常的基础上看事物。”——可以理解，上述“中国人”首先是指毛泽东。

然而，在尼克松第二次访华不久，在1976年9月9日，中共中央、全国人大常委会、国务院、中央军委发表《告全党全军全国各族人民书》，极其沉痛地宣告：“我党我军我国各族人民敬爱的伟大领袖、国际无产阶级和被压迫民族被压迫人民的伟大导师、中国共产党中央委员会主席、中国共产党中央军事委员会主席、中国人民政治协商会议全国委员会名誉主席毛泽东同志，在患病后经过多方精心医疗，终因病情恶化，医治无效，于一九七六年九月九日零时十分在北京逝世。”

《人民日报》在《极其沉痛地哀悼中国人民的伟大领袖毛泽东主席逝世》的通栏标题下，连续多日刊载外国元首、政府首脑、兄弟党和友好人士等的唁电。9月14日《人民日报》在这一专栏内，以《美国前总统尼克松发表声明》为题，刊载如下文字：

［新华社1976年9月13日讯］圣克利门蒂消息：美国前

总统理查德·尼克松9月9日就毛泽东主席逝世发表声明。

声明说："毛泽东主席逝世了，终年八十二岁，结束了他毕生的长征。他是一位具有非凡勇气和思想坚定的人，他一直工作到生命的最后几天。"

尼克松说："作为代表完全不同的哲学和观点的领导人，我们一九七二年在北京会见时都认识到，中美友谊已成为对于我们两国的利益都是必不可少的了。

"我对于他不仅对本国人民的问题，而且对世界形势的客观现实都有深刻的了解这一点留下特别深刻的印象。我们在那时建立的新关系应当归功于他的这种高瞻远瞩。

"在今年2月2日（按：应为23日）我最后见到他时，他再次表现出了这种高瞻远瞩的眼光。"

尼克松说："毛泽东是一代伟大的革命领导人中的一位出类拔萃的人。他不仅是一位完全献身和重实际的共产党人，而且他也是一位对中国人民的历史造诣很深的富有想象力的诗人。

"一些年前，他写了一首诗，这首诗说：'多少事，从来急，天地转，光阴迫。一万年太久，只争朝夕。'

"历史学家将会对他的事业和他对中国人民和世界的影响做出估价。毫无疑问，他只争朝夕地为了他所看到的前景和他那样热烈信仰的原则而努力。"

理查德·尼克松不懂"唐诗宋词"，但他深深喜爱毛泽东诗词。他在《领导者》一书中写道："毛的意志力产生了他超凡的魅力，我在会见他时，有一种感觉，他的意志力不知怎的是一种体质的特征。他的最生动的诗篇是在长征的战斗中间和战斗之后写的。当他写到斗争——特别是激烈的斗争——时的振奋情景，他似乎提到了意志的锻炼，就像别人所说的肌肉锻炼的那种情况。他以这种品质鼓舞他的同志们去完成像长征这样史诗般的任务，因为这使他因而也使他们成了似乎不可战胜的人。"①

毛泽东逝世后两个月，（1976 年 11 月）美国举行大选。人们普遍认为，在职总统福特享有种种有利条件，定能赢得大选，结果却败给了民主党候选人卡特，这与毛泽东破格邀请美国"不光彩的前总统"尼克松访华有关。卡特政府改变了福特政府的对华政策，"认为中美两国建立合作关系会大大加强远东局势的稳定，并有利于美国在全球范围内同苏联竞争，从美国战略地位考虑，美中关系正常化是十分可取的"。② 经过双方努力，1978 年 12 月 16 日晚，发表了《中华人民共和国和美利坚合众国关于建立外交关系的联合公报》。这为《1976 年：毛泽东主席与尼克松先生》画上圆满的句号。

---

① 参见尼克松《领导者》，第 282 页。

② 参见《当代中国外交》，中国社会科学出版社 1987 年版，第 227 页。

九

恢复中国在联合国合法席位的斗争历程*

中国恢复在联合国的合法席位是新中国外交史上的重大事件。《中共党史资料》第57辑刊载的《中国恢复在联合国合法席位的历史回顾》（以下简称《回顾》）对此进行了记述，是很有意义的。但是该文存在一些讹误，现据史实编写出这一斗争的历程。在台湾当局围绕所谓“参与联合国”进行鼓噪的情况下，重温这段历史是很有必要的。

（一）

1942年1月1日，中、美、英、苏等26国代表在华盛顿发表《联合国宣言》。当时，“联合国”是作为对德、意、日法西斯进行战争的各国的总称。1943年10月30日，中、美、英、苏四国在莫斯科发表《普遍安全宣言》，提出建立普遍性的国际组织。1944年8月至10月，苏、英、美三国和中、英、美三国先后在华盛顿橡树园举行会谈，拟定了组织联合国的建议案。

* 原载《中共党史资料》第59辑，1996年9月出版。

1945年4月25日，50个国家的代表在美国旧金山召开联合国国际组织会议。6月26日，50国代表签署了《联合国宪章》。中国共产党董必武同志是中国代表团的代表之一，并在《联合国宪章》上签字。同年10月24日，中、法、苏、英、美（联合国安全理事会五个常任理事国）和其他多数签字国递交批准书，宪章开始生效。联合国正式成立。

关于中国在联合国的席位问题，中国政府的原则立场是：中国是联合国的创始会员国和联合国安全理事会五个常任理事国之一。世界上只有一个中国，台湾自古以来就是中国的领土。1894年清朝政府战败，台湾被日本强行霸占。1945年10月24日，联合国正式成立后的第二天，当时的中国政府根据《开罗宣言》和《波茨坦公告》的规定，在台北举行台湾日军的受降仪式，从此，台湾及所属岛屿重归中国主权之下。1949年中国人民推翻了蒋介石集团的反动统治，建立了中华人民共和国。中华人民共和国中央人民政府从1949年10月1日成立那一天起，就是代表全中国人民的唯一合法政府，理所当然地享有中国在联合国的席位。只是由于美国的阻挠，我国在联合国的合法权利被剥夺。恢复中华人民共和国在联合国的一切合法权利，就必须承认中华人民共和国政府的代表是中国驻联合国的唯一合法代表，承认中华人民共和国是安全理事会五个常任理事国之一，并立即把蒋介石集团的代表从联合国及其一切机构中驱逐出去。中国政府的这一原则立场是坚定的，不可动摇的。

而《回顾》一文说：

（1）根据“国际组织惯例中的政府继承原则”，“中国在联合国中的合法席位应由中华人民共和国中央人民政府来继承”。

这一说法是不对的。代表全中国人民的中华人民共和国中央人民政府，同被中国人民推翻了的、代表帝国主义、封建主义、官僚资本主义的蒋介石反动政府，根本不是“继承”关系。在争取恢复中国在联合国合法席位的长期斗争中，中国政府始终坚持自己的原则立场，从未提出过什么“政府继承原则”。

（2）1949 年 11 月 15 日，周恩来外长分别致电联合国秘书长赖伊及联合国大会主席罗慕洛。在致赖伊的电中称：“中华人民共和国中央人民政府业于十月一日正式成立。中央人民政府毛泽东主席于政府成立之日，即郑重向全世界宣告：只有中华人民共和国中央人民政府才是代表中华人民共和国全体人民的唯一合法政府。现在，中华人民共和国中央人民政府业已基本上解放了全中国的土地和人民，且已得到全中国人民的热烈拥护。而国民党反动政府已丧失了代表中国人民的任何法律的与事实的根据。因此，目前以代表中国人民名义参加联合国组织并出席本届联合国大会的所谓‘中国国民政府代表团’……绝对没有代表中国人民的任何资格。我谨代表中华人民共和国中央人民政府正式要求联合国，根据联合国宪章的原则与精神，立即取消‘中国国民政府代表团’继续代表中国人民参加联合国的一切权利，以符合中国人民的愿望。”

在致罗慕洛的电报中，前半段内容与上电基本相同，结尾则为：“我谨代表中华人民共和国中央人民政府正式通知阁下：中华人民共和国中央人民政府否认目前正出席本届联合国大会之所谓‘中国国民政府’派遣的蒋廷黻所领导的代表团的合法地位，认为他们已经不能代表中国，并也无权代表中国人民在联合国组织中发言。”

《回顾》一文转述了周恩来致赖伊电中的几句话，然后写道："11 月 28 日，周恩来再次致电联合国秘书长赖伊和联合国第四届大会主席，要求以中华人民共和国取代'中华民国'在联合国的席位。在此期间，中华人民共和国中央人民政府相继任命了中华人民共和国出席联合国大会、安理会及联合国专门机构的代表。"这都不是事实。

《回顾》接着又说："这就引发了在联合国中，中国究竟应由哪个政府代表的问题，即世称的'中国代表权'问题。"把联合国中的"中国代表权"问题，说成是"中国究竟应由哪个政府代表的问题"，这就违反了周恩来上述电报的精神，完全违反了中国政府的原则立场。

这年 11 月 25 日，苏联出席第四届联大代表团团长维辛斯基在联大政治与安全委员会（亦称第一委员会）上说："苏联代表团已经通知联合国，苏联代表团支持中华人民共和国中央人民政府外交部部长周恩来（11 月 15 日）致大会主席的声明，该声明拒绝承认由蒋廷黻率领及由所谓'中国国民政府'派到本届大会的代表团的合法地位，拒绝承认这个代表团代表中国及代表中国人民在联合国大会上发言的权利。"他说，"给予这个所谓'政府'的冒牌代表的声明以某种重视，是与联合国的尊严不相容的。因为这个所谓'政府'的权力，如果不把那一小块微不足道的中国领土计算在内的话，已不复能达到中国，就是这一小块领土，从蒋介石的压迫下解放出来，也已计日可待了。"①

---

① 参见 1949 年 11 月 29 日《人民日报》。

对此，《回顾》一文写道：“11 月 25 日，苏联在联合国第一委员会中提出‘中华民国已失去大陆，无权代表中国，中国的代表权应由中华人民共和国来替代’，这是联合国首次对‘中国代表权’问题发生争议。”这样的记述和论断，与历史事实不符。

（3）《回顾》一文说，“1950 年 3 月 8 日”，联合国秘书长赖伊“公布了一份备忘录”，其中指出“中国代表权问题及未来发生之同样问题，各会员国应以新政府是否有效地统治国家领土和人民为表决的依据”。该文结论：“这是联合国首次就‘中国代表权问题’做出的原则性解释。”

《回顾》一文对这份备忘录中的关键语句略而未提，这就是：“中国问题在联合国的历史上是独特的，这并非因为牵涉一个政府的革命变递，而是因为第一次有两个敌对的政府并存着。”“当前争执的问题应该是，究竟这两个政府中哪一个在事实上据有使用国家资源及指导人民以履行会员国义务的地位。”赖伊的这些说法，实际上否定了中国人民的革命及其成果，否定了中华人民共和国中央人民政府是代表全中国人民的唯一合法政府，并为这一所谓的“争执”定出解决的标准。所有这些都违背了联合国宪章第二条第七款的规定：“本宪章不得认为授权联合国干涉在本质上属于任何国家内管辖之事件。”赖伊的这份备忘录是明显干涉中国内政的，是非法的，无效的；而《回顾》一文却说“这是联合国首次就‘中国代表权问题’做出的原则性解释”。

（二）

《回顾》一文在导语中说，撰写此文的目的之一，是为了

“对直接指导了这一斗争过程的毛泽东、周恩来等老一辈无产阶级革命家的纪念”。这一动机是很好的。但文中除末尾处外，没有提及毛泽东在“这一斗争过程”中的“直接指导”的情节。现举出三件史实：

(1)《回顾》一文说：“1950 年 1 月 8 日，周恩来致电联合国秘书长赖伊及联合国安理会各理事国代表，要求安理会开除非法的国民党代表。”

史实是：1950 年 1 月 7 日上午 6 时，毛泽东自莫斯科致电“恩来并中央”，内称，苏联外交部长维辛斯基来谈，“建议我外交部给联合国安全理事会去一个声明，否认前国民党政府代表蒋廷黻继续为安理会中国代表的合法地位”。同日中午 12 时，毛泽东致电“少奇、恩来”，附上他亲拟的“声明电”，全文如下：

联合国大会主席罗慕洛先生，联合国秘书长赖伊先生，并转安全理事会会员国苏联、美国、法国、英国、厄瓜多尔、印度、古巴、埃及、挪威政府：

中华人民共和国中央人民政府认为中国国民党反动残余集团的代表留在联合国安全理事会是非法的，并主张将其从安全理事会开除出去，特此电达，希予采纳照办为荷。

中华人民共和国中央人民政府

外交部部长周恩来

一九五〇年一月八日于北京

这件事值得学习的地方很多。在此只说一点：当时安理会有11个成员国（后增为15国）。除5个常任理事国外，还有6个非常任理事国。毛泽东写明此电给联合国大会主席、秘书长“并转”指名的安理会9个成员国“政府”，其中当然没有窃据常任理事国席位的“中国国民党反动残余集团”。同时，顾及当时斯大林的态度，此电也未给非常任理事国的南斯拉夫。

赖伊复电收到并转达。1月10日，苏联代表马立克在安理会上宣读了周外长1月8日的电报并称：“苏联代表团奉苏联政府训令特此知照安理会：苏联代表团支持中华人民共和国中央人民政府的声明，并且坚持将国民党集团的代表从安理会开除出去。”马立克接着提出将国民党集团的代表从安理会开除出去的提案。在讨论过程中，轮值安理会主席的蒋廷黻被迫将主席职务让给古巴代表。美国代表反对苏联提案，理由是：美国“承认授权蒋廷黻出席安理会的政府”。他说，他将投反对票，但“不意味着使用否决权”。英国代表则说，目前，讨论苏联代表提出的问题“为时过早”。1月13日，安理会对苏联提案进行表决，苏联、印度、南斯拉夫赞成，英国、挪威弃权，其余6票（包括蒋廷黻）反对。马立克宣称：“苏联代表团将不参加安理会的工作，直至国民党集团的代表被开除为止，苏联将不承认安理会在国民党集团的代表参与之下所通过的任何决议，并将不理会这种决议。”苏联代表团随即离开会场。①

（2）《回顾》一文说，“1950年1月19日，周恩来致电联合国主席和秘书长，指出：‘以张闻天为首席代表的合法的中

① 参见1950年1月14日、16日《人民日报》。

华人民共和国的代表团已经组成，代表团应迅速出席会议并参加工作。'” 在这里，《回顾》一文加上直接引号，似乎原电的措辞就是如此，而其实不然。

史实是，1950 年 1 月 13 日，毛泽东自莫斯科致电刘少奇称，维辛斯基“建议我国向联合国去电派遣自己的代表出席联合国以代替国民党代表”。“我同意他的建议，代表团首席人选请中央考虑电告，待恩来到此商决。”① 刘少奇复电提名章汉夫。1 月 18 日，毛泽东与已抵苏境的周恩来通电话商量后致电刘少奇称，“章汉夫资望方面有不够之处”，“首席代表以洛甫担任为适宜，现起草了一个致联合国的电报，如中央同意请于明十九日发出并公开发表”。“因恩来即到莫斯科，故照会用李克农名义。”（此电发出时，署名改为外交部部长周恩来，电中括号里的文字是改动或添加的。全文载于 1950 年 1 月 20 日《人民日报》。）

毛泽东起草的致“联合国大会主席罗慕洛先生，秘书长赖伊先生，并请转达联合国及安全理事会各会员国代表团”的电报，主要内容是：“中华人民共和国中央人民政府业已任命张闻天为中华人民共和国出席联合国会议和参加联合国工作包括安全理事会的会议及其工作的代表团的首席代表。”请“主席先生和秘书长先生回答我的下列两项（个）问题，即：①何时开除中国国民党反动残余集团的非法代表出联合国及（其）安全理事会，我认为这样的反动残余集团的非法代表到现在还

---

① 参见《建国以来毛泽东文稿》第一册，中央文献出版社 1987 年版，第 235 页。

（这样）留在联合国及（其）安全理事会，是完全不合理的，应当立即开除出去；②以张闻天为首席代表的合法的中华人民共和国的代表团何时可以出席联合国及（其）安（全）理（事）会的会议并参加工作，我认为应当迅速出席会议并参加工作。以上各项，请予速复为盼”。① 赖伊将此电作为正式文件分送联合国各会员国，并复电周外长，对所询第一项问题答以“联合国每一机构皆有依据会员国之资格证书采取行动之权”。对所询第二项问题答以“参加联合国各个机构的工作问题，系由各该机构之决议来决定”。这显然是故意推托。

（3）《回顾》一文说，周恩来“制定了新的斗争策略”，“要求与我建交的国家不仅要断绝与蒋介石政权的外交关系，还要在联合国中反对蒋介石政权代表中国”。这与事实不符。

事实是，1950 年 1 月 6 日，英国原驻北京总领事格拉柏将英国外交大臣贝文签署的致中华人民共和国外交部部长周恩来的照会送达中国外交部，照会说：“大不列颠及北爱尔兰联合王国陛下政府业已将中华人民共和国中央人民政府之成立所造成的形势研究完毕，而且鉴于这一政府有效控制中国领土的极大部分，业于本日承认该政府为中国的法律上的政府。在这种情况下，陛下政府应毛泽东主席在一九四九年十月一日的公告，愿与中央人民政府在平等、互利和互相尊重领土和主权的基础上建立外交关系，并准备互派外交代表。在未任命大使前，已任命 J. C. 胡阶森为陛下的临时代办。”格拉柏还通知说：“陛

① 参见《建国以来毛泽东文稿》第一册，中央文献出版社 1987 年版，第 242－244 页。

下政府由于这一决定的结果，已撤销对中国国民党政府的承认。这一决定已由国务大臣赫克脱·麦克奈尔于1月5日晚通知中国驻伦敦大使郑天锡博士。”[①] 周恩来外长于1月9日复电贝尔，表示“我政府愿在平等、互利及互相尊重领土主权的基础上与大不列颠及北爱尔兰联合王国政府建立外交关系，并接受贝文外相指定为临时代办的胡阶森先生为来京就两国建立外交关系进行谈判的代表”。[②]

《中国人民政治协商会议共同纲领》第56条规定：“凡与国民党反动派断绝关系，并对中华人民共和国采取友好态度的外国政府，中华人民共和国中央人民政府可在平等互利及互相尊重领土主权的基础上与之谈判，建立外交关系。”据此，英国已符合与我国建交的条件。但1950年2月8日，毛泽东自莫斯科致电刘少奇称：“估计英代办胡阶森即将到京，望告外交部于胡到后当其来访时提及关于建立外交关系的初步程序的事宜，即应告以其中最重要者为英国与蒋介石反动派残余的关系问题，……英国代表在联合国安全理事会及其他组织中竟继续承认国民党代表为合法，拒绝接受我中华人民共和国代表，这在建立中英外交关系上是不可能不解决的先决问题。”[③] 这样，毛泽东就为我国政府与外国政府建立外交关系补充了一项重要原则（而不是《回顾》一文所说的“斗争策略”），即愿与中国建交的国家，如果是联合国会员国，必须赞成中华人民共和国的

① 参见1950年1月11日《人民日报》。

② 参见1950年1月10日《人民日报》。

③ 参见《毛泽东外交文选》，中央文献出版社、世界知识出版社1994年版，第129页。

代表是中国在联合国组织中的唯一合法代表，必须赞成立即把蒋介石集团的代表从联合国及其一切机构中驱逐出去，以此来鉴别是否真正尊重中国的领土主权，是否对中国“采取友好的态度”。这也是制止在联合国中制造“两个中国”的有效措施。英国承认了我国，断绝了同国民党集团的外交关系，1954 年日内瓦会议上对印度支那问题采取了不同于美国的立场，但对联合国中国代表权问题的态度长期未变。因此，中国政府只同意和英国“半建交”——互换代办。这是毛泽东、周恩来的一大创举。

（三）

1950 年 6 月 25 日，朝鲜战争爆发。6 月 27 日，美国总统杜鲁门发表声明称：“我已命令第七舰队阻止对台湾的任何攻击，台湾地位的决定，必须等待太平洋安全的恢复，对日和约的签订，或经由联合国的考虑。”6 月 28 日，周恩来总理发表声明指出，“杜鲁门 27 日的声明和美国海军的行动，乃是对于中国领土的武装侵略，对于联合国宪章的破坏”，并代表中国政府郑重宣布“不管美帝国主义采取任何阻挠行动，台湾属于中国的事实，永远不能改变”。围绕美国武装侵略朝鲜和侵略中国领土台湾问题，中国通过联合国同美国进行了尖锐的斗争。《回顾》一文有所提及，现做一些补充。

（1）在苏联不参加安理会会议的情况下，美国于6 月 27 日操纵安理会通过决议，要求联合国会员国协助南朝鲜当局，提供军队和其他援助。赖伊通知各会员国执行。7 月 7 日，美国又操纵安理会通过决议，授权美国组成“联合国军”司令部，统一指挥参加侵朝的 16 国的军队。

7月6日，周恩来外长致电联合国秘书长赖伊并转安理会各会员国，代表中国政府声明：安理会于6月27日“在美国政府指使和操纵下所通过的关于要求联合国会员国协助南朝鲜当局的决议，是支持美国武装侵略、干涉朝鲜内政和破坏世界和平的，并且这一决议是在没有中华人民共和国和苏联两个常任理事国参加下通过的，显然是非法的。联合国宪章规定不得授权联合国干涉本质上属于任何国家内管辖之事件”，安理会“关于朝鲜问题的决议，不仅毫无法律效力，并且大大破坏了联合国宪章。而联合国秘书长赖伊先生的行动，正加深了这一破坏性”。“美国总统杜鲁门在6月27日关于以武力阻止中华人民共和国解放台湾的声明和美国海军侵入我台湾沿海的行动，是彻底破坏联合国宪章关于任何会员国不得使用武力侵害任何其他国家之领土完整或政治独立的原则的公开侵略行为。”“联合国安全理事会和联合国的秘书长对于美国政府的这一公然侵略行动却又一声不响，放弃自己维护世界和平的职责，并成为顺从美国政府政策的工具。不管美国政府采取任何军事阻挠，中国人民抱定决心，必将要解放台湾。”

（2）8月1日，苏联代表马立克重返安理会，并任轮值主席。他以主席的资格裁定国民党代表以中国代表的名义出席是非法的。经表决，印度、南斯拉夫赞成，8票反对。马立克又提出初步议程，第一项是承认中华人民共和国代表问题，第二项是和平解决朝鲜问题，但遭到美国操纵的多数否决。美国则提出“控诉对大韩民国侵略案”。8月4日，苏联代表提出和平解决朝鲜问题的提案，主张安理会讨论朝鲜问题时，必须邀请中华人民共和国的代表参加，并听取朝鲜人民代表的意见。8

月 20 日，周恩来外长致电联合国安理会主席马立克及联合国秘书长，支持苏联 8 月 4 日的提案，坚决主张安理会讨论朝鲜问题时，必须有中华人民共和国的代表参加，必须邀请朝鲜人民代表出席陈述意见，在朝鲜停止军事行动，自朝鲜撤退外国军队。9 月 1 日，美国操纵安理会否决了苏联 8 月 4 日提案，苏联则否决了美国提出的“控诉对大韩民国的侵略”案。

（3）8 月 24 日，周恩来外长致电安理会主席马立克及联合国秘书长赖伊，代表中国政府向安理会“提出控诉和建议”，电称：“为了维持国际和平和安全，为了维护联合国宪章的尊严，联合国安全理事会有义不容辞的责任，来制止美国政府武装侵略中国领土的罪行，并应立即采取措施，使美国政府自台湾及其他属于中国的领土完全撤出它的武装侵略部队。”8 月 27 日，周外长致电安理会主席马立克及联合国秘书长，指出美国侵略朝鲜军队的军用飞机侵入中国领空扫射我建筑物、车辆，使中国人民多人伤亡，要求安理会制裁美国侵朝军队，并使美军撤出朝鲜。8 月 29 日，苏联代表马立克根据周恩来外长 8 月 24 日的电报，以“中华人民共和国中央人民政府关于美国政府武装侵略中国领土以及违反联合国宪章的声明”为题，作为安理会临时议程。美国代表不同意，但又提出，若改以“关于台湾的控诉案”为题，美国将同意这项议程。经过争论，印度代表认为议题不要含有“预先判断”之意，改为“控诉武装侵略台湾案”。经表决，印度及英、美、法、苏、挪威和厄瓜多尔 7 票赞成列入议程。马立克接着提议，讨论该案时，邀请中华人民共和国中央人民政府代表出席安理会，并提议，将周外长 8 月 27 日电报所提问题亦列入议程。由于美国阻挠，未获通过。

9 月 10 日，周外长又致电联合国秘书长和安理会主席，要求安理会讨论上述问题时必须有中华人民共和国的代表参加，美国又操纵安理会的多数予以拒绝。

（4）9 月 24 日和 27 日，周外长两次致电联合国秘书长赖伊、第五届联大主席安迪让及安理会主席杰伯，向联合国控诉美国的侵略暴行，要求联合国大会将我控诉美军飞机侵入我国领空、杀伤我国人民并损害我国财产的提案，美国侵朝军舰炮击和非法盘查我国商船一案，列入大会议事日程，并接纳中国代表出席讨论。

（5）9 月 15 日，美军在朝鲜半岛仁川登陆，把战火引向中国边境。9 月 22 日，中国外交部发言人发表声明："我们再一次明确表示，我们将永远站在朝鲜人民方面，正如数十年来朝鲜人民站在中国人民方面一样，坚决地反对美帝国主义侵略朝鲜的罪行，坚决地反对美帝国主义扩大战争的阴谋。"

9 月 27 日，苏联代表马立克在安理会上提出，安理会已同意将"控诉武装侵略台湾案"列入议程，但美国代表和国民党残余分子的代表一直阻挠邀请中华人民共和国代表参加。苏联坚决主张立即邀请中华人民共和国派代表参加安理会有关台湾问题的会议。

9 月 29 日，安理会接受厄瓜多尔代表的提议，邀请中华人民共和国政府代表参加"控诉武装侵略台湾案"。安理会又接受美国代表的提议，安理会讨论该案的时间应在 11 月 15 日以后。（借口是，苏联所提"对美国侵略中国的控诉案"已列入联大第一委员会议程。）

10 月 2 日，赖伊将安理会的上述决议电告周外长。10 月 23

日，中国政府任命伍修权为特别代表，出席安理会讨论该案。

（6）遵照毛主席的命令，中国人民志愿军于1950年10月19日夜秘密渡过鸭绿江，入朝作战。“联合国军”总司令麦克阿瑟发现后，于11月6日向安理会做了报告，诬蔑中国干涉朝鲜问题。11月8日，安理会通过讨论“联合国军”司令部的报告的决议，并决定邀请中国政府派代表与会。11月11日，周外长致电联合国秘书长并安理会主席称：“所谓联合国军司令部是在安全理事会没有苏联和中华人民共和国两个常任理事国参加并在美国操纵之下非法产生的。因之它的报告不仅是片面的和别有用心的，而且是非法的，绝不能作为讨论的根据。”中国不能接受安理会所决定的邀请。电中再次要求安理会将中国控诉美国武装侵略台湾案与美国武装干涉朝鲜问题合并讨论，以便中国代表出席安理会讨论前一个议案时，同时提出控诉美国武装干涉朝鲜问题。

（7）1950年11月24日，伍修权抵达纽约。同日，联大第一委员会通过决议，邀请中华人民共和国的代表出席该委员会，参加讨论苏联提出的“对美国侵略中国的控诉案”。11月26日，周外长电告赖伊，任命伍修权兼任出席第一委员会的代表。

11月28日，安理会将美国提出的“控诉侵略大韩民国案”和“控诉武装侵略台湾案”合并讨论。伍修权在会上指出，台湾是中国领土不可分割的一部分，美国武装力量侵占台湾，构成美国政府对中国公开直接的侵略。他着重驳斥了“台湾地位未定论”，对联合国将所谓台湾地位问题的“福摩萨问题”列入大会议程，提出严重抗议。伍修权代表中国政府向安理会提出建议：“严厉制裁美国政府武装侵略中国领土台湾和武装干涉朝鲜人民的罪行”；“立即采取有效措施，使美国政府自台湾完全撤出它的武装侵略力量”；“立即采取有效措施，使美国及其他外国军队一律撤出朝鲜，朝鲜内政由南北朝鲜人民自己来解决”。

美国代表否认美国侵略中国，把话题转向“控诉侵略大韩民国案”，并提出一连串诬蔑性的问题。伍修权于 11 月 30 日在安理会上指出，中国政府已经声明，决不参加荒谬的所谓“对大韩民国侵略案”的讨论，他指出：朝鲜问题的真相，正是美国武装干涉朝鲜，严重破坏了中国的安全，并具体指出侵朝美军侵犯中国领空的事实。严正宣布：“中国人民完全有信心打退敢于侵略中国的一切侵略者。”

（8）由于美国阻挠，联大第一委员会迟迟不就“对美国侵略中国的控诉案”进行讨论。伍修权于 12 月 16 日在纽约举行记者招待会，对此表示愤慨。他说：志愿援助朝鲜人民反抗美国侵略的中国人民的行动是义举，只要美国干涉和侵略的暴行不停止，中朝两国人民反干涉反侵略的斗争是不会停止的。他向记者分发了原来准备在第一委员会的发言稿，主要内容是：①美国政府积极援助蒋介石集团，供应武器及其他物资，指使它封锁中国海岸，轰炸中国沿海城市；②美国政府百般阻挠中华人民共和国恢复在联合国的合法席位；③美国把日本变为矛头指向中国的侵略战争的军事基地；④美国在太平洋建立庞大的军事基地网，对中国造成包围形势。

伍修权 12 月 19 日回国后，联大第一委员会讨论美国侵略中国案。周外长致电该委员会主席，指出这是美国操纵联合国的又一诡计。应周外长的要求，该委员会将伍修权的发言稿作为正式文件印发。

（9）中国人民志愿军赴朝后，从1950年10月25日至1951年1月8日，连续取得三次战役的胜利，给美军以沉重打击。在美国操纵和挟持下，1951年1月30日联大第一委员会、2月1日联合国大会先后通过了美国提出的诬蔑中国为对朝鲜“侵略者”的议案。在联大表决时，苏联、乌克兰、白俄罗斯、波兰、捷克斯洛伐克、印度、缅甸投票反对，埃及、印尼、巴基斯坦、叙利亚、瑞典弃权。

1951年2月2日，周恩来总理发表声明，指出这一诬蔑案最露骨地证明美国政府是要战争不要和平的。“联合国大会及其第一委员会在没有中华人民共和国的合法代表参加，而且在僭越安全理事会的权限的情况下，竟通过美国诬蔑中国的提案，显然是非法的、诽谤的、无效的，中国人民坚决表示反对。”

其后，不顾苏联、印度等国的反对，美国又操纵联合国大会及若干联合国组织通过对中国实行禁运及其他一些反华决议。恢复中国在联合国合法席位的斗争，就是在美国在联合国掀起的反华逆流中展开的。

（四）

从1950年第五届联大开始，联合国有的会员国就中国在联合国的代表权问题提出议案，由联合国大会进行讨论和表决，至1960年第十六届联大，有关情况如下：

（1）《回顾》一文称，“1950年9月，联合国第五届大会召开。因朝鲜战争爆发，中华人民共和国的代表未能出席大会”。而史实是：

1950年8月26日，周恩来外长致电联合国秘书长赖伊称：

“中华人民共和国中央人民政府是代表中国人民的唯一合法政府，中国国民党反动残余集团的所谓‘代表’完全没有参加联合国一切会议及其机构的资格，故必须将他们从联合国一切会议及其机构中驱逐出去。为此，我代表中华人民共和国中央人民政府在一九四九年十一月十五日曾向阁下及联合国第四届大会主席罗慕洛先生发出照会，声明以蒋廷黻为首的所谓‘中国国民政府代表团’已绝对无权代表中国；在一九五〇年一月八日，一月十九日，二月二日，五月三十日，我又一再向阁下及罗慕洛先生发出照会，要求联合国立即将中国国民党反动残余集团的非法代表从联合国及其安全理事会、经济暨社会理事会、托管理事会等机构中开除出去，并通知阁下：中华人民共和国中央人民政府已任命张闻天为中华人民共和国出席联合国会议，包括安全理事会的首席代表，冀朝鼎为出席经济暨社会理事会代表，孟用潜为出席托管理事会代表。但时至今日，联合国仍容留中国国民党反动残余集团的非法代表在联合国各个机构之内，而不将其立即开除出去，我认为这不但违背了联合国宪章，而且漠视了中华人民共和国四万万七千五百万人民的正义要求。现在联合国第五届大会将于九月十五日召开，我代表中华人民共和国中央人民政府正式通知阁下，中华人民共和国中央人民政府业已任命张闻天为中华人民共和国出席联合国第五届大会的首席代表，李一氓、周士第、冀朝鼎、孟用潜为代表。请即转达有关各方，并即办理中华人民共和国代表出席联合国第五届大会之一切手续。专此奉达，请速电复。”

9 月 7 日，赖伊复电周外长称，如果联合国大会接受中华人民共和国代表团，他将代为申请美国入境许可并安排接待。

9月17日，周外长再次致电赖伊，重申8月26日电中的主要内容，并称："联合国第五届大会如无中华人民共和国代表团参加，或竟容留中国国民党反动残余集团的非法代表在内，则其所做的一切与中国有关的决议，均将是非法的，因而也将是无效的。"

9月19日，第五届联大开幕的第一天，即投票表决了有关"中国代表权"的几项提案：

①印度提案：

这是煞费苦心、用曲折的笔法写成的提案。内称，"中华民国是联合国及其各机构的会员国"，"一个会员国按照联合国宪章所承担的义务，除非由一个具有长期存在的合理希望、对该会员国领土实际行使控制并且获得其人民的服从的政府所履行，否则就无法履行"，"中华人民共和国中央人民政府是在目前结构的中华民国境内行使职权的唯一这样的政府"，"上述中央政府视情况通过它的首脑或外交部部长或它委派的代表，应有权在大会内代表'中华民国'"，"建议联合国的其他机构通过类似的决议"。

这一提案以33票反对，16票赞成，10票弃权未获通过。

②苏联提案分为两部分：

第一部分："国民党集团代表不能参加大会及其机构的工作，因为他们不是中国的代表。"这一部分以38票反对，10票赞成，8票弃权，3国缺席，未获通过。

第二部分："邀请中华人民共和国中央人民政府所指派的代表参加大会及其所属机构的工作。"这一部分以38票反对，11票赞成，8票弃权，3国缺席，未获通过。

③加拿大提案分为两部分：

第一部分："建立一个由主席提名并由大会确定的七名会员组成的特别委员会来考虑中国代表权问题"，"向本届大会报告并提出建议"。这一部分以 38 票赞成，6 票反对，11 票弃权获得通过。

第二部分："在大会就这个特别委员会的报告做出决定之前，应由中国国民政府的代表在大会内占有席位，权利与其他代表相同。"这一部分以 42 票赞成，8 票反对，6 票弃权获得通过。

由于通过了加拿大提案，我国代表未能出席第五届联大。1950 年 9 月 25 日，我国外交部发言人发表声明说："中国人民热烈欢迎印度与苏联两国代表在联合国大会所做的努力。印度和苏联两国代表向联合国大会提出的提案是完全正当的、合法的。"声明虽未直接点明加拿大提案，但明确指出：联合国大会"仍然让这一非法的'代表'坐在联合国内"，这是"中国人民所不能忍受的"，美国政府"百般操纵和蓄意破坏"，"应负这一非法决议的主要责任"。

《回顾》一文说："会议通过了加拿大提案，即建议联大设一专门委员会，研究'中国代表权'问题。这表明联大关于恢复中华人民共和国代表权的正义呼声已得到国际社会的认同。"而事实是，1950 年 12 月 12 日，第五届联大通过了大会主席提名的"特别委员会"的 7 名会员为：加拿大、厄瓜多尔、印度、伊拉克、墨西哥、菲律宾、波兰。1951 年 10 月 16 日，该委员会通知联大，它无法对中国代表权问题提出任何建议。结果是，"中国国民党反动残余集团的代表"仍继续留在联合国及其一切机构。

（2）1951年第六届联大出现了“苏联提议”和“泰国提案”。“苏联提议”是：“要求把‘中国在联合国的代表权’问题列入大会议程。”“泰国提案”的主要内容是：“延期审议从大会排除中国国民政府的代表或让中华人民共和国中央人民政府的代表取得席位在大会内代表中国的任何其他提案。”

大会以37票赞成，11票反对，4票弃权，8国缺席，通过了泰国提案，苏联提议未付表决。

（3）自1952年第七届联大起，关于“中国代表权问题”，美国不再指使其他国家提出议案，而由美国单独提出议案。第七届联大至第十届联大，美国提案的主要措辞是：“延期审议所有关于排除中华民国政府的代表出席和让中华人民共和国中央人民政府的代表取得席位的提议。”自第十一届联大至第十五届联大，美国提案的主要措辞是：“不审议关于排除中华民国政府的代表或让中华人民共和国中央人民政府的代表取得席位的任何提议。”在这9年中，美国提案均以多数票获得联合国大会通过。值得一提的是，尽管美国操纵第五届联大通过了诬蔑中国为对朝鲜的“侵略者”的决议，但在美国关于“中国代表权”的提案中，却多年使用“中华人民共和国中央人民政府”的称谓。

1952年第七届联大，苏联提案：“对所谓‘国民党政府派至联合国第七届会议的代表的全权证书’视为无效，因为这些全权证书不符合大会议事规则第三十条的规定。”按这一条规定，只有一国的元首或政府首脑或外交部部长才有权任命出席联合国大会的代表。苏联代表指出，已被中国人民所唾弃的政权的残余分子无此权力。1953年、1954年、1955年，苏联在联大的提案均为："中华人民共和国中央人民政府所委派的代表应在大会及联合国其他机构中取得中国的合法席位。"1956年至1959年，印度在联大的提议及1960年苏联在联大的提议均为：要求把"中国在联合国的代表权问题"列入议程。由于自第七届联大至第十五届联大均通过了美国提案，苏联提案、提议及印度提议均未付表决。

《回顾》一文说："自50年代中后期至60年代初，虽然与我友好国家曾多次提出'排蒋纳共'的提案，但均为美国所提'暂不讨论中国代表权问题'提案所否决。"这一段记述是错误的。首先，在此期间，"与我友好国家"的提案、提议并不是"排蒋纳共"。其次，美国提案的措辞并不是"暂不讨论中国代表权问题"。最后，"与我友好国家"的提案、提议未付表决，而不是被美国提案所"否决"。

现将自1952年第七届联大至1960年第十五届联大对美国提案的表决结果表列如下：

年份	赞成票	反对票	弃权票	缺席	表决时会员国总数
1952年	42	7	11		60
1953年	44	10	2	4	60
1954年	43	11	6		60
1955年	42	12	6		60
1956年	47	24	8		79
1957年	48	27	6	1	82
1958年	44	28	9		81
1959年	44	29	9		82
1960年	42	34	22	1	99

注：会员国总数中包括国民党残余集团。

在这9年中，联合国会员国由60增至99，美国提案虽都以多数票通过，但赞成票1952年为42，1957年为48，1960年又降到42；反对票1952年为7，以后逐年增加，1960年为34，弃权票为22。可见美国操纵联合国大会把中国排除在联合国之外是越来越困难了。

（4）面对这一形势，美国变换手法，但《回顾》一文所说的三件均有讹误：

①《回顾》一文说："美国操纵表决机器要求联合国安理会'不再讨论排斥蒋介石政权的代表或让中共代表出席联合国的问题'。"《回顾》一文中"蒋介石政权"和"中共代表"的称谓与上述美国提案所使用的称谓是不同的。所谓"美国操纵"的"表决机器"指的是什么，也不清楚。按联合国宪章第二十七条规定，安理会常任理事国对"程序事项"不使用否决权，对"其他一切事项"可使用否决权，但任何常任理事国均无权事先要求安理会"不再讨论"某一问题。"美国操纵表决机器要求"安理会"不再讨论"《回顾》一文所说的问题，是不可能的，而且并无其事。

②《回顾》一文说，"1960年美国民主党肯尼迪政府上台"，"对华政策有所调整"，"为此美国变换手法，在联合国中抛出了'双重代表'的提案，即中华人民共和国可以参加联合国，但前提条件是不能排除蒋介石政权在联合国中的代表权"。需要指出的是：第一，1960年，美国是共和党执政，总统是艾森豪威尔，副总统是尼克松。第二，美国1960年在联大的提案是"不审议关于排除中华民国政府的代表或让中华人民共和国中央人民政府的代表取得席位的任何提议"。第三，肯尼迪作

为民主党推举的总统候选人，于1960年11月的大选中获胜，1961年1月20日就任美国总统。但美国并未在联合国中抛出“双重代表”的提案。

③《回顾》一文又说，“60年代初”，“美国开始改变了其在联合国中的斗争策略”，“根据联合国宪章第十八条规定，联大总务委员会决定列入联大议题中的某一问题，经会员国2/3的相对多数表决通过，该问题即为重要问题事项。以美国为首的反共势力充分利用这一条规定，操纵联合国大会的相对多数通过议案，将中国政府取代蒋介石政权在联合国的代表席位问题演变为‘重要问题事项’，以继续阻挠新中国进入联合国”。需要指出的是：

第一，联大总务委员会由每届联大主席、17名副主席和7名主要委员会主席共25人组成，主要负责在大会开始时，审议“临时议程”“补充临时议程”所列之议题，拟定本届大会议程提交大会审议批准，把大会批准的议题交付各有关委员会讨论等事项，它与联合国宪章第十八条毫无关系。

第二，联合国宪章第十八条是关于大会投票的规定，这一条分三项：

“一、大会之每一会员国，应有一个投票权。”

“二、大会对于重要问题之决议应以到会及投票之会员国三分之二多数决定之。此项问题应包括：关于维持国际和平及安全之建议，安全理事会非常任理事国之选举，经济暨社会理事会理事国之选举，依第八十六条第一项（寅）款所规定托管理事会理事国选举，对于新会员国加入联合国之准许，会员国权利及特权之停止，会员国之除名，关于施行托管制度之问题以及预算问题。”

“三、关于其他问题之决议，包括另有何种事项应以三分之二多数决定之问题，应以到会及投票之会员国之过半数决定之。”

为了继续把中华人民共和国排除在联合国之外，美国从1961年第十六届联大开始，利用联合国宪章第十八条做文章，详见下节。

（五）

从1961年第十六届联大到1970年第二十五届联大，关于“中国在联合国的席位问题”的斗争出现了一些新情况，主要是提案国由一国向多国发展，支持我国的提案的措辞更加明确。

（1）《回顾》一文称：“1961年12月，第十六届联大召开，与会56国代表对中国代表权问题进行了讨论。有关提案意见分为三类，一是以苏联为首的社会主义阵营国家，强烈主张排蒋纳共，要求将台湾国民党当局的代表驱逐出联合国；一是美国、澳大利亚、意大利、日本、哥伦比亚五国提出的议案，主张联合国中的中国代表权问题不再是一个程序议题，而是一个重要问题；一是一些持中间立场的国家，主张依联合国会籍普遍化的原则，两个中国都应有代表在联合国。大会对后两种提案进行投票以决定表决程序，结果大会以61票赞成、21票反对、20票弃权通过程序提议，先表决美国等五国提出的议案。”“议案规定，中华人民共和国取代蒋介石政权在联合国的席位，系重要问题，联大须以三分之二的多数通过始能成立。”

在此先指出：第一，第十六届联大于1961年9月召开，与会104国。第二，在整个联合国历史上，从未有过“以苏联为首的社会主义阵营国家”提出的“议案”或“主张”。在社会主义中国被排除在联合国之外，朝鲜、越南、民主德国等社会主义国家不是联合国会员的情况下，这是根本不可能的事。而在中苏关系破裂之后，从1963年起，苏联即不再充当恢复中国在联合国合法权利的提案国。第三，在第十六届联大，并无“两个中国都应有代表在联合国”的提案，即便有的国家有此主张，也不应称之为“持中间立场”。《回顾》一文说大会对这一提案与美国等5国提案“进行投票以决定表决程序”。这是没有事实根据的。

实际上，第十六届联大关于“中国代表权”问题只有两项提案，即苏联提案和美国等5国提案。

①苏联提案：这是在联合国中首次比较完整地表达我国立场的提案。全文如下：

“苏联提案：一九六一年十月二十七日

“议题：恢复中华人民共和国在联合国的合法权利

“大会，认为必须恢复中华人民共和国在联合国的合法权利。

“鉴于只有中华人民共和国政府的代表才有权占有中国在联合国及其所有机构中的席位。

“因此，决定立即把非法占据中国在联合国的席位的蒋介石集团代表从联合国的一切机构中驱逐出去。

“邀请中华人民共和国政府派遣自己的代表参加联合国及其所有机构的工作。”

《回顾》一文把这样的提案称之为“排蒋纳共”案是很错误的。怎么能把“从联合国的一切机构中驱逐蒋介石集团的代表”称之为“排蒋”？怎么能把“恢复中华人民共和国在联合国的合法权利”称之为“纳共”？这个“共”，只能解释为“共产党中国”。早在1957年9月7日，周恩来会见第一个访华的美国青年代表团，当一位美国青年提到“共产党中国”时，周恩来马上说：“我希望把这个名字更正一下。中国国家的名字叫‘中华人民共和国’，就好像美国叫‘美利坚合众国’，我们不能把美国叫作艾森豪威尔美国，或者共和党美国。那样说是不那么恰当的。”①

②美国等5国提案：这是美国首次联合其他国家就“中国代表权”问题提出的议案，提案日期是1961年12月1日，主要措辞是：

“大会，注意到会员国中在一个名列宪章以创始会员国的代表权问题上存在着严重的分歧。”

“忆及各方面的意见在大会上一再将这个问题描述为是至关重要的……”

“决定根据联合国宪章第十八条，任何主张改变中国代表权的建议都是一个重要问题。”

---

① 参见《周恩来外交文选》，中央文献出版社1990版，第248页。

联合国宪章第十八条第二项规定的“重要问题”共9个，其中涉及会员国的共3个，即“对于新会员国加入联合国之准许”“会员国权利及特权之停止”“会员国之除名”，均与在联合国中改变一个会员国的代表权无关。以埃及为例，1952年7月，以纳赛尔为首的“自由军官组织”推翻法鲁克王朝，1953年6月宣布成立“埃及共和国”，这并未影响埃及在联合国中的席位，由此所引起的埃及在联合国的代表的更迭并未构成“重要问题”，而是简单的程序问题。美国硬说，“任何主张改变中国代表权的问题都是一个重要问题”，成为需由“到会及投票之会员国三分之二多数决定”的问题，这是对联合国宪章第十八条的曲解。

（2）关于“中国在联合国的代表权”问题，1962年第十七届联大只有一个提案，即苏联提案；1963年第十八届联大，也只有阿尔巴尼亚、柬埔寨联合提案，二者的“议题”及基本内容与第十六届联大苏联提案相同，均因反对票多于赞成票未获通过。1964年第十九届联大，由于财政危机，联大瘫痪，未讨论“中国代表权问题”。

（3）1965年第二十届联大，有两个提案：

①阿尔巴尼亚等12国提案：

“议题：恢复中华人民共和国在联合国的合法权利。”

主要内容：“根据1964年10月5日到10日在开罗举行的不结盟国家首脑会议的建议，恢复中华人民共和国的一切权利，并承认她的政府的代表是中国在联合国的唯一合法代表，因此决定立即把蒋介石的代表从它在联合国及其所属一切机构中所非法占据的席位上驱逐出去。”

②美国等11国提案：

主要内容：“任何关于改变中国代表权的建议都是重要问题。”

《回顾》一文称，“第十六届联大以后”，“在联合国中，‘排蒋纳共’和‘容蒋纳共’的支持者数量日趋接近。特别值得提及的是，1965年，第二十届联大对苏联提出的‘排蒋纳共’提案进行表决时，赞成与反对者均为47票。由于蒋介石政权的代表通过重金收买了赞比亚一票的支持，使‘排蒋纳共’案仅以一票之差未获通过，否则蒋介石政权在1965年就要被逐出联合国”。如上所述，在第十六届联大以后，并无“容蒋纳共”案。“苏联”并未在第二十届联大提出“排蒋纳共”案，而是阿尔巴尼亚等十二国（其中并无苏联）提出“恢复中华人民共和国在联合国的合法权利”案。1965年11月15日，大会进行了表决，确实“赞成与反对者均为47票”，但即使赞成者增加一票或几票，“蒋介石政权”也不会在1965年被逐出联合国，因为这年的11月17日，大会以56票赞成、49票反对通过了美国等11国的“重要问题”提案。

《回顾》一文所谓“蒋介石政权的代表通过重金收买了赞比亚一票的支持”，经询有关同志，均不知此事。赞比亚于1964年10月29日与我国建交，我国首任驻赞大使于1965年3月到职。1965年6月，周恩来访问坦桑尼亚时，公开表示中国可以援建有利于坦桑尼亚、更有利于赞比亚的坦赞铁路。而在这一年的11月，赞比亚竟被“蒋介石政权的代表通过重金收买”，投票反对阿尔巴尼亚等12国所提出的议案，这是难以想象的。

（4）1966年，第二十一届联大至1970年第二十五届联大，阿尔巴尼亚等国均提出“恢复中华人民共和国的一切权利，承认她的政府的代表为中国在联合国组织的唯一合法代表，并立即把蒋介石的代表从它在联合国组织及其所属一切机构中所非法占据的席位上驱逐出去”的内容相同的提案，均未获通过，美国等国均提出“任何关于改变中国代表权的建议都是重要问题”的内容相同的提案，均获通过。

第二十一届联大至第二十三届联大，意大利、比利时、智利联合其他二或三国，提出议案，主张“成立一个由联大任命的委员会，提出中国在联合国代表权问题的公正建议”，未获通过。

（5）从1960年第十六届联大至1970年第二十五届联大，关于“中国在联合国的代表权”问题的斗争可做以下概括：

①除第十九届联大外，共有九届联大9次提出“恢复中华人民共和国在联合国的合法权利”的基本内容相同的提案（以下简称“支持中国案”）。提案国在1961年及1962年为苏联，1963年起由阿尔巴尼亚牵头，提案国数自1963年至1968年分别为2、12、11、12、16、17。1970年为18。提案国及所提次数：阿尔巴尼亚7次；阿尔及利亚、柬埔寨、古巴、巴基斯坦、罗马尼亚、刚果（布）、几内亚、马里、叙利亚各6次；毛里塔尼亚5次；坦桑尼亚、赞比亚、也门、南也门各3次；苏联、伊拉克、索马里各2次；南斯拉夫、加纳各1次。提案国无西方国家。1970年，柬埔寨发生美国策

动的推翻西哈努克亲王的朗诺政变，在联合国中转变了态度。

②60 年代，美国联合其他国家在联大的提案，内容均为“任何改变中国代表权的建议都是一个重要问题”（以下简称“重要问题”案）。提案国数 1961 年为 5；1965 年至 1970 年分别为 11、15、14、18、19。提案国及所提次数：美国、日本、澳大利亚各 7 次；菲律宾、泰国、巴西、加蓬、马尔加什、尼加拉瓜各 6 次；意大利、新西兰、哥伦比亚、多哥各 5 次；玻利维亚 3 次；比利时、西班牙、哥斯达黎加、海地、莱索托、马拉维、巴拉圭各 2 次；荷兰、冈比亚、斯威士兰各 1 次。意大利 1970 年与我国建交，在联合国中转变了态度。

③60 年代联大“关于中国代表权”的两种议案的表决结果如下：

年份	“支持中国案”				“重要问题案”				表决时会员国总数
	赞成	反对	弃权	未参加	赞成	反对	弃权	未参加	
1961	37	48	19		61	34	7	2	104
1962	42	56	12						110
1963	42	57	12	1					112
1965	47	47	20	3	56	49	11	1	117
1966	46	57	17	1	66	48	7		121
1967	45	59	16	2	70	48	3	1	122
1968	44	58	23	1	73	47	5	1	126
1969	48	56	21	1	71	48	4	3	126
1970	51	49	25	2	66	52	7	2	127

1970 年第二十五届联大因美国等国的“重要问题案”以 66 票赞成、52 票反对获得通过，但“支持中国案”首次获得多数

票（51 票赞成，49 票反对）。这表明，恢复中国在联合国的合法席位的斗争已接近胜利。

（六）

1971 年是联合国中“中国代表权”的斗争进行决战的一年。在决战之前，有关大事如下：

（1）1971 年 7 月 9 日至 11 日，美国总统尼克松的国家安全事务助理基辛格秘密访华，同周恩来总理进行会谈。“基辛格表示：一、承认台湾属于中国，不再说‘台湾地位未定’，不支持‘台湾独立运动’，也不支持台湾当局‘反攻’大陆，希望台湾问题和平解决；二、美国不再与中国为敌，不再孤立中国，在联合国内将支持恢复中国的席位，但不支持驱逐蒋介石政权的代表；美国承认中华人民共和国政府为唯一合法政府的问题，留到尼克松总统第二届任期去解决。”双方于 7 月 16 日发表了《公告》，内称：“周恩来总理代表中华人民共和国邀请尼克松总统于 1972 年 5 月以前的适当时间访问中国。”这表明随着国际形势的变化和中国的壮大，美国感到它的对华政策已经到非变不可的时候了。①

（2）1971 年 7 月 15 日，阿尔巴尼亚等 18 国驻联合国的代表致函联合国秘书长吴丹，函中说：“我们奉本国政府之命，谨要求阁下将题为‘恢复中华人民共和国在联合国组织的合法权利’的问题作为紧急问题列入第二十六届大会的议程。按照大会议事规则第二十条，随函附去解释性备忘录和决议草案。”

① 参见《当代中国外交》，中国社会科学出版社 1988 年版，第 221－222 页。

①提案国18国为：阿尔巴尼亚、阿尔及利亚、古巴、几内亚、伊拉克、马里、毛里塔尼亚、巴基斯坦、也门民主人民共和国、刚果、坦桑尼亚、罗马尼亚、索马里、苏丹、叙利亚、阿拉伯也门共和国、南斯拉夫、赞比亚。不久，又有5国作为提案国：缅甸、锡兰（即斯里兰卡）、赤道几内亚、尼泊尔、塞拉勒窝内（即塞拉利昂），提案国总数为23国。

②决议草案全文如下：

恢复中华人民共和国在联合国组织中合法权利的决议草案

联合国大会

回顾联合国宪章的原则

考虑到，恢复中华人民共和国的合法权利对于维护联合国宪章和联合国组织根据宪章所必须从事的事业都是必不可少的，承认中华人民共和国政府的代表是中国在联合国组织的唯一合法代表，中华人民共和国是安全理事会五个常任理事国之一，决定：恢复中华人民共和国的一切权利，承认她的政府的代表为中国在联合国组织的唯一合法代表，并立即把蒋介石的代表从它在联合国组织及其所属一切机构中所非法占据的席位上驱逐出去。

③“解释性备忘录”义正词严，表达了提案国及赞成这个提案的国家对我国的高度评价，是具有历史价值的外交文书。详摘于下：

一、阿尔巴尼亚（提案国其他国名从略）等国政府认为，恢复中华人民共和国在联合国组织的合法权利的问题，特别是对联合国组织的前途，比任何时候都更具有切身意义。

二、多年来，这些国家的政府不断地谴责和反对少数国家政府，对享有威望的中国人民的唯一的真正代表、中国的合法政府，所推行的敌对和歧视的政策。

三、自1949年以来，通过有计划地策划的阴谋，剥夺了约占人类四分之一人口、是联合国组织创始会员国和安全理事会常任理事国的这个大国的法定的席位。企图把中国人民的代表权交给蒋介石集团，完全是处心积虑地、荒谬地、危险地和顽固地无视现实。

四、中华人民共和国政府在国际关系方面一贯奉行旨在通过和平途径解决独立国家之间可能存在和产生的一切分歧的政策。这一政策最好不过的例证，就是中国作为签字国，严格遵守一九五四年关于印度支那问题的日内瓦协议和一九六二年关于老挝问题的日内瓦协议。

五、事实已经证明，并且充分证明，中国真诚渴望和平，渴望在尊重独立和领土完整、不干涉内政、平等、互相尊重以及各国人民有权自己决定自己命运等原则的基础上，同一切国家和平共处。事实是，中华人民共和国国际关系不断地发展，越来越多的国家一个接一个地同她建立了外交关系以及其他的关系。中国一贯支持各国人民反对一切形式的殖民主义、以便按照联合国宪章的原则行使他们的自决和独立的权利的斗争。

六、美利坚合众国根据对这个国家在国际上的行为制造的虚构的借口和指责，反对恢复中华人民共和国在联合国组织的合法权利，这就违反了宪章的原则和宗旨。我们这些国家的政府能够驳倒这些指责。应该强调指出，中华人民共和国一贯充分地尊重其他国家的独立和尊严。

七、多年以来，某些大国对中华人民共和国推行的“隔离”政策是不现实的和危险的，因为公认的是，没有这个国家的参加，任何重大国际问题都不可能得到解决。已经充分证明，在做出重大决定时，把中国这个核大国和宇宙大国排斥在外，而同时又要求她承担她没有参与签订的协定所规定的义务，是不可能的。同样，不能一方面承认中华人民共和国的国际作用，而另一方面又否认她在联合国组织内所占有的合法席位。这种立场在逻辑上和实际上是站不住脚的。

八、中华人民共和国存在的现实，同把中国领土的一部分捏造成所谓的“中华民国”的神话是不相容的。众所周知，自称代表中国、被安置在台湾岛的非法当局之所以还能够残存下来，那只是因为美国的武装力量常驻在那里。

九、联合国组织最基本的利益是立即结束某些人无视一切原则继续要强加给国际大家庭的这种不能接受的和危险的局面。而且，这种态度所开创的恶劣先例，只能使许多会员国对国家统一和领土完整的前途感到不安。

十、恢复中华人民共和国在联合国组织和它所属的以及同它有联系的一切机构中的合法权利，承认中华人民共和国政府的代表是中国在联合国组织中的唯一合法代表，对于加强这个组织的威信和影响是绝对迫切需要的。这就要求立即把蒋介石集团的代表从它在联合国组织及它在与联合国组织有联系的一切机构中所非法占据的席位上驱逐出去。拖延这一不可避免的行动，只能进一步导致在国际大家庭面前削弱联合国组织的威信。

(3) 1971年8月2日，美国国务卿罗杰斯发表了《关于中国在联合国的代表权问题的声明》：

美国将支持今年秋天联合国大会上要求使中华人民共和国取得席位的行动。同时，美国将反对任何驱逐“中华民国”的行动，或者以其他方式剥夺它在联合国的代表权的行动。

我们在几个月以前开始进行的磋商已经表明，中国在安全理事会的席位问题是许多国家希望考虑的问题。根据宪章的规定，这项决定将由安理会做出。至于我们方面，我们准备使这个问题根据联合国会员国做出的一项决定得到解决。

我们进行的磋商还表明，任何剥夺中华民国代表权的行动都将在大会上遭到强烈的反对。当然，美国将反对这样做。

我们所做出的这项决定是完全符合尼克松总统希望使同中华人民共和国的关系正常化以利于世界和平的愿望的，并且也是完全符合我们的一种信念的，这就是相信中华民国在联合国中拥有代表权将有助于世界的和平和稳定。

罗杰斯在宣读声明后，回答了记者提出的问题。摘要如下：

问：在中华人民共和国取得国民党中国在安理会的席位问题上，我们将采取什么立场，或者我们正在采取什么立场？

答：……正如我说过的，在联大的讨论中可能提出这个问题，如果提出这个问题，我们当然准备依从联合国大多数会员国的愿望。

问：中国在安理会的席位的目前的占有者是否有权力否决改变占有那个席位的会员国资格的任何做法？

答：这是一个有关策略的问题，我今天不想谈这个问题。

问：这是否意味着我们将放弃声称这是一个重要问题的说法？

答：这又是一个策略问题。……对接纳中华人民共和国来说，重要问题的提法是不实际的。当然，就中华民国而言，我们认为驱逐它的问题显然是个重要问题。宪章就是这样规定的。

问：宪章规定驱逐一个会员国是一个重要问题。但是驱逐一个代表团怎么样？

答：这又是一个策略问题。我们认为，关于驱逐的问题，由于它同中华民国有关，是一个重要问题。这将是我们在今年秋天的态度。

问：美国是否有理由认为：就中华民国来说，……它的代表团不会自动退出联合国从而使这整个问题成为没有实际意义的问题？

答：我不想就中华民国的立场发表任何意见。

问：是否已把此事通知了台北？

答：当然通知了。

(4) 针对8月2日罗杰斯的声明，1971年8月20日，中国发表了《中华人民共和国外交部声明》，对尼克松政府在联合国制造“两个中国”的举措进行义正词严的批驳：

“美国政府说，‘在处理中国代表权问题时，联合国应当认识到中华人民共和国和中华民国都是存在的，并有应当在规定中国代表权的方式中反映出这一不容争议的现实。’这真是荒谬绝伦。世界上根本不存在‘两个中国’，只有一个中国，就是中华人民共和国；台湾是中国领土不可分割的一部分，是中国的一个省，在二次大战后就已归还祖国。这才是不容争议的现实。美国用武力侵占中国的台湾和台湾海峡，丝毫不能改变中华人民共和国对台湾的神圣主权。只是由于美国的武装保护，早已被中国人民唾弃的蒋介石集团才得以在台湾苟延残喘。二十多年来，美国政府硬把蒋介石集团塞在联合国里，窃踞中华人民共和国的席位，这是对中国内政的粗暴干涉，也是对联合国的极大嘲弄。

“美国政府明目张胆地要在联合国制造‘两个中国’，说什么‘联合国不应被要求对中华人民共和国或中华民国各自提出的彼此冲突的主张表明立场，以待按照联合国宪章的要求和平解决此事’。这是对联合国宪章的肆意歪曲。联合国宪章所说的和平解决争端，是指国与国之间的关系而言的。而中国人民和蒋介石集团的关系，则完全是中国的内政。联合国宪章明确规定，不得干涉‘本质上属于任何国家内管辖之事件’……

“必须指出：中华人民共和国在联合国的合法权利之所以被剥夺，是美国政府一手造成的。二十二年前，中国人民推翻了蒋介石集团在中国的反动统治。中华人民共和国政府从成立那一天起，就是代表全中国人民的唯一合法政府，联合国中的中国席位理所当然地属于中华人民共和国。联合国有不少会员国，曾经发生过政权的更迭，包括国家名称的改变，但都没有影响它们在联合国的席位。恢复中华人民共和国在联合国的合法权利，本来是一个简单的程序问题。而美国却玩弄种种手法，横加阻挠……

“中国政府郑重声明：中国人民和中国政府坚决反对‘两个中国’、‘一中一台’或类似的荒唐主张，坚决反对‘台湾地位未定’的谬论，坚决反对‘台湾独立’的阴谋。只要在联合国里出现‘两个中国’、‘一中一台’、‘台湾地位未定’或其他类似情况，中华人民共和国政府就坚决不同联合国发生任何关系。中国政府的这一严正立场是不可动摇的。不管任何人，在任何时候，用任何形式推行‘两个中国’、‘一中一台’之类的阴谋，都永远不可能得逞。必须把蒋介石集团从联合国及其一切机构中驱逐出去，中华人民共和国在联合国的一切合法权利必须完全恢复……”

(5) 1971年9月22日，美国伙同日本以及其他一些国家向联合国提出了“同中国代表权有关”的两项决议草案：

①“关于重要问题的决议草案”，全文为：

“大会，忆及宪章的条款，决定在大会提出的结果将导致剥夺中华民国在联合国的代表权的任何建议都是宪章第十八条所规定的重要问题。”

提案国19国：美国、日本、澳大利亚、新西兰、泰国、菲律宾，以及哥斯达黎加、多米尼加、斐济、冈比亚、海地、洪都拉斯、莱索托、利比里亚、斯威士兰、乌拉圭等16国，再加上哥伦比亚、萨尔瓦多、尼加拉瓜。

②“关于代表权的决议草案”（又称“双重代表权”决议草案），主要内容为：

“大会，注意到自联合国成立以来，中国发生了根本的变化，尊重现有的实际情况；注意到中华民国自一九四五年以来一直不断地作为联合国的一个会员国而有其代表；认为中华人民共和国应当在联合国有其代表……认为应当根据上述考虑，并在不损害所牵涉的彼此冲突的主张最后解决的情况下，谋求这个问题的公平解决：a. 兹确认中华人民共和国的代表权，并且建议它得到安全理事会常任理事国之一的席位；b. 确认中华民国继续拥有代表权；c. 建议联合国一切组织和专门机构在决定中国代表权时考虑本决议的条款。”

提案国17国，即“关于重要问题决议草案”的上述16国另加乍得。

（6）1971年9月25日及9月26日，《人民日报》发表《坚决反对美国制造“两个中国”的阴谋》《佐藤反动面目的又一次大暴露》两篇评论员文章。文章指出：美日等国在9月22日向联合国抛出了所谓关于中国代表权问题的两项提案，是对中国内政明目张胆的干涉，是美帝国主义坚持敌视中国人民、公然在联合国推行“两个中国”阴谋的进一步暴露。佐藤反动政府追随美帝国主义制造“两个中国”的阴谋，顽固地与中国人民为敌，所谓改善“日中关系”纯粹是烟幕。佐藤本人在记者招待会上宣传，日本充当联合提案国是“根据日本的国家利益”，日本外务省人士更加露骨地宣称，“坚持把台湾和中国分离开，是日本安全上不可缺少的因素”。这就再清楚不过地暴露了日本军国主义染指我国领土台湾地区的狼子野心。

《回顾》一文说，在二十六届联大上，“美国不仅再次提出了‘关于中国代表权的重要问题’案，而且还抛出了‘双重代表权’的提案，即接纳中华人民共和国代表进入联合国，甚至占有安理会的席位，但同时仍保留蒋介石政权的席位”。“当时的美国国务卿称，中国在联合国安理会常任理事国的席位由中华人民共和国取代，但中华人民共和国的入会不得排除‘中华民国’在联合国大会的代表权。然而周恩来已代表中国政府声明，中国决不接受任何形式的‘双重代表权’，使美国的阴谋难求一逞。”

必须指出：第一，美国并未“再次提出”“重要问题案”。美国等国在第二十六届联大提出的“重要问题案”和前些年提出的“重要问题”是完全不同的。第二，美国等国抛出的“双重代表权”的提案以及“当时的美国国务卿称”，在《回顾》一文中也大大走样。第三，周恩来并未“代表中国政府”发表声明。

《回顾》一文还说，“1970 年，……日本政府也在谋求中日关系正常化”。上面已经指出真相。顺便提一句，佐藤荣作于 1964 年 11 月起担任日本首相。1970 年 4 月 5 日，周恩来总理访问朝鲜时说，在美国的扶植下，“佐藤政府成为第二次世界大战以来日本最反动、最富有侵略性的一届政府”。

（七）

《回顾》一文说：“中国恢复在联合国的合法席位这一历史性的时刻终于来临了。第二十六届联大总务委员会……决定将阿尔巴尼亚、阿尔及利亚等国……的提案先于美国的‘双重代表权’提案进行表决。……11 月 25 日，联大表决时，美国等国提出的‘中国代表权重要问题’的提案……首先被击败，这就是说，关于恢复我在联合国合法席位的提案只需要简单多数便可通过。接着联大开会……表决通过了阿尔巴尼亚等 23 国提出的……提案，即‘2758 号决议’。表决结束后，台湾国民党当局的代表很快就离开了会场，坦桑尼亚代表首先起立，离开席位在主席台前跳起舞来。”……

在这一段中，总务委员会被说成进行了它并未进行也无权进行的表决，美国等国提出的“中国代表权重要问题案”被解释得面目全非。最后两件事也有出入。

现据新华社编印的《参考资料》当时所载外电报道编整如下：

（1）为对抗阿尔巴尼亚等 23 国提案，美国等国抛出了两项提案。自 10 月 17 日（纽约时间，下同）起，第二十六届联大开始进行“恢复中华人民共和国在联合国组织中的合法权利”的专题辩论。10 月 24 日，辩论结束。

（2）10 月 25 日晚，联大在主席马利克（印尼外长）主持下进行表决。（1967 年印尼关闭驻华大使馆，并要中国关闭驻印尼大使馆，两国关系中断。因此，人们认为马利克不可能偏向中国。）

①沙特阿拉伯代表提出新提案：“北京回到联大和安理会的席位，台湾保留联合国的席位，直到台湾居民举行公民投票来决定究竟是与大陆中国结成联邦还是成为一个独立国为止。”

沙特阿拉伯提议，这些新提案需要各国代表考虑，所有关于中国代表权的提案都推迟表决。

发言赞成推迟表决的有日本、菲律宾，发言反对的有叙利亚、南斯拉夫、巴基斯坦。

经唱名表决，联大以 56 票反对、53 票赞成、19 票弃权、3 国缺席（不丹、马尔代夫、阿曼）否决了推迟表决的提议。“美国受到程序上的严重挫折”。

沙特阿拉伯又要求对其修正案的前两部分进行表决，结果都只有 2 票赞成被否决。

②美国代表要求首先表决“重要问题案”，大会以 61 票赞成、53 票反对、15 票弃权获得先议权。美国代表“兴奋起来”。

③17 个代表要求发言，解释对行将表决的三项议案的态度。“支持中国派魄力非常巨大，一个一个地登台，彻底谴责了将中国排斥在联合国之外的不合理和不正当。比起企图用手续方式取胜的美、日派，这一方是单纯明快，以理取胜。”

④大会主席将“重要问题案”进行唱名表决，结果是 59

票反对、55票赞成、15票弃权被否决。“当电子统计牌上出现表决结果，表明美国的建议被击败时，大厅里立即沸腾起来”，而美、日代表则“沉默不语”，“表情坚若石头”。“这是联合国成立以来，美国遭到的最惨重的失败。”蒋帮“外交部长”周书楷走上讲台，宣布“中华民国”决定退出联合国，率领他手下一帮人离开会场。

马利克主席将阿尔巴尼亚等23国提案交大会唱名表决。美国代表跑上讲台，要求删去该提案中“立即把蒋介石的代表从它在联合国组织及其所属一切机构中所非法占据的席位上驱逐出去”一段。在许多代表们的反对声中，马利克主席裁决美国代表的这一要求不符合议事规则，表决继续进行。“在会场正面上方两侧，有表示投票颜色的镭光显示板（电子统计牌）。灯光按照副主席斯塔夫罗波尔斯的点名而挨次闪亮，赞成为蓝，反对为红，弃权为黄的灯光。”“代表们在点名过程中应答时，大厅里气氛紧张，当蓝色的灯光频频出现，表明23国提案将被通过时，气氛活跃。”“25日晚11点20分，电子统计牌显示，23国提案有76票赞成、35票反对、17票弃权，3票缺席（马尔代夫、阿曼缺席，周书楷已离开会场）。支持中国的代表们全部起立，高举双手用各国语言向会场四周欢呼：‘我们胜利了’，‘中国万岁’。”“马利克主席宣布表决结果，并说他将立即通知中华人民共和国，又响起了一阵波涛般的掌声。”

由于阿尔巴尼亚等23国提案被通过，美、日炮制的“双重代表权案”成了废案。

（3）美国首席代表布什在表决后发表谈话说：“任何人都不能回避这样一个事实——虽然这可能是令人不快的：刚刚投

票的结果实际上确实代表了大多数联合国会员国的看法。”12月26日，罗杰斯在记者招待会上说：“我们和我们的提案的共同发起国曾全力进行努力，以防止中华民国被驱逐”，“美国认识到大多数会员国的意见已表达出来，我们当然接受这个决定”。

关于《回顾》一文所说坦桑尼亚代表“跳舞”之事，美国有的报纸曾有此描述，并诬为“不文明”，扬言此举将使美国公众减少对联合国的支持。坦桑尼亚代表萨利姆曾郑重地说：“关于代表们在走廊里或别的地方跳舞的新闻报道是对事实真相的蓄意歪曲。我们看穿了进行大肆诽谤和在散布这种捏造的消息之后装腔作势表示愤怒的动机。”① 萨利姆现任非洲统一组织秘书长。江泽民主席访问非洲时特意会见了他。对他早已正式驳斥过的流言，特予说明。

（八）

1971年10月26日，联合国秘书长吴丹致电中华人民共和国外交部代理部长姬鹏飞，告以“在10月25日举行的联合国大会第1976次会议上”通过的决议全文，并称，已将这一决议“通知了联合国所属的一切机构，并且相信上述决议将迅速得到全面实现”。

1971年10月29日发表的《中华人民共和国政府声明》指出：“联合国大会第二十六届会议以压倒多数通过了阿尔巴尼亚、阿尔及利亚等二十三国提出的要求恢复我国在联合国一切

① 参见1971年11月8日《人民日报》。

合法权利，并立即把蒋介石集团的代表从联合国及其所属一切机构中驱逐出去的提案。这是美帝国主义二十多年来顽固坚持剥夺我国在联合国合法权利的政策和在联合国内制造‘两个中

1971 年 11 月 15 日，首次参加联合国大会的中华人民共和国代表团在大会厅就座（前排左起：乔冠华、黄华、符浩。后排左起：唐闻生、熊向晖、陈楚）

国’阴谋的破产，这是毛主席无产阶级革命外交路线的胜利，这是全世界人民和一切主持正义的国家的胜利。”

1971 年 11 月 15 日，中华人民共和国代表出席了联合国大会第二十六届会议的全体会议，受到极其热烈的欢迎。据新华社联合国 11 月 15 日电：

“会议在当地时间十时半开始。当乔冠华团长、黄华副团长和代表团代表符浩、熊向晖、陈楚进入会场，在中

国的席位就座时，许多友好国家的代表立即前来向他们表示祝贺和欢迎。大会主席马利克首先致欢迎词。”“马利克致辞后，许多国家的代表相继走上讲台致辞欢迎中国代表团。在中午稍事休息后，下午继续开会，一直开到当地时间六时四十分，历时约六个小时。有的代表已准备了发言稿，但由于时间不够而未能发言。许多代表的欢迎词热情洋溢，表达了对中国人民的信任、鼓励和兄弟般的情谊。不少代表在发言中赞扬了毛泽东对中国人民的革命和事业的领导。有的代表还热情朗诵了毛主席的诗词。在各国代表致欢迎词以后，乔冠华团长在经久不息的掌声和欢呼声中，登上联合国大会讲坛，发表了重要讲话。”“在整个会议过程中，始终洋溢着一片对中国友好的气氛。”

（九）

1996 年是中华人民共和国在联合国的合法权利得到恢复的 25 周年。据报载，外交部发言人 7 月 24 日发表谈话，指出台湾当局“不甘心连续 3 年在联合国的失败，今年又围绕所谓‘参与联合国’进行鼓噪，极力拉拢和收买少数国家为其张目”，并且指出“尼加拉瓜等少数国家致函联合国秘书长，公然无视历史，提出所谓台湾在联合国的‘代表权’问题”，向 1971 年 10 月 25 日联合国大会第 1976 次会议上通过的第 2758 号决议提出挑战。这真是荒唐之至。

1996 年 3 月 8 日，江泽民在人大分组会上的发言中指出：“去年 1 月，我提出了发展两岸关系、推进统一进程的八项主张，核心是坚持一个中国原则，台湾是中国不可分割的一部分。”3 月 17 日，李鹏答中外记者问时说：“台湾问题纯属中国内政，任何外国势力都不得以任何形式加以干涉。”3 月 11 日，钱其琛答中外记者问时说：“台湾当局声称不惜重金，企图买一张进入联合国的入场券。联合国是主权国家的组织，台湾是一个地方，是中国的一部分，它怎么能够有资格参加?”以上这些，是中华人民共和国一贯坚持的立场，逐步得到越来越多的国家的同情和支持，并终于由第二十六届联合国大会以压倒多数通过了第 2758 号决议。对此，本文做了历史的回顾。

第 2758 号决议体现了联合国宪章的宗旨和原则，公正彻底地解决了中国在联合国的代表权问题，使当时美、日等国炮制的“双重代表权的决议草案”成为废案，挫败了少数国家在联合国制造“两个中国”或“一中一台”的图谋。

第 2758 号决议的权威性是不容置疑的。而且，当时投反对票的 35 国和投弃权票的 17 国中，绝大多数都和我国建立了外交关系。同我国建交的国家已有 159 个，它们都承认，世界上只有一个中国，中华人民共和国政府是代表全中国的唯一合法政府，台湾是中国的一部分。在此情况下，台湾当局收买、拉拢少数国家向第 2758 号决议提出挑战是徒劳的，它妄图挤进联合国的丑恶行径只能以失败告终。

|十|

毛泽东“没有想到”的胜利*

——回忆我国恢复联合国合法席位的经过

（一）

1971 年 5 月，巴基斯坦方面转来美国总统尼克松的口信，说他准备来北京同中国领导人交谈中美关系以及彼此关心的问题，为此先派他的国家安全事务助理基辛格秘密访华，进行预备性会谈。毛泽东主席决定，以周恩来总理的名义经巴方转告美方，表示同意。

在为会谈准备的资料中，有一篇是关于我国在联合国的代表权问题，其中提道：

1957 年 1 月 27 日，毛主席在省市自治区党委书记会议上说：“我们也不急于进联合国，就同我们不急于跟美国建交一样。我们采取这个方针，是为了尽量剥夺美国的政治资本，使它处于没有道理和孤立的地位。不要我们进联合国，不跟我们建交，那么好吧，你拖的时间越长，欠我们的账就越多。越拖

* 原载《百年潮》1997 年第 1 期及第 2 期。

越没有道理，在美国国内，在国际舆论上，你就越孤立。”

总理说：这仍然是我们的方针。现在我们不主动同基辛格谈联合国的问题。

基辛格于1971年7月9日至11日秘密访华。总理在同他会谈中，就两国关系正常化问题全面阐明我国的原则立场。基辛格表示，中美关系正常化需要一个过程，美国明年大选，尼克松将会连选连任，在他第二届总统任期内，将同中华人民共和国建交。在此以前，美国将维持和台湾的现有关系，同时将采取一些有利于而不是有损于中美关系正常化的措施。

双方商定，今后将通过中国驻法国大使黄镇进行联系。

基辛格告诉总理：尼克松已经决定，美国今年将支持中华人民共和国取得联合国和安全理事会（简称安理会）的席位，但不同意从联合国驱逐台湾的行动。在尼克松访华前，如果美国听任台湾失去联合国的席位，将使尼克松总统处于非常困难的境地。总理马上正告基辛格：你们要在联合国制造“两个中国”，中国政府坚决反对，一定公开批驳。基辛格说：请你们对我们的总统少用些尖锐的形容词。

在向主席汇报此事时，主席说：我们绝不上“两个中国”的“贼船”，不进联合国，中国照样生存，照样发展。我们下定决心，不管是喜鹊叫还是乌鸦叫，今年不进联合国。

（二）

7月16日，中美双方各自发表了内容相同的《公告》，宣布“尼克松总统于1972年5月以前的适当时间访问中国”。

在《公告》发表的前一天（7月15日），阿尔巴尼亚、阿尔及利亚等18国（后增至23国）驻联合国的代表给联合国秘书长吴丹的信中提出，“恢复中华人民共和国在联合国组织的合法权利的决议草案”，主要内容是：“恢复中华人民共和国的一切权利，承认她的政府的代表为中国在联合国组织的唯一合法代表，并立即把蒋介石的代表从它在联合国组织及其所属一切机构中所非法占据的席位上驱逐出去。”

8月2日，美国国务卿罗杰斯发表了《关于中国在联合国的代表权的问题的声明》。8月17日，美国驻联合国首席代表乔治·布什致函联合国秘书长，要求将“中国在联合国的代表权问题的议题，列入第26届大会议程”，并正式提出美国政府的主张。

鉴于美方由罗杰斯而不是由尼克松发表声明，总理决定，我方相应地由外交部发表声明，驳斥美国政府提出的主张，全面阐明中国政府的立场。

8月20日，发表了总理亲自主持拟定的《中华人民共和国外交部声明》。

声明指出：“美国政府宣称，‘中华人民共和国应当有代表权’，同时又主张‘应当不剥夺中华民国（指蒋介石集团，下同）的代表权’。这是尼克松政府在联合国制造‘两个中国’的阴谋的大暴露。对此，中国政府和中国人民绝对不能容忍，并且坚决反对。”

声明指出：“美国政府说，‘在处理中国代表问题时，联合国应当认识到中华人民共和国和中华民国都是存在的，并且应当在规定中国代表权的方式中反映出这一不容争议的现实。’这真是荒谬绝伦。世界上根本不存在‘两个中国’，只有一个中国，就是中华人民共和国，台湾是中国领土的一部分，是中国的一个省，在二次大战后就已归还祖国。这才是不容争议的事实。”

声明说，“恢复中华人民共和国在联合国的合法权利和把蒋介石集团驱逐出联合国，这是一个问题的不可分割的两方面。”声明转述了7月15日阿尔巴尼亚、阿尔及利亚等国提出的决议草案的内容，并指出：“这是恢复中华人民共和国在联合国合法权利的唯一正确和合理的主张。”

声明最后强调，“中国政府郑重声明：中国人民和中国政府坚决反对‘两个中国’、‘一中一台’或类似的荒唐主张，坚决反对‘台湾地位未定’的谬论，坚决反对‘台湾独立’的阴谋。只要在联合国里出现‘两个中国’、‘一中一台’、‘台湾地位未定’或其他类似情况，中华人民共和国政府就坚决不同联合国发生任何关系。中国政府的这一严正立场是不可动摇的。”

9月20日，第26届联大开幕，选举印尼外长马利克为主席。9月22日，美国又同日本等国一起，向联合国提出了“同中国在联合国的代表权问题有关”的两项决议草案：

（1）“关于重要问题的决议草案”，主要内容是：“在大会提出的结果将导致剥夺中华民国在联合国的代表权的任何建议都是宪章所规定的重要问题。”

这一决议草案的联合提案国是美国、日本等19国（后增至22国）。

（2）“关于代表权问题的决议草案”（简称“双重代表权决议草案”）主要内容是：“①确认中华人民共和国的代表权，并且建议让它得到安全理事会五个常任理事国之一的地位；②确认中华民国继续拥有代表权。”

这一决议草案的联合提案国是美国、日本等17国（后增至19国）。

9月13日，林彪叛逃，自取灭亡。总理忙于处理善后，稳定局势，抽不出时间召开会议研究美、日等国的提案。他指示：外交部的声明已把该说的问题说清楚，可用《人民日报》评论员的名义发表文章，对美国以及长期追随美国敌视我国的日本佐藤荣作政府进行揭露和批判。

9月25日，《人民日报》发表了题为《坚决反对美国制造“两个中国”的阴谋》的评论员文章。9月26日，《人民日报》发表了题为《佐藤反动面目的又一次大暴露》的评论员文章。

（三）

经美方提出，我方同意，基辛格一行14人定于10月20日乘美国总统专机“空军一号”抵达北京，为尼克松访华作具体安排。

从10月15日起，总理多次召开会议，分析国际形势，研究将同基辛格会谈的问题及我方的对案。总理还听取了关于我国在联合国席位问题的汇报。汇报的同志说，为了保住蒋帮在联合国的席位，美国政府使出浑身解数。据外电报道，尼克松亲自向许多国家的首脑写信；美国驻几十个国家的使节积极开展“拉票外交”；罗杰斯和布什已和100多个国家的代表谈了200多次；美国还用“准备提供援助”或“准备撤销援助”的办法对一些国家进行利诱或威胁。8月17日，布什已向联合国秘书长提出美国政府的主张。9月22日，美国又做了改变：一是将一个提案变为两个提案，形成“双保险”；二是把美国一国的提案变为多国提案，造成更大声势，并可多拉赞成票。美国以为它炮制的两个提案都会以多数票通过，特别是“双重代表权”提案有欺骗性。10 月 4 日，罗杰斯在联大的发言说，“美国希望看到中华人民共和国到大会来”，“我们希望看到它作为安理会的一个常任理事国”，美国只是反对“驱逐中华民国”。他说，“双重代表权”的方案“符合联合国要具有普遍性的原则”，“符合现在有两个政府对中国的领土和人民行使主权的实际情况”。

周总理说：“一个中国、两个政府”的谬论，实际上是“两个中国”、“一中一台”的变种。我们决不能以牺牲对台湾的领土主权为代价，换取联合国席位。

10 月 20 日中午，基辛格一行到达北京。下午，总理同他开始会谈。当晚 9 时许，毛主席约见总理、叶帅、姬鹏飞以及熊向晖、章文晋、王海容、唐闻生。

主席说：联合国大会前天开始辩论中国代表权问题。为什么尼克松让基辛格在这个时候来北京？

叶帅说：大概他认为美国的两个提案稳操胜券。

主席问：大会提案过半数赞成就能成立，过半数要多少票？

章文晋答：现在联合国会员国总数是 131。如果不出现弃权票，过半数就是 66 票。

主席说：当年曹锟还能收买那么些“猪仔议员”，如今美国挂帅，日本撑腰，还有十几个国家跑腿，搜罗66票，不在话下。

主席问我：阿尔巴尼亚、阿尔及利亚……你们叫“两阿提案”，能得多少票？

我说：今年“两阿提案”内容和去年一样。去年得到的赞成票是51。从去年联大表决到现在，同我们新建交的联合国会员国有9个，加上很快就要建交的比利时，一共10个。他们都会赞成“两阿提案”。这样，今年“两阿提案”可能得到61张赞成票，这是满打满算。

主席说：就算过半数，那个“重要问题”一通过，就要2/3的赞成票才能驱逐“中华民国”。

主席问：联合国哪天表决？

章文晋说：今年的辩论，发言的人要比往年多，大概要辩论十几天。估计10月底、11月初进行表决。

主席问：基辛格哪天走？

总理说：10月25日上午。

主席说：联合国的表决不会那样晚。美国是“计算机的国家”，他们是算好了的。在基辛格回到美国的那一天或者第二天，联合国就会表决通过美国的两个提案，制造两个中国的局面。所以，还是那句老话：我们绝不上“两个中国”的“贼船”，今年不进联合国。

（四）

总理与基辛格的会谈到10月26日晨8时才告结束，总理向基辛格告别后离开。

叶帅与我方有关同志同基辛格一行共进早餐后，分乘汽车到首都机场。“空军一号”起飞后不久，派驻机场的同志跑来报告说：外交部值班室来电话，说联大通过了“恢复中国在联合国席位的决议”。

> 叶帅说：刚才基辛格在汽车里还对我讲，美国的两个提案肯定能得到半数以上的赞成票，中国进入联合国还得再等一年。美国总统专机配备最先进的通信器材，基辛格这时也一定会知道这个消息，不知他做何感想？
>
> 姬代部长说：主席多次指示，今年不进联合国。

我睡到下午5时许，接到通知，让我晚上7点半到人民大会堂福建厅开会。我还得悉，总理下午起床后指示，姬代部长在今晚伊朗临时代办举行的招待会上的讲话稿要加上几句：联大通过了阿尔巴尼亚等国提案，这是全世界人民的胜利，中国政府对提案国以及伊朗和其他主持正义的国家表示感谢。总理还指示，如果外国使节和外国记者问我们是不是派代表团，就说“我还不知道”。

不久，我收到外交部送来的特急件。其中有联合国秘书长吴丹给“北京中华人民共和国外交部部长”的电报，内称：“先生，我荣幸地通知你，10月25日举行的联合国大会第1976次会议上，以76票赞成，35票反对，17票弃权，通过了下述决议：（略）顺致最崇高的敬意。”电中引述的“决议”与“两阿提案”的“决议草案”完全相同。在特急件中，我最感兴趣的是外国通讯社关于这次联大表决中国代表权问题的有关报道。综述如下：

（1）10月18日开始，联大进行“关于中国在联合国的代表权问题”的专题辩论，24日辩论结束，约80个会员国的代表发了言。发言的情况表明，支持“两阿提案”和支持美、日等国提案的代表“基本上旗鼓相当”（共同社）。“周末正在进行秘密外交。通常在星期六关门的很多代表团都照常工作。”（合众社）“10月25日上午，美国召集它的联合提案国举行最后一次战略会议。美国大使表示相信，为阻止把国民党中国从联合国驱逐出去而做的努力将会成功。”（美联社）

（2）10月25日晚，在大会主席马利克主持下进行表决。马利克接受一些会员国的要求，今晚对所有的动议都采取唱名表决的办法。

在正式表决前几分钟，美国指使某国代表提议推迟表决有关中国代表权的一切提案，“以便说服一些仍然动摇的国家支持美国提案”。大会“以56票对53票、19票弃权否决了得到美国赞同的推迟表决的动议”，使美国“受到程序上的严重挫折”。（路透社）

大会听取了17个国家的代表在正式表决前解释他们将怎样投票的发言。马利克主席宣布每人发言限于10分钟。最后3个发言的人依次是阿尔巴尼亚副外长马利列，“国民党中国外交部长”周书楷，美国大使布什。“联合国宽敞的、黄色的大厅里挤满了代表和观众。”（合众社）

美国代表和日本代表要求首先表决“规定驱逐国民党中国需要三分之二多数票通过的‘重要问题’提案。表决结果

是：61 票赞成，53 票反对，15 票弃权。‘重要问题’提案获得先议权。”（合众社）

马利克主席宣布对“重要问题”提案进行唱名表决。“代表们在点名过程中应答时，大厅里气氛紧张”，“当电子表决计票牌上的灯光表明，美国的这一提案快要被否决时，代表们高喊支持”。大会以 59 票反对，55 票赞成，15 票弃权否决了“重要问题”提案。

“当电子计票牌上出现的表决结果表明美国的建议被击败时，大厅里立刻沸腾起来”，“挤得满满的会议厅中发出了长时间的掌声”。“联合国代表们今晚击败了美国为保住台湾在联合国的席位而做出的努力，从而为北京进入联合国铺平了道路。他们在走廊里高声欢笑、歌唱、欢呼、拍桌子。”（路透社、合众社）

“周书楷为了挽回一点面子，在马上就要对阿尔巴尼亚等国驱逐台湾的提案进行表决之前，跑上讲坛宣布中华民国退出联合国，”（合众社）周和他的手下一帮人离开会场。在匆忙举行的一次记者招待会上，“周的助手向记者散发了用打字机打的一项很长的声明，这表明他们本来就做了表决结果对他们不利的准备。事情终于结束了。周书楷自称舒了一口气。他说：‘这是卸下了我们肩上的一个包袱。它是二十一年来一直套在我们脖子上的一块大磨石。’”（路透社）

大会主席宣布对阿尔巴尼亚等国提出的“恢复中华人民共和国在联合国组织中的合法权利”的“决议草案”进行唱名表决。美国代表布什跑上讲坛，要求从这一“决议草案”中删去“立即把蒋介石的代表从它在联合国组织及其所属一切机构中

所非法占据的席位驱逐出去”一段。在代表们的反对声中，“大会主席马利克裁定，这个要求不合议事规则”。（路透社）

大会以 76 票赞成，35 票反对，17 票弃权，3 票缺席的压倒多数，通过了这一“决议草案”，成为第 2758 号决议。

“由于阿尔巴尼亚提案被通过，美国的一项与此对立的关于‘双重代表权’的提案就自然而然被击败了。”（美联社）“这是美国自联合国成立以来遭到的最惨重的失败。”（合众社）。

共同社报道说：“八小时的马拉松式会议以后，25 日午后 11 点 20 分终于是阿尔巴尼亚提案通过了的决定性的瞬间。中国回到联合国，由此而被正式承认了。”

表决结束后，美国驻联合国首席代表布什发表谈话说：“任何人都不能回避这样一个事实——虽然这可能是令人不快的，刚刚投票的结果实际上确实代表着大多数联合国会员国的看法。”（路透社）

“美国的失败结束了一场进行得最为紧张的游说努力，国务卿罗杰斯和驻联合国大使布什一而再、再而三地同这个世界性组织差不多每一个会员国的官员都谈了话。”“一位人士说，‘我们不知道是怎么回事，我们本来认为我们会成功的。’”“在华盛顿，国务院说，不打算马上就大陆政权的席位问题发表评论，但是，明天将发表一项声明。”（美联社）

（五）

我于 7 时 1 刻到了福建厅。外交部的有关同志先后入座。叶帅来后不久，总理和参加完伊朗使馆招待会的姬鹏飞、乔冠华、韩念龙到达。大家都喜气洋洋。

总理问：“现在联合国会不会出现‘两个中国’‘一中一台’的局面？蒋帮能不能再进联合国？‘台湾地位未定论’在联合国有没有市场？”

按惯例，回答总理的问题，必须说明理由、有根有据。发言的同志引用可靠的材料，一致认为不会发生总理提出的那些情况。

总理听后表示满意。同时指出，美日反动派不会甘心失败，我们还要保持警惕。

总理又提出，主席本来指示，今年不进联合国。现在怎么办？先听听大家的意见，再请示主席。

发言的同志都认为，联大已经通过决议，我们必须进入联合国，但是我们毫无准备。主席经常教导，不打无准备之仗。联合国大会开了一半，去不去无所谓。主要是安理会，一年到头，随时要开会。问题多，麻烦大，光是搞清楚那套议事规则，就得花很大工夫。现在尽快选定常驻安理会的代表、副代表和工作人员，集中时间进行准备，过了年再去。

总理说：“马上参加，的确有困难；过两个月再参加，那也说不过去。能不能想出别的办法？”

这时，王海容走进来说：“主席起床以后，马上看外交部送去的那些材料，刚刚看完。主席说，请总理、叶帅、姬部长、乔部长、熊向晖、章文晋，还有我和唐闻生，现在就去他那里。”

到了中南海主席住处，已是晚上 9 点多。主席坐在沙发上，满面笑容。他指指在美国出生的唐闻生说：小唐呀，密斯南希·唐[①]，你的国家失败了呀，看你怎么办哪？

---

① 唐闻生生于美国，其美国名字为 Nancy Tang。

总理说："主席本来指示……"

不等总理讲完，主席笑着打断说：那是老皇历喽，不作数喽。

总理说："我们刚才开过会，都认为这次联大解决得干脆、彻底，没有留下后遗症。只是我们毫无准备，特别是安理会比较麻烦，现在就参加，不符合主席'不打无准备之仗'的教导。我临时想了个主意，让熊向晖带几个人先去联合国，作为先遣人员，就地了解情况，进行准备。"

主席说："那倒不必喽。联合国秘书长不是来了电报吗？我们就派代表团去。（主席指指乔冠华）让乔老爷当团长，熊向晖当代表，开完会就回来，还要接待尼克松嘛。派谁参加安理会，你们再研究。"

总理说："就让黄华当副团长，留在联合国当常驻安理会的代表。"

主席说："黄华到加拿大当大使不到4个月，现在就调走，人家可能不高兴咧。"

总理说："做做工作，加拿大政府会理解的。"

主席说："好，那就这么办。"

主席以他特有的口吻说："今年有两大胜利，一个是林彪，一个是联合国。这两大胜利，我都没有想到。林彪搞鬼，我有觉察，就是没有想到他跑外国，更没有想到他坐的那架'三叉戟'飞机摔在外蒙古，'折戟沉沙'。对联合国，我的护士长（吴旭君）是专家。她对阿尔巴尼亚那些国家的提案有研究。这些日子她常常对我说，联合国能通过；我说，通不过；她说，能；我说，不能。你们看，还是她说对了。”主席风趣地说：“我对美国的那根指挥棒，还有那么多的迷信呢。”

在大家的欢笑声中，主席拿起外交部国际司填写的联大对阿尔巴尼亚等国提案表决情况，一面看，一面说：英国、法国、荷兰、比利时、加拿大、意大利，都当了“红卫兵”，造美国的反，在联合国投我们的票。葡萄牙也当了“红卫兵”。欧洲国家当中，只有马耳他投反对票，希腊、卢森堡和弗朗哥的西班牙投弃权票。除了这4国，统统投赞成票。投赞成票的，亚洲国家19个，非洲国家26个，拉丁美洲是美国的“后院”，只有古巴和智利同我们建交，这次居然有7个国家投我们的票。美国的“后院”起火，这可是一件大事。131个会员国，赞成票一共76，17票弃权，反对票只有35。表决结果一宣布，唱歌呀，欢呼呀，还有人拍桌子。拍桌子是什么意思？（总理解释说：在会场拍桌子，表示极为高兴。）那么多国家欢迎我们，再不派代表团，那就没有道理了。不高兴的人也有，“蒋委员长”就是头一个。美国国务院说要发表声明，还没有看到，不过是一篇“吊丧文”。

主席兴致很高，讲了将近3个小时。主要内容有：

（1）主席说：毫无准备怎么办？我讲过，不打无准备之仗。我也讲过，在战争中学习战争。现在请总理挂帅，抓紧准备。最重要的是准备在联合国大会的第一篇发言。

主席说：1950年，我们还是“花果山时代”，你（指乔冠华）跟伍修权去了趟联合国。伍修权在安理会讲话，题目叫作《控诉美国武装侵略中国领土台湾》。控诉就是告状，告“玉皇大帝”的状。那个时候“玉皇大帝”神气十足，不把我们放在眼里。现在不同了，“玉皇大帝”也要光临花果山了。这次你们去，不是去告状，是去伸张正义，长世界人民的志气，灭超级大国的威风。给反对外来干涉、侵略、控制的国家呐喊声援。第一篇发言就要讲出这个气概。

接着，主席谈了这篇发言应包括的内容。他说：第一，要算账，这么多年不让我们进联合国，中国人民和世界人民都有一股子气。主要是美国，其次是日本，要点他们的名，不点不行。对提案国要一一列举。第二，要讲讲联合国成立以来世界形势的变化。就是这次同基辛格谈公报讲的，“国家要独立，民族要解放，人民要革命，已成为不可抗拒的历史潮流”。要讲点历史，1776 年美国独立战争，1789 年法国大革命，1917 年俄国十月革命，都是伟大的，但是都没有 1945 年以来这样大的规模。要讲讲中国，自力更生，艰苦奋斗，推翻三座大山，取得国家独立、民族解放、新民主主义革命胜利。这不是吹牛，是事实。目的是给世界人民鼓劲。美国必须从台湾撤走它的武装力量，不论是谁，要把台湾从中国分割出去，都是痴心妄想。第三，要讲讲我们对国际问题的基本态度。这次同基辛格谈公报的许多话可以用。我们反对帝国主义的战争政策和侵略政策，反对超级大国的霸权主义，支持一切被压迫人民和被压迫民族的正义斗争。各国人民的斗争都是互相支持的。要宣传五项原则，大小国家一律平等，中国属于第三世界，永远不做超级大国，反对大国欺侮小国，强国欺侮弱国，不许任何国家操纵联合国。还要讲些什么，请总理考虑。总而言之，要旗帜鲜明，“高屋建瓴”，“势如破竹”。“势如破竹”是晋主司马炎的“三军总司令”杜预讲的，此人号称“《左传》癖”。他带兵占领武昌，准备进攻东吴的首都建业。一个“二杆子”参谋向他建议，现在长江涨水，等明年再打。杜预说：“今兵威大振，如破竹之势，数节之后，皆迎刃而解，无复有着手处也。”果然一举成功，“三分天下归一统”。做文章就要“势如破竹”，才能说服人。

（2）主席说：曹操是大军事家。诸葛亮在《后出师表》里称赞他：“曹操智计，殊绝于人，其用兵也，仿佛孙吴。”同时也批评他打过败仗。怎么批评的？请“参座”讲讲。叶帅背诵如流：“困于南阳，险于乌巢，逼于黎阳，几败北山，殆死潼关。”

主席说：“几败北山”，说的是夏侯渊战死以后，曹操争夺汉中的事。《后出师表》三处提到夏侯渊，另外两处是“夏侯败亡”，“夏侯授首”。夏侯渊是曹操的一员大将，曹操封他为征西将军，担任汉中的“警备司令”。刘备攻打汉中，夏侯渊把主力部队部署在定军山，命令张郃守住东围。刘备“引蛇出洞”，先打张郃，夏侯渊分兵一半亲自援助张郃，被黄忠砍了头。有一出京剧就叫《定军山》，是谭鑫培、谭富英的拿手戏。你们看看《魏书》的夏侯渊传。当初，夏侯渊打了几次胜仗，曹操写信提醒他：“为将当有怯弱时，不可但恃勇也。将当以勇为本，行之以智计；但知任勇，一匹夫敌耳。”而“当有怯弱时”，就是要想到自己的弱点和不足，有打败仗的可能。夏侯渊把曹操的告诫不当一回事，结果全军覆没。你们去联合国，困难很多，要“以勇为本”，更要注意“为将当有怯弱时”。代表团团长就是“将”，不要被胜利冲昏头脑。送你们两句话，一句是我写的：“没有调查就没有发言权”；一句是田家英帮我写的：“虚心使人进步，骄傲使人落后”。

（3）主席说：我们在联合国的方针是“团结大多数，孤立极少数”。23 个提案国是我们的患难之交，要同他们讲团结。其他投票赞成我们的 53 个国家也要团结。对投弃权票的 17 个国家要正确对待。在美国那样大的压力下，他们不支持美国，用弃权的办法对我们表示同情，应当感谢他们。投反对票的 35 个国家不是铁板一块，也要做工作。团结是有原则的团结，原则就是我们对国际问题的基本立场。我们当前的口号是：维护各国的独立和主权，维护国际和平，促进人类进步。用这个口号团结大多数。

（六）

在周总理亲自领导和精心安排下，围绕出席联合国的各项工作紧张而有序地展开。

10 月 27 日，外交部成立参加联合国工作筹备小组，由乔冠华、熊向晖、唐明照、章文晋、凌青组成。小组按总理指示，草拟了到联合国工作的设想，主要是：（1）根据“为将当有怯弱时”和“以勇为本”的精神，代表团领导成员要谦虚、谨慎，重视调查研究，多方了解情况，及时检查总结。（2）催促联合国秘书长立即将蒋帮代表从联合国所属一切机构中驱逐出去，同时向他表明，我们现只参加安理会和大会的几个委员会、经济及社会理事会等主要机构的工作，对其他机构将逐步派人参加。(3) 以会务工作为重点，以安理会为会务工作重点。交际活动择重要者参加。(4) 把平等协商的精神带进联合国，对讨论的问题，先同友好国家协商。表决时，根据我国的原则立场决定态度，或赞成，或反对，或弃权，或不参加，或提出修改，或提出保留。在安理会不轻易使用否决权。(5) 对外活动不亢不卑，不轻然诺。(6) 代表团内按会务、新闻信息、行政等分组，各指定专人负责。(7) 严守纪律，注意节约。

10 月 28 日，《人民日报》发表了周总理授意并审定的社论《历史潮流不可抗拒》。社论首先提到联大通过了“阿尔巴尼亚、阿尔及利亚等二十三国的提案”。社论说：“这次联大表决的结果，反映了各国人民要求同中国人民友好是大势所趋，人心所向”，“也反映了美帝国主义在联合国内把它的意志强加给别人的蛮横做法，遭到了越来越多国家的抵制和反对”。社论揭露日本佐藤政府“为美国在联合国制造‘两个中国’的阴谋奔走效劳”，“结果却是枉费心机”。社论最后说：“中国人民一定要解放自己的神圣领土台湾！台湾一定会回到祖国的怀抱！”

10 月 28 日晚，周总理接受了日本《朝日新闻》编辑局长后藤基夫的采访。在谈到联合国以“超过三分之二的多数”通过了阿尔巴尼亚等 23 国的提案时，总理说，“美国的计算机失灵了”，“这对美国政府是个意外，对中国政府也是出乎意外”。“联合国成立已经 26 年，可是被中国人民推翻的蒋介石集团一直占据中国的席位，这完全是不合理的，不能忍受的，今天的现象也是这股子闷气爆发的结果。”总理说：“全世界多数国家和人民欢迎我们，我们还要不去恐怕不可能了。”“中国有句老话：‘临事而惧。’我们对联合国还不那么熟悉，所以一定要谨慎。但是，这不是没有信心。”后藤基夫将电讯稿送我外交部新闻司核对无误。《朝日新闻》于11月6日头版头条发表，标题是《周总理在中国重返联合国后首次发表谈话》。

10月29日，《人民日报》及各大报发表了总理审定的《中华人民共和国政府声明》。声明说：第二十六届联大“以压倒多数通过了阿尔巴尼亚、阿尔及利亚等二十三国的提案”，“这是美帝国主义二十多年来顽固坚持剥夺我国在联合国合法权利的政策和在联合国内制造‘两个中国’的阴谋的破产”，“这是全世界人民和一切主持正义的国家的胜利”。声明说：中国政府和中国人民对“在这场斗争中，做出了卓越的贡献”的提案国政府，以及“起了重大作用”的“友好国家”表示衷心感谢。声明指出：“美日反动派不甘心于他们的失败”，“甚至妄想让蒋介石集团以所谓‘台湾独立’的名义重新挤进联合国”，“绝不容许他们的阴谋得逞”。声明最后说：中国即将派出代表参加联合国工作。中国“将同一切爱好和平和正义的国家站在一起，为维护各国的民族独立和国家主权，为维护世界和平、促进人类进步的事业而共同奋斗”。

由外交部核心组提名，中央批准，“中华人民共和国出席联合国第二十六届大会代表团”团长为乔冠华，副团长为黄华，代表为符浩、熊向晖、陈楚，副代表为唐明照、安致远、王海容、邢松鹤、张永宽。黄华为中国常驻联合国安全理事会代表，陈楚为副代表。姬代部长将上述名单电告联合国秘书长吴丹。

由外交部核心组提名，总理同意，决定了中国代表团18名秘书、11名随员、9名职员，以及两名记者和两名外交信使的名单。新华社记者高梁以代表团秘书的名义，带领5名工作人员先去纽约预做安排。外交部征得加拿大政府同意后，电告黄华离职到巴黎等候。

经总理决定，姬代部长电复吴丹：“关于中华人民共和国名字的按字母次序排列问题，请按开头的英文字母C排列，即CHINA，THE PEOPLE'S REPUBLIC OF。”

从11月1日起，《人民日报》在《热烈祝贺恢复我国在联合国的合法权利》的通栏标题下，逐日全文刊载许多国家的元首、政府首脑，外交部部长等发来的贺电、贺信。（11月13日新华社发表《公告》，“奉命对此表示衷心的感谢”。）

11月3日，外交部在人大会堂举行宴会，衷心感谢23个提案国和各友好国家在联合国对我国的宝贵支持。李先念副总理出席。除赤道几内亚尚未在北京建立使馆外，其他提案国的驻华使节和夫人，对这一提案投赞成票的“友好国家”（包括英国、苏联）以及尚未加入联合国的友好国家（包括朝鲜、越南、民主德国）的驻华外交使节和夫人应邀出席。姬代部长在讲话中说：“国家要独立，民族要解放，人民要革命，已成为当代不可阻挡的世界潮流。”联合国的事，要由参加联合国的所有国家共同来管。阿尔及利亚驻华大使塔列布代表23个提案国讲话。他说：“联合国大会做出了历史性决议，这首先是中国人民长期斗争的结果，是毛泽东主席外交路线的胜利。”他说：“各国人民再也不理会美帝国主义的利诱和威逼，因此，美国的提案失败了”，“这是我们的胜利，是一切为自己的幸福和人类的幸福而斗争的人民的胜利”。他说：“被压迫人民需要中国的强大声音”，“各国人民将看到人民中国同在联合国外一样，在联合国内大力支持他们的正义事业”，“直到这些事业取得彻底胜利”。

11 月 4 日晚 10 时，周总理接见代表团除黄华以外的全体人员，做了重要指示。随后，总理修改了陈楚起草的以乔冠华名义发表的两篇讲话，一是以毛主席指示为基本内容的在联合国的第一篇发言，一是总理口授的在纽约机场的讲话。机场讲话很简短。其中说，“中国人民同世界各国人民一向是友好的”，“美国人民是伟大的人民，中美两国人民有着深厚的友谊。我们愿借此机会，向纽约市各界人民和美国人民表示良好的祝愿”。

1972 年，熊向晖参加第二十七届联大期间在纽约郊区公园留影

（七）

11 月 8 日晚 8 时，主席约见总理、姬鹏飞、乔冠华、符浩、熊向晖、陈楚、唐明照、安致远、王海容、唐闻生、章文

晋及回国述职的驻法大使黄镇、驻苏大使刘新权。

在谈到“没有调查就没有发言权”时，主席说：这是针对教条主义者讲的，至今我认为这句话还是对的。对这句话的理解不要偏。客观事物不断发展变化，人的认识总是赶不上这种变化，认识总是落后于实际。要求把一切都调查清楚再说话、再办事，那就永远不能说话，永远不能办事。了解了主要情况、本质情况，就可以做出判断，就应该下决心。我一向反对下车伊始，哇哩哇啦的人，那样的人成事不足，败事有余。他们自以为了不起，光想当先生，不愿当学生。有的人打过仗，有点功劳，或者自以为有点功劳，吃饭、拉屎、睡觉、做梦，都念念不忘他那点功劳。说他没有什么功劳，他就说，没有功劳，也有苦劳，没有苦劳，也有疲劳。这是低级趣味。这几年，部队有些人的思想被林彪搞乱了。济南军区提出“反骄破满”，提得好，我就让全军学习。我最近常讲，军队要谨慎，这是有的放矢。今年在联合国打了一个大胜仗，这个胜仗主要是我们的外国朋友帮我们打的，我们没有理由翘尾巴。现在是“盛名之下，其实难副”。所以我讲“为将当有怯弱时”。还是“三个臭皮匠，胜过一个诸葛亮”。遇事要商量，要多谋善断，不要像袁绍那样“多谋寡断”，更不能“不谋专断”。谨慎不是谨小慎微。看准了的，该说就说，该做就做。

毛主席说：在联合国要搞统一战线。这是国际统一战线，和国内统一战线有同、有不同。根本区别是，国内统

> 一战线是不同阶级的统一战线，无产阶级必须掌握领导权；国际统一战线是不同国家的统一战线，没有谁领导谁的问题。大小国家一律平等，谁也不应该领导谁，谁也不应该听谁的领导。过去，我们说以苏联为首，因为它是老大哥，为了对付帝国主义，必要的时候让它牵个头，开会的时候让它当主席。但是它要掌握领导权，搞父子党，父子国，这就完全错误了。美国总是要别的国家听它的，这就是搞霸权主义。霸权主义应该被打倒。所以，搞国际统一战线就要平等协商，绝对不能以大国自居，颐指气使，绝对不能干涉人家内政，绝对不能有领导人家的想法。

主席还谈到陈毅同志的病况，谈到1967年2月外交部的一些司局长和回国的一些大使、参赞一共91人，写大字报批判造反派对陈毅同志的诬蔑。主席说：我是91人的战友咧。主席还讲到《“571”工程纪要》。总理解释，“571”是“武起义”的谐音（指“武装起义”）。这是林彪反革命集团阴谋暗害主席、发动反革命政变的纲领。主席说：等一会儿把这件东西念给他们听。要尽快全文印发到全国各个党支部。总理说：这里面尽是恶毒诽谤主席的谰言，怎么能印发？主席说：怎么不能？一个字都不改，原原本本发下去，让所有的党员所有的群众都知道。

主席对总理说：马上打电报给黄镇的助手，让他转告基辛格，我们的代表团在美国期间，美国政府必须保证安全。如果出了问题，唯美国政府是问。

主席还对总理说：明天代表团出发，在北京的政治局委员、候补委员，党政军各部门负责人，再加上几千名群众，到机场欢送，要大张旗鼓地热烈欢送。也通知外国使馆，去不去由他们自己决定。

离开主席住处已是晚上10点多，总理带我们到人民大会堂，拿出一份《“571”工程纪要》，让章文晋念。念完后，总理做了一些说明，对代表团又做了一些指示。散会时，已是9日凌晨了。

（八）

11月9日下午，中华人民共和国出席联合国大会代表团乘飞机离开北京。新华社报道说：“周恩来、叶剑英……李先念、纪登奎、李德生、汪东兴、郭沫若、姬鹏飞等党政领导同志，首都革命群众和中国人民解放军指战员四千多人前往机场热烈欢送。”“欢送队伍里响起了‘热烈欢送我国出席联大代表团！’‘毛主席的革命外交路线胜利万岁！’‘毛主席万岁！万万岁！’的欢呼声，热烈的锣鼓声和掌声，机场上呈现出一派十分热烈的革命气氛。”“代表团成员绕场一周，向挥动着花束、彩带的群众和前来送行的各方面负责人告别。他们同前来送行的各国使节一一握手。”

代表团抵达上海后，转乘法航班机前往巴黎。晚上途经仰光时，缅甸外交部副部长、政治司司长、礼宾司司长等到机场迎送，并在机场为我代表团举行招待会。10日凌晨途经卡拉奇时，巴基斯坦驻卡拉奇专员、外交部礼宾司代表等到机场迎送，巴中友协秘书长献了花环。途经开罗时，受到埃及外交部部长办公室主任、礼宾司副司长等人的迎送。途经雅典时，受到尚未与我国建交的希腊外交部礼宾司司长和第一政治司司长的迎送。10 日下午到达巴黎时，受到法国外交部亚澳司副司长的迎接。

11 月 11 日上午，黄华与代表团其他成员会合，乘法航班机前往纽约。当日中午抵达肯尼迪机场。到机场欢迎的有 23 个提案国及其他一些国家驻联合国常任代表、联合国礼宾处长、纽约市公共事务专员，以及数百名美国友好人士和华侨代表。乔冠华在机场发表讲话。在先遣人员陪同下，代表团成员住进罗斯福旅馆。所到之处警卫森严。

美联社报道说："国务院官员对乔到达时的讲话感到高兴，白宫不因乔没有提到美国总统和美国政府而不快，因为他是出席联合国会议，不是访问美国。"

从 11 日下午到 14 日，代表团主要成员分别拜会了第 26 届联大主席马利克和一些友好国家的代表团，探望住院治疗的联合国秘书长吴丹。

15 日上午 10 时许，代表团五位代表及译员唐闻生在联合国礼宾处长引导下进入会议厅，在中国代表团的席位上入座。许多友好国家的代表立即前来向他们表示欢迎和祝贺。会议于上午 10 时半开始。大会主席马利克首先致欢迎词。他说："今天上午，中华人民共和国代表团第一次在联合国大会就座。作为大会主席，我很高兴地欢迎这个代表团。这是一个具有历史意义的时刻，中华人民共和国现在开始参加世界这个主要的政府间组织的工作。毫无疑问，由于中华人民共和国参加工作，联合国的工作成效将得到加强。"

马利克致辞后，许多国家的代表相继走上讲台致辞欢迎中国代表团。在他们的发言过程中，要求发言的代表不断增加，原定下午结束的会议在中午稍事休息后，下午继续开会，一直开到下午6时40分，历时约6个小时。共有57个国家的代表（包括美国、日本、苏联）在会上致了欢迎词（匈牙利的代表用中文发言）。有的代表已准备了发言稿，由于时间不够而未能发言。大多数代表的欢迎词热情洋溢，表达了对中国人民的信任、鼓励和兄弟般的情谊。不少代表在发言中赞扬毛主席对中国人民革命和建设事业的领导。现摘录6个国家代表的发言片段：

科威特的代表说：“10月25日夜晚发生了在联合国和国际大家庭的史册上具有历史意义的事件。联合国大会终于决定纠正了对中国人民所犯下的错误。”“没有中国的参加，联合国就是徒有虚名。”“恢复中华人民共和国在联合国的合法权利将使新时代的人类的前途变得灿烂。”

法国代表说：“中国在我们当中就座了属于她的席位，不公正和荒谬的状况终于结束了。”“我们欢迎这个十分伟大的国家和这个十分伟大的人民。”“我们由于中国的文明、历史、勇敢、尊严和她正在进行的巨大努力而对她表示欢迎。”

阿尔巴尼亚代表说：“世界上所有的进步人民都凝视着中华人民共和国，因为她是各国人民自由和独立事业的最强大的保卫者，是各国人民主权的最强大的保卫者。伟大的人民中国在国家生活的各个方面取得了巨大的胜利，她已成为社会主义与和平的坚强不屈的堡垒，成为美帝国主义和苏联社会帝国主义霸权计划的不可逾越的障碍。”

赞比亚代表说：“今天，中华人民共和国代表团的入席是一个具有伟大的政治和历史意义的时刻。”“它标志着过去旧的、过时的政治的结束，标志着一个新的现实主义和充满希望的时代的开始。”“从此以后，联合国是一个新的组织了，它再也不是原来的那个组织了。”

坦桑尼亚代表说：“我钦佩中国人民，钦佩他们为争取自己的尊严和独立而进行的英勇斗争，钦佩他们对全世界解放斗争的坚决支持。我们还对他们在自己的伟大领袖毛泽东主席的令人鼓舞的领导下，在科学技术方面的努力所已经取得的和正在继续取得的惊人进步表示敬意。”“我们特别高兴看到中华人民共和国恢复了她在这个组织中的合法地位，因为我们相信，联合国把这个国家看成一个支持各国人民的自决与独立权利，反对形形色色的压迫和不公正的十分可贵的成员国。”

智利代表说：“智利从一个不结盟国家的立场出发，向中华人民共和国致敬。”“在中国已不再有什么苦力、官僚，万能的外国剥削者已经完蛋了。今天，一个由尊严的、巩固团结的、充满信心和革命活力的自由人们组成的民族出现了。”“中国从落后、破坏、饥荒、水灾和瘟疫的废墟上站起来，在短短的一些年里在农业和历史、教育和公共卫生、征服宇宙和原子方面——还有在使集体和个人的道德臻于完善方面取得了非凡的进展。”“我们向新中国的领袖毛泽东致敬——毛泽东是长征的革命斗士，是思想家、诗人，他鼓舞和经常指导他的人民，把知识变为主观的经验，并使这种经验同持久的革命态度融合起来。”“在毛泽东看来，帝国主义有两重性。它既是铁老虎，又是纸老虎。智利像其他小的附属国一样，正在为争取完全的主权、收回自己的天然资源和实行自决而斗争。但是它正在同一个恫吓、威逼和妨碍它的强有力的铁老虎进行斗争。”“我们相信帝国主义将被推翻”，“在对中华人民共和国表示欢迎的时候，我们希望十分坦率地强调她在历史的心目中担负的巨大责任”。他还用西班牙语朗诵了毛主席的词《减字木兰花·广昌路上》。

在各国代表致欢迎词以后，乔冠华在长时间的掌声和欢呼声中，登上联合国大会讲坛，宣读了毛主席授意、周总理审定的讲话（主要内容已如前述）。

《纽约时报》刊登了乔冠华讲话的全文。路透社报道说：“这篇讲话使许多外交官感到震动。第三世界的代表们热烈鼓掌。美国代表和苏联代表脸色阴沉。”法新社评称：“乔的严厉的讲话使人毫不怀疑，无论是人民中国进入这个世界组织，还是尼克松总统即将对中国的访问，都不会使北京改变它在重大问题上的政策。”德新社评称：“在国际讲坛上非常少有的这种坦率和诚实的发言，表明了北京对联合国的政策以及对外政策意图的轮廓，表明了人民中国将使自己成为中小国家的喉舌和支持者。”共同社评称：“这一展示基本方针的演说，是不折不扣的在联合国历史上最重要的演说之一，它的意义和反应将迅速波及地球上的一切地区。这篇演说阐明了以毛泽东思想为基础的中国国际政策，坦率地表明了中国的原则性立场，明确地表示了中国作为中小国家的代表对超级大国垄断联合国的局面进行挑战的姿态。”基辛格写道：“中国人什么东西都不会浪费掉的。我在公报草稿中删掉的那些有争论的话，几乎全部写进在联合国的初次发言中了。为此，乔治·布什表示遗憾，说北京决定以‘华而不实的放空炮’来作为加入这个世界性组织的起步。”

新华社报道：12 月 18 日晚，我国出席二十六届联大的代表团团长乔冠华，代表符浩、熊向晖，副代表王海容和代表团部分随行人员，在完成了他们在本届联大的工作任务后，乘飞机离开纽约回国。12 月 22 日下午，他们到达北京。周恩来等党政领导同志、首都群众和人民解放军指战员 4000 多人到机场热烈欢迎。党政军各部门负责人、各国驻华使节也到机场迎接。

当晚 8 时许，主席在住处约见总理、乔冠华、熊向晖、王海容、唐闻生。主席引用孙中山先生的话说：“革命尚未成功，同志仍须努力。”

1996 年 10 月 25 日，《人民日报》评论员在题为《捍卫联合国宪章的宗旨和原则》的文章中说：“近年来，台湾当局勾结国际反华势力，在联合国内外掀起了一股否定第 2758 号决议，鼓吹台湾‘重返’联合国的喧嚣。”这篇文章对台湾当局编造的“种种奇谈怪论”进行了有力的批驳，这里无须重复，只引用美国新闻处 1971 年 10 月 18 日所报道的当时美国驻联合国首席代表布什先生“今天在大会上就中国代表权问题所作发言全文”中的一段话：

“让我们现实地记住这一点：中华民国一旦被驱逐，

> 它作为一个单独的会员国——不管以什么名字或称呼——被重新接纳入联合国的可能性将会几乎等于零，因为根据宪章，中华人民共和国可能否决主张接纳它的建议。”

布什先生的话说得很清楚，但如果删去其中的“几乎”二字，就更为准确了。简单地说，所谓台湾“重返”联合国，不过是台湾当局白日做梦。

十一

五星红旗第一次在联合国升起是哪一天？*

这是外交部国际司的同志 1997 年 7 月 4 日向我提出的问题，是“在外交部和联合国秘书处都查不到材料，也没有人知道”的问题。我翻阅了过去的札记，于 7 月 6 日在电话中做了答复。国际司的同志认为很珍贵。在庆祝建国 50 周年之际，特写此文，以飨读者。

（一） 恢复中华人民共和国的合法权利

联合国秘书长吴丹 1971 年 10 月 26 日自纽约致电“北京中华人民共和国外交部部长”，电文如下：

> 先生，我荣幸地通知你，在十月二十五日举行的联合国大会第一九七六次会议上，以七十六票赞成，三十五票反对，十七票弃权通过了如下决议：
>
> “联合国大会，

* 原载 1999 年 9 月 28 日《人民日报》。

回顾联合国宪章的原则，

考虑到，恢复中华人民共和国的合法权利对于维护联合国宪章和联合国组织根据宪章所必须从事的事业都是必不可少的，

承认中华人民共和国政府是代表中国在联合国组织的唯一合法代表，中华人民共和国是安全理事会五个常任理事国之一，

决定：恢复中华人民共和国的一切合法权利，承认她的政府的代表为中国在联合国组织的唯一合法代表并立即把蒋介石的代表从它在联合国组织及其所属一切机构中所非法占据的席位上驱逐出去。”

顺致最崇高的敬意。

吴丹（秘书长）

遵照毛泽东主席、周恩来总理的指示，组成“中华人民共和国出席第二十六届大会代表团”，由外交部副部长乔冠华任团长，调驻加拿大大使黄华任副团长并任中国常驻安全理事会代表。外交部代理部长姬鹏飞主持筹备工作。

（二）中华人民共和国英文名字字母排列次序

吴丹10月29日自纽约致电姬鹏飞，要求速告“中华人民共和国英文名字按字母排列的次序”。姬鹏飞召集有关同志进行研究。

联合国会员国一般不采用本国英文名字的全称，通常采用简称。如：美国国名的英文全称是United States of America（美

利坚合众国)，但在联合国则简称 United States（合众国)，第一个英文字母是 U。法国国名的英文全称是 Republic of France（法兰西共和国)，但在联合国则简称 France，第一个字母是 F。按照英文 26 个字母的先后，排列联合国大会上各会员国的座次及记名投票时各投票国的顺序。安全理事会的主席任期一个月，由 15 名理事国按国名英文字母的次序轮流担任。

中华人民共和国英文名字的全称是 People's Republic of China。简称可有两种选择，一是 People's Republic（人民共和国)，一是 China（中国)。如果采用前者，则将轮值 11 月份安全理事会主席。由于情况不熟，难以胜任。如果简称 China，则与蒋介石的代表非法占据联合国席位时的简称相同。兹事体大，姬鹏飞请示周恩来总理。

> 周总理说，清朝政府统治下的国家就被称为中国，英文就是 China。辛亥革命后，1912 年 1 月 1 日孙中山先生在南京就任临时大总统，国号中华民国，英文是 Republic of China，简称中国，英文仍是 China。国民党集团沿用至今，我们也沿用过许多年。1949 年 10 月 1 日，建立中华人民共和国，简称仍是中国，英文还是叫 China。这次联合国大会通过的恢复中华人民共和国在联合国合法权利的决议，明确指出"承认中华人民共和国政府的代表是中国在联合国组织的唯一合法代表"，这一段文字中的"中国"，英文就是"China"。中国只有一个，台湾是中国的一部分，我们在联合国的英文简称应该是 China。

遵照周总理的指示，姬鹏飞于10月31日电复吴丹：“我收到了你一九七一年十月二十九日的来电。我荣幸地通知你：关于中华人民共和国名字的按字母次序排列问题，请按开头的英文字母C排列，即CHINA，THE PEOPLE’S REPUBLIC OF。顺致最崇高的敬意。”

（三）五星红旗第一次在联合国升起的时间选择

中华人民共和国出席联合国第26届大会代表团于1971年11月9日离开北京。周恩来、叶剑英等党政领导人、首都群众和中国人民解放军指战员四千多人以及许多国家的使节到机场欢送。

先遣组于11月8日抵达纽约，次日将随带的五星红旗交给土耳其籍的联合国礼宾司司长锡南·科尔莱。——原来的设想是，待中国代表团到达后，选择适当的时间，举行隆重的仪式，由乔冠华在联合国大厦前的广场上首次升起五星红旗。

然而，这一设想并未实现。五星红旗已于11月1日在联合国升起了。

这是怎么回事呢?

每星期一到星期六，都按时升降所有联合国会员国的国旗。联合国大会于纽约时间10月25日晚间11时20分通过了恢复中华人民共和国在联合国合法权利的决议，10月26日就不再升起蒋介石集团的“青天白日旗”。联合国秘书处没有五星红旗，于是立即到专门的旗店订制，26日就制好了，可是不知道挂在哪根旗杆上。纽约时间10月31日上午7时吴丹收到姬鹏飞“关于中华人民共和国名字的按字母次序排列问题”的复电，据此确定CHINA的国旗挂在原挂“青天白日旗”的那根旗杆，位于智利（Chile）和哥伦比亚（Colombia）两国旗杆之间。但10月31日是星期日，照例不升旗，吴丹决定从11月1日起升降五星红旗。

这面五星红旗是用尼龙布做的，长1.2米，宽1.8米。长和宽的比例以及五颗星的颜色、大小和位置都完全符合中国政府的规定。

为什么不等中国代表团到达以后再升旗呢？因为只有新会员国初次升旗时才由该国代表参加并举行仪式。中华人民共和国不是新会员国。原应在10月26日升起五星红旗，由于上述原因，已经延误了将近一个星期，不应再晚了。

11月1日（星期一）上午8时（格林尼治时间13时），12名穿蓝色制服的联合国卫兵，带着131个会员国卷着的国旗，从白色的联合国大厦走出来，他们从广场按英文字母次序排列的一排旗杆北端开始，慢步走向第23根旗杆，在上午8时过后几分钟，两个美国黑人——24岁的威拉德·博迪和28岁的乔治·鲍德温，到达这根旗杆旁，将五星红旗系到绳子上，把它高高升起。

铅灰色天空下着毛毛雨，约有30名记者和电视摄影师及联合国职员远远观看。但因是例行升旗，没有联合国负责的官员在场。

曾看到美国报纸报道说：中华人民共和国的五星红旗11月1日第一次在联合国总部升起，标志着联合国迈进了新时期。

| 十二 |

毛泽东主席与“小国弱国人民会议”*

（一）

1960 年，应我国工、青、妇等全国性人民团体分别邀请，60 多个国家的 700 多位朋友到北京参加五一国际劳动节。节后，外宾们分批去外地参观。去郑州的一批人数最多，共有亚洲、非洲、拉丁美洲 23 个国家的工会代表团等 101 人。

毛泽东主席在天津海河岸边的中心广场和当地群众一起欢度了 60 年代第一个国际劳动节。随后，主席由中央书记处候补书记兼中央办公厅主任杨尚昆陪同，乘专列去南方视察，预定途经郑州时，会见在那里参观的外宾。为此，由中华全国总工会主席刘宁一临时组成的包括我在内的工作组，赶到郑州进行准备。

工作组住在河南省委招待所。1958 年 11 月和 1959 年 2 ~ 3 月间，主席曾两次在这里召开会议，纠正他察觉到的“大跃进”和人民公社化运动中的“左”倾错误。当时主席工作和休

* 原载《缅怀毛泽东》（上），中央文献出版社 1993 年出版。

息的地方就在这里一栋楼房的第二层。河南省的领导人这次仍安排主席在此居留。楼下一进门是大会议室，可以作为主席会见外宾的场所。

工作组把这间大会议室布置成接见厅。紧靠里墙中央部位的讲台上，安放一张条桌和几把椅子，作为主席和主要陪见人的座位。在讲台两侧各放一张长条桌和几把椅子，作为译员和工作组其他成员的座位。从大门到讲台留出通道，在通道的两边面向讲台安放桌椅，作为外宾和陪同译员的座位。

5 月 7 日上午，杨尚昆同志来到宾馆。他说：主席在专列上工作到凌晨才休息，现在还没有起床，主席可能今天下午会见全体外宾。杨尚昆看了接见厅。他说：这种布置官气太重，主席喜欢同被会见的朋友靠得近些，这样显得亲切。他指示：讲台上只为主席放一把椅子；通道两侧的桌椅环绕讲台排成半圆形，第一排要紧靠讲台。他同意刘宁一的估计，主席同外宾谈话不会长。他说：会见结束后，主席可能同外宾一起照相，地点就在接见厅的门外，分几行站在台阶上，其他的中国同志都不参加。主席不喜欢前呼后拥。

刘宁一对杨尚昆说：主席定下会见时间后，请马上告诉我们，以便事先控制外宾的行动，不让外出。我们会注意保密，不过早透露，在会见前一小时再通知，安排他们提前 15 分钟到达。杨尚昆说：主席一起床，就请示主席。

刘宁一让人按照杨尚昆的指示重新布置接见厅，他陪杨尚昆上楼查看主席的工作和休息处。随后，杨尚昆带着刘宁一交给他的外宾名册离开宾馆。

近午时分，刘宁一向工作组全体人员说，刚才接到尚昆同志电话：主席决定今天下午两点半会见非洲朋友，明天下午两点半会见拉丁美洲朋友，后天下午两点半会见亚洲朋友。主席指示，对弱小国家的朋友要特别尊重，不允许犯大国沙文主义的错误；对这些朋友不要搞神秘主义，不要搞突然袭击，要马上把会见的时间通知这些朋友，就说毛泽东请朋友们来谈谈；生病的，身体不好的，年老体弱的不要来；不愿来的听便，不要有丝毫勉强；对不愿来的不要有任何歧视。主席指示，要向这些朋友讲清楚，这次来到郑州的外国朋友，有非洲 12 个国家的 54 位，有拉丁美洲 8 个国家的 25 位，有亚洲 3 个国家的 23 位，先见后见，是根据这一点安排的，并没有其他含义，绝不是厚此薄彼，要请这些朋友理解。

刘宁一派人利用中午休息时间向外宾转达了主席的话。外宾们非常兴奋，非常感动，盛赞主席伟大而又谦虚。外宾没有一个不愿来的，有病的也坚持要来。不久，又接到杨尚昆同志电话，主席决定下午两点先到宾馆。工作组的几位同志猜测，主席带多少人来？有的同志说，除了杨主任，还会带秘书、保健医生、保健护士、几名卫士，另外还会有开道车、警卫车，至少有 15 位警卫人员。

1 点 50 分，刘宁一带领工作组的同志在接见厅门外迎接主席。不一会儿，一辆小汽车驶来，到接见厅门外停住，从车上走下三个人：主席、杨尚昆和一名卫士。

主席微笑着向大家挥挥手，走进接见厅，在讲台上看了看，同杨尚昆走向二楼，刘宁一和卫士跟在后面走。刘宁一吩咐工作组的礼宾人员，待外宾到达后，安排他们依序坐好，再到二楼请主席接见。

大约两点15分，自远而近响起一长两短的汽车喇叭声，这是事先约好的外宾所乘车辆的信号。想不到主席随即走下楼来，站在接见厅门外左侧等候。杨尚昆让法语、英语译员站在主席身后，其余的人——包括他自己——都不出去，免得分散外宾的注意力。

三辆大轿车在指定地点停放好，外宾和陪同译员相继下车。一位外宾突然用英语高呼“毛主席”。其他外宾也发现了“目标”，振臂高呼“毛——泽——东，毛——泽——东”或者“毛——毛——毛”。有几位外宾想走过来，另一些外宾用法文或英文叫喊：“注意秩序！”“排好队！”“不要乱！”陪同译员协助他们按顺序排成单行，他们快步（实际上是跑步）走向主席。主席微笑着依次同他们握手。每个外宾都想同主席多握一会儿，说几句话，可是身后的外宾不让，早就把手伸向主席。礼宾人员把同主席握过手的外宾引到接见厅各自的位置，但他们都不肯就座，转身向门外观看。主席和排在最后的外宾握完了手，健步走进大门，走向讲台。全体外宾热烈鼓掌，高呼“毛——泽——东”“毛——毛——毛”，他们的眼睛盯着主席，头和身体跟着主席逐渐向里转。主席走上讲台，向外宾鼓掌，外宾的掌声和“毛——泽——东”“毛——毛——毛”的欢呼声更加响亮，不少外宾激动得流下眼泪。主席频频挥手，外宾仍然站着鼓掌欢呼。主席开始讲话，外宾才安静下来，掏出各自的笔记本坐下来记。

（二）

主席说：欢迎朋友们。我没有去过非洲。今天请朋友们当老师，给我上一课，讲讲非洲的主要情况，讲讲非洲人民最关心的问题。

外宾显然出乎意外，大家愣住了。但很快有几十位外宾几乎同时举手。

主席说：很好，这么多朋友愿意给我上课，我很高兴。

主席坐着认真聆听，在白纸簿上记下要点。12 位外宾代表各自的国家和地区发言。他们说明，绝不是作为教师向主席上课，而是作为学生向主席汇报非洲人民同帝国主义、殖民主义斗争的情况。他们发言后，主席又请尚未发言的外宾讲。一位外宾说，现在已经用了一个多钟头，不应该再侵占主席的时间。我们有这样宝贵的机会见到伟大领袖毛主席，感到非常荣幸。我们请求毛主席给我们上课，教导我们如何战胜帝国主义、殖民主义。

主席站起来，亲切地说：我们是朋友。我们和你们站在一条战线上，共同反对帝国主义、殖民主义。主席深入浅出地介绍中国革命的经验，他说：从前我们中国人也怕帝国主义和他们的走狗蒋介石。中国人一步一步觉悟起来，逐渐不怕了，我们从敌人那里学会了打仗，在战争中夺取敌人的武器。结果我们闹了几十年革命，还不是胜利了?！因为我们把 90% 以上的人都团结起来了。主席强调，还是人要紧，武器是第二位的。只要把人团结起来，手里掌握着武器，就不怕帝国主义、殖民主义。

主席说：非洲的反殖民主义斗争具有世界意义。不是一个国家，而是很多国家都有革命。不只是在几百万人中间，而是在几千万或者更多的人口中进行革命的民族解放斗争。我代表六亿五千万中国人民表示完全同情你们，完全支持你们。我们认为你们的斗争支持了我们，帮助了我们。

主席高度评价了古巴人民的抗美斗争，并说：有人认为最近几年亚洲的民族独立运动比较低落，但是现在南朝鲜、土耳其和日本的人民掀起了反对美帝国主义和它的走狗的斗争。主席着重指出亚洲、非洲、拉丁美洲人民的反帝反殖斗争是互相支持互相帮助的，这就分散了敌人的力量。

主席说：我讲了一些意见，也许你们不一定赞成。我们是交换意见的性质，再请你们讲一讲好不好？你们的情况和意见我很愿意听。

一位外宾提出：再过几天——5月16日就要在巴黎召开美、苏、英、法四国首脑会议，据说，经过大国首脑协商，可以避免世界大战，巩固世界和平。请问主席对四国首脑会议怎么看？

主席说：世界大战我们是反对的，我相信朋友们也都赞成不要打世界大战。避免打世界大战，按照我们中国的说法，要两条腿走路。四国首脑会议，或者大国协商，是跟他们在桌子上谈，这是一条腿；亚洲、非洲、拉丁美洲人民反殖民主义、反帝国主义的斗争，又是一条腿。两条腿走路，世界大战就难于打了。我们支持四国首脑会议或大国首脑协商，同时我们更支持受帝国主义压迫的各国人民有权利反对他们的压迫。要不打世界大战，就要各国人民起来，反对压迫者。这是一条重要的腿，是第一条腿。有人说，要世界和平，就不要搞反对帝国主义的斗争。如果这样，帝国主义不打世界大战就没有保证。

主席说：我很高兴看到非洲朋友有这么多人破除了迷信。人常常是有很多迷信的。迷信帝国主义是迷信的一种，再有一种是不相信自己的力量，觉得西方世界行，我们黄种人、黑种人、棕种人都是不行的。这也是一种迷信。怎么不行呢？我不相信。白种人可以干的事，我们都可以干，而且可以比他们干得好些。对白种人要加以区分，白种人十分之九是好人，或者暂时受人欺骗，不觉悟，总有一天他们会觉悟起来的。这就是无产阶级，还有农民和其他劳动者。所以全世界受帝国主义压迫的人民，同盟军是很多的。

主席说：帝国主义已经削弱了，十个指头已经砍掉一个、两个、三个了。帝国主义制度是要灭亡的，全世界人民是要站起来的，这是从战略上讲；从战术上讲，我们要谨慎，每一个步骤都要好好研究，要认真办事。合起来就是：战略上藐视敌人，战术上重视敌人，这样才能敢想敢说敢做。

将近四小时的谈话结束后，主席举起茶杯说：祝贺我们的团结，我们一定会胜利，让我们团结起来取得胜利。全体外宾起立，热烈鼓掌。主席邀请外宾到门外一起照相。照相后主席含笑同外宾一一握手告别，外宾们依依不舍，礼宾人员好不容易才请他们上车，他们边走边回过头来高呼“毛——泽——东”“毛——毛——毛”，到车上又摇下窗玻璃，探出身来向主席鼓掌、欢呼。主席站在门外向外宾挥手，一直到外宾所乘车辆驶离很远后，主席才停止挥手，回到二楼休息室。

5月8日、9日，主席分别会见拉丁美洲和亚洲朋友。主席都是事先在门口等，合影后在门口送，礼遇与对非洲朋友完全相同，而这些外宾的热情表现也与非洲外宾毫无二致。

（三）

主席送走了非洲朋友，我去食堂吃饭。刘宁一忽然匆匆走来说：主席指示，今天会见非洲朋友要发表消息，等你去写。我跟着刘宁一走进主席办公室。主席靠在木制大躺椅上吸烟。我向主席问好。主席说：不握手了，坐吧。今天让你做“秀才”，桌上有烟，自己抽，增加点“烟士披里纯”①。

我坐在办公桌后的长背木椅上，刘宁一和杨尚昆坐在单人沙发上。

主席说：人家要开大国、强国首脑会议，我就开小国、弱国人民会议。3号在济南开了一次，今天又开了一次。这些小国、弱国的人民不简单，破除了对帝国主义的迷信，比赫鲁晓夫高明。天下事千奇百怪，赫鲁晓夫是苏联共产

① 英语“inspiration”的中文音译，即“灵感”。

党总书记，硬是迷信帝国主义。列宁不是讲过吗？在帝国主义时代，帝国主义制度是一切战争的根源。赫鲁晓夫不赞成列宁。他说，现在有了那么多原子弹，能够毁灭全人类。所以，当代最重要的问题不是反对帝国主义，而是避免战争、保持和平。他说：避免战争、保持和平必须依靠大国、强国的首脑，首先依靠美、苏两国的首脑。只要他和美国总统艾森豪威尔互相信任，友好合作，达成裁军协议，就能让一切国家化剑为犁，天下就能永远太平。

主席说：赫鲁晓夫去年9月访问美国，同艾森豪威尔会谈。他宣扬艾森豪威尔是爱好和平的。他9月30日来到北京，一下飞机就大放厥词，一吹他的美国之行如何如何成功，要我们不得破坏和平气氛，二吹他的裁军主张如何如何美妙，要我们相信帝国主义可以放下屠刀，立地成佛。在我们国庆十周年招待会上，他含沙射影，指责我们用武力试探资本主义制度的稳固性。

主席说：赫鲁晓夫想控制我们。前年，他要在中国建立什么长波电台，搞什么潜水艇联合舰队。我们说，这涉及中国的主权，连半个指头也不行。他原来答应帮我们造原子弹，还签了协定，后来他说不帮了。不帮就不帮，我们不稀罕。中、苏两国之间诸如此类的事情，我们坚持原则，在内部对他进行批评，同时照顾大局，不由我们公之于世。在国际问题上，赫鲁晓夫不支持殖民地人民争取独立的斗争，不支持被压迫民族、被压迫人民反对帝国主义的斗争，还帮助帝国主义进行恐吓，说只要燃起一星火花，就会引起世界大战，必须马上扑灭。他美化帝国主义，散布和平幻想，麻痹世界人民，实际上助长帝国主义的侵略、战争政策。对这样的事情，我们不能再保持沉默。今年4月22日列宁诞生90周年，我们发表用《红旗》编辑部名义写的《列宁主义万岁》，对国际上的重大原则问题正面说明我们同赫鲁晓夫不同的观点。我们没有点赫鲁晓夫的名，注意维护中苏团结和社会主义阵营的团结。这篇文章的内容不错，就是太长了，引经据典，书生气太重，一般人不爱看。所以在四大国首脑会议之前，我先开小国、弱国人民会议。3号在济南，我同拉丁美洲和非洲14个国家工会和妇女代表谈话，尚昆没有参加，刘长胜和曹孟君参加了。我说，要发表简短消息。我有些“官僚”，没有看稿子。第二天报上登出来，虽然简短，内容有些不妥，写了人家唱“东方红”。写这干什么？大国沙文主义！今天再发表一次消息，写上非洲朋友讲话的要点，写上我讲话的要点，要表明我们的反帝立场。不要长，要快，半个钟头够了吧？

我说：我就试试。

我稍微考虑了一下，用圆珠笔在白纸簿上写。写完后看了一遍，做了个别增删。一共写了四段：

“［新华社郑州7日电］毛泽东主席今天下午在这里接见了正在我国参观访问的来自非洲十二个国家和地区的社会活动家、和平人士以及工会、青年、学生代表团和代表。他们是：（代表团名单容即增补）。”

“在接见中，各个代表团都做了热烈的发言，介绍了他们多少年来在帝国主义压迫和榨取下所遭受的种种苦难；介绍了他们反对帝国主义、殖民主义斗争的情况；表达了他们争取彻底胜利的决心和信心；并且表达了他们对于中国人民的深厚感情和对于中国人民伟大领袖毛泽东主席的敬爱。”

“毛泽东主席代表中国六亿五千万人民对于非洲人民反对帝国主义、殖民主义的英勇斗争表示完全同情和完全支持。毛泽东主席还表示同情和支持南朝鲜人民、土耳其人民反对帝国主义及其走狗的爱国主义斗争。毛主席感谢非洲人民对中国人民的深厚友情，祝贺中国人民和非洲人民的伟大团结，祝贺在反对帝国主义、殖民主义的共同斗争中取得彻底的胜利。”

“今天陪同接见的有中共中央书记处候补书记杨尚昆、中华全国总工会主席、中国亚非团结委员会副主席刘宁一。”

我把稿子交给刘宁一。他和杨尚昆传看后，改了几个字，请主席过目。

卫士打开躺椅后的立灯，把木板架安置在躺椅上，把稿子放在木架上，主席一边吸烟，一边看。

在审阅过程中，主席问：“代表团名单容即增补”，增补了没有呀？我说：我正在搞。

主席继续审阅，说：对非洲朋友的讲话，概括得还可以，有一句要不得。他让卫士递给他一支圆珠笔，划去了几个字，又加上几个字。

主席问：代表团名单搞出来没有？我说：搞出来了。

主席要我递给他，他看后问：名单为什么这样排？我说明了理由。

主席说：排名单要能讲出道理。搞不好，人家会有意见。这个排法我赞成。我说：主席真细致。主席说：在济南做了一次“官僚”，现在“辞职”了。

主席要我从头到尾念一遍。我发现，杨尚昆、刘宁一把原稿最后一句的“祝贺”改成“并且确信”，“彻底”改成“最后”；主席把原稿第二段的“中国人民伟大领袖”划掉了；在第三段最后一句“并且确信在反对帝国主义、殖民主义的共同斗争中”后面加了一个逗号，在“取得最后的胜利”前面加上“一定会”。

我念完后，主席说：就这样，下点毛毛雨，捅出去吧。刘宁一说：已经让新华社河南分社社长在招待所等。我说：我就去办。

我回到餐厅，把新华社河南分社社长雷行找来，他看了稿子，要拿回发。我说：稿子上有主席亲笔修改的字句，我要留作纪念，让他另抄。这时，刘宁一赶来了，把稿子拿走，说：主席还要再看看。

雷行说，他马上给北京新华总社打电话，报告这件事，总社要通知全国各大报，留出明天头版的版面。

不一会儿，刘宁一又匆匆来了，说，主席口授，他笔录，加了一段，内容非常好，主席让你再去谈谈。我随即跟他回到主席办公室。主席仍靠在躺椅上吸烟，我看到在原稿第二段“毛泽东主席还表示同情和支持南朝鲜人民、土耳其人民反对美帝国主义及其走狗的爱国正义斗争”之后，刘宁一笔录了以下一段话：

> “他认为：南朝鲜人民和土耳其人民的这种斗争，表明亚洲各国受压迫人民反对帝国主义及其走狗的斗争，将会有更大的兴起。这个斗争对于非洲人民、拉丁美洲人民以及全世界人民的正义斗争都将是一种支持。主席说，所以，全世界人民的斗争都是互相支持的。”

我看完后说：刚才宁一同志对我讲，主席加的这一段非常好。的确非常好，把主席今天同非洲朋友讲话的主要内容突出出来了。

主席说：找你来，不是让你讲“非常好，非常好”。我临时想了这几句，来不及推敲，你看，还有什么地方需要修改？

我又看了一遍，说：在文字上有几点小建议。开头的“他认为”改成“主席认为”，这样，前后比较连贯。主席说：可以。还有呢？我说：在“亚洲各国受压迫人民的反对帝国主义及其走狗的斗争”之后，加上“风暴”两个字。主席今天同非洲朋友讲话，几次讲了“风暴”“斗争风暴”比“斗争”更有气势。赫鲁晓夫经常鼓吹，现在国际关系晴雨表的指针，不是指向暴风雨，也不是指向阴天，而是指向晴天；改成“斗争风暴”，也是间接驳赫鲁晓夫的。

主席微笑着说：你对赫鲁晓夫的讲话倒有点研究。还有什么要改的？我说：最后那个“所以”似乎可以不要。主席说：我常说“所以”，有点习惯了，刚才不知不觉说了出来，刘宁一就记了下来，这里不必要形成文字。主席风趣地说：所以，

“所以”两个字可以删掉。

主席又让我把这条新闻稿从头到尾念一遍，念完后，主席说：三个臭皮匠，凑成一个诸葛亮，你们还有什么意见？杨尚昆说：很好了，没有意见了，早点发出去，再迟，新华社就难办了。

我说：我这就去办。并说，今天《人民日报》第五版的新闻很重要，请主席看看。主席说：今天还没有看报纸，有什么重要新闻？我说：美国一架飞机侵入苏联领空，被苏联打下来了。

主席说：美国的侵略行动搞到苏联头上，赫鲁晓夫还在幻想“加强普遍和平”。我看，我们将来应该出赫鲁晓夫全集。

主席对杨尚昆说：通知北京，帮赫鲁晓夫一把，公开表示我们支持苏联打下美国的飞机，支持苏联对美国的抗议，让《人民日报》发表社论，警告美帝，对苏联挑衅就是对中国挑衅，就是对所有社会主义国家挑衅。

主席说：时间很晚了，大家散了吧，我也要回火车上去了。

（四）

5月8日下午2时半，主席会见拉丁美洲客人。落座后，主席首先说：欢迎朋友们。拉丁美洲距离中国很远，各位朋友来到中国很不容易。利用这个机会，请朋友们向我介绍拉丁美洲的主要情况，并且欢迎朋友们对中国提出意见、批评和建议。

几位外宾分别发言，主席坐着认真听，有时在白纸簿上记下要点。

一位外宾说：我们是抱着学习的目的来到中国的，现在请主席给我们做指示。

主席站起来说：我讲一些情况和意见，不是做指示。

主席在详细谈了中国革命和建设的经验后说：我们要互相学习，互相交换经验。中国的经验是在中国的土地上产生的，中国有中国的条件，经验不能照搬，只能参考。还希望朋友们做分析，哪些是优点，哪些是缺点，有哪些是成绩，有哪些是错误，现在我们工作中还有一些错误，我们用整风的方式进行批评和自我批评，特别要听取人民的意见和批评。中国犯的错误，你们研究也有意义，可以避免犯类似的错误。

主席针对外宾们提出的反帝斗争的问题，反对战争与争取和平的问题，做了生动的深刻的阐述。

主席送走拉丁美洲朋友后，我回到卧室。不久，刘宁一来找我，说主席指示今天还要发消息，等你去写。我随他走进二楼主席的办公室。

主席说：非洲朋友们很热情，拉丁美洲朋友也是这样。弱国、小国人民会议开得好，有共同语言。

主席说：中华人民共和国一成立，我们就宣布执行和平外交政策。但是我们的领土主权决不容许别人侵犯，谁来侵犯，我们就要自卫，这同和平外交政策是一致的。我们希望有一个和平的国际环境，这对我们进行建设有利。我们也同帝国主义打交道，譬如1954年参加日内瓦会议，同美国在华沙的大使级谈判还在继续。我们坚持原则，不抱幻想，同赫鲁晓夫不同。对世界大战，我们说了两条：第一，反对；第二，不怕。赫鲁晓夫和我们半同，半不同。

他反对世界大战，又害怕世界大战，越怕越有鬼，越怕世界越不和平，如今连苏联的领空也不和平了。世界为什么不和平？怎样才能和平？赫鲁晓夫同我们的看法不一样，赫鲁晓夫完全依赖大国协商，我们强调主要依靠各国人民的斗争。小国弱国的人民同我们的意见完全一致。所以，还要发消息，让世人听听小国弱国人民的声音，听听我们的声音。照昨天的规矩，不要长，要快。

根据昨天的经验，我事先做了考虑，并且已写好第一段的导语，听完主席的指示，我着手写正文。写完交给刘宁一。刘宁一同杨尚昆传阅商量后，做了一点改动，送给主席。主席先让我念一遍。

我念完后，主席要我递给他，卫士安放了木板架，主席摆在上面看，亲笔做了修改，让卫士送还我。

杨尚昆说：今天的新闻稿比昨天的更有分量，就这样发出去吧。主席点点头。我辞出，把主席审定的新闻稿交给已在宾馆等候的雷行。

（五）

5 月 9 日下午 2 时半，主席会见了西亚三国（伊拉克、伊朗和塞浦路斯）的客人。

主席在这次谈话中指出：根据中国的经验，团结人民的大多数才有前途。历史是人民的历史。政党、领袖应当是人民的代表，如果脱离人民群众就要倒台。蒋介石为什么被赶出大陆？因为他脱离群众。人民中间最大多数是工人和农民，他们是生产者，没有他们，我们就不能生活。因此，主要的基本的是团结工人和农民，要满足他们的要求，代表他们的意志。还有别的人，主要是知识分子，中国还有民族资产阶级。现在我们进行社会主义改造，我们还是同民族资产阶级合作。知识分子——教授、教员、科学家、文化工作者、工程技术人员更是少不了的。他们有缺点，但是可以改造。今天在座的人就有这样的例子，就是他（主席指着担任翻译的马坚[①]教授）。他是一个穆罕默德，今年五十三岁，是专门研究可兰经的。今天没有他，我们就不能开会，我们不能脱离他。他信穆罕默德，我不信，但是我们两个并不打架。他信穆罕默德，又不是共产党，那没有关系。他不反对社会主义，不反对共产党，而且拥护社会主义，拥护共产党，那更好办事。有各色各样的人，并不都是共产党。中国有六亿五千万人，只有一千三百万共产党员，共产党员要力争团结六亿三千七百万非共产党员。被打倒的阶级，譬如地主阶级，我们也要改造。

主席说：要战胜帝国主义，不是短期的事，要进行持久的艰巨的斗争，要建立广泛的统一战线，团结一切可能团结的力量，只是不包括敌人在内。这是我们革命胜利的经验。中国的经验对外国来说，只能有选择有分析地来对

---

① 马坚（1906—1978），回族，云南个旧人，伊斯兰教学者，中国伊斯兰教会的发起人之一，1949 年任全国政协委员，一至五届全国人大代表。

待。每个国家、每个民族，都有自己的历史条件，外国的经验只能做参考。我所讲的话，只供朋友们参考。

接着，三国外宾各有一位代表做简短发言，感谢毛主席的接见和谈话，表示要加强本国人民的团结，加强同中国人民和其他各国人民的团结，共同反对帝国主义。

主席送走西亚三国朋友后，刘宁一把我找到主席的办公室。

主席说：晚上我有事，今天没有请亚洲朋友多发表意见，他们不会见怪吧？刘宁一说：不会。今天的气氛和前两天一样热烈。

主席说：这次在郑州，用三个下午开了三次小国弱国人民会议，收获很大，非洲、拉丁美洲、亚洲，这些小国弱国人民都有一股劲，我看，世界大有希望。我三次讲话大同小异，发表消息每次有一个重点。前天的重点是“各国人民的正义斗争都是互相支持的”；昨天的重点是“世界和平的取得，主要依靠各国人民的斗争”；今天要强调“为了战胜帝国主义的反动统治，必须结成广泛的统一战线，必须团结不包括敌人在内的一切可以团结的力量，继续进行艰巨的斗争”。加起来，就可以基本上说清我们对国际问题的立场。

主席让我快写。我写完后照例送给刘宁一，他照例给杨尚昆传看后，送给主席。主席改了一个字，其余未动。

主席从躺椅上起来，说：我要回火车上去了。

趁主席整衣的机会，我把新闻稿交给雷行。回来时，主席已走出办公室门外。主席说：都不要送了。主席同刘宁一和我分别握手，在杨尚昆和卫士的陪同下，离开了招待所。

附录：

毛泽东主席对一篇新闻稿的修改*

1960年5月8日、9日和10日，《人民日报》和国内各大报都在第一版以半版篇幅刊载新华社关于毛泽东主席在郑州接见外国朋友的报道和照片。各报的眉题表明，三次接见的外国朋友依次是："非洲十二个国家和地区的各方面人士和代表"，"拉丁美洲八个国家的朋友"，"伊拉克、伊朗和塞浦路斯的朋友"。

对这几次接见，外国朋友反映：本来以为只是礼节性的，想不到毛主席亲自到门口迎送，和每个人热情握手。接见时，毛主席先让我们发言，针对我们提出的问题，做出明确的回答。毛主席和我们交谈了近4小时，好像老朋友在一起谈心，他的话像水晶一般清楚，他的思想像火山爆发一样，鼓舞了我们反对帝国主义的斗志，使我们深受教育。毛主席这样平易近人，正说明他的伟大。

每一次接见后，毛主席都要发表消息，让我起草；写上他讲话的要点，写上外国朋友讲话的要点；不要长，要快。我考虑一下，在白纸簿上写，写完后看一遍，涂改一些字句，交给刘宁一同志。他和杨尚昆同志商量一下，做了个别增删，送给主席。主席认真审阅。定稿后，由我交给新华社郑州分社负责人雷行抄清电发。

---

* 原载《毛泽东读书与写文》，中共中央党校出版社1993年出版。

这里着重记述毛主席对接见拉丁美洲朋友新闻稿的修改。

我起草的稿子开头部分是：“新华社郑州8日电　毛泽东主席今天下午在这里接见正在我国参观访问的来自拉丁美洲八个国家的朋友们。他们是：（从略）。”结尾是：“接见时在座的有中共中央书记处候补书记杨尚昆和中华全国总工会主席刘宁一等。”

这篇新闻稿的实质内容共分两段：

第一段：“接见时，拉丁美洲八个国家的朋友们向毛泽东主席谈到在中国参观访问的观感。他们热情地称赞中国人民在毛泽东主席领导下所取得的伟大成就；称赞中国的社会主义建设总路线、大跃进和人民公社；称赞中国人民对于世界和平和人类进步事业所做的贡献。他们还谈到了拉丁美洲人民同中国人民的历史联系和日益发展的友谊。他们说，拉丁美洲人民和中国人民有着共同的敌人，那就是美国帝国主义。他们介绍了古巴和拉丁美洲各国人民反对美帝国主义斗争的情况。他们表示，拉丁美洲人民要团结起来，并和中国人民以及全世界人民团结起来，取得反对帝国主义斗争的最后胜利！”

第二段：“毛泽东主席感谢这些朋友对中国人民的称赞。主席说，中国人民和拉丁美洲人民一样，长期受着帝国主义的压迫和剥削。中国人民依靠自己的团结，依靠各国人民的支援，进行了长期艰苦的斗争，终于推翻了帝国主义、封建主义和官僚资本主义在中国的统治，现在正建设着自己的国家，改变‘一穷二白’的面貌。中国人民完全有信心把自己的国家建设好，因此需要时间、需要和平、需要朋友。主席说，古巴的人民、拉丁美洲的人民、全世界的人民都是中国人民的朋友，帝国主义以及他们的走狗则是我们的共同敌人，但是他们的人数很少。主席说，世界和平的取得，主要依靠各国人民的斗争。主席对古巴人民反对美帝国主义的英勇斗争表示钦佩。主席说，古巴人民和拉丁美洲各国人民的斗争帮助了中国人民，中国人民的斗争也帮助了古巴人民和拉丁美洲的各国人民。人民是决定因素，依靠人民的团结和斗争，必能战胜帝国主义和他们的走狗，取得世界的持久和平。”

我在稿子上做了一些涂改。由于毛主席指示“要快”，来不及另抄，递给刘宁一同志，他和杨尚昆同志交换了意见，在第一段“接见时”之后，加上“毛泽东主席首先表示对拉丁美洲朋友们的热烈欢迎；并介绍中国人民在革命斗争和社会主义建设中的经验”。然后送给了主席。

主席做了三处修改：

（1）第一段中，“他们热情地称赞中国人民在毛泽东主席领导下所取得的伟大成就”。主席圈掉了“在毛泽东主席领导下”几个字，加上“在自己的工作中”；还圈掉了“伟大”两个字，把这句话改成“他们热情地称赞中国人民在自己的工作中所取得的成就”。

（2）第一段末尾，“他们表示，拉丁美洲人民要团结起来”，主席圈掉“要”字。在“取得反对帝国主义斗争的最后胜利”之前加上“一定会”。

（3）第二段开头，“毛泽东主席感谢这些朋友对中国人民的称赞”，主席将“称赞”改成“友谊”。

主席改完后，将稿子交给我，并问：你有什么意见？我说：后两处，主席改得非常好，“取得反对帝国主义斗争的最后胜利”，只表达了可能性，主席加上“一定会”，就表达了必然性。“感谢这些朋友对中国人民的称赞”，太庸俗，主席把“称赞”改成“友谊”，含义和格调就完全不同，既亲切，又得体。只是主席对第一处的修改，我不理解。

主席问：有什么不理解的？

我说：“中国人民在毛泽东主席领导下所取得的伟大成就”，这是拉丁美洲朋友的原话，也完全符合事实，我不理解为什么主席那样改。

主席说：人家那样讲，我们不能那样写。我们搞了这些年的建设，不能说没有成就，说“伟大成就”就不符合事实。“一穷二白”的面貌还没有改变，有什么伟大呀？

我说：“成就”是“中国人民在毛泽东主席领导下所取得的”，这符合事实吧？

主席说：为什么一定要说毛泽东的领导呀？没有毛泽东，中国人民就取不得成就了？这是唯心史观，不是唯物史观。我把唯物史观的精髓概括成一句话，叫作“人民，只有人民才是创造历史的动力”。过去打仗，靠的是人民；现在建设，靠的还是人民。一切成就都来自人民自己的努力。你不赞成？

我说：唯物史观并不否定杰出的领导人的作用。

主席说：这是半截子唯物史观。领导人和人民不能分开，而是人民的一部分。“中国人民在自己的工作中所取得的成就”，其中包括了你们，也包括了我。如果脱离人民，做官当老爷，那就不能包括。领导人和人民也不能等量齐观。今天我向拉丁美洲朋友讲了，你在稿子上也写了，“人民是决定的因素”，应当突出“决定的因素”，不应当突出“非决定的因素”。就是说，应当突出人民，决不要突出个人。

刘宁一同志说：主席的指示很深刻，我们要好好学习。时间不早了，这篇新闻稿就这样定下来吧。

主席让我从头到尾念了一遍。当念到第一段的末尾“一定会取得反对帝国主义斗争的最后胜利”时，主席说：这里有点突兀，在“一定会”前面加上“这样”。我照加了。主席想了下说：加上“这样”，语气有些散，改成“就”字，“就一定会取得反对帝国主义斗争的最后胜利”，你们看怎么样？在座的同志都说好，我涂去了“这样”，加上“就”字。杨尚昆同志说：今天这篇新闻报道比昨天的更有分量，就这样发出去吧。主席点点头。我辞出，请等候已久的新华社郑州分社负责人雷行另抄电发，刊载于1960年5月9日《人民日报》和各大报的第一版。原件我一直珍藏着。

谨以此文，纪念敬爱的毛主席100周年诞辰。

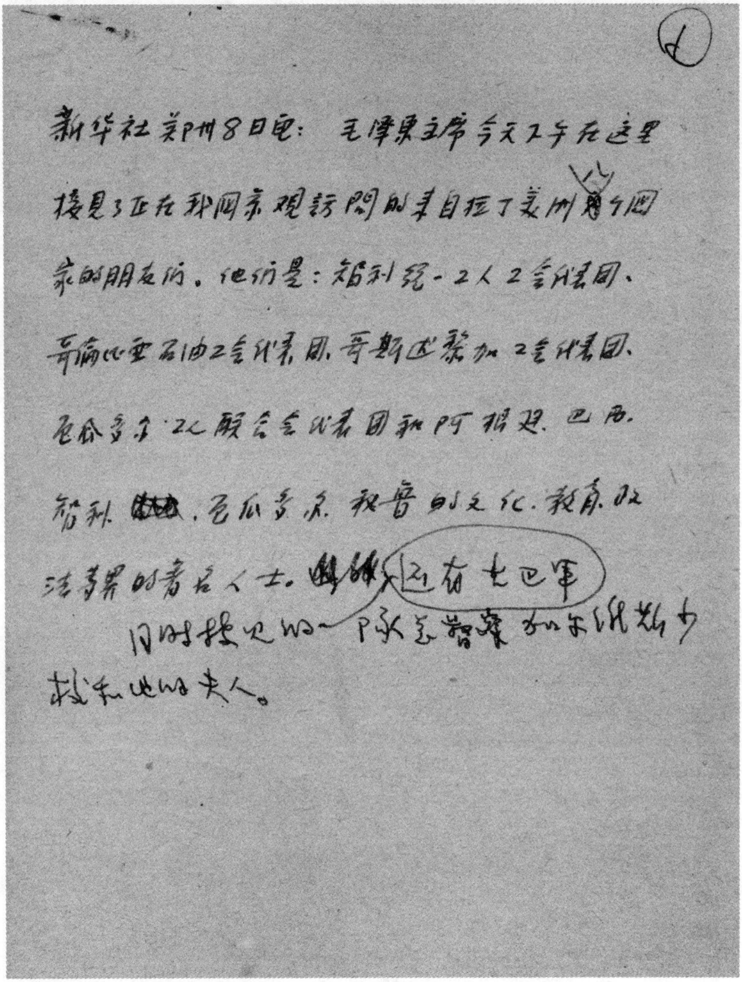
新华社广州8日电：毛泽东主席今天下午在这里接见了正在我国访问的来自拉丁美洲十个国家的朋友们。他们是：智利统一工人工会代表团、哥伦比亚石油工会代表团、哥斯达黎加工会代表团、危地马拉工人联合会代表团和阿根廷、巴西、智利、委内瑞拉的文化、教育和法律界的著名人士。还有古巴军事代表团。

同时接见的一 陆军参谋 加尔沃斯少校和他的夫人。

毛主席见拉美朋友电讯稿 1

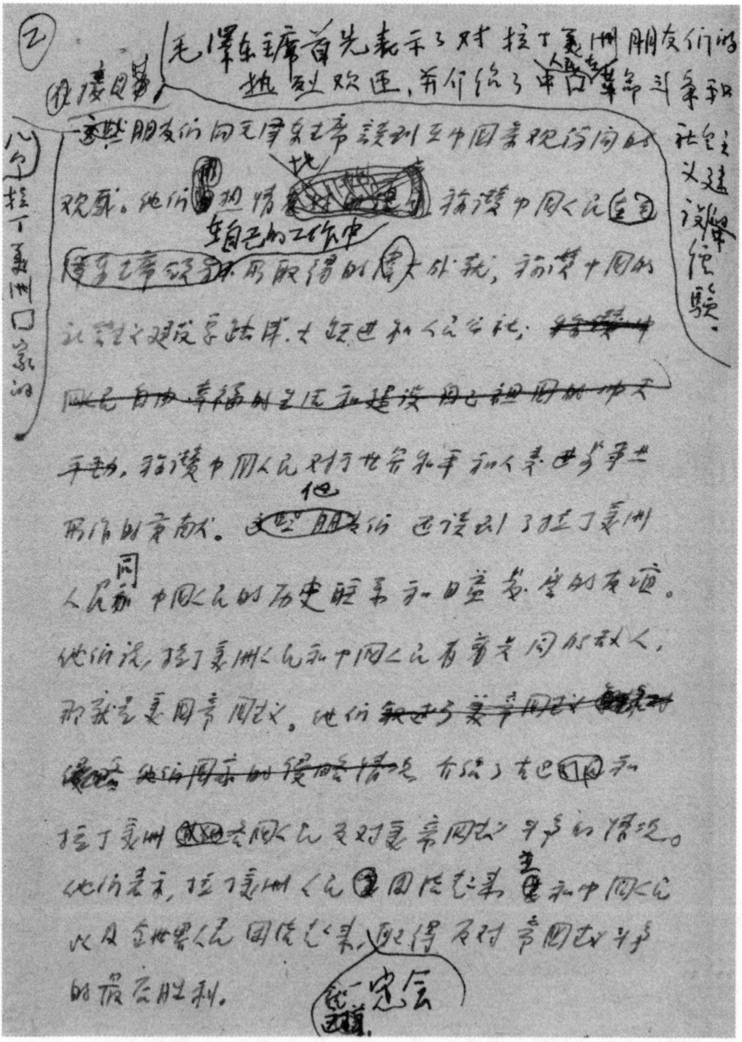

毛泽东主席首先表示了对拉丁美洲朋友们的热烈欢迎，并介绍了中国人民革命斗争和社会主义建设的经验。

八个拉丁美洲国家的朋友们向毛泽东主席谈到了在中国参观访问的观感。他们热情地称赞中国人民在自己的工作中所取得的伟大成就，称赞中国的社会主义建设的大跃进和人民公社，称赞中国人民对于世界和平和人类进步事业所作的贡献。他们也谈到了拉丁美洲人民同中国人民的历史联系和日益发展的友谊。他们说，拉丁美洲人民和中国人民有共同的敌人，那就是美国帝国主义。他们介绍了古巴和拉丁美洲各国人民反对美帝国主义斗争的情况。他们表示，拉丁美洲人民同中国人民团结起来，和中国人民以及全世界人民团结起来，一定会取得反对帝国主义斗争的最后胜利。

毛主席见拉美朋友电讯稿 2

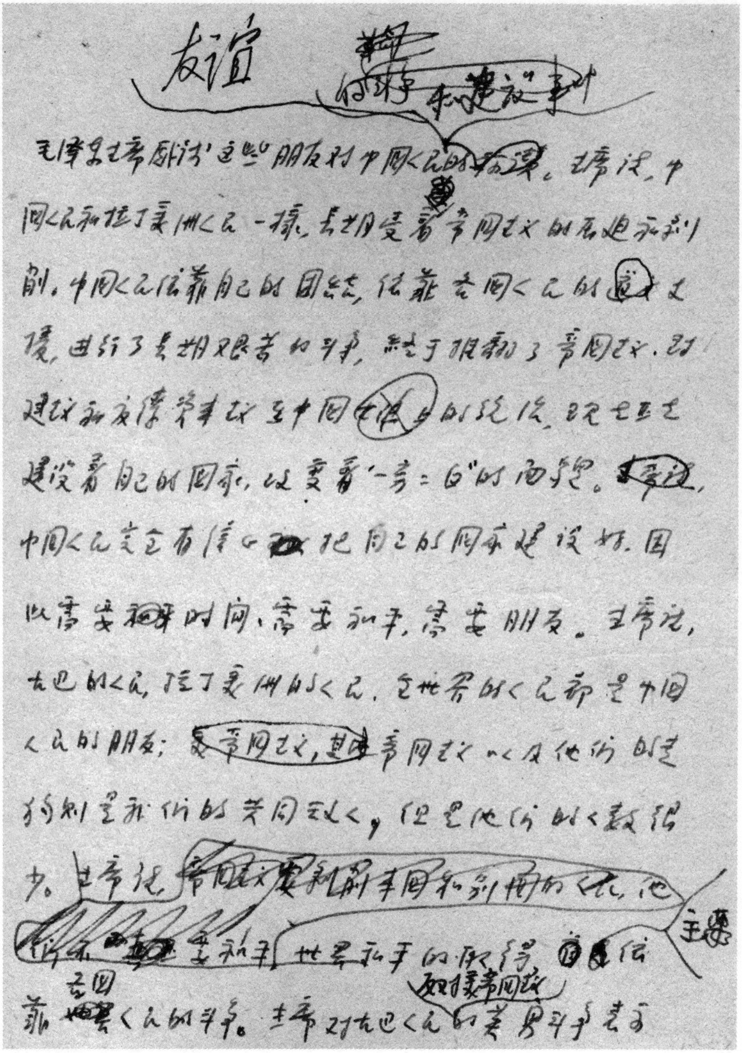

友谊

毛泽东主席感谢这些朋友对中国人民的支援。主席说，中国人民和拉丁美洲人民一样，长期受着帝国主义的压迫和剥削。中国人民依靠自己的团结，依靠全国人民的支持，进行了长期艰苦的斗争，终于推翻了帝国主义、封建主义和官僚资本主义在中国的统治。现在正在建设自己的国家，改变着“一穷二白”的面貌。主席说，中国人民完全有信心把自己的国家建设好。因此需要和平时间，需要和平，需要朋友。主席说，古巴的人民，拉丁美洲的人民，全世界的人民都是中国人民的朋友；美帝国主义，其他帝国主义以及他们的走狗则是我们的共同敌人，但是他们的人数很少。主席说，帝国主义要利用原子弹和别的国家的人民，世界和平的取得主要依靠各国人民的斗争。主席对古巴人民的反美帝国主义斗争表示

毛主席见拉美朋友电讯稿3

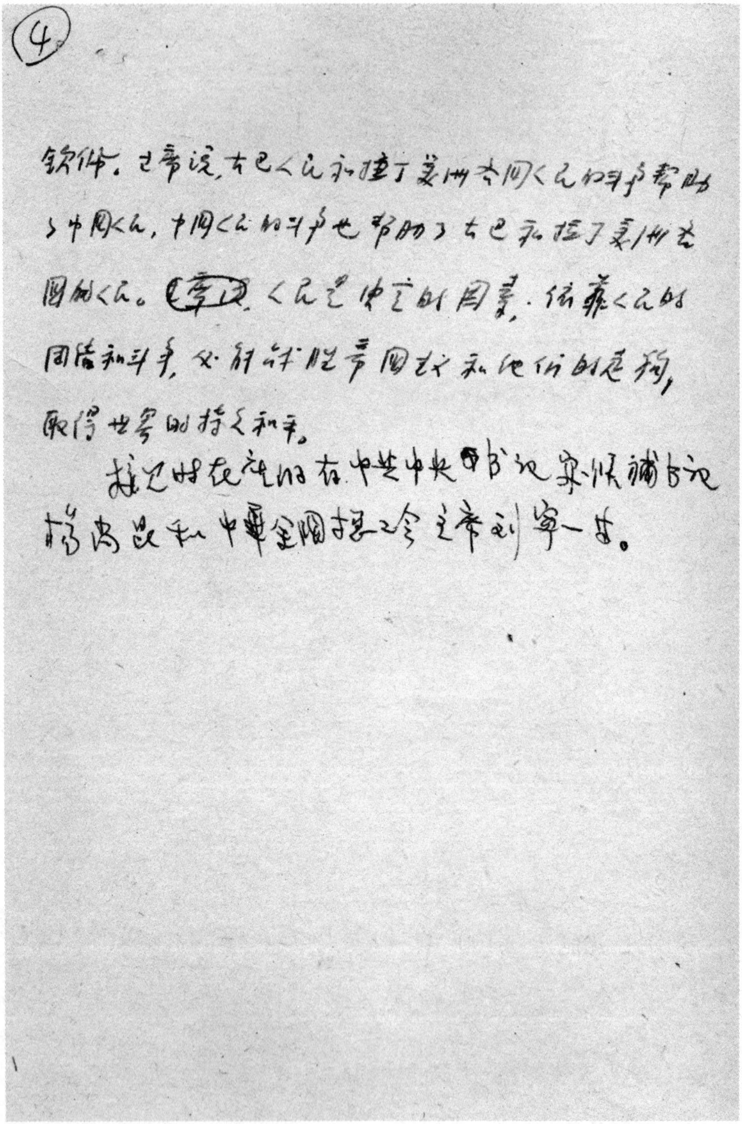

④

领袖。主席说，古巴人民和拉丁美洲各国人民的斗争帮助了中国人民，中国人民的斗争也帮助了古巴和拉丁美洲各国的人民。他说，人民是决定的因素，依靠人民的团结和斗争，必能战胜帝国主义和他们的走狗，取得世界的持久和平。

接见时在座的有中共中央书记处候补书记杨尚昆和中华全国总工会主席刘宁一等。

毛主席见拉美朋友电讯稿4

十三

毛泽东向蒙哥马利谈“继承人”*

英国陆军元帅蒙哥马利在他所著的《三大洲》① 一书中，记述了他在1961年访华的见闻和观感，详细介绍了毛泽东主席同他谈话的内容，其中有这样一段：

> 涉及的问题之一是年龄。我说，自从1949年中华人民共和国成立以来的12年中，他排除了混乱，取得了伟大成就，但是要做的事情仍然很多，他必须健康地活下去，保持精力，以便使这个国家坚定地沿着他所安排的道路前进。他的答复是有趣的。他说，有一个古老的中国传说，把73岁和84岁作为人的一生中的困难年代，谁要是连续闯过这两关，就能活到100岁。他本人不想活到73岁以上，那就是还有四年。此后他希望去陪伴卡尔·马克思，这是他的英雄——几乎是他的上帝。我强烈地抗议说，中国人民需

---

* 原载《新中国外交风云》，世界知识出版社1990年出版。收入本书时题目有改动。

① 《三大洲》是由伦敦考林斯书店于1962年出版。

要他，他必须至少活到84岁这一关。他说，不，他有很多事要同马克思讨论，而在这里，再有四年就足够了！我说，如果我知道马克思在什么地方，我要就这一问题同他谈几句。这把他逗得大笑！我接着就问到他的继承人。我的经验是，国家领袖们非常讨厌提出他们的继承人，我举出几个例子——印度的尼赫鲁，葡萄牙的萨拉查，联邦德国的阿登纳，英国的麦克米伦，法国的戴高乐，谁将继承他呢？他说，在中国，继承是清楚的，并且已经确定了——那将是刘少奇。我问，刘以后又是谁呢？他说他不知道，也不过问。他本人将同卡尔·马克思在一起。他们在中国能够为自己解决这样的事。

毛主席确曾向蒙哥马利谈过，他的继承人是刘少奇，这有记录可查。但蒙哥马利所写的，同记录所记的有所不同。本文不是作考证，而是提出有关此事的背景材料，供研究毛泽东主席晚年思想的专家们参考。

（一）

蒙哥马利在1958年71岁时退出现役。1960年5月，他曾访华5天。毛主席、周总理、陈毅副总理会见了他。后来，他感到在华逗留的时间太短，提出1961年9月5日由香港到广州，再次访问中国，9月26日由广州经香港返英。在中国期间，除会见我国领导人外，还指名到几个不向西方开放的城市参观。周总理原则上同意。外交部作了计划，安排蒙哥马利于9月6日到北京，先由陈毅副总理接谈，9月9日至20日访问包头、太原、延安、西安、三门峡、洛阳、郑州、武汉，回北京后由周总理接谈，届时再视情况考虑毛主席会见的事。外交部组成以西欧司副司长宋之光为首的接待组，遵照陈毅副总理指示，由国防体育协会主任李达上将率领，全程陪同。

9 月 7 日晚，陈毅副总理在人民大会堂为蒙哥马利再次访华举行欢迎宴会。陈毅首先讲话，他说：蒙哥马利上次访华回国后，将所看到的中国情况作了客观介绍，还指出台湾是中国领土的一部分，美国应从台湾和台湾海峡撤出武装力量。我们对此表示钦佩。

蒙哥马利接着讲话。他提出缓和国际紧张局势的“三大基本原则”，这就是：“第一，大家都承认只有一个中国；第二，大家都承认有两个德国——东德和西德；第三，一切地方的一切武装部队都撤退到他们自己的国土上去。”他还强调说：“我说的中国是指政府设在北京的人民共和国，而不是从来没有资格代表中国的台湾那一套机构。”

新华社播发了这一新闻。9 月 8 日，《人民日报》全文刊载。

8 日上午，周总理对我说，蒙哥马利的讲话很好，看来他很有政治头脑，他提出的三原则抓住了国际局势的关键。周总理决定将在欢送宴会上公开表示支持。周总理要我以外交部办公厅副主任的名义参加陪同，对蒙哥马利做些工作，结合参观访问，帮助他从本质上认识中国和中国的内外政策，并进一步了解他以及英国上层人物对国际局势的观点和对中国的看法。

这样，我就参加了李达上将率领的陪同小组，第二天早晨搭乘为蒙哥马利提供的专机飞往包头。

9月20日傍晚，这架专机从武汉飞抵北京。我打电话问周总理办公室浦寿昌同志：总理要不要听汇报。浦寿昌说：肯定要听，但总理今晚的日程已经排满，11时政治局要开会，恐怕到明天才能安排。

（二）

21日凌晨2时许，周总理把我叫到他的办公室。我汇报说：遵照总理指示，放手让蒙哥马利看，他很满意。他对中国很友好，但也在对我们进行战略观察。对此，我做了扼要说明。

总理详细询问有关情况，汇报持续近两小时。最后，总理问：你看，他脑子里对我们还有什么疑问？他还可能提出什么战略性的问题？

我说：他对毛主席十分钦佩，他似乎想探询毛主席的继承人是谁？他可能认为，毛主席百年之后，中国不能保持稳定。他没有直接提出这个问题，我是从一些迹象中揣测出来的。

周总理问：有哪些迹象？

我说：蒙哥马利很愿同群众谈话，问这问那。在包头和太原，他都用不引人注意的方式，分别在不同场合随意向三个人（工人、农民、学生或服务员）突然提问：你最拥护谁，你最听谁的指挥？回答都很快，而且都一样：“毛主席。”他好像是在作“抽样调查”。在延安，参观一所医院，他开玩笑似的说：听说中医、中药很神奇，你们应该鼓励中医为毛主席发明一种长生不老的药，中国需要他，中国人民离不开他。在西安和三门峡，他又在不同场合分别向三个普通群众作“抽样调查”，但改了题目，突然问：除毛主席以外，你最拥护谁，你最听谁的指挥？回答的人有点犹豫，回答的也不一样。在洛阳，他同我闲谈时说，中国古代的帝王很聪明，在位的时候就确定了继承人，虽然有的不成功，但多数是成功的，这就可以保持稳定。以前，英国常为争夺王位而打仗，后来平静了，因为有了王位继承法，也许是从中国学来的。现在许多国家的政治领袖不像中国古代帝王那样聪明，没有远见，没有足够的勇气和权威确定自己的继承人，这是不幸的。在郑州，他对我说：斯大林是一位有权威的政治领袖，但也缺少远见，生前没有明确提出自己的继承人，死后出现了“三驾马车”，局势很乱，贝利亚被杀掉，结果让只会用皮鞋敲桌子的赫鲁晓夫取得权力，他的统治是不会长久的。

我说完后，总理问：他同你讲这些话，你说了些什么？我答：我什么也没说，也不好说，只是听，然后把话题岔开。

总理沉默了一会儿，又问了一些事，让我回家休息。

22 日下午，刘少奇主席会见蒙哥马利——原定的日程没有这一次会见，是周总理听我汇报后，临时和刘少奇同志商量安排的。

（三）

22 日下午，浦寿昌打电话给我，要我在北京饭店等他。不久，他提着皮包来了。他说：毛主席决定明天在武昌会见蒙哥马利，总理要你和我马上坐专机去武昌，让你先向主席汇报主要情况和主要问题，让我明天给主席当翻译。

这天下午，我和浦寿昌飞抵武昌。机场上停着一辆汽车，把我们送到东湖毛主席的住处。

在向主席汇报时，我先提到蒙哥马利对主席很钦佩，对中国很友好，但也在对我们进行战略观察，然后讲了我向周总理汇报过的情况和迹象。

主席连续抽烟，有时插几句。我讲完后，他问：英文里“继承人”是什么？我说：“successor”。主席叫我在一张纸上写出来。他看了一会儿说，“success”这个字我知道，意思是“成功”，怎么加上“or”就变成“继承人”了？

浦寿昌做了解释。主席说：这个名词不好，我一无土地，二无房产，银行里也没有存款，继承我什么呀？“红领巾”唱“我们是共产主义接班人”。叫“接班人”好，这是无产阶级的说法。

浦寿昌说：英文里没有同“接班人”意思相近的字，“接班人”翻成英文，还是“successor”，习惯上理解为继承人。

主席说，这个元帅讲英语，不懂汉语，他是客人，就用“继承人”吧。

主席说：这个元帅过去打仗很勇敢，打败了隆美尔①。这次在北京也很勇敢，讲了三原则。谁是我的继承人，为什么他不敢问呀？是不是也像中国人那样怕犯忌讳？

我说：也许是。

主席说：你讲他是来搞战略观察的。我看，他对我们的观察不敏锐。这也难怪，他是英国元帅，又是子爵，不是共产党，对共产党的事情不那么清楚。共产党没有王位继承法，

---

① 1942年，蒙哥马利任英国第八集团军总司令，在北非阿莱曼战役中，打败了纳粹德国名将隆美尔指挥的部队，取得了丘吉尔称之为“扭转历史的胜利”。

但也并非不如中国古代皇帝那样聪明。斯大林是立了继承人的，就是马林科夫。不过呢，他立得太晚了。蒙哥马利讲的也有点道理，斯大林生前没有公开宣布他的继承人是马林科夫，也没有写遗嘱。马林科夫是个秀才，水平不高。1953 年，斯大林呜呼哀哉，秀才顶不住，于是乎只好来个“三驾马车”。其实，不是“三驾马车”，是“三马驾车”。三匹马驾一辆车，又没有人拉缰绳，不乱才怪。赫鲁晓夫利用机会，阴谋篡权，此人的问题不在于用皮鞋敲桌子，他是两面派：斯大林活着的时候，他歌功颂德；死了，不能讲话了，他做秘密报告，把斯大林说得一塌糊涂，帮助帝国主义掀起 12 级台风，全世界共产党摇摇欲坠。这股风也在中国吹，我们有防风林，顶住了。

毛主席说：这位元帅不了解，我们和苏联不同，比斯大林有远见。在延安，我们就注意这个问题，1945 年七大就明朗了。当时延安是穷山沟，洋人的鼻子嗅不到。1956 年开八大，那是大张旗鼓开的，请了民主党派，还请了那么多洋人参加。从头到尾，完全公开，毫无秘密。八大通过新党章，里头有一条：必要时中央委员会设名誉主席一人。为什么要有这一条呀？必要时谁当名誉主席呀？就是鄙人。鄙人当名誉主席，谁当主席呀？美国总统出缺，副总统当总统。我们的副主席有五个，排头的是谁呀？刘少奇。我们不叫第一副主席，他实际上就是第一副主席，主持一线工作。刘少奇不是马林科夫。前年，中华人民共和国主席改名换姓了，不再姓毛名泽东，换成姓刘名少奇，是全国人民代表大会选出来的。以前，两个主席都姓毛，现在，一个姓毛，一个姓刘。

过一段时间，两个主席都姓刘。要是马克思不请我，我就当那个名誉主席。谁是我的继承人？何需战略观察！这里头没有铁幕，没有竹幕，只隔一层纸，不是马粪纸，不是玻璃纸，是乡下糊窗子的那种薄薄的纸，一捅就破。我们没有搞“抽样调查”，英国元帅搞了，一搞，发现了问题。中国一些群众也没有捅破这层纸。这位元帅讲了三原则，又对中国友好，就让他来捅。捅破了有好处，让国内国外都能看清楚。什么长生不老药！连秦始皇都找不到，没有那回事，根本不可能。这位元帅是好意。我要告诉他，我随时准备见马克思。没有我，中国照样前进，地球照样转。

（四）

1961 年 9 月 23 日中午，蒙哥马利在李达上将等陪同下，从北京坐专机抵达武汉，住在汉口胜利饭店。晚上 6 时半，毛主席在东湖会见他，并共进晚餐。

蒙哥马利赠送毛主席一盒“三五牌”香烟，提出了许多问题，其中包括：1949 年新中国成立时，毛主席主要考虑的是哪些头痛的问题，现在考虑的又是哪些问题，对解放 12 年以后的中国怎么看，“枪杆子里面出政权”现在是否还适用，社会主义和共产主义有什么区别，对他提出的三原则有什么意见……

毛主席逐一回答。谈到 9 时 30 分，蒙哥马利说：“今天谈话使我学到很多东西。”“我想主席一定很忙，还有别的事情要做。我能不能明晚再来谈谈？”毛主席说：“明晚我到别处去了。”谈话就此结束，互相道别。尽管谈话中彼此问过年龄

（这年毛主席68岁，蒙哥马利74岁），但蒙哥马利并没有问毛主席的继承人是谁。我想，我向周总理和毛主席汇报时所做的揣测，是完全错了。

没有料到，24日凌晨5时左右，浦寿昌通知说，主席改变了计划，决定当天下午再同蒙哥马利谈一次，并共进午餐。这使蒙哥马利喜出望外。

这次追加的谈话是从下午2时30分开始的。寒暄几句后，毛主席就说：“元帅是特别人物，相信能活到100岁再去见上帝。我不能。我现在只有一个五年计划，到73岁去见上帝。我的上帝是马克思，他也许要找我。”蒙哥马利说：“马克思可以等一等。这里更需要你。”

毛主席说：“中国有句话，七十三，八十四，阎王爷不请自己去。”蒙哥马利借机提出：“我认识世界各国的领导人。我注意到他们很不愿意说明他们的继承人是谁，比如像麦克米伦、戴高乐等。主席现在是否已经明确，你的继承人是谁？”

毛主席说：“很清楚，是刘少奇，他是我们党的第一副主席。我死后，就是他。”蒙哥马利又问：“刘少奇之后是周恩来吗？”毛主席说：“刘少奇之后的事我不管……”蒙哥马利说：“中国现在还有许多事情要做，很需要主席。你现在不能离开这艘船，放下不管。”

毛主席说：“暂时不离，将来学丘吉尔的办法。”并说：“我随时准备灭亡。”接着毛主席讲了五种死法：被敌人开枪打死；坐飞机摔死；坐火车翻车翻死；游泳时淹死；生病被细菌杀死。毛主席说：“这五条，我都已准备了。”毛主席还说，人死后最好火葬，把骨灰“丢到海里去喂鱼”。

谈到下午5时，毛主席邀蒙哥马利坐船，看他在长江游泳。毛主席游了近一个小时，上船穿好衣服，把蒙哥马利送到汉口胜利饭店，又谈了近一个小时，并把他事先写好并署名的《水调歌头·游泳》词一首，“赠蒙哥马利元帅”，作为那盒“三五牌”香烟的答礼。

| 十四 |

关于九一三事件的一段往事*

1971 年 9 月 13 日这个日子，因林彪反党集团的覆灭而载入史册。这一天，曾被捧上“副统帅”高位的林彪，由于篡党夺权的阴谋败露，仓皇出逃，摔死在蒙古的温都尔汗。

林彪的阴谋败露，主要是指毛泽东主席识破了这个野心家的“庐山真面目”。但毛泽东究竟是怎样判断出林彪是个阴险的两面派呢？本文叙述的这段鲜为人知的往事，恰可为这段非常时期的历史做一注脚。

（一）

1971 年 7 月 9 日，是一个不同寻常的日子。

就在这天中午 12 时，美国总统国家安全事务助理亨利·基辛格博士乘巴基斯坦的一架专机，秘密抵达北京。

---

* 本文是熊向晖之女熊蕾根据熊向晖同史学工作者李海文等人的谈话写成。原题为《历史的注脚》，载《新观察》半月刊 1986 年第 18 期，1986 年 9 月 25 日出版。收入本书时题目有改动。

基辛格在北京只能停留48小时。周恩来总理同他在钓鱼台国宾馆举行的第一轮会谈从下午4时25分持续到晚上11时半。中国方面参加会谈的有：中央军委副主席叶剑英、尚未赴任的驻加拿大大使黄华、外交部欧美司司长章文晋、礼宾司副司长王海容和翻译冀朝铸、唐闻生。此外，还有熊向晖。

熊向晖是以国务院总理助理的名义参加会谈的。他于1962年接替宦乡担任我驻英国代办（此时中英两国尚未建立大使级外交关系），1967年1月，他和其他驻外使节一起奉召回国参加“文化大革命”，挨批挨斗。1970年11月，出乎他的意料，他竟被任命为中国人民解放军总参谋部二部副部长，主管国际形势的研究。1972年，熊向晖又重新调回外交部工作。他这段军队履历虽然短暂，却和本文密切相关。

周总理在同基辛格结束了第一天会谈以后，带领中国方面参加会谈的人员走到钓鱼台另一座楼。他立即让王海容打电话联系，问什么时间去毛主席那里汇报。王海容问谁去，总理让她和唐闻生同他三个人去。电话很快就打通了。王海容对总理说：主席让现在就去，还让熊向晖也去。周总理吩咐王海容和唐闻生先走一步。他收拾了一下公文包，服了药，便与熊向晖一起上了车。

（二）

周总理的轿车驶出国宾馆，开往中南海。这时已经是午夜，街上静寂无人。周总理默默沉思着，熊向晖则在心中迅速地筛选最近的国际大事，推断基辛格的秘密访问一旦公开，可能引起什么样的国际反响。他蛮有把握地以为，毛主席找他去，是要了解国际形势。

轿车在中南海毛泽东住地门口停下。周总理带着熊向晖快步走进毛主席的会客室兼书房。主席身穿浴衣，站在屋子当中。总理握了握主席的手，说：这样晚，主席还没休息啊。毛主席说：我不困。熊向晖跟着握住老人家伸出的手，说：主席好！毛主席笑容满面地说：马马虎虎。

会客室中，七张单人沙发摆成一个半圆，每两张中间放着一个茶几。毛主席在居中的一张沙发上坐下，总理和熊向晖分坐在他两旁。王海容坐到熊向晖旁边，唐闻生则坐在毛主席沙发背后立灯下的一张椅子上。立灯关着，室内光线很柔和。

周总理告诉主席，基辛格到了，准备汇报他提出的问题。

不想毛主席却摆了摆手，说：那个不忙。

他转向熊向晖，开始了一场出人意料的谈话。

（三）

毛主席从茶几上拿起一只深褐色的小雪茄，唐闻生帮他点燃。他深深吸了一口，仍然满面笑容地问：你现在还讲不讲“卫生”啊？

王海容对熊向晖解释说：主席是问你还抽不抽烟。她又转向主席说：老熊是个“烟鬼”。

毛主席轻松地说：他怎么成了“老熊”了。听熊向晖说他已经52岁了，就说：还不老嘛。然后指指茶几上放着的小雪茄，说：现在医生不让我抽香烟，只让我抽这个。他们都讲“卫生”，你不讲，你就抽吧，我也不“孤立”了。

熊向晖点燃一支小雪茄，以为这样的寒暄可以结束了。然而，毛主席却继续提出一些在他看来是“寒暄”性的问题：你在总参二部当副部长？他回答：是。

毛主席深深地吸了一口雪茄，操着浓重的湖南乡音问：那个“参谋总长”姓甚名谁呀？熊向晖一面回答“黄永胜”，一面感到不可思议：怎么提出这样的问题？而且把“总参谋长”说成“参谋总长”？

毛主席又问：你同黄永胜熟悉不熟悉呀？

答：到总参以后，在会上认识了黄总长，没有单独接触过。黄总长提到过我。

问：他是怎么提到你的呀？

答：今年4月，黄总长在总参批陈（伯达）整风小结会上说，主席对他讲，总参有篇批陈发言有水平，但主席没有具体讲是哪一篇。黄总长估计，可能是江钟的，也可能是熊向晖的。

毛主席说：我指的是你的那一篇。你读过一些马列。

熊向晖以为谈到这里，毛主席就该听周总理的汇报了。不料老人家似乎忘记了这件事，抽着小雪茄，继续优哉游哉地同他“漫谈”。

主席问：在那个小结会上，黄永胜还讲了什么？

熊向晖感到，说得过于简单，恐怕招致更多的问题。为了节省时间，以便总理及早汇报，他这次回答得比较详细：小结是王新亭副总长念的。吴法宪副总长做了补充，说总参批陈整风搞得很好，自从黄总长主持总参以来，毛泽东思想红旗举得高，各方面工作都取得很大成绩。主席和林副主席对黄总长是满意的，各大总部、各大军区、各军兵种对黄总长是尊敬的。

黄总长很谦虚，说他毛泽东思想红旗举得还不够高，比林副主席差得远，在工作中还有些官僚主义。

听到这里，毛主席“哦”了一声，又问：他们没有讲庐山的问题?

熊向晖回答：讲了，是在批陈整风动员会上讲的。吴副总长说，总参同陈伯达没有来往。黄总长说，他是在庐山会议开始以后才到了庐山，当时主席已经发表了《我的一点意见》，揭露了陈伯达。黄总长说，他不认识陈伯达，原来只知道陈伯达是个理论家、秀才。如果不是主席、林副主席指出来，他也看不出陈伯达搞的《恩格斯、列宁、毛主席关于称天才的几段语录》有什么问题，也可能上当受骗。以后要坚决按照主席和林副主席的指示，多读一点马列的书。

毛主席脸上的笑容消失了。他又抽了一支雪茄，用缓慢的语调问：庐山的事，他们就讲这些?

熊向晖回答：主要就是这些。

1970年八九月间在庐山举行的中共中央九届二中全会上，当时是政治局常委的陈伯达伙同林彪的老婆叶群，以及掌握军队大权的黄永胜、吴法宪、李作鹏、邱会作等，煽风点火，为林彪当国家主席制造舆论。毛主席说他们“大有炸平庐山、停止地球转动之势”。《我的一点意见》的及时发表，制止了这幕丑剧。庐山会议之后，中央开始在党内批判陈伯达，并责成黄、吴、叶、李、邱做检讨。将近一年过去了，熊向晖只知道陈伯达被揪了出来，其余情况一概不知。所以，当毛主席沉默了一会儿，深深吸了一口雪茄，突然伸出左掌，用右手一个一个按下左手的手指，问熊向晖：黄永胜和他那个军委办事组——吴法宪、叶群、李作鹏、邱会作，他们在庐山搞鬼，黄永胜讲了没有？熊向晖几乎不相信自己的耳朵，他怔了一下，回答：没有听黄总长讲过。

毛主席又问他有没有看过“五个大将”的检讨、听过这件事的传达？熊向晖都只能回答：没有，因为他毫不知情。毛主席意味深长地看着熊向晖，问：你嗅出点什么没有？

大半年来，熊向晖除了批陈，一直埋头于国际问题的研究。他对主席这个问题的回答，依然是“没有”。

毛主席转过身来，问周总理：“五个大将”的检讨，你在中央批陈整风汇报会上的讲话，发给总参没有？

周总理说：发了，总参和军委一共发了60多份。

那是应该发到熊向晖这一级干部的，而他竟毫不知情。

毛主席又吸了口雪茄，沉思了片刻，用左手拍了一下茶儿，突然提高了声调，说：他们的检讨是假的，庐山的事情还没有完，还根本没有解决。这个当中有“鬼”。他们还有后台。

（四）

室内的空气仿佛凝固了。“他们的后台”是谁？

过了一会儿，大概是想缓和一下气氛吧，周总理委婉地说：我过去也犯过错误，一经主席提醒、批评，总是努力改。这次黄永胜他们犯了错误，主席对他们进行了批评教育，他们做了检讨，以后也会在实践中改正的。

毛主席摇摇头，说：那个不同。你犯错误是阳谋，他们是阴谋。实践证明，他们的检讨是假的，是阴谋，连熊向晖这样的干部都不让知道，这不是阴谋？我历来主张，党内允许有公开的反对派，绝不允许暗藏的反对派。黄永胜他们搞阴谋、搞分裂，他们是暗藏的反对派。搞阴谋、搞分裂，就是搞修正主义。真正搞马克思主义的人，就要讲团结，就要光明正大。黄永胜他们光明正大吗？完全不是。总而言之，庐山的事，根本没有完。

停了停，毛主席的情绪松弛下来，又问熊向晖有秘书没有，写报告、起草文件是否亲自动手。听说他是自己动手时，毛主席说：那好。我这里的文件，就是一个秘书管。她的任务就是收收发发。文件来了，我自己挑选重要的看，需要提点意见的，我自己动手写，从来不让秘书代劳。共产党员一要动手，二是动口。动手动口，就是要动脑筋。现在一些大官、小官，自己不动手、不动口、不动脑筋，什么事都靠秘书，听说连科长都有秘书，搞“秘书专政”。有的人让自己的老婆当自己的办公室主任，这不是共产党的作风，是国民党的作风。

熊向晖听了，心里又是一动：让自己的老婆当自己的办公室主任的，不是林彪吗？

直到此时，毛主席才结束了同熊向晖的“寒暄”，听取周总理关于同基辛格第一天会谈的汇报。熊向晖看了看表，已是10日凌晨1点5分了。毛主席谈“题外话”，竟谈了将近一个钟头！待周总理等人离开毛主席住地时，已经两点多了。在回宾馆的路上，周总理嘱咐熊向晖：今晚主席讲的话，绝对不能外传。

10日晚，周总理、叶剑英、黄华、熊向晖等人向毛主席汇报同基辛格第二天会谈的情况时，毛主席谈笑风生，没有涉及庐山会议的问题。

（五）

8月初，熊向晖为了治疗两年前一次车祸的后遗症，住进301医院，住院50多天。这期间，他仍然没有脱离工作。8月中，根据周总理指示，由外交部起草的四届人大政府工作报告中的国际形势和外交政策部分，让熊向晖也参加。初稿完成后，上报周总理。周总理于9月7日在中南海召集外事口的有关同志讨论，做了修改。

9月11日夜，周总理在中南海再次主持会议讨论修改稿，直到清晨4时。最后指定乔冠华、熊向晖和崔奇负责修改，14日交卷。

9月12日下午，他们几人在乔冠华家进行讨论。13日下午，在乔家再次讨论、修改。不多时，一个突如其来的电话把乔冠华叫走了。过了一会儿，乔打来电话，说他回不来了，改稿的工作暂停。紧接着，熊向晖得到通知：周总理指示，有一架三叉戟飞机向北飞去，要密切注意动向。当天晚上，熊向晖得悉，这架飞机上坐着林彪和叶群等人。听到这个消息的人都感到十分震惊。熊向晖想起7月9日毛主席的谈话，才感到那次表面上看来是莫名其妙的“寒暄”，其实是有深意的。

第二天，周总理召集有关人员到人民大会堂，研究中国驻蒙使馆发来的特急报告。报告说：蒙古副外长约见许文益大使，告以一架中国军用飞机在蒙古境内温都尔汗坠毁，机上9人全部死亡，蒙方对中国军用飞机侵入蒙古一事提出抗议。许大使向蒙方要求到出事地点调查。周总理指示外交部立即复告许大使，速赴现场仔细检查并拍照。

大使很快回电说，已到温都尔汗，飞机全部烧毁，没有残留文件。不久送回的照片证实，林彪、叶群等人确已粉身碎骨。9月18日，中共中央发出通知说：林彪于1971年9月13日仓皇出逃，狼狈投敌，叛党叛国，自取灭亡。中央并要求有步骤地逐级传达。

这时，熊向晖还在住院。9月21日下午，也在该院住院的陈毅同志在军委听了传达，跟熊向晖做了一次长谈。他说：这样的结果最妙，林彪自我爆炸，消除了党内的隐患。他还说，到会的有许多老同志，中央要求与会的老同志们揭发林彪。但是陈老总不理解，为什么由黄永胜来传达。他还讲了不少林彪历史上不光彩的事。

9月22日下午，熊向晖接到通知去听总参系统的传达。他已知道内容，本不想去，但通知他的人说，黄永胜指定他参加。熊向晖怀着好奇的心情来到开会地点。在一位副总长宣布有重要事情传达之后，过了一会儿，黄永胜才挟着文件包，匆匆走进会议室。他放下皮包，先问：熊向晖同志到了没有？熊向晖说：到了。

黄永胜盯着他，问：是不是主席在今年7月间，问过你庐山会议的事？熊向晖说：是的。

黄又问：我犯了错误，你是不是对主席说你不知道？

答：我的确不知道。

黄永胜对全体与会者说：我犯了方向、路线错误，犯了宗派主义错误。我上了林彪的贼船。之所以上他的贼船，是因为我认为他毛泽东思想红旗举得最高，我上当了。

这个开场白使绝大多数与会者大吃一惊，不禁交头接耳，以为自己听错了。黄永胜要大家安静，开始宣读中央通知。大概是心虚的缘故吧，并不很长的文件，他念得颠三倒四，几次出错。

散会时，一位副总长问熊向晖：主席找你谈话，你为什么不向我讲讲？

熊向晖说：主席没有让我讲。

但他心里有些不安：这件事，他从未向别人说过，黄永胜是怎么知道的？回到家里，他马上打电话，报告周总理。总理说：是我告诉黄永胜的。我对他说，7 月间，主席就问了熊向晖，你们现在还不交代，我们等了快十天了。总理又问黄永胜还讲了什么，熊向晖如实作了反映。

9 月 24 日下午，张才千副总长又召开类似规模的会议，传达周总理当天上午同几位副总长的谈话和主席的决定：由叶剑英副主席主持军委和总参的工作，黄、吴、李、邱“隔离反省”。

（六）

两天后，叶剑英副主席邀请乔冠华、章文晋和熊向晖到他家中谈话。叶帅说：林彪乘飞机叛逃，本来可以用导弹打下来，但是主席不同意，说“天要下雨，娘要嫁人”，由他。叶帅说：如果打下来，解释不清楚；如果叛逃成功，也会增加麻烦。机毁人亡的结果最理想。他还兴致勃勃地给大家念了董老（必武）在政治局讨论林彪叛逃事件时写的一首诗：

铁鸟南飞叛未成，
庐山终古显威灵。
仓皇北窜埋沙碛，
地下应惭汉李陵。①

10月16日晚7时半，周总理在钓鱼台召集外交、新闻、公安、电讯等部门的有关同志开会，讨论接待将于10月下旬公开访华的基辛格一行的方案。这一次，他是为尼克松访华作具体安排的。周总理同大家谈到林彪叛逃的情况，说：主席讲，他们搞阴谋，熊向晖是副部长，也不知道黄永胜犯了什么错误。

10月20日，基辛格到京。当晚9时许，周总理和叶帅、姬鹏飞、熊向晖、章文晋等到毛主席住处汇报。一见到熊向晖，毛主席就笑眯眯地问：那个"副统帅"呢？那个"参谋总长"哪里去了？

熊向晖也笑着说：主席问我的时候，我确实不知道呀！

毛主席打趣地问：现在知道了吧？

熊向晖说：现在当然知道了。

毛主席幽默地说：你什么也没嗅出来，是不是伤风了，感冒了？他又连连地说：我的"亲密战友"啊！多"亲密"啊！还念了唐朝杜牧的诗："折戟沉沙铁未销，自将磨洗认前朝。东风不与周郎便，铜雀春深锁二乔。"老人家接着说：三叉戟

① 熊向晖当时笔录了这首诗，并注云："董必武同志作于1971年9月16日晨3时（在政治局讨论林彪叛逃时）。叶帅转告。"但此诗不见于《董必武诗选》，而载于叶剑英的《远望集》，并冠以《斥林彪》的标题。

飞机摔在外蒙古，真是“折戟沉沙”呀。

10月26日，基辛格离京返美的当天，传来联合国第26届大会以压倒性多数通过中国在联合国合法席位的决议。当晚7时半，周总理在人民大会堂福建厅同叶帅和有关同志讨论此事。讨论尚未结束，毛主席要周总理和参加讨论的同志一起去他的住处。

毛主席还是穿着浴衣，很高兴地同大家逐一握手。他说：今年有两大胜利，一是揭露了林彪，二是联合国恢复了我们的席位。要派代表团去联合国，回来还要接待尼克松。然后，他又笑望着熊向晖，问：那个“参谋总长”呢？那个“副统帅”上哪里去了？

室内顿时充满了笑声。

（七）

1972年3月，印发了1971年8月中旬至9月12日《毛主席在外地巡视期间同沿途各地负责同志的谈话纪要》，端出了林彪的问题。这个文件逐级传达到基层，香港和台湾的一些报刊全文刊载，有的甚至复印了原件。其中有这样一段话：

> “99人的会议（原注：指1971年4月中央召开的批陈整风会议……），你们都到了，总理也做了总结讲话，发了五个大将的检讨……都认为问题解决了。其实，庐山这件事，还没有完，还没有解决。他们要捂住，连总参二部部长一级的干部都不让知道，这怎么行呢？”

在讨论这一文件时，有的部门不少人知道“总参二部部长一级的干部”指的是谁。熊向晖在一定范围内讲了这件事的经过。他说：当时毛主席没有问叶帅，因为叶帅会看到这类文件，不会不知情；也没有问外交部的同志，因为他们和总参无关。

熊向晖非常钦佩毛主席的胆略、魄力和决断。他说：在处理基辛格秘密访华那样一桩大事的时候，我原以为这应该是压倒一切的题目。而主席却偏偏撇开这个主题，用很长的时间，很艺术的方式，先了解林彪的“五个大将”的问题，并做出他们还有后台的结论。这确是主席的独特和伟大之处。

事情已经过去了许多年。这期间，有关单位把熊向晖当作“抢救对象”，希望他写出自己的类似经历。他曾考虑过，但没有动，认为如实写出来有很多困难，弄不好，还会引起误解或非议。

今年（1986 年）春节期间，有位老战友对他说：我们等着看你的回忆录哪。你快 70 了，身体也不好，再不写，难道还要带着这些材料见马克思吗？这不是你个人的问题啊！

不久前，两位史学工作者访问了熊向晖，应他们的要求，他提供了一些他们认为是珍贵的史料，并概述了本文所记的情节。这两位访问者说：至少这件事可以载入历史。但熊向晖表示，要发表，最好取得旁证，并且最好在他死后。

这又何必呢？尽管他没有授权，我也不是史学工作者，但我认为这段经历没有不可发表的理由。有些已出版的“纪实”可以胡编乱造，为什么有根有据的事情要留给后人去劳神呢？即使当事人的记忆与事实可能有出入，其他一些仍然健在的知情者也可以公开补充、纠正嘛。总之，我希望，我们自己的历史，最好由我们自己来写，不要留给后人，更不要留给洋人。

十五

出使墨西哥*

熊向晖是从叶剑英那里得知自己被任命为中华人民共和国首任驻墨西哥大使的。1972 年2 月14 日，墨西哥驻联合国大使同中国驻联合国首席代表黄华在纽约联合国总部签署两国建交协议时，讲一口流利英语并在60 年代出任中国驻英国代办的熊向晖，根本没有想到那个高原古国会同他发生关系。

1969 年4 月到 10 月，熊向晖受周恩来总理指派，协助陈毅、叶剑英、聂荣臻、徐向前四位老帅研究国际形势，同他们结下深厚的感情。所以那天叶帅看到对熊向晖的任命，就打电话到熊家里，问：向晖呀，那天主席不是说让你到英国当大使吗？

叶帅的话，有这样一个背景：1971 年 10 月，基辛格为准备美国总统尼克松访华事宜第二次来华，临走那一天，恰逢第26 届联合国大会通过了关于恢复中华人民共和国在联合国合法

---

* 本文作者为熊向晖之女熊蕾，原载《外交官》第一辑，世界知识出版社 2002 年出版，收入本书时又做了补充。

席位的决议。当晚周总理、叶帅、外交部代部长姬鹏飞、副部长乔冠华和熊向晖等人到毛主席那里汇报，毛主席说，要派代表团去出席联大，由乔冠华当团长，熊向晖也去，回来还要接待尼克松。毛主席说，等尼克松来访的时候，英国就可能接受我们的条件，就可以交换大使了。熊向晖还回他的“老窝”去。熊向晖虽然1967年奉命回国参加“文化大革命”，一直未返回任所，但他驻英国代办的职务从未被解除。所以当时在场的人大都以为毛主席说的他的“老窝”，指的就是英国。

熊向晖对叶帅说，主席是这个意思，但是话不是这么讲的。叶帅说，不管怎么样，都明白这个意思嘛，总理和姬鹏飞他们都在场，怎么又变啦？主席让你回英国去，即使不到英国去，也应该派你到说英文的国家。你又不懂西班牙文，为什么派你到墨西哥去呀？熊向晖说，这是组织决定，我得服从啊。叶帅说，这对呀，不过怎么变的，你有机会从侧面了解一下。

了解的结果，乔冠华的解释是：到老地方有老地方的好处，到新地方有新地方的好处。姬鹏飞则告诉他，对熊向晖的任命，我们考虑了很久。欧洲国家差不多都同中国建交了，非洲也差不多，而作为美国“后院”的拉丁美洲，同中国建交的国家还只有一个古巴、一个秘鲁、一个智利。当时我们在美国也只有驻联合国代表团，还没有联络处。姬说，现在美国北边有加拿大、南边有墨西哥和我们建交，派熟悉美国的熊向晖去墨西哥，可以做美国的工作。

墨西哥这个国家和中国建交的过程很有些与众不同。它原来跟国民党交换大使，与中国建交时，国民党驻墨西哥的“大使”已经在那里待了17年，是外交使团的团长了。墨西哥总统

6年选举一次，不得连选连任。埃切维里亚1970年就任墨西哥总统后，对中国政策开始转变。1971年10月5日，埃切维里亚总统在第26届联合国大会发表讲话说，“必须承认，中国的主权和领土完整从法律上来说是不可分割的。”10月25日，墨西哥投票赞成阿尔巴尼亚、阿尔及利亚等23国关于恢复中华人民共和国在联合国的一切合法权利并立即把蒋介石集团从联合国及其所属一切机构中驱逐出去的提案。提案通过的当天，墨西哥外交部发表公告，表示承认“中华人民共和国的代表是中国的唯一合法的代表”。11月16日，墨西哥外交部发表声明，宣布墨西哥政府同蒋介石集团断绝外交关系。然后，1972年2月14日，与我签订建交协议。一连串的行动，非常干净利索。

墨西哥还有个与众不同的地方，就是建交后，马上要求确定大使，并要求双方在同一时间宣布。中国方面虽无此先例，但出于对墨西哥的尊重，还是答应了这一要求。因此，北京时间1972年4月8日上午10点，中、墨双方同时宣布：“中华人民共和国政府任命熊向晖为中华人民共和国驻墨西哥合众国特命全权大使”，“墨西哥合众国政府任命欧亨尼奥·安吉亚诺·罗奇为墨西哥合众国驻中华人民共和国特命全权大使”。中国方面由新华社发出电讯，广播电台、电视台播出，第二天见报。

毛泽东的会见：时间超过尼克松

1973年4月19日至24日，墨西哥总统路易斯·埃切维里亚·阿尔瓦雷斯和夫人前来我国进行国事访问。4月20日下午，毛主席在中南海书房里会见了他，“进行了诚挚友好的谈话”。会见时在座的：墨西哥方面有外长和驻华大使，中国方面除了周总理、外交部部长助理王海容和翻译黄士康、唐闻生，还有熊向晖。让驻在国大使取代外交部部长参加毛主席的会见，这个规格很少有。

毛主席让熊向晖参加，自有他的用意。宾主见面时，毛主席问熊是否跟埃切维里亚总统一道来的，然后就问：在那里没闯祸吧？熊向晖不好说什么，埃切维里亚总统说，没有，他在我们那里很平静。毛主席说，靠不住。你可要注意啊，他搞你的乱啊，搞颠覆啊。埃切维里亚再次说，我看他很安静。毛主席说，样子很安静，谁晓得他搞什么鬼啊。将来才算数。在场的人都笑了起来。

毛主席这看似幽默的寒暄，其实颇有深意。就在熊向晖1972年7月29日离京赴任前一个星期，墨西哥政府于7月22日宣布“逮捕了一股在中国受过训练的游击队”，指控他们的罪名“包括策划阴谋、蓄意破坏私人财产，以及伪造证件企图取得前往中国的出境许可”。虽然这是中国“文化大革命”中极“左”路线所导致的，墨西哥政府也说明其事发生在墨西哥和中国建立外交关系之前的1969年到1971年之间，但有一些外国媒体却有意无意地散布舆论说，“在墨西哥城人们担心中国搞颠覆”。而埃切维里亚就任墨西哥总统前，担任政府的内政部长，负责这类案子的处理。这一切，无疑非常不利于刚刚建立起来的中墨关系，也给即将上任的中国大使出了很大的难题。熊向晖当时得知此事后就说，两个国家要建立信任很难，要破坏信任却很容易。一件事就可以破坏掉。

他看了材料后跟周总理建议，墨西哥总统曾经表示希望访问中国，我们可以主动邀请。总理说，好。你就让外交部写报告。熊向晖还提出了一个在当时颇为大胆的建议，就是在墨西哥的使馆，不摆也不送《毛主席语录》等书籍，如果有人要，让他们自己到书店买，连《北京周报》都不送。对此，总理说，你是特命全权大使嘛。

按照墨西哥的规矩，新任大使抵墨后，在机场就要发表讲话。熊向晖 1972 年 8 月 3 日到达墨西哥城时，对前来迎接的墨西哥外交部礼宾司官员和二三百群众简单地说，现在我有幸被任命为中华人民共和国第一任驻墨西哥合众国特命全权大使，但是在没有递交国书以前，我还不能用大使的资格来发言。我现在是，将来也是墨西哥的学生。我向墨西哥的革命传统学习；向墨西哥的悠久的文化学习；向墨西哥在国际事务当中正义主张的立场学习；向墨西哥的人民学习，学习他们光辉的历史；学习他们反殖民主义争取民族独立的斗争精神。这番话赢得了当地人士的好感和好评。

接下来几天是周末，不办公。8 月 7 日星期一，熊向晖往见墨外长，商讨递国书事宜。外长当面称熊在机场的讲话讲得好。但他告诉熊，墨西哥总统现在到南方巡视去了，大概要 20 天以后才能回来。这就意味着熊向晖要等 20 天以后才能递交国书。据说，还有比他先来的大使，也得等。

第二天一早，熊向晖得到我外交部的电报，说中央已经同意以董必武代主席、周恩来总理的名义，邀请墨西哥总统访华。时间另行通过外交途径商定。熊马上紧急约见墨外长，告知此事。外长非常高兴。熊回到使馆后不久，即接到墨外交部电话通知，次日，即 8 月 9 日上午，向总统递交国书。

1972 年 8 月 9 日上午 10 时许，墨外交部礼宾司首席助理和总统府的一个中尉乘专车来到使馆，简单地向熊大使介绍了礼宾规定，然后陪他及翻译乘总统府专车，由三辆摩托车护卫，驶往总统府。进入总统府后，乐队奏乐，上二楼，到接待厅，墨外交部礼宾司长、副司长及总统参谋长出迎。由接待厅进入大使厅时，两旁排列着数百名学生、当地群众、华侨代表及新闻记者观礼。

递交国书后，埃切维里亚总统和熊向晖谈话。当地报纸对此这样报道说："总统表示，墨西哥革命已达到完全成熟，使墨西哥国内有了自由，尤其是有很大的言论自由。这样的成熟使得我们能按墨西哥人民的愿望同一切国家建立关系，因此，现在同中华人民共和国也开始有了关系。没有猜疑，也没有恐惧。在墨西哥只能有墨西哥的解决办法，这些就是游戏规则。"但是，埃切维里亚讲，墨西哥要走自己的路，走墨西哥自己的道路，有些青年人到中国学习搞颠覆活动，舆论反应不好。希望不再发生这样的事。这些话都没公开发表。报道只描述说，"总统诚挚地讲话而且用有力的语气一字一句地说得清清楚楚，边说话，边用左手紧握着拳头做着手势。中国译员紧张地记录着埃切维里亚的每一句话，然后慢慢地念给大使听。大使一动不动地静听着，面部表情很严肃，没有丝毫动作。"熊向晖讲话时，以中国过去受侵略的经历和墨西哥对照——墨西哥现在的领土有 196 万平方公里，但在 1846 年美国对墨的侵略战争中，它被美国挖走了 240 万平方公里。美国的加利福尼亚、新墨西哥、得克萨斯等 7 个州，都曾经是墨西哥的领土。熊向晖讲到墨西哥的民族英雄贝尼托・胡亚雷斯，讲到中国作为第三世界的成员，真诚地尊重和平共处五项原则。在熊向晖进出大使厅时，两旁群众热烈鼓掌。当地报纸称，这是“异乎寻常的”。

熊向晖递交国书后同总统谈话的照片，真实记录了当时的严肃场面。正如熊向晖夫人谌筱华当时在给国内家人的一封信中所说：“墨西哥政府对我们也不了解，由于过去极左的影响以及国际国内右派对他们的作用，因而在某个时候或者某些问题上，对我有怀疑和顾虑，这也是可以理解的。靠我们工作，也有待实践和相互交往，才能了解和巩固、发展已经建立起来的关系。”

1972 年 8 月，熊向晖向墨西哥总统递交国书后与其谈话

发展同墨西哥的友好关系，确实要从一点一滴做起。熊向晖不仅不在使馆摆放宣传品，而且特意让先遣人员买车时，要买墨西哥造的车，不要买美国车。由于中国的国际威望和使馆

全体同志的努力工作，局面很快就打开了。很多墨西哥朋友称赞熊向晖抵达墨西哥后发表的几次讲话。墨西哥—中国友好协会主席胡安·拉里奥斯·托伦蒂诺硕士在熊向晖递交国书后，通过墨西哥报纸致电熊大使，称："您关于埃切维里亚总统先生的国际政策的评论表明您明确了解我们墨西哥当前的立场，您的关于英雄贝尼托·胡亚雷斯的谈话，说明您熟悉我们伟大的历史"，"您为两国接近所做的踏实有效的努力将有助于国际和平和人类进步"。

1972 年国庆节前夕，新中国驻墨西哥大使馆第一次举行国庆招待会。事前向友好国家使馆打听了一下，据说墨西哥的外交部一般只有礼宾司长参加使馆的这类招待会，其他官员很少见。墨西哥人大都不很遵守时间，答应的事也不一定认真去做。举行招待会的日期是 9 月 30 日，正是星期六，一般周末许多人都离开城市到别墅去。所以招待会能来多少人，使馆的人心里一点底也没有。令大家高兴的是，那天来的客人超过了 600 人，有两三位部长级高官，还有很多知名人士。其中工商部部长夫妇提前半小时来，逗留了一个半小时多。

当年 10 月，墨政府大型经济代表团访华，其中包括两个部长——工商部部长和水利资源部部长，以及各行各业的知名人士共 60 余人，这在墨西哥的出国代表团中是前所未有的。代表团回来不久，两位部长夫妇带头，宴请熊向晖大使夫妇，表示对中国的感谢。席间，主人盛赞中国的建设成就和对他们的友好接待。他们对周总理非常钦佩，说他无所不知，而且平易近人。水利资源部部长认为大寨非常了不起，建议总统访华时一定要去大寨。工商部部长说，他到过几十个国家，以在中国的印象最深。

中国在墨西哥成了大热门。有一次，墨政府邀请西欧、北美、日本和中国使馆的文化参赞吃饭，其他国家都派文化参赞去，中国使馆因故只派了一个随员去，可是，我们的随员却被安排坐在主宾席。有时熊大使到墨政府部门去，因塞车迟到半小时，人家还派秘书一直在门口等候。有不少州长或市长写信邀熊向晖去访问，表示要赠送“金钥匙”。谌筱华则以她的真诚和魅力，与墨西哥总统夫人和外长夫人建立起了亲如家人般的关系。

当埃切维里亚总统 1973 年 4 月首次访华的时候，中墨两国的关系已经非常友好了。毛泽东在会见他时，以看似幽默的调侃，表明了中国政府决不输出革命和干涉别国内政的立场，彻底化解了过去极“左”路线对两国关系造成的损害。埃切维里亚向毛泽东称赞中国人民的精神面貌，说，我们看到中国人都热情地参加工作，争取中国的进步。从青年人微笑的脸上看到了愉快的精神。他对熊向晖给予好评，说这位大使表现好，工作都做得很好。我的部长们常告诉我，收到了中国大使的邀请。我总是对他们说，去嘛，到那里去多谈一谈。毛主席说，不要拉你们的人来颠覆你就好了。埃切维里亚说，很可能我把他拉到我的思想这边来了，是对中国有好处的思想。

还在埃切维里亚确定访华之后，墨西哥的新闻记者就不断打听，总统访问中国时，毛泽东会不会见？熊向晖说，一定会见。但是墨西哥朝野人士仍然希望，毛泽东会见他们总统的时间，一定要超过会见一年前访问中国的美国总统尼克松的时间。

结果，毛主席和埃切维里亚谈得非常愉快融洽，谈了 90 多分钟，超过会见尼克松的时间 20 多分钟。

1973 年 4 月 20 日下午，毛主席与墨西哥总统埃切维里亚举行会谈。右二为熊向晖

毛泽东：给沈阳杂技团每人每天两斤巧克力

1973 年 2 月 20 日，中国沈阳杂技团在访问美国、加拿大、智利、秘鲁之后，来到墨西哥访问演出。这是中墨两国建交后，中国访问墨西哥的第一个大型艺术团体，所以使馆上下对这次访问演出很重视。同时，熊向晖知道杂技团出来了几个月，墨西哥是他们这次出国访问演出的最后一站，团员很容易疲沓，因此他强调在照顾好杂技团的同时，要从严管理，保证在墨西哥的访问演出成功。

杂技演出体力消耗比较大，在当时国内经济还不发达的情况下，国家对出国访问的杂技团演员们只能每天发给一定数量的巧克力，作为恢复体力的营养品。但是，沈阳杂技团在访问秘鲁的时候就把所有定量的巧克力都吃光了，到墨西哥就没有了。这件事，加上团里其他一些矛盾，影响了演员们的情绪。为了保证他们圆满完成任务，熊向晖一方面做演员的思想工作，一方面果断地让使馆出钱给他们买巧克力。使馆的会计感到为难，熊向晖说，我负责。这些工作有效地把演员们的情绪调动了起来。

与此同时，熊向晖开始同墨西哥外交部交涉杂技团的首场演出事宜。墨方将演出地点定在艺术宫，是一个富丽堂皇的艺术殿堂。他们告诉熊向晖，墨官方要多少票，你不要管，你要多少票给各国使节，都会给你，其他由我们来处理。杂技，被认为是不登大雅之堂的。墨西哥人虽然比较喜爱杂技，但是官方究竟能有谁出席首场演出，谁也没有把握。

2 月 24 日晚，中国沈阳杂技团在墨西哥第一流的剧场艺术宫举行首场演出，盛况空前。最高法院院长来了，海军部长来了，内阁各部部长除了三位，悉数到场，就连当天上午乘专机去墨西哥北部视察的埃切维里亚总统，也赶了回来，与夫人和全家一起观看当晚的首场演出。这前所未有的隆重，使应邀前来的各国大使都惊呆了。在任比较久的南斯拉夫大使不由得问熊向晖，熊大使，你用什么办法把墨西哥总统也调来了？他和其他一些大使当即祝贺中国外交官政治上的成功。杂技团的同志也反映，墨西哥官方的接待规格之高，欢迎之热烈，超过这次出访的所有其他国家。

在熊向晖大使于演出结束后举行的酒会上，埃切维里亚总统及夫人和没有卸装的演员一一握手，并送每人一份礼物。送给男演员的礼物是墨西哥民间艺术树皮画，对女演员，埃切维里亚说，送给你们每人一个最美丽的小姑娘。总统夫人帮助她们当场打开礼品盒，原来是一面手工艺品的小镜子。总统和夫人各拿一面镜子对着站在他们身旁的小演员，照着她们的脸，笑问是不是一个美丽的小姑娘？他们一直到夜里十二点才离开，而总统夫妇不走，其他部长谁也不敢走。

沈阳杂技团在墨西哥的演出虽然成功，但是当地也有一些老百姓，尤其是青年不大满意，因为演出场地艺术宫票价太贵，一般人不能问津。可是在第一流剧场演出是国内的指示、墨方的安排，熊向晖也没有办法。为了满足这部分群众的要求，熊向晖提出，要杂技团为穷人免费演一场，另外在一个以“中华人民共和国”命名的半郊区中学举行联欢时演出一场，可以让附近农民去看。

杂技团在墨西哥一共演出了 9 场，受到了普遍的欢迎。埃切维里亚总统夫妇除亲临观看首场演出外，后来又两次请杂技团演员到总统官邸松林别墅做客。总统夫人特地请来擅长绳技的墨西哥民间艺术家和中国杂技演员交流，气氛非常热烈。总统夫人说，她 14 岁的小儿子看了杂技团的演出后，第二天就学骑自行车，说也要学会“车技”。一个多月后，总统夫妇访华时，周总理特地安排沈阳杂技团的一些演员参加迎接和欢迎宴会，埃切维里亚见到他们极为高兴。

杂技团回到北京后，有关部门接受了熊向晖的建议，让他们停留一段时间进行总结。毛主席看到了总结汇报，了解到有

1973 年 2 月，墨西哥总统夫妇观看中国杂技演出

关巧克力的风波，批示给杂技团演员每人每天两斤巧克力。后来，毛主席会见埃切维里亚时，埃提到，几个月以前，中国有一批杂技演员去墨西哥，我两次请他们到我家交谈。这时，毛对熊向晖说，这件事你办得好啊。

邓颖超来访：纸旗绢花情意长

1973 年 5 月 3 日，完成了接待首次来华访问的墨西哥总统埃切维里亚的任务，熊向晖夫妇在即将离京返任的前一天，接到了邓颖超大姐的秘书赵玮打来的电话，说大姐马上要到他家里来，有事找他。

熊向晖和邓大姐虽然很熟，却从来没有在家里接待过她。让年高德劭的邓大姐大老远跑一趟，他觉得很不过意。所以他在电话里跟赵玮秘书说，大姐有什么事，他去大姐那里办，不要麻烦大姐跑。可是大姐听说他第二天就要走，执意要过来看他。

邓大姐很快就来了。原来，她是让熊向晖夫妇将一面小纸旗和一束绢花带到墨西哥，捎给埃切维里亚夫人。纸旗和绢花是墨西哥贵宾去大寨参观时，大寨人为欢迎他们而做的。邓大姐和周总理一路陪同他们去，觉得这两样东西挺有纪念意义，特意把它们带回来，让熊向晖夫妇转交给总统夫人。她对熊向晖夫妇说，这样也可以创造个机会，跟总统一家多接触接触。

1973 年 5 月，邓颖超同志（左二）在熊向晖家中

小小的纸旗和绢花，既承载着邓大姐对墨西哥客人浓浓的深情，也体现着她对驻外人员工作细致入微的关心。这使熊向晖夫妇和全家都深受感动。

说起邓大姐陪同墨西哥总统一行去大寨，也有一段故事。

以往国家元首来我国进行国事访问，抵达北京后，都要举行规模盛大的欢迎，除了在机场，还要在长安街组织群众夹道欢迎。但随着与我建交国家的增多，来访的国家领导人越来越多，各方面都感到这种规模的欢迎不堪重负。于是开始礼宾改革，首先革掉在长安街的夹道欢迎。埃切维里亚正是实施礼宾改革后来访的第一个国家元首。熊向晖在墨总统访华前先期回国预做安排时得知这一情况，马上向周总理提意见：前不久刚刚访问过墨西哥的智利总统阿连德，受到几十万群众的规模盛大的欢迎，如果墨西哥总统来，反差太大，有些说不过去。他对总理说，你这礼宾改革怎么从他开始。周总理觉得有道理，说，这样子，在天安门，不搞彩色游行，组织一些群众自发地欢迎，显得很自然。总理还特别想到，把沈阳杂技团一些小演员调来参加欢迎墨西哥总统。果然，埃切维里亚总统夫妇在路经天安门时，特意下车，与欢迎群众握手致意，气氛非常热烈。墨西哥总统预备只访问北京、大寨和上海三地。按照原来的安排，周恩来总理就在北京同他会谈，然后由李先念副总理和夫人林佳楣陪同他们到大寨。但是总理临时决定陪同他们一起去。很少同周恩来一起陪同外宾的邓颖超同志因为从没有去过大寨，也很想去。但是，她要去，需要两个条件，第一是中央批准，第二是埃切维里亚的夫人也去。而埃切维里亚夫人因为有腰痛的毛病，害怕乘火车会受不了，准备从北京直接去上海。于是邓颖超请熊向晖侧面问问总统夫人，有没有改变主意的可能？因为中央还没有决定，所以熊向晖还不好明说邓大姐会去。

陪同周总理、墨西哥埃切维里亚总统访问大寨。第一排左一为熊向晖，右二为墨西哥总统

熊向晖先打消总统夫人的顾虑说，火车是专列，很舒服的。总统夫人有些动心。这时，熊向晖说，你听我的话，不会后悔的。那一天，当总统夫人上了火车，看到邓颖超时，真是又惊又喜。

1973 年 5 月 7 日晚，熊向晖夫妇经过 30 多小时的长途跋涉，回到墨西哥城任所。第二天就收到总统夫人给谌筱华的问候信。9 日上午，熊向晖夫妇去看她，埃切维里亚总统也在。一见面，这位多情的总统夫人就流下眼泪。当熊大使夫妇把邓大姐托带的大寨绢花和纸旗送给她时，她更是泣不成声地说，“今后要把它们当作珍品保存”。她说，她从大寨带回了一样特殊的纪念品，就是一包大寨的土。5 月 19 日，她又派人送来一盆鲜花给谌筱华，内附亲笔签署的名片，说是纪念访华“一周月”。非常有意思。

叶帅相赠五瓶茅台

为埃切维里亚总统访华，熊向晖夫妇回国匆匆一个月，外交部就要求他们赶紧返任。叶剑英元帅本希望能和他们见面叙叙，也没有来得及安排，只是在接待墨西哥总统的一些场合见到，打了个招呼。可是叶帅却惦记着他们。熊向晖夫妇离开北京前，叶帅特地派人送给熊向晖五瓶茅台酒，并附了一封亲笔信，信中写道：

“向晖同志、夫人：

闻将远行，特赠茅台五瓶。倘异国思乡，酌旨酒一杯，念曹诗两句：‘何以解忧？唯有杜康。’当助你化离思为斗志也。

祝一路平安

叶剑英

一九七三年五月二日　北京”

幽默而优美的词句，表达了老帅对一个忘年交的浓浓情意。五瓶茅台，熊向晖带到墨西哥与使馆的同志分享了两瓶，粉碎“四人帮”后又畅饮了两瓶，还有一瓶已经挥发了。但是叶帅这封信，熊向晖还一直珍藏着。

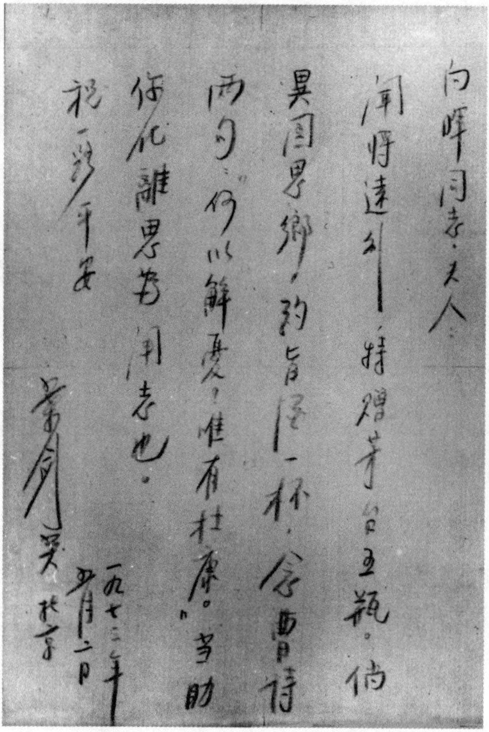

向晖同志、夫人：

闻将远行，特赠茅台五瓶。倘異国思鄉，酌旨酒一杯。念曹诗两句："何以解忧？唯有杜康。"当助你化離思为闲志也。

祝一路平安

叶剑英于京

一九七三年五月二日

1973 年 5 月，叶帅致熊向晖的信

推翻外交部成命：促成黄华访墨

1973 年 8 月，熊向晖因另有任用，奉调回国。预定 8 月底离任。

8 月初，熊向晖已经向墨西哥总统和政府内外的朋友们辞行了。这时，墨西哥外长找到他，说墨西哥总统 9 月 1 日要向议会做咨文，邀请前三届总统，同时邀请他今年访问过的 6 个国家各派 4 人作为贵宾参加。这 4 位贵宾，墨西哥方面都是指名邀请。中国（方面）被指名邀请的，是时任国务院副总理的陈永贵，外交部副部长乔冠华，新华社社长朱穆之，《人民日报》总编辑鲁瑛。

熊向晖说，这个时间比较仓促，我马上报回去。

国内外交部很快回电说，这4个人恐怕都不能去。此事要请示中央，在没有得到答复以前，你们不要表态。

这时，熊向晖已经得知，其他几个国家，包括苏联，受到邀请的贵宾都已接受邀请。他焦急地等待了十多天，直到他快走之前的8月下旬，外交部才来了有明确答复的电报：中央批示，这4个人因故都不能访问墨西哥，请婉拒其邀请，将来有机会时再去。

接到这个电报，熊向晖固然失望，但是一来这是中央的指示，二来熊向晖回国后另有任用，不会再到墨西哥当大使，和墨西哥也没有什么关系了。墨西哥邀请的人不去，墨西哥方面不高兴，就是闹翻了也不关他的事。他不需要承担任何责任。然而，就此作罢，他又心有不甘：因为这样一来，墨西哥方面会很寒心，过去一年的工作，包括毛主席和埃切维利亚总统的会见——时间超过尼克松的会见，周总理和邓颖超陪着总统夫妇去大寨的参观，都可能付之东流。

可是，中央已经批示，外交部已有成命，还有什么价钱好讲吗？当时使馆里熊向晖周围所有的人都认为，中央批了，你还能提什么意见？只能服从决定，婉拒墨西哥方面的邀请。但是，有意见不提，不符合熊向晖的秉性。他辗转反侧，一夜没睡。最后他决定，尽管中央有指示，外交部有成命，他有意见还是要提。

熊向晖向国内发回电报说，墨西哥政府邀请的这4个人都不能来，出乎我意料，而现在即使他们能来，也来不及了。能不能想个变通的办法？墨西哥既然可以指名，那我们可以推荐。熊向晖向国内建议：推荐黄华代替这 4 个人访问墨西哥。黄华是签署中墨建交公报的中国政府代表，又是中国驻联合国首席代表，在国际上也有点名气。我们建议黄华来，如果墨方接受，那就皆大欢喜；如果他们不接受，那责任就到了墨方一边，于我们无害。黄华此时在美国纽约，来墨西哥也很方便。

电报发回，国内马上回电同意。熊向晖于是跟墨西哥方面提出建议，墨方欣然接受，立即让墨西哥驻联合国首席代表办理黄华来访事宜。黄华很快也给熊向晖打来电话，熊告诉这位老朋友说，你就来吧，什么都给你准备好了。

8 月 28 日，熊向晖离任回国，黄华 8 月 29 日到墨西哥访问。一回到北京，到飞机场迎接熊向晖的外交部美大司司长林平说，老熊，你可救了我一命！

后来，周总理见到熊向晖，告诉他，当时正在开中共十大，忙得一塌糊涂，外交部来文就画个圈，没过细想。——总理画个圈就等于中央批准了。总理对熊向晖说，后来看了你的电报，你提的意见是对的。

很少有大使敢对已经有中央批准的外交部成命说不的。但是，熊向晖说，我知道总理，我也知道主席。我觉得你的命令不妥，我就先不执行，我管他是谁，我先提意见。如果我提的意见不当，可以批评，我接受批评。但是争一争，就有可能获得外交上的主动，巩固已经建立的关系和友谊。

| 十六 |

周恩来总理关注香港大学访问团*

除了“克什米尔公主号”案件外，1955 年还有一段值得记述的往事，这就是周总理关注香港大学访问团。它从一个侧面反映了周总理对香港问题的高度重视，如何为处理有关香港的各式各样的问题而殚精竭虑。

（一）

1955 年 11 月间，新华社香港分社报广东省委称：香港大学组成以布兰敦教授为团长的访问团，拟于 12 月 14 日到北京访问约两星期（其中有 5 人去沈阳几天），主要目的在于了解新中国的教育制度和高等教育状况，并与我科学界、教育界人士进行接触和学术交流（涉及文学、历史、法律、医学、农业、生物、物理等学科）。该团共 30 人，其中有 24 位英国人，主要为教授，也有讲师和几位教授的夫人，其中大多数人对新中国不了解，少数人持有偏见。另有 6 位中国人（包括该校病

---

* 原载《纵横》1997 年第 3 期。

理系主任侯宝璋教授和夫人及与该校有历史渊源的陈丕士、陈君葆等)。

廖承志同志得悉后认为，这是香港首次派出这样的访问团，应予重视。香港大学具有特殊地位，在解放战争期间，英国政府指定香港大学校长施乐斯与中国共产党驻香港的代表联系。而同来的陈丕士是香港著名的大律师，其父陈友仁是国民党左派，曾任外交部部长；侯宝璋是国际公认的病理学权威，陈君葆是香港文化界名人。为此，廖承志报告了周总理。

由于廖承志即将陪同宋庆龄副委员长访问印度，周总理委托中共中央副秘书长刘澜涛召集有关部门的负责人做出安排。

(二)

12 月 1 日，刘澜涛邀请中共中央国际活动指导委员会副主任赵毅敏和该会秘书长张铁生、中国人民对外文化协会（简称对外文协）副会长兼党组书记阳翰笙、中国科学院副院长潘梓年、高等教育部副部长刘皑风等开会商拟接待计划，要点如下：

(1) 由对外文协出面邀请并负责接待；

(2) 由中国科学院、高等教育部分别洽商相当身份和相应专业的专家、教授同该团人员分别进行接触和交谈；

(3) 参观访问时，由唐明照（中共中央对外联络部局长，对外文协理事）、方明（全国教育工会副主席）陪同并领导翻译人员；

(4) 内部设一领导小组，由赵毅敏、阳翰笙、黄华（外交部西欧非洲司司长）、张铁生组成（赵、张不出面），下设联络组、接待组、汇报组，由阳翰笙领导，重大问题由赵毅敏决定；

（5）该团抵京时发简单消息，消息中不使用“访问团”字样，我记者对该团不采访、不发照片；

（6）安排该团住新侨饭店。

总理指示：先照此办理。

（三）

12月12日，中共中央国际活动指导委员会将周总理关于接待香港大学访问团的指示要点印发给有关部门的领导人。内容如下：

（1）去年我们参加了日内瓦会议，今年参加了万隆会议。中、英之间已经交换了代办，中美之间已经开始了大使级会谈，这都有利于缓和国际紧张局势，有利于加速搞好我国的各项建设。要通过同香港大学来访教授的交往，开展同英国教育界、科学界的交流，带动中英之间经济、贸易关系的发展，进一步打破美国对我国的封锁禁运。英国政府也可能借该团访问的机会，试探我们对香港地位的态度，对此要心中有数。

（2）不把香港当作一个政治单位。对该团的英国人，以中英两国人民友好及文化交流的角度来对待；对该团的中国人，一方面当成客人，欢迎他们来北京参观，一方面要他们做主人，帮助招待同来的英国人。

（3）避免谈香港地位及复杂的外交问题，如果客人询及，可告以这是中国政府考虑的事。对一般的政治性问题（如五年计划、中苏关系、宗教信仰、台湾问题等）凡已决定、已公布的，均可交谈。如客人提出与我不同的看法和意见，应以说理的方式作简要表态，避免争论不休，注意求同存异。

谈话时不涉及国家机密，防止“走火”，但不要怕“走火”而不敢交谈。

（4）根据客人的要求安排参观游览，让他们多看事实（包括好、中、坏三方面），少讲或不讲抽象道理。

（5）客人访问学校或科研单位时，由相应专业、相当身份的人员接待，对本单位的情况先做简要介绍。对学术问题可自由交谈。能用英语交谈的，不必经过翻译。客人如要到我科学家或教授的家中访问，只要被访问者同意，不加限制。

（6）客人如自行外出，不加限制（禁区自有警卫把关）。如客人的亲友或相识者到旅馆探望，是否接见，由客人自定。客人可自由摄影，不准摄影的地方，应事先说明。

（7）增加熊向晖同志为领导小组成员（不出面）。领导小组下设办公室，由熊向晖任主任，张铁生、唐明照、方明任副主任，统一领导各工作小组。

（以上各项请潘梓年和刘皑风同志分别向教育系统和科学院各有关单位的有关同志传达。）

（四）

由高等教育部党组和中国科学院党组分别提出，报经总理核定的与来访的香港大学教授、讲师进行接触、交谈的学者名单如下：北京大学教授尚钺、冯至、严仁赓、杨晦、周一良、侯仁之、赵以炳（总理加上该校西语系教授俞大絪）；清华大学教授陈世骅、政法学院副教务长雷洁琼；人民大学教授孙敬之；师范大学教授彭飞；农业大学教授吴亭、娄成辰、周大征；协和医学院教授邹金黄、张希钦；中华医学会方石珊；中国科学院生物化学部童第周、应用物理所施汝为、吴乾章、昆虫研究所陈世骧、经济所狄超白、历史二所侯外庐、历史三所刘大年。

由对外文协提出并报经总理核定与香港大学访问团进行接触的人员名单为：中国作家协会副主席老舍、曹禺；外交学会秘书长吴茂荪；燕京协和神学院副教授、中华圣公会会长赵复三。

（五）

领导小组办公室设在北京饭店256房间。

12月14日下午，香港大学布兰敦教授一行29人（侯定璋教授到广州后因事回港未来），由新华社香港分社干部谭干陪同，乘火车抵达北京。阳翰笙、唐明照、方明及陈丕士在北京工作的弟弟陈依范等到车站迎接。当晚，阳翰笙主持欢迎宴会。

12月15日，《人民日报》第4版在《友好往来》栏目登一则消息（由领导小组办公室编发），全文为："应中国人民对外文化协会邀请来北京访问的香港大学英籍教授布兰敦等二十四人，在十四日下午到达北京。"（消息中未提同来的中国人，也未提到车站迎接的人及举行欢迎宴会的事。）

（六）

12月15日上午，接待组的诸华同志向我汇报侯宝璋夫人提出的要求。为此，我约有关单位的负责人到北京饭店谈话，后又分别向领导小组成员商洽，迄午夜尚无满意的结果。我与总理办公室副主任张彦同志联系。他说，总理到毛主席处开会，暂时回不来，他让我写一书面报告，交陈浩同志（总理的外事秘书）。

我匆匆写给总理的报告主要内容是："香港大学病理学教授侯宝璋的夫人，随英籍教授来京，主要目的是探望其子侯健存。经查侯健存现任中央卫生研究院助理研究员，为该院肃反重点对象，该院已不准他自由行动。"（略去该院负责人所说侯健存的"严重问题"。）"侯夫人坚要与其子见面，主管肃反的××部不准，只让侯健存之妻刘冬生与侯夫人见面。我感到这样处理不妥。我认为，即使对侯健存定罪判刑，也应允许其母探监，现对他并未定罪，建议该部允许其母子一见，该部不同意。领导小组成员阳翰笙、黄华、张铁生均认为应按××部的决定执行。赵毅敏同志已休息，其秘书表示此类事应照××部的决定执行。阳翰笙同志提议可由老舍向侯夫人侧面解释，或派他人向侯夫人说明肃反政策。但我感到不让侯夫人与其子见面，将会造成不良政治影响。特此报闻。"

写完这一报告已是 12 月 16 日凌晨 1 时，到凌晨 4 时许，我在北京饭店收到陈浩派人送给我的特急件，是总理对我上述报告的批示：

"赵、熊、黄、阳：

应让侯健存与其母自由见面，不加限制，也不必要老舍等向她做任何解释，只有当侯宝璋夫人向我们询及肃反的情况时，才需要派人向她做解释。此类事为何事先不向我报告？请赵毅敏同志抓紧这一接待工作，熊向晖同志遇事电话请示，不得贻误。

请赵即开领导小组会讨论和布置今后工作，并由熊报告各项待决问题。

周恩来　十二月十六日”

（七）

12 月 16 日早上和晚上，赵毅敏两次召开领导小组会议，并于 12 月 17 日上午写一书面报告送呈总理。当晚总理派人将这一报告送回。内批：“退赵毅敏、熊向晖两同志阅办。周恩来　十二月十七日”。总理还对这一报告中所提各项逐一做了批示：

（1）关于英籍教授、讲师的接待问题，到目前为止他们所提要求基本上可以满足，但下列各项拟婉言拒绝：

①霍克布伦克要求了解北京市城市规划，经询北京市委，目前尚无完整的计划，不便接谈。

②巴逊斯希望了解原子试验及高能核子物理学。科学院党组意见，不便接谈。

③吉丁斯要求参观气象设备。我们拟婉言拒绝（对以上三项，总理批示：“同意”）。

④克尔贝要求与我高等学校建立长期交换资料的关系，拟请高教部党组考虑（总理批示：“可介绍高教部一谈，看他所提交换资料属何性质，再作决定”）。

（2）关于英籍教授、讲师要求会见的人员：

①已做好安排的有：米勒尔会见萧乾（译文出版社）、杨献益（外文出版社干部）、袁家华（北大中文系讲师）。

②请总理决定的有：（甲）狄里斯特里要求会见气象局局

长涂长望。涂表示该局属军委领导，为免涉及机密，不便接谈（总理批示："可见。不涉及机密"）。（乙）米勒尔要求会见×××（科学院办公厅副主任），×系该院肃反对象。（丙）霍克布伦特要求会见×××（北京市设计院干部），×同美国的关系尚未查清（对以上两项，总理批示："可以见面"）。

③今后处理会见人员的原则：（甲）已关押者个别请示解决；（乙）在肃反中有问题，但未定案者，均可接见；（丙）凡不经我们径自联系会见者，我们不加限制（对以上 3 项，总理批示："同意"）。

（3）关于与英籍教授同来的中国人的接待问题：

①请中央统战部负责同志宴请交谈。

②陈丕士要求见总理，建议总理约时一见。

③陈丕士提出回港后组织"中英友协"，我们认为不妥，不予鼓励。

④陈丕士要求拜访何香凝、李济深、傅作义、刘王立明；陈君葆要求拜访沈钧儒、柳亚子。拟请中央统战部联系安排（对以上四项，总理指示："同意"）。

（4）据闻英国代办处将举行酒会欢迎英籍教授，将邀我翻译人员参加。我们意见，我翻译人员婉言谢绝（总理批示："可以参加，不要拒绝"）。

陈浩函告赵毅敏、熊向晖："建议将此件打印出来，（连总理的批语也打印在一起）以备查考。打好后希望给总理一份备查。"

（八）

12 月 18 日上午，陈浩打来电话说：总理从简报中看到，香港大学英籍教授到北大座谈时，北大有的教授故意回避问题。总理说：我们的高级知识分子是爱国的、有水平的，同外国人接触是有风度、有气概的，他们一般不会乱说话。现在同英国教授座谈，有人不敢谈，故意回避，这是我们工作中有问题。总理要你马上转告刘皑风、潘梓年，请高教部党组和科学院党组，重视这一情况，进行调查研究，提出解决办法，报告总理。

（九）

12 月 20 日，布兰敦教授向唐明照表示，该团全体人员希望能得到周恩来总理的接见。赵毅敏随即书面报告总理。

12 月 21 日上午，陈浩打电话问熊向晖：简报上说，有五位英籍教授由方明陪同去沈阳访问，他们哪天回北京？熊答：23 日晚上。不久，陈浩又来电话说：这些日子总理特别忙。民主德国总理格罗提渥到我国访问，总理的日程排得十分紧。经过考虑，总理决定将一项排定的日程往后推，挤出时间，在 12 月 23 日下午两点半接见英籍教授以及同来的中国人。去沈阳的英籍教授赶不上会见，只好抱歉了。陈浩还说：接见地点在紫光阁，请你们提出陪见人员名单，尽快报来。

经领导小组研究，向陈浩提出以下陪见人员名单：楚图南、阳翰笙、黄华、老舍、吴冷西、周培源、俞大絪、赵复三。

午夜，陈浩来电话说：总理对陪见人员名单做了增删，并说明理由：

（1）删去了老舍。总理说，老舍对参加社会活动过多有意见。这次不让他陪见了。

（2）增加沈雁冰、丁西林、郑振铎、张奚若、曾昭抡、竺可桢。总理说，竺是科学院副院长，其他5人是主管文教的部长、副部长。他们都是党外人士，请他们参加有政治意义。

（3）增加章汉夫。总理说，解放战争时期，章汉夫在香港办过《华商报》；增加雷任民。总理说，从简报上看，有几位英籍教授对中英贸易问题有兴趣。

（4）增加石志仁和刘仙洲。总理说，这两位都是香港大学毕业的，让他们同母校的教授见见面有好处（领导小组的成员都比较熟悉总理，但对总理居然记得石、刘二位毕业于香港大学深为惊异）。

12月24日，《人民日报》在第1版不显著的位置以《周总理接见香港大学英籍教授布兰敦等》为标题，刊载下述消息：

> ［新华社二十三日讯］中华人民共和国国务院总理周恩来，二十三日下午接见了应中国人民对外文化协会邀请来北京访问的香港英籍教授布兰敦及其夫人等十九人，和同时来北京的陈丕士、陈君葆等人。
>
> 接见时在座的，有中国人民对外文化协会会长楚图南、副会长阳翰笙，中华人民共和国文化部部长沈雁冰、副部长丁西林、郑振铎，教育部部长张奚若，外交部副部长章汉夫、西欧非洲司司长黄华，对外贸易部副部长雷任民，铁道部副部长石志仁，高等教育部副部长曾昭抡，新华通讯社社长吴冷西，清华大学副校长刘仙洲，北京大学教务长周培源，教授俞大絪，中华圣公会的赵复三会长。

这是《人民日报》第二次也是最后一次刊登有关“香港

大学访问团”的消息。这条消息的标题、内容以及所占版面都是总理核定的，看起来平平淡淡，但却具有丰富的政治内涵（竺可桢因病未到）。

（十）

12月22日上午，陈浩来电话说：香港大学英籍教授12月26日离开北京，总理要你们在“圣诞夜”（12月24日晚）为他们安排一些活动。

经研究，赵毅敏、熊向晖当天函报周总理：

（1）由赵复三约基督教徒七八人请全体英籍教授等及同来的中国人吃烤鸭（据赵复三说，过圣诞节可以这样办）。

（2）餐后如他们有兴趣，由赵复三等请他们到男、女青年会参加宗教活动，并可参加天主教北堂的弥撒，或到个别教友家中吃茶。

以上由唐明照同志个别征求英籍教授及同来的中国人的意见，是否参加，由他们自行决定。当天总理批示：“同意”。

（十一）

12月23日下午，陈浩函告赵毅敏、熊向晖：“总理定于25日下午7时许参加民主德国大使为格罗提渥总理访华举行的招待会。总理说，25日下午5时至7时，请对外文协会长楚图南为英籍教授等及同来的中国人举行一次送别酒会，总理要到场。这样，去沈阳的5位英国教授也可以见到了。总理说：这个酒会要有100人左右，不请23日陪见的正副部长；要请竺可桢或科学院的一两位非党员副院长。要把其他所有与他们有接触、有关系、有来往的人（包括侯健存夫妇、陈依范）都请上，还要请英国代办处的人，我们可以借此做些工作。另外请些熟悉香港情况的文艺界、贸易界人士。在酒会中要交谈一番，空气要轻松些。不发消息，不发照片。总理准备26日以后再专门见一次陈丕士、陈君葆等，同他们谈香港问题。”

经研究，在所知的熟悉香港情况的文艺界、贸易界和其他有关人中，请曹禺（中国作家协会副主席）、冀朝鼎（中国国际贸易促进会副主席）、欧阳予倩（戏剧学院院长）、李桦、郑可（美术学院教授）、金宝善（北京医学院教授）、周珏良（外语学院教授）等参加酒会。

12月24日晚，总理打电话给我，要点如下：

（1）25日下午，楚图南会长主持的酒会，应在北京饭店举行。

（2）除陈浩讲的外，邀请翁文灏、傅作义、卫立煌。还要请刚从美国回来的钱学森和他的夫人蒋英。

（3）酒会应准备英国人下午吃茶时爱用的点心。会场两边摆些桌子和椅子，以便交谈。我同典礼局余心清“奋斗”了好几年，他就是不肯在酒会上摆桌椅，他说这不符合国际惯例。国际惯例也不是不可改变的。去年日内瓦会议，有的代表团举行酒会也摆桌椅，你也参加过。这次一定要打破常规。

（4）你和阳翰笙先到北京饭店布置、检查，让俞大絪也去，她熟悉英国情况，请她做顾问。

（十二）

12月26日，前来访问的香港大学英国人布兰敦教授等24

人离开北京返回香港（同来的中国人续留一段时间），我的这一任务随之结束。在执行这一任务时，我存留几份材料，尘封了40多年。在香港即将回归祖国之际，现检出略加整理，公之于世，为宣扬万古流芳的“周恩来精神”增添例证。

十七

周恩来关心孙中山伦敦蒙难室*

（一）

1962 年，我被任命为驻英代办。驻英代办处位于伦敦波特兰街 49 – 51 号，原为国民党政府驻英大使馆，最初是清政府购置的驻英公使馆馆舍。这是建于 18 世纪的两层砖木结构的楼房。因年久失修，多处砖木腐朽，渐成危房。代办处人员逐步增加，馆舍不敷应用，约 1/3 的人员另租房屋办公住宿，租金很贵，工作不便。原想拆除重建，但按当地规定，波特兰街任何房屋重建后均须保持原来的外观和高度。费用约需 70 万英镑。高度不能增加，建筑面积也难以增加，解决不了集中办公住宿的问题。经调查，将现馆舍出售，得款可购买面积较大的地皮，用 70 万英镑能建成符合需要的新馆舍。这一方案比较合算，遂报外交部核批。因当时国家经济困难，迟未得复。

---

* 原载《团结报》1992 年 1 月 8 日。收入本书时题目有改动。

（二）

1963 年秋，我回国休假。周恩来总理找我谈话时，我提到重建馆舍一事。

总理说，他已看到代办处给外交部的报告。他说，1921 年 1 月，他去英国，住了 1 个多月，原想投考爱丁堡大学，因费用太贵，转往法国。他在伦敦时到过波特兰街，感到那里的环境很好。

总理问：孙中山先生在伦敦蒙难，是不是被关在这个地方？

我说：他被关在清使馆侧屋的一间阁楼，面积约十平方米，光线很暗，只在临街的墙上有一个插上铁条的窗口，没有窗框，也没有玻璃。

总理说：没有玻璃，所以孙先生能从窗口丢出一封信，被过路的人捡起，送给康德黎，把他救出来。

我说：过去国民党有人有这种说法。我看过孙先生用英文写的《伦敦被难记》，还看过几本英国人写的关于这件事的详情，和那种说法不同，不是那样简单。

总理很感兴趣，要我讲讲。我曾向国内去英国参观访问的一些同志讲过多次，印象很深。于是我对总理说：

1895 年 10 月，孙先生在广州发动第一次起义失败，避居日本，后去美国。清政府通令各主要驻外使馆密切注意“要犯孙文”的行踪，设法诱捕，送回治罪。1896 年 9 月，清政府驻英公使龚照瑗收到驻美使馆公使的电报，说孙文将从纽约坐船去英国。龚照瑗让使馆参赞、英国人马格里花钱委托一家侦探社侦察、跟踪孙文。孙先生于 9 月 30 日到达英国，住在一家旅馆里，分别拜访他在香港西医书院求学时的英国老师康德黎和孟生。侦探社将这些情况及时报告马格里。10 月 11 日是星期天，孙先生去教堂做礼拜，路上碰到三个中国人，邀请孙先生喝茶。孙先生重视结交华侨，就跟他们走。这三人是龚照瑗的爪牙，把孙先生骗进清使馆，被关进那间阁楼，龚照瑗派人严加看守。孙先生写信给康德黎，托看守转交，给他好处，看守不敢接受。孙先生把那封信裹着硬币想从窗口丢到街上，被看守发现夺走。龚照瑗密电清政府，说已包租一条船，缺款 7000 镑，请求赶快汇来，收到后就将孙文秘密押上这条船开往广州。清政府回电同意。使馆职员英国人霍维夫人看到电报，还听说孙文将被处死。她让使馆工人英国人柯尔支开看守告诉孙先生。孙先生将这些情况的要点用英文写在自己的名片上，由柯尔送给康德黎。康德黎找到孟生，他们先雇侦探在使馆外面监视，又分别向伦敦警察厅、英国外交部和《泰晤士报》告发。伦敦警察厅查明清使馆已包租一条准备开往广州的船，马上报告英国外交大臣沙里士堡勋爵，同时派一些警察拿着孙先生的照片在使馆周围巡逻，防止孙先生被押走。英国外交大臣不愿事态扩大，通过私人途径劝说龚照瑗放人，但龚照瑗否认拘押孙文。英国外交部命令马格里书面报告事实真相，并据此函告龚照瑗，指出清使馆擅自逮捕和监禁政治犯，超越了外交特权的范围，如不释放，英国政府将采取必要措施。龚照瑗回信说：孙文是大清臣民，自动进入大清使馆，大清使馆是大清国的领土，英国政府无权干涉。

总理说：这封回信倒有点分量，我估计龚照瑗没有这个水平，可能是马格里出的主意。

我说：康德黎的主意更高明，他和孟生促使几家有影响的报纸在显著地位用《惊人的重大新闻》之类的标题公开揭露，说孙逸仙是受英国教育的医生，是虔诚的基督徒，反对清政府的暴政，同情受难的同胞，清使馆竟然在英国领土上将这位年仅 30 岁的爱国者拘捕囚禁，准备送回北京处死，英国公众绝不容许。这些报道激起公愤，大批英国人包围清使馆。在强大的舆论压力下，龚照瑗被迫释放了孙先生。第二天，他收到清政府的 7000 镑的汇款，但已无济于事。

1962 年，熊向晖夫妇与美国著名学者杜波伊斯博士（右一）和夫人（右二）合影

总理问：孙先生伦敦蒙难一共多少天？他出来以后是不是暂时还留在英国？

我说：孙先生于 10 月 11 日被骗到使馆，10 月 23 日被释放，先后共 13 天。伦敦蒙难是孙先生一生中的重要转折点。这一事件使年方而立的孙先生成为国际名人，大大提高了他的威望和影响。他继续在英国住了一段时间，许多英国名流学者同他结交，开阔了他的眼界。他还常去大英博物馆读书，认真研究近代政治、经济思想，认识到除了民族民权之外还需要解决民生的问题，初步形成三民主义的思想。

总理说：这段史料应该写出来。如果能找到当时孙先生写给康德黎的名片，那就更有价值。

我说：我在英国人写的书上看过影印件。

总理问：孙先生被关的那间房子现在做什么用？

我说：1933 年，国民党当局把那间房子专门作为纪念室，挂了一块“孙中山蒙难室”的木匾，现在还在。华侨认为不恭敬，都称为“孙中山先生伦敦蒙难室”。1937 年，孔祥熙参加英王乔治六世加冕典礼，在那里安放了孙先生的半身铜像，现在也在。

总理问：现在还有没有华侨去参观？

我说：经常有华侨，不单是英国华侨，还有外国人——不单是英国人要求参观。那间房子可能随时倒塌，通过的楼梯弯弯曲曲，很陡很窄，木板摇摇晃晃，一不小心就会出危险。除了个别特殊情况，一般都不让人进去。

总理说：你们给外交部的报告，要求出售波特兰街的房子，并没有提那里还有孙先生的蒙难室。要是今天不问你，我还不知道。那所房子该不该出售，首先要从政治上考虑。1956 年，毛主席写的《纪念孙中山先生》发表①。在这篇文章里，主席

① 参见《纪念孙中山先生》，《毛泽东著作选读》下册，第 754—755 页。

说，孙先生是伟大的革命先行者，是指导时代潮流的伟大历史人物，除了反动分子以外，现代中国人都是孙先生革命事业的继承者，主席列举了孙先生的丰功伟绩，赞扬孙先生既有宏伟的气魄，又很谦虚，不但注意研究中国历史和社会情况，还注意研究外国情况。主席指出，孙先生全心全意地为了改造中国，耗费了毕生精力，真是鞠躬尽瘁，死而后已。刚才你讲，伦敦蒙难是孙先生革命生涯中的重要转折点，不言而喻，孙先生蒙难的地方是重要的历史遗迹。连国民党也知道应该设立孙先生蒙难室，许多华侨和外国人要求参观，而你们居然要卖掉，幸亏今天问了你，要不然，同意你们卖掉，怎么对得住我们伟大的革命先行者？怎么向崇敬孙先生的华侨和外国朋友交代？怎么向继承孙先生革命事业的中国人民交代？怎么向历史交代？

我说：总理批评得对，我只从经济问题考虑，没有从政治上考虑。

总理说：应该考虑经济问题，但像这样的事，就不应该单从经济问题考虑。把孙先生蒙难的地方卖掉、毁掉，将来再花多少钱也恢复不了。现在就可以决定，波特兰街的房子不许出售，就在那里按原来的外观和高度重新建造。房子不够用，另外想办法。国家经济虽然有困难，为了纪念孙先生，这笔钱不能省。我派一位有经验的建筑师到伦敦实地考察，回来设计。要在原来的位置，重建孙先生蒙难室，必须保持原样。既然重建，当然要很坚固，但是原样都不变，比如原来插着铁条的窗口，就不要改成玻璃窗。不保持原样，搞得很漂亮，就失去纪念意义，就没有教育作用。将来要把原来的木匾和铜像照样摆进去，房子内原来的陈设，不增加，不减少。保护历史文物就应这样。

总理说，建好后，他想请主席书写“孙中山先生伦敦蒙难室”，制成匾额，挂在室外的门额上。请郭老书写主席作的《纪念孙中山先生》全文，嵌进玻璃框，挂在室外的墙上。

总理最后说：这件事，我要告诉孙夫人，这对她是一种安慰。

（三）

我返任后，外交部拨来70万英镑。不久，周总理派戴念慈建筑师到伦敦勘察，对孙中山先生蒙难室做了详细测绘，搜集了拆建馆舍的有关资料，带回北京设计。代办处安排好拆建过程中的办公住宿地点后，正式办理拆建手续。这时，忽然接到英国文物保管会的通知，说：中国代办处的三间大厅是“亚当建筑”，必须保存，不得破坏。所谓“亚当建筑”，是指18世纪英国著名设计师兼建筑师罗伯特·亚当和杰姆士·亚当兄弟设计和营造的建筑。代办处有金碧辉煌的三间大厅，特别是天花板美轮美奂，就是亚当兄弟设计营造的建筑艺术珍品。如要保存这三间大厅，整个拆建工程就无法进行。

经了解，这个文物保管会是民间机构，却享有公认的权威。凡是该会规定保存的建筑，任何工程公司或施工单位都不敢拆除。英国外交部也无能为力，建议代办处直接同该会交涉。但该会平时不办公，每年开会二至三次，只在开会时讨论决定问题。

代办处致函该会，提出馆舍已成危房，附去英国工程师的证明。作为外交机构，希该会立即同意拆建。数月后，该会复称，该会负责保存英国现有的一切亚当建筑，不允许有任何例外。

代办处又致函该会，提出在重建时可按原来的大厅样式仿建。数月后，该会复称，仿建即非现存的亚当建筑，不能同意。

代办处再函该会，提出馆舍一旦倒塌，现有的亚当大厅将不复存在，如何保存？数月后，该会复称，该会负责保存英国现有的亚当建筑，不回答“假设性”的问题。

经多方查询，该会并非故意刁难，而是墨守“保存英国现有的亚当建筑”的规定，不徇私情。有关专家断定，代办处拆建馆舍，只有在两种情况下才能进行：一是馆舍自行倒塌，即可不守上述规定的约束，二是该会主动改变上述规定。到1966

1967年，从英国回国参加“文化大革命”前夕

年年底，这两种情况都未发生，馆舍也不能拆建。

1967 年 1 月，我奉调回国，未派新代办。我在“炮轰”“火烧”中过了两年，未再过问此事。1972 年 3 月，英国政府承认中国政府关于台湾是中华人民共和国一个省的立场，并决定撤销其在台湾的官方机构。至此，中国政府同意双方外交代表由代办升格为大使。但中国驻英大使馆成立后，拆建馆舍问题仍无眉目。

（四）

1973 年 9 月，我奉命卸任驻墨西哥大使回国。不久，周总理找我谈话。临结束时，总理说，驻英大使馆提出重建馆舍，他已作批示，必须重建孙中山先生伦敦蒙难室，必须保持原样，并要外交部同我联系。

过了两天，外交部副部长符浩给我看了总理的批件，征询我的意见。我向他详细介绍了总理十年前关于此事的指示以及办理经过。对孙先生蒙难室保持原样的工程问题，我建议他再向戴念慈同志了解。符浩同志说：孙夫人也很关心这件事。

1976 年，总理逝世。我怀着沉痛的心情，记下我所知道的总理生前交办而未办成的事，其中第一件就是按照原样重建孙中山先生伦敦蒙难室。

（五）

1986 年 6 月 10 日，《人民日报》第 6 版以《胡耀邦瞻仰孙中山先生蒙难室》为题，刊载新华社的电讯和一张传真照片。

这则电讯说：“［新华社伦敦 6 月 8 日电］（记者程克雄）正

在英国进行正式访问的中共中央总书记胡耀邦，今天下午来到中国大使馆，瞻仰了馆内的孙中山先生伦敦蒙难室。”“胡耀邦同志在李鹏副总理、政协副主席费孝通陪同下，走进孙中山先生当年被囚禁十二天的蒙难室……” “孙中山先生蒙难室是1933年设立的，不久前修葺一新。”“胡耀邦总书记……挥毫题写了‘孙中山先生蒙难室’八个大字。”

我退居二线后，孤陋寡闻，不知道中国驻英大使馆是什么时候建成的？是不是建在波特兰街？如果是，原来的外观和高度改变了没有？那三间“亚当大厅”怎么样了？——这则电讯没有提，当然也可以不提。

但我感到这则电讯少写了一句话，那就是：孙中山先生伦敦蒙难室是遵照周恩来总理生前指示按原样重建的。——我猜想，这位记者没写这句话，是因为他不知此事。

这张传真照片是配合这则电讯的，当然应该着重展现“瞻仰孙中山先生蒙难室”的三位同志，而没有展现“蒙难室”的全貌。从这张照片看，刻着“孙中山蒙难室”的木匾还在，孙先生的半身铜像还在；但从中看不出临街的那个插上铁条的窗口，看不出“修葺一新”的孙先生蒙难室是否像周总理生前设想的那样保持原样？

姑不论是否保持了原样，但重要的是，新建的中国驻英大使馆里有一间孙中山先生伦敦蒙难室。这样，就使这一重要的历史遗迹不致泯灭，就从这一侧面表达了作为“孙先生革命事业的继承者”的“现代中国人”对建立了“丰功伟绩”的“伟大的革命先行者孙中山先生”的真诚怀念和崇高敬意。

提出并关注在孙中山先生伦敦蒙难的地方重建孙中山先生伦敦蒙难室的是敬爱的周恩来总理。

谨以此文，纪念敬爱的周恩来总理逝世16周年。

附：

孙中山先生在两张名片上写给康德黎的信的说明

两张名片（分别印有A和B）正面印有：

Dr　Y　S　Sun（孙逸仙博士）

两张名片正面均写有：

To Dr. James Contlie 46 Derwonshire St.

（致詹姆士·康德黎博士德文夏街46号）

名片A反面写有：

I was kidnapped into the Chinese Legation on Sunday and shall be smuggled out from England to China for death. Pray rescue me quick?

（我于星期日被绑架到中国公使馆，并将从英国偷运到中国处死。请速救我？）

名片A正面写有：

Please take care of the man for me at present. He is very poor and will lost his work by doing for me.

（请现在代我照顾这个人，他很穷，为我办事，将会丢掉工作。）

名片B反面写有：

A ship is already charter by the C. L. for the service to take me to China and I shall be locked up all the way without communication to anybody. O! Woe to me!

（为了把我送到中国，中国公使馆已经租了一条船。一路上我将被关起来，不能同任何人联系。噢！真恼人!）

丨十八丨

从第二次亚非会议搁浅看周恩来光明磊落的外交风格*

（一）

1955 年 4 月在印度尼西亚的万隆举行的亚非会议，具有重大历史意义。1961 年 3 月，中国副总理兼外长陈毅访问印尼，两国外长在联合公报中说：“很有必要在短期内举行第二次亚非会议。”经过中国、印尼等国的推动，1964 年 4 月在印尼的雅加达举行了第二次亚非会议筹备会议。会议决定，第二次亚非会议于 1965 年 3 月 10 日在非洲举行，东道国由非洲统一组织选定，设立一个常设委员会负责筹备。不久，阿尔及利亚提出申请，经非洲统一组织部长理事会通过决定，由阿尔及利亚任东道国，主持常设委员会。由于东道国物质准备不足，计划中的会议推迟至6 月 29 日开始，6 月 24 日先举行亚非国家外长会议。

6 月 19 日，周恩来总理和陈毅副总理兼外长应纳赛尔总统

* 原载《新中国外交风云》第 4 辑，1996 年出版。

的邀请访问阿联，原定分别如期去阿尔及尔开会，但忽然发生意外情况，引起外交波折。

6月19日，阿尔及利亚发生军事政变，国防部部长布迈丁组成革命委员会，总统本·贝拉被捕入狱。6月20日，阿当局宣布，第二次亚非首脑会议及外长会议日期不变。这时，英联邦首脑会议（以下简称英联邦会议）正在伦敦举行。6月21日晚，加纳总统恩克鲁玛代表英联邦13个亚非成员国政府致电阿当局，要求亚非会议延期，并要求保护本·贝拉的生命安全（电文公诸报端）。

当时我任驻英代办。6月21日午夜，我接到外交部急电称，阿政变是阿内政，中国政府持不干涉立场，亚非会议应如期在阿召开，命我紧急约见英联邦对我友好的亚非5国（巴基斯坦、加纳、坦桑尼亚、肯尼亚、乌干达）的首脑或外长，敦促他们如期去阿开会，并请他们推动英联邦另8个亚非成员国的首脑及外长届时去阿参加。

经联系，我于6月22日上午先后拜访巴基斯坦外长布托（他曾与我多次交往，比较熟悉）、乌干达驻英高级专员（英联邦各国间使馆馆长不称大使，而称高级专员，以下简称高专）、肯尼亚外长穆隆比、坦桑尼亚驻英高专。

布托说：巴原持与中国相同的立场，并已致电阿当局，支持如期开会，但昨晚英联邦13个亚非成员国领导人开会，除巴总统阿尤布·汗外，都对阿政变强烈反感，都不愿去阿开会，要求推迟，巴只好同意延期。我问：为何由加纳总统代表13国政府提出？布托说：集体提出更有分量。恩克鲁玛去年险遭暗杀，后能平定乱局，由他代表提出，可间接表明对阿政变的怀疑态度。布托还说，他从昨晚讨论中看出，亚非国家非军人出身的执政者憎恶军事政变，由此可判定，去阿开会的国家不会多，巴转而认为延期是较佳选择。

乌干达高专说：要求延期是包括奥博托总统在内的13国领导人的共同决定，但他将向总统转达中国政府的立场和主张。

穆隆比说：肯尼亚总统未出席这次英联邦会议，由他代表。第二次亚非会议是肯总统来电指示他要求延期，他不能改变总统的决定。

坦桑尼亚高专说：尼雷尔总统要他转告我，要求延期是尼首先提出并得到其他12国领导人同意的，坦尊重中国的立场，相信中国也会尊重坦的立场。

上午11时左右，我回到代办处，将上述交涉情况电告国内。但只写了要点。未及详述，因发生紧急情况：

（1）加纳驻英高专来电话，邀我下午1时到他官邸，恩克鲁玛总统请我午餐，我答以应邀。

（2）值班的同志给我一份刚收听的当地新闻广播记录，大意是：①中国驻英代办正向英联邦亚非成员国施加强大压力，要他们改变原决定，如期去阿开会。作为交换条件，中国可能同意接待英联邦“促进越南和平使团”（以下简称“英联邦和平使团”或“和平使团”）。②对“和平使团”，西贡已来电欢迎，华盛顿将发出邀请，莫斯科暗示可以考虑，河内尚无反应，关键全在北京。我即召开代办处党委会对此进行讨论。

（二）

1955年，法军撤出南越，美国控制南越傀儡政权，南越人民开展武装斗争后，美国指挥南越伪军并派出“特种部队”进行镇压。1964 年 8 月，美国总统约翰逊制造“北部湾事件”，开始轰炸北越。1965 年 3 月，美国派海军陆战队到南越参战，同时加紧轰炸北越，并对我国进行战争威胁。

1965 年 6 月，英联邦会议开始之初，讨论越南问题。6 月 17 日晚，英联邦会议通过决议，同意英国首相威尔逊的提议，组成英联邦“促进越南和平使团”，由威尔逊任团长，由加纳总统恩克鲁玛、尼日利亚总统巴利瓦、特立尼达及多巴哥总理威廉斯任团员，准备与主要有关政府（中、美、苏、越南、南越）接触。

我在党委会上说：关于英联邦“和平使团”一事，我们已及时电告国内，请求指示，尚未得复。恩克鲁玛很可能向我提出该团去北京，我准备表示报告本国政府，并以个人名义表示不同意。理由是：（1）对美国扩大侵越战争，越南政府和我国政府多次发表声明，阐述立场。今年 4 月，英国驻华代办处三次照会我国外交部，要求同意英国政府派特别代表去北京讨论越南问题。我国外交部复照指出“不适当”，“不受欢迎”，“不能考虑”。（2）英联邦会议几天前通过组成“和平使团”的决议，人们会认为我国外交部对我已有指示，我的行动现已受到注意，新闻界已放出空气。如果我对恩克鲁玛只表示报告本国政府，不以个人名义表示不同意，将造成中国政府允予考虑的印象，产生不利影响。我还说：如国内认为表态不当，由我个人承担责任。党委多数同志不赞成。政务参赞沈平认为，我应以个人名义表示不同意，并赞成我提的两点理由。他说，如外交部认为这样表态不当，他愿分担责任。沈平同志的话，鼓励我下了决心（沈平①同志已作古，志此聊表对他的敬意和怀念）。

（三）

这天（6月22日）下午1时，我赶到加纳驻英高专官邸。不久，恩克鲁玛带领他的几位部长来了。恩对我说：今天是“工作午餐”，只谈英联邦“和平使团”，不谈其他。

入席后，恩说：越南战争日益扩大，美国大规模轰炸已使北越遭受惨重损失和伤亡，持续下去，北越可能毁灭，必须迅速结束这一战争。对此，中国有巨大影响力。他理解中国政府为何拒绝联合国秘书长进行斡旋。英联邦虽只有21个成员国，但比联合国公正，也更有权威。英联邦“和平使团”决定首先去北京同中国政府商谈，促进越南和平，希即发给签证。

我说：我将报告本国政府，先谈谈个人意见。针对恩所说的“北越可能毁灭”，我简述了越南政府和中国政府的有关声明，然后指出，越南战争是美国破坏1954年日内瓦协议挑起的。首先要分清，美国是侵略者，越南是被侵略者，不应同样看待。亚非国家都应反对侵略者，支持被侵略者。不谴责、不制止美国对越南的侵略，却要向被美国侵略的越南和支持越南反抗美国侵略的中国索取和平，这是不公正的，没有道理的。关于越南问题的协议，是1954年在联合国之外达

---

① 沈平（1919—1988），原名葛文祥、葛一蕉，浙江天台人，1938年赴延安，同年7月入党，新中国成立后曾任驻日内瓦总领事、驻英国代办处参赞、外交部亚洲司司长、驻意大利大使。

成的，联合国无权干涉越南事务，英联邦没有资格插手越南问题。英联邦成员国中，英国积极支持美国侵越，澳大利亚派兵帮助美国侵越。英联邦居然组成“促进越南和平使团”，这是难以解释的。这个使团要求去中国，是难以接受的。

恩说，他有反帝、反殖的丰富经验，在“和平使团”中具有“支配力”，不但威尔逊会听他的话，美国政府也会尊重他的意见，他能使“和平使团”取得对越南和中国都有利的和平。

我说：我理解阁下的良好愿望，钦佩阁下在反帝、反殖斗争中的贡献，但美帝国主义也想借助阁下的声望，去做对它有利的事。

恩激动地问：我怎么会做对美帝国主义有利的事？

我说：阁下参加的这个“和平使团”，就是积极支持美帝侵越的英国首相威尔逊策划的，美帝在南越的傀儡已来电欢迎，美国政府准备发出邀请，这就说明，这个使团对美帝有利。因而对中国来说，这个使团是不受欢迎、不能考虑的。

恩更加激动地问：我要去北京，难道中国政府不欢迎？

我说：作为加纳总统，阁下如去中国访问，一定会受到中国政府和人民的热烈欢迎，但作为英联邦“和平使团”的成员，就是另一种情况。鉴于中加两国的友谊和阁下在亚非国家团结反帝斗争中的地位，我建议阁下退出这个“和平使团”，并运用阁下的“支配力”，使这个使团解体。

恩大声问：这是中国政府的意见吗？这是周恩来的意见吗？

我说：周恩来总理正在开罗，他期待在阿尔及尔同阁下会晤。我先已说明，我是谈个人意见。作为中国驻英代办，我所谈的个人意见是我所了解的中国政府的原则立场。我将把阁下同我交谈的情况，迅速报告本国政府。

为了缓和气氛，告辞时，我来了点“英国式的幽默”。我对恩克鲁玛说：阁下告诉我，今天是“工作午餐”。我一直忙于同阁下谈话，没有品尝到席上的美酒佳肴，只“工作”而未“午餐”，但我仍要感谢阁下的盛情款待。恩马上叫人把一些饮料和食品送到我的汽车上。在归途中，我的饥渴得以缓解。

（四）

下午3时左右，我回到代办处，即将上述情况电告外交部，并写明“未及请示，如有错误，请予批评”。除沈平同志外，几位领导成员为我担心，认为我说的太多，有些话语气太重。我也有点惴惴不安，准备挨批。

下午4时许，布托来电话，要我马上到他住处面谈，我立即前往。布托说，他已听说恩克鲁玛请我午餐，他希望知道谈些什么。我做了简要介绍。布托说：威尔逊倡议组成“和平使团”，得到英联邦国家绝大多数领导人的同意，巴不得不表示赞成。当时，威尔逊立即提出，巴中关系密切，巴总统应该参加这个使团。但巴坚决拒绝，威尔逊大为不满。

当时我想，对“和平使团”事，我已向恩克鲁玛表了态，也应按同样口径对布托表态。于是我对布托说：感谢你向我介绍这些情况，我将报告本国政府。我个人对巴赞成组成英联邦“和平使团”表示遗憾，对巴拒绝参加这个使团表示赞赏。希望阿尤布·汗总统运用自己的影响，打消这个“和平使团”。

我将上述情况报告了国内。

当晚9时左右，坦桑尼亚高专来电话，说尼雷尔总统请我马上到他住处面谈，我立即前往。鉴于尼坚决主张亚非会议延期，我决定如尼不提此事，我也不提。

与恩克鲁玛不同，尼雷尔沉着冷静。他也向我询问恩克鲁玛同我交谈的情况，我做简要介绍。尼雷尔说：6月17日晚，英联邦会议将近散会时，威尔逊突然提议组成英联邦“和平使团”，我当场发言反对，我提出的理由与你向恩克鲁玛谈的相类似。尼又说，散会后，他找恩恳谈，指出这个使团性质可疑，起不了好作用，中国政府不会同这个使团接触，劝恩退出，至少不要持积极态度，免得被动，但恩不以为然。尼说，恩基于激情做出不正确的判断和决定，但他的动机还是好的。

我对尼雷尔说：非常感谢总统阁下向我介绍这些情况，我将迅速报告本国政府。我十分敬佩总统阁下对英联邦“和平使团”持坚决反对的立场，希望总统阁下运用自己的崇高威望，打消这个“和平使团”。尼说，他将尽力而为。

我将上述情况电告外交部。这是这一天中关于“和平使团”的交涉第三次报告国内。

（五）

6月23日晨，我接到外交部急电，告知陈毅副总理兼外长已于22日到达阿尔及尔，亚非外长会议仍定于24日召开，命我紧急约见英联邦对我友好的亚非五国首脑或外长，告以上述情况，敦促五国外长在24日前去阿，并请他们推动另八个亚非外长参加。

经询问，23日上午，英联邦各国首脑和外长举行全体会议。鉴于时间急促，我采取了被《泰晤士报》等称之为“使英联邦首脑们大吃一惊”“干扰联邦会议”“大胆而没有先例”的行动：乘车直驶英联邦会议会场——英国王储东宫。我对值勤的英国官员说，我有急事要见布托外长，不能延误。他推托无效，只好引我到会客室，并把布托找来。

布托不等我开口就对我说，他已知陈毅外长到达阿尔及尔。布托告诉我：（1）英联邦 13 个亚非成员国领导人又开过一次会，重申 21 日晚的决定，再次要求亚非会议延期，并一致通过，若亚非会议仍要如期召开，他们绝不参加，也不派外长参加，对会议的任何决议不予承认。（2）将上述决定电告阿当局，同时电告阿联总统纳赛尔，并向新闻界宣布。布托说，他已与阿尔及利亚外长通过电话，得知阿虽想如期开会，但实际困难很多，去阿开会的很少，原定 24 日召开的外长会议也将推迟。布托还说，亚非首脑会议肯定要延期，也不宜召开外长会议，他在考虑如何使会议延期而不致就此终结的办法。

鉴于尼雷尔昨晚同我谈话时态度友好，我请布托转告尼雷尔同我一谈。尼派其驻英高专代见。他听取我的陈述，向我介绍 13 国的上述决定，并说明尼不会改变立场。我请他转告乌干达总统奥博托见我，奥也派其驻英高专代见，他表示现阿政局不稳，他将向总统转达我的陈述，但乌不能违背 13 国领导人的共同决定。我请他代为约见肯尼亚外长穆隆比。穆会见了我。他说，作为英联邦亚非成员国，肯须尊重 13 国中多数（实际上是一致）的意见。作为现任的非洲统一组织主席，肯须尊重非洲多数国家的意见，如非洲多数国家如期去阿开会，肯也参加；如不足半数，肯就不能参加。

我将上述情况电告国内，说明由于英联邦“和平使团”一事尚未获复，我未约见加纳总统及其他加纳官员。

英国报纸报道了13国的上述决定，还报道了尼雷尔、奥博托、穆隆比、巴利瓦（尼日利亚总统）、夏斯特里（印度总理）分别发表的声明，表示要求会议延期，绝不如期去阿开会。此外，据英国新闻媒介报道，布迈丁政府派两位资深驻外大使于6月21日到伦敦，向亚非13国游说，遭到冷遇。我本以为他们会同我联系，但他们在英数日，并未找我。

6月23日近午时分，特里尼达及多巴哥驻英高专打来电话，我让秘书接，问有何事，对方说：威廉斯总统邀请中国代办午餐。我让秘书答称：中国代办感谢威廉斯先生邀宴，但因两国没有外交关系，不便应邀（威廉斯是英联邦“和平使团”成员之一）。

（六）

6月24日至25日，我先后收到外交部关于“和平使团”的4份复电，内容主要有：

（1）你同恩克鲁玛的谈话很好，应使英联邦“和平使团”胎死腹中。已将你22日来电转开罗周总理，将由周总理直接电复恩克鲁玛。（后来我听说，这份复电是按毛主席的批示写成的。）

（2）同意你对布托（关于“和平使团”）的表态。希即约见布托，以中国政府的名义予以重申。

（3）同意你对尼雷尔（关于“和平使团”）的表态。希即约见尼雷尔，以中国政府的名义予以重申。

（4）同意你婉拒威廉斯邀宴。

6月25日，英国政府发表了威尔逊首相关于英联邦“和平使团”的“指导声明”。也在这一天，我国外交部经英国驻华代办处照会英国政府，拒绝英联邦“和平使团”来华，并揭露和批驳了英国政府“为美国侵略者效劳”的言行及“和谈”阴谋。从此，英联邦“和平使团”销声匿迹。

（七）

遵国内指示，我再次约见尼雷尔。我说：我奉中国政府之命，向总统阁下转达以下口信：中国政府十分钦佩尼雷尔总统阁下对英联邦“促进越南和平使团”持坚决反对立场，中国政府希望总统阁下运用自己的崇高威望，打消这个所谓的“和平使团”。

尼雷尔说：感谢中国政府对我的过高评价，这件事已成为过去，不会再有人提到它。我想借这个机会，向代办先生谈谈第二次亚非会议的问题。周恩来总理是我最敬佩的政治家，但我很不理解周总理为何坚持如期在阿开会。中国政府说，阿政变是阿内政，不应干涉。我尊重中国政府的立场，但不同意以此作为如期在阿开会的理由。我和本·贝拉共同战斗多年，本·贝拉是阿尔及利亚人民公认的民族英雄，也是非洲公认的反帝、反殖斗争的英雄。布迈丁逮捕他，指责他是叛徒、民族败类，无论从理智上或感情上，我都不能接受。布迈丁究竟是怎样的人，为何在亚非会议即将召开时发动政变，政变后能否稳定局势，这些问题我都不清楚。现在去阿开会，客观上就是支持布迈丁，反对本·贝拉，干涉阿内政，我绝不这样做。有人提议改在另一个非洲国家开会，我不赞成，不但时间来不及，也不合程序。在阿开会是去年非洲统一组织第二次部长理事会议决定的，现在不可能再开这样的会。我主张延期举行，得到亚非许多国家领导人的同意。延期举行并不意味支持本·贝拉，反对布迈丁，并不构成是否干涉阿内政的问题。我的主要考虑是亚非会议的目的在于增强亚非国家的团结，现在在阿开会，一些国家参加，一些国家不参加，不论哪一种占多数，都会造成亚非国家的分裂。延期举行正是为了避免出现这一难以挽救的不幸局面，我对布迈丁不了解，但不抱成见。延期举行可有一段时间进行观察、了解，如果布迈丁能够稳定局势，对非洲国家采取友好政策，将来仍可在阿开会。但中国政府坚持如期去阿开会，还劝说一些亚非国家也如期去阿开会，有人说，这是周恩来强加于人，是中国政府对他们施加压力，我不同意这种说法。我深知周总理一向坚决反对强加于人，中国政府不会向弱小的亚非国家施加压力。我认为，周总理和我一样，不希望来之不易的亚非会议流产。可能由于看问题的角度不同，因而得出的结论不同。但我要指出，在如期去阿开会这一点上，中国政府的坚决态度和中国所进行的积极活动，超过了布迈丁政权，这已引起一些人的惊奇、怀疑，甚至不满，有损于中国和周总理本人的崇高声誉。作为周总理的敬佩者和中国的诚挚朋友，我坦率地提出这些情况和意见，请转告周总理加以考虑。我相信周总理会认为延期举行是目前维护亚非团结、避免亚非分裂的唯一可行的办法。

在尼雷尔讲话过程中，我只听不说，没有表态。尼讲完后，我说：感谢总统阁下接见我，我将把阁下所谈的迅速报告本国政府。

我随即将上述主要内容电告外交部。

（八）

遵外交部电示，我再次约见布托，以中国政府名义，重申我此前关于“和平使团”对他的表态。布托说，“和平使团”已经“和平地死亡”，他现正努力使势难如期召开的第二次亚非会议不因延期而“和平地死亡”。为此，他已取得阿尤布·汗和尼雷尔等人的同意，定于6月26日去阿尔及尔，当天回伦敦。不是去参加外长会议，而是向陈毅外长和阿外长等提出使第二次亚非会议不因延期而“死亡”的办法。

布托说，最使他焦虑的是中国政府，特别是周总理的处境。中国政府力主如期在阿开会，做了许多动员和宣传工作。周总理在开罗发表公开讲话，打电报给一些亚非国家的领导人，要求支持中国的主张。现在会议延期，人们会认为是中国的挫折。敌视中国的人会十分高兴，可能渲染这是周恩来在外交上的大失败，借此削弱周总理的国际影响，贬低中国的国际地位。这对中国不利，对巴基斯坦及其他与中国休戚相关的国家更不利。他想出一个可能维护中国尊严的办法，建议周总理同纳赛尔总统商量，电邀巴总统在27日英联邦会议结束后访问开罗，由三国领导人就亚非会议延期问题发表冠冕堂皇的共同声明。接到邀请电后，他可促使巴总统应邀，并可参加共同声明的起草。布托说：印尼总统苏加诺正在法国，他是万隆会议东道主，最好也邀他去开罗。

我急电告国内，并很快收到复电，要我面告布托：周总理感谢布托外长的建议，已商纳赛尔，分别电邀苏加诺和阿尤布·汗于28日去开罗，请布托务必促使阿尤布·汗应邀。

6月28日至30日，纳赛尔、苏加诺、阿尤布·汗和周总理在开罗会谈。6月30日发表新闻公报，内称：“四国领导人充分考虑了从阿尔及尔回来的四国外长的意见并赞同常设委员会关于推迟第二次亚非会议的决定。四国领导人确信，会议延期对亚非团结不是一个挫折……”

用这样的方式来收场，确实很高明，这是来自布托的建议，体现了周总理择善而从的领导作风。

（九）

1965年初秋，我回国休假。陪同周总理访问阿联的罗青长同志告诉我：

（1）6月19日，总理飞往开罗途中，在专机上听到阿政变的消息。总理就认为，如期在阿开会怕是不行了。

（2）总理到开罗后，接到国内来电，说中央同意有关同志提出的阿政变是阿内政，亚非会议仍应如期在阿开会的建议。外交部约见驻京有关国家使节，说明中国的立场，并指示有关驻外使馆展开活动。

（3）总理在开罗为此做工作，感到困难很大。6月23日，总理电告中央，建议会议延期，中央复电同意，但希查清阿新政权对如期在阿开会的真实态度。

（4）关于阿新政权的态度，几方面提供的情况不同，看法也有不同。总理很为难。原定在阿联正式访问的日期届满，总理已在开罗举行过答谢宴会，只好到亚历山大港等地参观。

（5）总理看到尼雷尔同你谈亚非会议问题的电报，马上致电中央，据此建议中央决心延期开会，中央复电同意，总理才松了一口气。

不久，总理找我谈话，谈到亚非会议事。总理说：布托善于出点子，他的建议帮了大忙，已对他表示感谢。总理还说，坦桑尼亚是小国、弱国，但小国、弱国的领导人未必小、未必弱。对亚非会议，尼雷尔的视野硬是比我们大，他的见解硬是比我们强。我已让何英（驻坦桑尼亚大使）告诉尼雷尔，说我完全同意他同中国驻英代办关于亚非会议的谈话，对他的周密考虑表示钦佩，对他的正确主张表示敬意，对他提出的批评表示接受和感谢，请他今后多提宝贵意见。

总理问我：尼雷尔同你谈话时，还有什么人在场？

我答：只有坦桑尼亚驻英高级专员。

总理说：你回到伦敦后，请这位高级专员吃饭，把我让何英告诉尼雷尔的话，原原本本告诉他。

我说：何英已经告诉了尼雷尔，似乎不必再对他的驻英高级专员讲。

总理说：为什么不必？怕丢面子？何英告诉尼雷尔，尼雷尔未必告诉他。既然他在场，就应该让他知道我们的态度。人家是小国，人家对，就要勇于承认人家对，向人家学习，人家才愿意向我们提意见，对我们有好处，这对小国也是一种尊重和鼓舞。我们是大国，不要像有的大国那样文过饰非，这才能取信于人。1954 年，海南岛驻军由于判断失误，打落一架英国民航飞机，死了一些人。我们用政府的名义公开道歉，给了赔偿。这并没有使中国丢脸，人家反而赞扬中国。我们是社会主义国家，信奉马列主义、毛泽东思想，我们的外交风格应该光明磊落。

我返任后，按总理的指示向坦桑尼亚驻英高专讲了。他起初非常惊讶，听完后非常感动。他说，他还没有机会见到周总理，通过这事，他才懂得为什么尼雷尔总统一直认为周恩来总理是他最敬佩的政治家。

十九

周恩来总理的一件批示*

美国总统尼克松的国家安全事务助理基辛格定于1971年10月20日再次来京，安排尼克松访华事宜，并代表尼克松同周恩来总理进行预备性政治会谈。事先周总理多次召集有关同志讨论，拟订方案，报请毛泽东主席和中央政治局批准。

10月19日，总理的秘书钱嘉栋（后改为钱嘉东）通知我当晚9时到总理处开会。

会上，总理检查了对基辛格再次来访的准备工作，听了国际形势的汇报，提出一些问题，与会的同志做了答复。

谈到日本问题时，总理说，1951年9月4日，美国在旧金山召开对日和约会议，把我们排除在外。由于一些国家反对，蒋帮也没有能够参加。9月8日，48国的代表在美国制订的对日和约上签字。1952年4月，日本和蒋帮签订了双边“和约”。总理询问这两个“和约”的若干情节，在座的同志没有人回答。

---

* 原载《瞭望》周刊1993年第2期，1993年1月11日出版。

于是我说：一个多月前，我写信给钱嘉栋同志，附上两份材料——《日本前首相吉田茂关于对日和约的记述》《蒋帮“外交官”张士丞关于日、蒋“和约”的记述》，可以参考。

总理说，没有看到。他问钱嘉栋收到没有？钱嘉栋说，有这个印象，马上去找找。

总理问我：信是哪天写的？我说：9月12日。总理笑了，说：9月12日，偏偏是9月12日！

我才想起，9月12日晚上，总理在人民大会堂获悉林彪阴谋异动，多方制止。林彪叛逃后，总理采取各种应变措施，几天几夜没有睡觉。

不一会儿，钱嘉栋取来那两份材料，总理让我讲讲主要内容。他听后，认为很重要。

散会时已近午夜，次日（10月20日）午后，我看到总理在我给钱嘉栋的信上所做的批示，批示是用铅笔写的，全文如下：

“特急件　钱　请立即交外交部以铅印三十本，(明)今午交我，版未拆。周恩来20/10　1971”

总理的这件批示，表明以下几点：

第一，总理是批给“钱”（即钱嘉栋）办理的。他写了“请”字。这就表明，即使对自己身边的工作人员，总理也是那么谦虚，那么尊重，丝毫没有颐指气使的官架子。

第二，总理写了“明”字，以为还是10月19日，旋即发觉已是10月20日凌晨，随将“明”字圈掉，写了“今午”。

在末尾写的日期“20”也是从“19”改过来的。这表明总理夜以继日地工作，有时忘了时间。

第三，基辛格定于10月20日午前抵京，总理定于10月20日下午4时同他会谈，总理根据这两份材料，提出一个重要论点，但这并未列入主席审批的会谈方案。按当时规定，送主席和中央领导成员阅看的文件，都必须铅印，份数必须是30。总理写了“特急件”，画了3个圈，并写了“请立即交外交部以铅印30本，今午交我”，为的是在同基辛格会谈前，由他亲笔在铅印本上写明意见，分送主席及政治局成员核定。这表明，总理善于根据所掌握的新情况，及时提出新看法。同时也表明，在重大问题上，总理坚持集体领导共同决策的原则。

第四，总理不但将这两份材料印送主席和中央领导成员，还要印发给其他有关同志，以便他们也了解这些情况，有利于处理相关的问题。为此，他要外交部保留版面，只是他将“版勿拆”误写为“版未拆”。总理误写而未改正，这是极为罕见的。但这是总理批给他的秘书的，时间要求很急，他来不及重新校正。他是在开了3个小时的会以后回到办公室的，还有大量重要文件待他阅批。可以想见，他批这一件时，已经非常疲劳。而这一年总理已是73岁高龄，真正是“鞠躬尽瘁”。

第五，总理在对他秘书的批件上，也郑重其事地签署了“周恩来”的全名，而且写明了年月日。有些大官或小官，在签批文件时，只写姓，不写名，或者只写名，不写姓，而且往往不写日期，即使写了日期，有的只写某月某日，有的只写某日，很少把某年某月某日写全，这给新来者及后来者造成很大困难，这种懒惰、不负责任的坏作风，总理一向是坚决反对的。

第六，总理是在10月20日凌晨作了这一批示的，中间经过钱嘉栋、外交部（办公厅）、外交部印刷厂几个环节。不到20日中午，装订好的“铅印三十本”就提前送给他本人。这样高的效率是总理长期以身作则、严格要求的结果。总理规定，他直接领导的部门及其下属的重要单位，必须昼夜24小时有人值班。总理常在夜间亲自打电话检查，如果无人值班，或值班人员回答不了应回答的事情，总理就对该部门的领导人提出批评。60年代，总理带头精简，身边只留下三位秘书，但在西花厅，昼夜24小时总有一位秘书值班。因此，即使遇到像上述的紧急任务，也不会发生任何延误。

主席说：“人总是要有点精神的。”在周总理身上就体现了一种精神。我找不出适当的语言来描述这种精神，或者就可以称作“周恩来精神”吧，这是我们应该永远倡导和学习的一种精神。

二十

三个“最后一次”*

（一）

1974 年 5 月 20 日下午 3 时许，原总理办公室副主任罗青长打电话通知我：总理今晚 7 时宴请黄春谷夫妇，命我参加。青长同志让我提前半小时到达北京饭店西一楼会客室。

黄春谷夫妇是美籍华人，在檀香山经营杂货店，不久前到北京旅游。黄春谷对接待人员说，1913 年到 1917 年，他在天津南开学校读书时和周恩来是同学，那时周恩来还有个名字叫周翔宇。如果方便，他想见见这位老同学。

总理正在病中。5 月 6 日，塞内加尔总统桑戈尔抵京；5 月 11 日，巴基斯坦总统布托抵京；5 月 17 日，塞浦路斯总统马卡里奥斯抵京，都由邓小平副总理主持欢迎宴会和会谈。外交部有关负责人向这三国元首解释：周恩来总理年事已高，身体不好，医生让他尽量减少外事活动。外国记者做了报道。我不理解，病中的总理为什么要宴请黄春谷夫妇。

---

* 原载 1992 年 1 月 7 日《光明日报》。

当晚6时半，我到了北京饭店，恰好碰上青长同志。我们走到那间会客室，刚交谈几句，总理进来了——比预计的时间早20多分钟。

我已有一段时间没见到总理了。他更显得清癯，脸上的老年斑也似乎增多了。但他握手时仍然那么有力，双目仍然那么炯炯。

总理说，本来打算不见黄春谷，看到他写给我的问候信，叫我“翔宇吾弟”，是老同学的口气，不落俗套，我很欣赏，决定还是见见他，既然见他，也就见见他的夫人。如果他在信里叫我“总理”，写些恭维话，我就不见了。

总理询问美国、英国、西德的政局，青长同志做了简要回答，我也补充几句。总理说：经济是基础，对西方国家的经济情况应该认真研究，近来冒出一个“石油危机”，西方国家惶惶不可终日。它们离不开石油，都向中东产油国插手，环绕石油问题的斗争错综复杂，将来很可能在中东爆发一场石油大战，你们要注意。

总理问：墨西哥的石油是不是很丰富？我说：储量大约五六十亿吨。总理又问：前不久墨西哥总统的儿子来北京，你见了他没有？我说：外交部没有安排，大概因为我已不在外交部工作。总理说：不在外交部工作为什么不可以见见？过去你同他们一家人那么熟，不见不好，是我忽略了，事先没有提醒外交部。

陪同人员引导黄春谷走进会客室。总理迎上去握手致意。他对黄春谷说：老同学！57年不见了！我们都老了！又对黄春谷夫人说：春谷兄比我大几岁，我怎么称呼你呢？就叫你黄大嫂吧。

两位老同学并肩坐在双人沙发上。黄春谷从皮夹里取出 5 张照片，一张张平放在沙发茶几上。他对总理说：57 年前的东西全丢了，只有这 5 张照片舍不得丢，现在送给你作纪念。

原来那是 5 张剧照，男女演员都穿着民国初年的服装。黄春谷指着第一张剧照问总理：还记得这出戏的名目吗？总理看了看，说：这是《一元钱》。总理又依次看了另 4 张剧照，边看边说：《恩怨缘》《华娥传》《仇大娘》《一念差》。

我感到困惑，探询这 5 张剧照的来由。黄春谷说：1915 年 10 月，南开学校举行建校 11 周年庆祝会，事先几位同学商量，在庆祝会上演一出新剧——你们现在叫话剧，翔宇多才多艺，大家请他编剧、导演，还请他扮演女主角。这出戏就叫《一元钱》，很受欢迎，以后又编演了几出。

总理说：当时封建思想很重，女同学不演戏，有的不愿，有的不敢，戏里的女角只好由男同学演。那年我 17 岁，还不知道马克思主义，想用新剧感化社会，这当然办不到。

总理同黄春谷辨认这 5 张剧照中其他扮演者的姓名，叙谈往事，仿佛回到了青年时代。

青长同志问总理：是不是边吃边谈？

总理对黄春谷夫人说：对不起，我只顾同春谷兄“弹老弦”，几乎忘了请黄大嫂吃便饭。好，现在就去餐厅。

餐桌上在每人面前摆了一把汤勺和两副刀叉。总理说：今晚请春谷兄、黄大嫂吃西餐，没有预先准备，临时点菜，从菜谱上选自己爱吃的点。就照他们的安排，每人一汤两菜。现在外国朋友来的多了，许多人愿吃中国菜，也有人不习惯。我要试试他们的西餐做得怎么样。

总理对餐厅的服务员说：平常怎么做就怎么做。菜量不要太多，够吃就行。不够，可以添，不要吃不完剩下，造成浪费。

在进餐过程中，总理向黄春谷夫妇提出一些他们熟悉的、也是总理希望了解的问题。气氛轻松愉快。

餐毕，总理对黄春谷夫妇说：你们明天一早去长城，今天晚上要好好休息，就不多留你们了。现在我们一起照个相，洗出来送给你们做纪念。

总理同黄春谷夫妇握别后，又对青长同志讲了几位因病住院的党外人士的名字，要青长同志一一探望，希望他们安心治疗。（几年后，黄春谷夫妇故去。）

没有想到，这竟是我最后一次陪同总理进餐，最后一次当面聆听总理的谈话和指示。

（二）

当时"没有想到"，是因为从这次接触中，我感到总理精神很好，看不出病容。港台一些报刊把总理减少外事活动同"批林批孔"联系起来进行渲染。但不久报载，总理于5月24日会见美籍物理学家李政道（总理听说李政道建议选拔一些小学生，从小进行基础科学培养，认为很重要，特意同他商谈）；5月26日，毛主席会见英国前首相希思，总理参加；5月29日，总理宴请马来西亚总理拉扎克。这都使我认为，总理已经康复。可是，从那以后，总理的名字忽然又从报纸上和广播中消失了。

6月中旬，叶剑英副主席找我谈话时，我问他：最近总理在做什么？叶帅叹了口气，表情沉重地说：两年前已发现总理有病，但总理坚持工作，现在撑不住了，毛主席、党中央决定让他住院治疗。6 月 1 日，总理搬到 305 医院，医生尽心尽责，总理身体的底子再好，但他毕竟是 76 岁的人了。叶帅没有讲总理患的什么病，我也不好询问，但我意识到，总理的病情很重。

我患颈椎病多年，久治无效，可能瘫痪。上海中医伤科专家魏指薪、李国衡善治此病，我于 7 月 6 日赴沪就医。华东医院内科主任肖文炳诊断我患急性肝炎，短时期难以痊愈，劝我耐心治疗。我每天看报，每天都希望看到总理复出的消息，但每天都使我失望。

9 月 29 日下午 4 时许，我接到罗青长同志从北京打来的长途电话。青长同志告诉我，邓大姐转达总理的指示，今年是新中国成立 25 周年。国庆招待会的规模比往年大，总理要我同医生商量，能不能请几天假回北京，过了国庆节再回上海继续治疗。如果医生不同意，就不必勉强，但总理希望我能回北京参加国庆招待会。不参加，名字不见报，可能引起猜疑或误解。究竟行不行，由医生决定。

我心情万分激动，接完电话已热泪盈眶。我知道总理不只是关心我，他还在关心其他许多老干部，关心出席国庆招待会的所有名单。他是作为政治问题来关心的，因为那时人们常从报上出现的名单观察中国的政治动态。

我向肖主任讲了青长同志电话的内容，肖主任听后，眼眶有些湿润。他说：你的肝炎还没有治好，不能离开医院，为了不使总理失望，破例给你 5 天假。他向我交代了必须注意的事项。经询问接洽，当晚我乘外交部副部长韩念龙陪送一位国宾的专机回到北京，立即打电话告知青长同志。

第二天（9月30日）上午，我收到请柬，外页国徽下印着红字“1949—1974”，里页红字铅印：

为庆祝中华人民共和国成立二十五周年订于一九七四年九月三十日（星期一）下午七时半在人民大会堂宴会厅举行招待会

请参加

周恩来

另附一张通知，其中第一段是：“您的席位在第1区第38桌，请于下午七时十分前由人民大会堂北门入场。”

我于6时3刻到达人民大会堂宴会厅，10人一桌的圆桌几乎摆满，绝大部分人已经就座，不到7点就到齐了。我听到许多人在议论：总理今晚来不来？有的说：总理身体不好，不会来。有的说：请柬是用总理的名义印发的，他一定来。我远远看到英籍女作家韩素音，走过去同她打招呼。她也问我：今晚总理来不来？我反问她：你看呢？她说：我是作家，也是医生。作为作家，我希望他来；作为医生，我希望他不来。邻桌一位不相识的中年妇女插话说：我们是工人，我们希望总理来，我们非常想念他。另一位不相识的老人说：我是公社社员，特别希望总理今晚来，和我们一起过个团圆节。——原来这天恰好是旧历八月十五。

宴会厅东侧入口处的帷幕拉开，水银灯亮了，军乐队奏起迎宾曲。入口处附近的座位上先响起了掌声，发出“总理来了，总理来了”的欢呼声。热烈的掌声顿时响彻全场。人们自动站起，一面鼓掌，一面翘起脚尖看。后面的人，包括许多外国人，站在椅子上鼓掌。看到的人也相继发出“总理来了，总理来了”的欢呼，夹杂着“总理瘦了，瘦多了”的感叹。也有人坐着不动，那是于会泳、刘湘屏……一小撮。

我看到了总理，他还是穿着那套灰色中山服。他瘦了，瘦多了。他的步履比过去缓慢，鼓掌的节奏也比过去缓慢，但他仍然展现着特有的魅力和风采。总理走到主宾席中间，掌声更加热烈，许多人含着眼泪在鼓掌。我忽然发现，坐着不动的那一小撮不知什么时候也站起来了，也在有气无力地鼓掌。

军乐队高奏《国歌》，人们暂时安静下来，但还有许多人拿着相机对准总理拍照。总理在声振屋瓦的掌声中缓步走上讲坛，人们的眼睛盯住他。总理开始致祝酒词，他每讲完一句，就响起一阵暴风雨般的掌声。他的祝酒词不到400字，人们鼓掌的时间超过他致辞的时间。当总理请大家为中国各民族大团结、为世界各国人民大团结干杯时，会场的情绪达到最高潮。人们举着酒杯目送总理回到主宾席的座位上，遥向总理祝酒，祝愿总理健康。

司仪宣布招待会结束。我随着人们蜂拥着往前挤，想再看看总理，多看看总理。总理频频挥手，陪着柬埔寨国家元首西哈努克亲王缓步离去。

这是我最后一次参加总理主持的国庆招待会，最后一次亲耳听到总理生前的讲话，最后一次亲眼看到总理生前的身容。

第二天，《人民日报》刊载了新华社9月30日的电讯，开头说：“中共中央副主席、国务院总理周恩来，今天晚上在人民大会堂举行盛大招待会，热烈庆祝中华人民共和国成立二十五周年。”其中说，“我国领导人以及各条战线、各个方面的代表和人士，来自世界各地的来宾，共四千五百多人出席了招待会。”接着，分21类报道了出席招待会的2282人名单，人数最多的一类是“工农兵英雄模范人物、先进工作者、批林批孔先进单位代表、上山下乡知识青年代表、‘五七’干校代表、工农兵学员代表、红卫兵代表、街道居民代表”共841人。

这份名单是当时主持政治局日常工作的王洪文于9月28日晚交给总理的，并说毛主席已经一一听过，毛主席提出增加3人，其中包括肖华和相声大师侯宝林。总理于9月28日夜“匆匆看过”，提出增加齐燕铭。9月29日晚，总理“又将两千多见报名单细细翻阅”，提出再增加韩权华（卫立煌夫人）、郭翼青（程潜夫人）、洪希厚（张治中夫人）、刘芸生（傅作义夫人）及张学铭（张学良之弟、张学思之兄）。[①]

对毛主席“一一听过”的名单，重病中的总理连夜“匆匆看过”，次晚又“细细翻阅”。对名单中已有的某些同志，总理嘱咐要参加；对名单中没有的若干人士，总理提出书面意见。总理对此的考虑，不须多说了。

（三）

1975年9月5日下午，罗青长同志给我看总理对一份材料的批示。这份材料是香港一家杂志所载一篇文章的摘要，文中分析蒋介石逝世后的台湾局势，介绍蒋经国的经历以及他的若干情况。

---

① 参见《对参加国庆招待会名单的意见》，《周恩来选集》下卷，人民出版社1980年版，第457页。

总理的批示很短：请约王昆仑、屈武一谈。紧接着是四个字“托、托、托、托”。

总理的批示是用铅笔写的，有些笔画显得弯曲，看出来总理写的时候，手在发抖。

我看后忍不住哭了。问青长同志：总理的病究竟怎么样？

青长同志流着眼泪说：三年前就发现总理患膀胱癌，癌细胞已经扩散，由吴阶平大夫领导的医疗小组尽了最大努力，现在只能尽量延长生命、减少痛苦。

青长同志嘱我保密。

对此我已有耳闻，从青长同志处第一次得知详情。总理病到如此程度，还在关心台湾情况，还在亲自看材料，还在用颤抖的手亲自作批示，还在为祖国的统一大业殚精竭虑。我不禁痛哭失声。

9 月 8 日下午，青长同志在政协礼堂第一会议室约请王昆仑、屈武两同志座谈，总理办公室的钱嘉东、赵茂丰同志，中央统战部的李金德同志和我参加。

事后，我和几位同志搜集蒋经国发表过的文章，加以摘要，拟分 10 辑，用大字铅印，陆续送总理便中参阅。出到第 4 辑，总理逝世了。

“托、托、托、托”是我最后一次看到的总理生前的批示。

总理逝世已 16 年，祖国统一大业尚未完成。祖国统一是海峡两岸所有中国人的共同愿望。我认为，“托、托、托、托”不是总理“托”给哪一个人的，而是“托”给所有的中国人的。台湾当局和台湾同胞也该不负这一重“托”——这是周恩来总理为了所有炎黄子孙千秋万代的利益所做的重“托”。

| 二十一 |

周恩来——中国环境保护工作的开创者*

为纪念周恩来100周年诞辰，中共中央文献研究室、中央电视台推出12集文献纪录片《周恩来》，并由陕西人民出版社、珠海出版社于1998年2月出版了《大型文献纪录片〈周恩来〉》一书。书中第九集《心忧神州》里简略地提到周恩来对环境保护工作的关注。现据所知，提供以下材料。

周恩来1969年春开始抓 “环保”

1969年1月20日，理查德·尼克松宣誓就任美国总统，并发表就职演说。经陈伯达、张春桥授意，《人民日报》《红旗》杂志以评论员的名义，写了一篇《走投无路的自供状——评尼克松的“就职演说”和苏修叛徒集团的无耻捧场》的文章。毛泽东认为可用，但指示应同时发表尼克松就职演说的全文。这样，1969年1月28日《人民日报》第1版发表了《人民日报》《红旗》杂志评论员文章，第5版下转第6版下方刊载了《一

---

* 原载《中共党史资料》第68期（1998年）。

篇绝妙的反面教材——美帝新头目尼克松的“就职演说”》。

尼克松的就职演说不长，关于国内任务只有以下一段：

> 为了实现我们的充分就业、改善住房和良好教育的目标，为了改建我们的城市和改进我们的农村地区，为了保护我们的环境和提高生活质量——为了所有这些和更多的事情，我们一定要赶紧奋力前进。

周恩来阅读文件书报时，一向十分认真，遇有不明白的词句就要有关人员迅速查告。周恩来不清楚尼克松就职演说中的“保护环境”是什么意思，他身边的工作人员也不了解，而“文化大革命”开始后，科技单位、大专院校工作陷于停顿，不便查询。为此，周恩来指示中共中央调查部的研究局从近年的国外书报杂志中选择有关材料，进行整理编辑，内容包括：环境保护的意义，形成污染（日本称为“公害”）的原因，污染造成的危害，西方学者对污染问题的看法，有关国家政府部门准备采取的对策等，并附有从日本杂志上剪辑的几十张彩色图片。从中可以看出：工厂排出的浓烟对天空的污染，被污染了的富士山、琵琶湖，因污染而死亡的鸟类和鱼类，“酸雨”破坏的森林，“水俣病”造成的身体畸形等。

周恩来当时就说：保护环境是关系到民族存亡的大事，必须高度重视，不能等到污染成灾再去治理，必须及时治理，抓紧治理；不要头痛医头、脚痛医脚地治理，而要综合治理，变“废”为“宝”。不仅要治理污染，而且要防止污染，改善生态环境。国家必须为保护环境花一笔钱，更要注意提高各个地方、各个工厂企业的积极性，发动群众，自力更生。针对西方一些学者提出的“减少污染，必须减少工业”的论点，周恩来说：我们必须发展工业，同时又要防治污染。我们是社会主义国家，应该而且能够实现没有污染的工业化。

周恩来亲自抓环保工作，很快就取得巨大成绩。国内传媒未做太多宣传，在国外则得到高度评价。例如，新华社编印的《参考资料》1971 年 7 月 11 日（上午版）第 38 页刊载下述电讯：

瑞典《快报》说中国是环境保护最好的国家

[新华社斯德哥尔摩9日电] 瑞典《快报》9 日刊登该报记者博·贡纳尔森发自东京的一则消息，说中国是世界各国环境保护最好的国家。

消息说：今年秋天联合国大会第二十二次讨论中国代表权问题，不仅是一个大的政治问题，而且是一个与人类生存有关的问题。如果中国进入联合国，自然就会被邀请参加 1972 年 6 月在斯德哥尔摩举行的联合国环境保护会议。在这次会议上，毛主席的科学家将有许多东西可讲，并会起决定作用。

消息说：西方世界对这个人口最多的国家怎样进行环境保护了解极少。但毫无疑问的是，中华人民共和国在废物利用方面是“世界冠军”。如果中国是像美国一样的消费社会，那么这个人口众多的国家就要被垃圾、工厂的烟和废气窒息而死。

消息援引日本研究人员的话说：“中国解决了工业国

家正在与之斗争的许多环境保护问题。”“没有中国参加的环境保护会议，实际上没有什么价值。我们大家必须向中国学习。”

在这以后，《人民日报》发表了几篇介绍两年多来个别地方或个别工厂环保工作的情况。如该报1971年8月17日第3版刊载《抚顺石油三厂发动群众大搞综合利用》的报道。报道说：“抚顺石油三厂革委会广泛发动群众，大搞废渣、废液、废气的综合利用，变‘三害’为‘三利’。两年多来，他们从‘三废’中回收提炼出19种化工产品和贵重金属，价值达480多万元，同时还净化了空气，改善了环境卫生，促进了工农业的发展。”报道说，“抚顺石油三厂是一个老炼油厂，它排出的‘三废’有炉灰渣、废油渣、废碱液、废酸液、高压洗涤水、硫化氢、石油尾气等三十多种，数量也很大，每天排出的废渣一百多吨，废液两万多吨，废气十多万立方米。过去，……‘废气’放空，‘废液’随水流逝，‘废渣’填坑铺道，不仅浪费国家资源，而且污染空气，毒化河水，危害人民身体健康，危害工农业生产。”这条报道还介绍了该厂大搞综合利用的主要办法。

1971年秋，北京市负责人报告周恩来：北京东方红石油化工总厂建成污水处理工程。周总理非常高兴，指示北京市指导该厂总结经验，以便推广。10月6日至13日，埃塞俄比亚皇帝塞拉西访华。埃皇在同周总理会谈时提到，无法解决工厂的污水。10月9日，周总理陪同埃皇到东方红石油化工总厂参观，由该厂接待人员详细介绍了污水处理工程。这些都拍入电影纪录片。不久，周总理得悉该厂接待人员对污水处理工程的介绍言过其实，即向北京市和该厂负责人提出严肃批评，要求从准备赠送埃皇的纪录片中剪掉那些镜头，并嘱我驻埃大使返任后当面向埃皇说明和道歉[①]。

1971 年 10 月 20 日至 26 日，美国总统国家安全事务助理基辛格再次来华，为尼克松总统访华作具体安排。基辛格向周总理提出讨论中美科技文化交流问题，并说，美方主谈人为"国务院亚洲共产党事务司"司长艾尔弗雷德·詹金斯（简称詹），助手为"国家安全委员会高级成员"约翰·霍尔德里奇（简称霍），记录为朱利恩·皮诺。周总理临时指定我方主谈人为熊向晖（简称熊），助手为外交部欧美司处级干部钱大镛，译员沈若芸，记录员马杰先。事后，外交部印发了《熊向晖同詹金斯会谈记录》（据詹说，美方记录存国务院）。会谈时我做了笔记，以下是其中一部分：

> 詹：刚才我提到你们在治疗大面积烧伤和断肢再植技术上取得的显著成就。现在我要提到中华人民共和国走在科技前列的另一领域。我们注意到，周恩来总理关心环境保护和地球自然生态学的问题。这是当今许多国家探讨的主要问题。美国深刻认识到，工业高度发达的国家负有特殊的责任来尽力减少公害，以及对环境的不利影响。
>
> 熊：我记得尼克松总统在就职演说中就提到保护环境。
>
> 詹：对这个问题，我们两国领导人都公开表示关注。

① 中共中央文献研究室．周恩来年谱（1949—1976）：下卷［M］．北京：中央文献出版社，1997：488.

我们知道，周总理多次讲过这个问题。

熊：日本的环境不比美国好，公害更严重。

霍：严重得多。

熊：日本很多有名的湖，例如琵琶湖，湖里的鱼都没有了。据说，在欧洲，多瑙河的鱼也不多了。

霍：这是许多原因造成的，主要是：人口众多，工业集中。这是社会问题。

熊：我认为这是社会制度问题，但我不想同你争论这个问题。

詹：我们同意不争论，但我要说，中华人民共和国在回收和利用废料方面——包括回收和利用工业废料，以及社会上的生活废料，已为其他国家做出了杰出的榜样。

熊：我们提倡利用“三废”——废气、废水、废料。

詹：我读过你们的一些文章，有很深的印象。防止空气和水的污染，回收和利用废料，这些问题和公共卫生工程同等重要。我们对这些方面很感兴趣。我们相信，你们在这些方面可以帮助我们。我们希望可以互相帮助，我们准备向你们提供美国环境问题的性质和广度的资料。我们两国都有很长的海岸线，美国在海洋科学方面取得了相当成就。

熊：美国两边都是大洋，海岸线比我们的长得多。

詹：但你们捕的鱼比我们多。

熊：那是由于你们有公害。

詹：希望你们帮助我们治理公害。我们西海岸的三个著名海洋研究所准备接待中国海洋学家和海洋科学家，就共同感兴趣的问题进行讨论。

周恩来对比当时中、美环保问题说的两句话

1971年10月26日，第26届联合国大会通过恢复中华人民共和国在联合国一切合法权利的决议。毛主席、周总理批准组成出席该届联大的中国代表团，我被任命为代表之一。行前，周总理嘱我相机了解美国的环保情况。

我随代表团于11月9日离京，11日到纽约，大会结束后于12月22日回到北京。在纽约期间，我从《纽约时报》上剪辑有关美国主要社会问题的一些材料，归整后译出，以《美国社会剪影》为题印发。其中，关于美国环保工作的情况，周总理最注意的是以下两篇：

密西西比河：污染的通路（摘译）

美国人正在摧毁他们伟大的河流。

“河流之父”和“老人河”——这些称号曾很自然地用于伟大的密西西比河。但是，现在，密西西比河却成了排污纳毒的壕沟。它现在是如此之脏，以致几乎不可能在其中游泳或捕鱼了。

人们通常认为，密西西比河水系灌溉着美国大陆41%的土地，它是那样的宏伟，是不可能被污染所破坏的。它在新奥尔良大桥下的流量平均每秒为50万立方英尺。这样巨大的流量和水中夹带的物质，本来是墨西哥湾水生物最大的养料来源。但是，密西西比河现在却成了墨西哥湾最大的人造毒物来源。

然而，日复一日，年复一年，没有任何一级政府部门

关心过倾泻于密西西比河水系的废料对人类、野生动物和植物的影响。

在密西西比河南段，已经建立的工厂，用氰化物、碳酸、砒霜、铅、赛白铝、铜、铬、水银和锌，污染着密西西比河，危害着人和水生物的生命。

密西西比河大概再也不会像马克·吐温所知道的那样干净了。但是，花足够的钱去纠正过去的错误，它也许不会变成一条臭阴沟。

（原载 1971 年 12 月 8 日《纽约时报》）

州长说，“不可能”（摘译）

洛克菲勒州长今天说，参议院通过的在 1985 年以前停止向全国水道倾倒污染的物质的法案，其目标是“完全不可能”实现的。

这位纽约州州长在众议院公共工程委员会上做证说，要在纽约州做到这一点，需花费二千三百亿美元。要在全国做到这一点，需花费二万亿到三万亿美元。

洛克菲勒先生解释说，“在纽约州，一提到经费问题，我们就有点害怕。”

洛克菲勒在防止水流污染问题上的看法，基本上是与尼克松政府的看法一致的。政府负责环境问题的官员在 12 月 7 日公共工程委员会上做证说，1985 年前使污染物质“不再排入”水道的目标，只能引起人们的期望，但不会实现。

（原载 1971 年 12 月 10 日《纽约时报》）

看了上面两篇报道后，周总理说了两句话，一句是：绝不让我们的长江变成密西西比！一句是：治理污染要花钱，但是光靠钱治理不了污染！

周恩来关于环保工作的基本指导思想

1972年6月，联合国人类环境会议在瑞典首都斯德哥尔摩举行。6月11日，《人民日报》全文刊载了出席这次会议的中国代表团团长发言。这个发言是根据周恩来的指示写成并由他亲自审定的，其中表达了周恩来关于“维护和改善人类环境”的基本指导思想。主要是：

> “我国政府按照全面规划、合理布局、综合利用、化害为利、依靠群众、大家动手、保护环境、造福人民的方针，正在有计划地开始预防和消除工业废气、废液、废渣污染环境的工作。多年来，我们开展群众性的爱国卫生运动和植树造林、绿化祖国的活动，加强土壤改造，防止水土流失，积极搞好老城市的改造，有计划地进行新工矿区的建设，等等，来维护和改善人类环境。事实说明，只要人民当了国家的主人，只要政府真正是为人民服务的，只要政府是关心人民利益的，发展工业就能造福人民，工业发展中带来的问题，是可以解决的。
>
> “在人类环境问题上，任何消极的观点，都是毫无根据的。我们相信，随着社会的进步和科学技术的发展，只要各国政府为人民的利益着想，为子孙后代着想，依靠群众，充分发挥群众的作用，就一定能够更好地开发和利用

自然资源，也完全可以有效地解决环境污染问题，为劳动人民创造良好的劳动条件和生活条件，为人类创造美好的环境。”

这个发言还阐述了周恩来对人口增长和环境保护的关系的看法，指出：我们不同意“那种认为人口的增长会带来环境的污染和破坏，会造成贫穷和落后的观点”。同时强调，“这绝不意味我们赞成人口的盲目增长。我国政府历来主张实行计划生育，经过多年来的宣传教育和必要的措施，已经开始收到一些成效”。

这个发言的结束语体现了周恩来的谦虚、求是的态度：“我国的科学技术水平还不高，我们在维护和改善人类环境方面还缺乏经验，还要继续做更大的努力。我们愿意学习世界各国在维护和改善人类环境方面的一切好经验。”

把周恩来开创的中国环保事业推向前进

1973年8月5日至20日，在周恩来指导下，国务院召开全国环境保护会议，制定了《关于保护和改善环境的若干规定（试行草案）》。但“四人帮”控制下的传媒对此只字不提，他们正忙于“评法批儒”，批“现代大儒”，把矛头指向周恩来。

周恩来病重住院，中国的环保工作开始滑坡。到90年代，包括日本在内的一些国家，在治理环境方面取得很大进展，而中国却沦为“污染大国”。过去，人家要学习中国的经验；现在，人家却要汲取中国的教训了。

令人高兴的是：1998年3月16日，《人民日报》发表了江泽民总书记在“中央计划生育和环境保护工作座谈会”上的重要讲话。关于环境保护工作，江泽民回顾了近几年的成绩，指出了当前的问题，明确了今后的措施，强调“要认真实施国家制定的《污染物排放总量控制计划》和《跨世纪绿色工程计划》”，“绝不能以牺牲环境为代价来换取短期的经济增长。防治污染要抓住重点，集中力量先行解决危害群众健康的突出问题”。江泽民指出：“治理淮河污染的经验表明，只要党委、政府高度重视，环保部门加强监督，各有关部门积极履行职责，就能够克服困难，实现预定目标。”——我们相信，按照江泽民的这一讲话去做，就能把周恩来开创的中国环保工作推向前进，“到下世纪中叶，在全国建立起适应国民经济可持续发展的良性生态环境，大部分地区做到山川秀美，江河清澈”。

| 二十二 |

邓颖超向杨振宁谈周恩来*

1976年1月8日，周恩来总理逝世。4月15日上午，邓颖超同志在人民大会堂江苏厅会见杨振宁博士和他的母亲罗孟华、

1976年4月15日，邓颖超（右五）与杨振宁（右四）等合影。左四为熊向晖

* 原载1996年1月5日《北京日报》。收入本书时题目有改动。

妹妹杨振玉。陪见的有著名科学家张文裕教授。我也有幸参加。现据当时笔记，介绍这次谈话的主要内容，借以纪念敬爱的周恩来总理逝世20周年。

邓颖超同志首先向杨振宁博士表示感谢。她说：我收到美国的华文报纸，看到在恩来同志故去以后，纽约各界侨胞举行了规模盛大的追悼会，杨振宁博士致悼词，在悼词中还引用了毛主席关于生死问题的论述，使我非常感动。

杨振宁说：在美国，我所认识的华侨、华人和美国人，尽管没有见过周总理，但都敬佩周总理。我这次来北京，他们要我做代表，向周总理的灵位献花圈，表示大家对周总理的无限怀念。他们还要我代表大家看望邓先生，表示对邓先生的诚挚慰问。我到北京以后，才知道并没有周总理的灵位，这个任务我无法完成了。今天见到邓先生，回到美国以后就可以对他们说，已经当面转达了他们对邓先生的情谊。邓先生今天接见家母和舍妹，我和她们同样感到荣幸。

接着，邓颖超同志向杨振宁博士谈了三个问题：

关于周恩来的遗体处理

杨振宁说：我对周总理不仅非常敬佩，还有一种难以用言语形容的感情。当我从广播中听到周总理逝世的消息时，我十分悲痛，我还能控制自己。但当我听到周总理遗言要把骨灰撒到祖国的江河里和土地上时，立即在我心里引起十分强烈的感情与理智的冲突，我实在控制不住自己了（说到这里，杨振宁失声痛哭。在座的除邓颖超同志外，也都痛哭失声）。

邓颖超对杨振宁说：我很理解你的感情。请你不要难过。

你是世界上著名的科学家，比我更懂得物质不灭的道理。既然你这样关注恩来同志的遗体处理，我可以向你讲讲对这件事的决定过程。在五十年代初，我们党中央决定提倡死后遗体火化，但不要强加于人。几千年来，中国人民死后都是土葬。从土葬到火化，这是丧葬习俗上的一场革命，不是轻易能够实现的。我们党的中央委员自愿带头，签名表示自己死后将遗体火化的决心。当时恩来同志和我个别交谈，他说：我们死后不要增加活人的麻烦和负担，遗体火化以后，不保留骨灰。把骨灰撒在江河里，可以做鱼的饲料，撒在耕地上，可以做庄稼的肥料。虽然只有那么一点点，也许还可以最后起一点点为人民服务的作用。我说：完全同意。我们两人就这样约好，还相互作了保证，后死者保证实现先死者的这一愿望。恩来同志又说：我可以履行对你的保证，你未必能履行对我的保证。那时我想，他的看法有道理。他是中央的一位负责同志，我是普通的共产党员，如果我先他而去，他向有关同志讲讲，就可以撒掉我的骨灰。如果他先我而去，后事处理要由中央决定，我难以保证实现对他的诺言。当时我没有把这一想法讲出来，以后很长时间我们也没有再谈这件事。前年，恩来同志住进医院，我常去看望他。有一次，他对我说，从前我们两人相互约好、相互保证过的，死后把骨灰撒掉。那时他的病情已经很严重，我没有回答他。恩来同志的心脏停止跳动时，政治局的几位同志在场，我向他们提出恩来同志生前的要求，把骨灰撒在祖国的江河里和土地上。毛主席、党中央很快批准了。这使我感到欣慰和鼓舞。恩来同志的这一愿望终于实现了，我对他做过的保证也终于履行了。在这一点上，我对得起他。

杨振宁问：周总理的骨灰一点也没有保留吗？

邓颖超回答说：没有。也曾有同志建议，保留一点骨灰，象征性地放在八宝山革命公墓。我不同意，那样不彻底。保留一点同全部保留实际上没有区别。结果还是按照恩来同志生前的愿望，把他的骨灰全都撒掉了。

看到杨振宁用手帕擦眼泪，邓颖超又说：对遗体的处理，我可以再举几个例子。在五十年代末期，就是在“大跃进”时期，恩来同志同我商量，我们不宣传，不张扬，在征得近亲同意以后，把我们先人的坟墓改为深埋，把原来的墓地交给人民公社使用。我们认为这样处理是适当的。恩格斯和他的战友们把马克思的遗体葬在伦敦，苏联的党和政府永久保留列宁的遗体，越南的党和政府永久保存胡志明的遗体，这都是完全必要的。毛主席称赞孙中山先生是伟大的革命先行者，我们的党和政府一直注意保护南京的中山陵，这也是完全必要的。我们提倡死后遗体火化，党内、党外许多已故同志的骨灰盒安放在公墓的灵堂里，这是符合中央规定的。但是如果本人要求不保留骨灰，也应该满足本人的要求，据我所知，恩格斯逝世以后，他的战友们遵照他的遗言，在他生前经常散步的海滨，把他的骨灰撒进大海。鲁迅夫人许广平同志的遗言也是把骨灰撒掉。所以，在中国，第一个把骨灰撒掉的并不是恩来同志，并不是他开了这个先例。

关于周恩来的结婚照片

杨振宁说：在纽约为周总理举行的追悼会上，陈列了周总理的一些照片，有一张是周总理同邓先生两人的合照。有人说，这是你们二位从法国回到广州时结婚的照片。

邓颖超说：不是。有许多误传，有人说我是天津人，在南开学校和周恩来同学；还有人说，某某人是恩来同志和我的介绍人。其实，我的祖籍是河南光山，我从没有到过那里。我的祖父住在广西南宁。我很小的时候就离开南宁，到了天津，靠母亲教书生活，她还会中医。后来我在天津女师上学。由于我自幼在天津读书，说话的口音受到天津人的影响。1919 年，我在天津和周恩来同志一起参加了“五四”运动。介绍我和恩来同志认识的不是某某人，而是“五四”运动。1920 年，我在天津女师毕业后，到北京教书，以后又转到天津教书。我入党以前，大约当了五年的小学教师。由于我要维持我母亲和我自己的生活，我没有去法国。1924 年 9 月初，恩来同志从法国回到广东。我从天津到广东的时间是 1925 年 8 月上旬，恩来同志和我都坚决反对旧习俗，我们不要结婚仪式，不请人喝喜酒、吃喜糖，也不照结婚相。1925 年 10 月，恩来同志第二次东征打陈炯明，出发以前我们两人合照了一张相。你讲的可能就是这一张。

关于周恩来的工作精神

在得悉杨振宁的母亲心脏有病时，邓颖超说：恩来同志也有心脏病。杨振宁惊讶地问：周总理也有心脏病？邓颖超说：他患心脏病已经十年了。不过，使他致命的不是心脏病，而是癌。她告诉杨振宁：1973 年，恩来同志见你时，他自己已经知道得了癌症。杨振宁感慨地说：那时我一点也看不出周总理有病，感到他还是那样精力充沛。既然已经知道得了病，为什么不让他休息，还让他继续工作？

邓颖超说：谁也没有强迫他，是他自己乐意的。从我认识他起，几十年来，他一直是这样。一位美国记者报道说，周恩来可能是世界上唯一不要睡眠而能生活的人。这是夸张的说法。没有人能够不要睡眠而能生活。不过比起一般人来，他的睡眠时间确实少得多。也有人说，周恩来工作起来不知疲倦。这种说法也不确切。工作时间长了，他也感到疲倦。他不吸烟，夜间工作感到疲劳了，他喝咖啡提提神。以后喝咖啡不灵了，困乏的时候就在额上抹万金油。后来，抹万金油也不灵了，他在要打瞌睡的时候就用热毛巾擦擦脸，擦了以后还可以继续工作。有好些同志对我说，这样会损害他的健康，你为什么不劝阻他？这些同志是好意，但是他们对恩来同志不了解。马克思指出，共产主义社会的标志之一是，劳动不仅是谋生的手段，而且成了生活的第一需要。现在离共产主义社会还远得很，但是我深切体会到，对于毛主席和恩来同志这样的人来说，工作（包括学习）早已成了生活的第一需要。生活的其他需要，如像吃饭、睡眠、娱乐等，都得服从于、服务于生活的第一需要。生活的第一需要得到满足，哪怕再苦再累，他们的内心也是舒畅的、愉快的。如果生活的第一需要得不到满足，他们就会感到很苦恼，这对健康的损害更大、更严重。恩来同志得了癌症以后，他知道余下的日子不多了，只要还能支持，他就格外加大了工作量，这样有时还能减轻他的病痛感。恩来同志逝世以后，中央发出的讣告中，说他“鞠躬尽瘁，无私地贡献了自己毕生的精力”。我认为，这句评语，恩来同志确是受之无愧的。

握别时，邓颖超对杨振宁说：恩来同志没有灵位，你代表那些朋友向他灵位献花圈的盛情，我心领了。你回到美国以后，请你向他们作些解释，还请你向悼念恩来同志和关心我的朋友们，转达我衷心的谢意。